中信改革发展研究基金会
中国学派集成

中国改革真命题

迈向高质量发展

贾康 _著

中信出版集团 | 北京

图书在版编目（C!P）数据

中国改革真命题：迈向高质量发展 / 贾康著 . --
北京：中信出版社，2022.5
（中国学派集成）
ISBN 978-7-5217-3745-5

Ⅰ. ①中… Ⅱ . ①贾… Ⅲ . ①经济改革－研究－中国
Ⅳ . ① F121

中国版本图书馆 CIP 数据核字（2021）第 225502 号

中国改革真命题——迈向高质量发展
著者： 贾 康
出版发行： 中信出版集团股份有限公司
（北京市朝阳区惠新东街甲 4 号富盛大厦 2 座 邮编 100029）
承印者： 宝蕾元仁浩（天津）印刷有限公司

开本：787mm×1092mm 1/16 印张：26 字数：360 千字
版次：2022 年 5 月第 1 版 印次：2022 年 5 月第 1 次印刷
书号：ISBN 978–7–5217–3745–5
定价：78.00 元

"中国学派集成" 总序言

新中国成立 70 年来，中国的发展成就斐然，道路独特，特别是在改革开放 40 年中，中国一直在探索自己的发展道路，体现了对中国自主发展与文明复兴的追求。

2015 年，中信改革发展研究基金会推出了中国道路出版工程，其宗旨是：坚持实事求是、践行中国道路、发展中国学派。我们组织力量进行"中国道路"丛书的编辑和出版工作，从分析中国经验、中国道路的问题意识出发，在研究中国特色的制度、道路、模式的基础上，努力对中国道路和中国经验进行理论化总结。目前已经出版了几十部著作，产生了一定的影响力。

2018 年下半年，我们在《经济导刊》杂志开辟了"中国学派"专栏，围绕一些重要的议题，陆续组织相关学者进行高端访谈和开放性的讨论。在此基础上，我们将组织编辑出版"中国学派集成"系列丛书，在理论战线积极促进中国学派的原创性研究，为社会科学领域构建中国学派的思想阵地助力。

什么是"中国学派"？为什么要提出发展中国学派？在社会科学各领域怎样推进中国学派的发展？这些问题存在多种认识和争议，不同的认识对于探索构建中国学派都具有启发意义，也将在本丛书的讨论中贯穿始终，逐步深化。

现代中国最丰富的思想和经验绝大多数是从中国发展的实践中产生的，当代中国学者在中国实践理论化方面一直在进行持续的自觉努力，构建中国学派也一直是学界努力的方向，这是艰难的基本建设工作，需要进行尝试和努力。这种努力和推动形成了动力，包含了一种期待，在发展中国学派的过程中构建相应的学术共同体。

改革开放 40 年来，全球学术界越来越关注有关中国问题的讨论和研究，究竟如何理解中国的发展，人们不仅要看西方学者怎么说，更要看中国学者怎么说。瓶颈在于，社会科学领域的研究一直存在理论滞后于实践的现状，一些学术研究既缺乏对现实生活的解释能力，更缺乏对现实生活的理论指导，对中国道路的实践缺乏研究动力。我们需要改变理论脱离实际的学风，破除那种在学术研究中严重脱离中国社会发展现实，以西方的问题代替中国的问题，以西方的方法代替中国的方法，以西方的标准代替中国的标准所形成的思想桎梏。我们要敢于挑战和打破各种流行思维和迷信，包括所谓的洋教条和新自由主义。

任何学派的产生都是特定时代伟大实践的产物，是对那个时代重大问题的思想回应，也是对那个时代特点的理论概括。毛泽东在中国共产党成立初期就特别强调，任何一种理论都需要从中国革命的具体实践出发。我认为，近现代以来，毛泽东是真正的中国学派的开创者。他将中国共产党和中国革命的实践，与马克思主义理论相联系，从中国革命和建设的具体实践出发学习、发展和丰富马克思主义，将马克思主义中国化。在 1963 年 11 月 18 日，毛泽东修改《人民日报》编辑部、《红旗》杂志编辑部文章时加写了一句"社会实践是检验真理的唯一标准"。他一直倡导对中国革命和社会主义建设已经发展出的理论经验，根据新的条件加以修正和运用。邓小平同志是中国学派的推动者，他推动的思想解放、实事求是，为我们改革开放以来的思想发展、理论发展和学术发展创造了条件。1978

年 5 月 11 日，《光明日报》发表《实践是检验真理的唯一标准》的评论员文章，邓小平为文章题词"实践是检验真理的唯一标准"。邓小平理论不是从教条中来，而是在实践中摸着石头过河，在实践中总结、提高，形成新的方略，其实践性带有从实际出发的创造性。习近平是新时代中国学派的引领者，他站在理论的最前线、思想的最前线，他是中国学派的代表和旗帜。

学术研究和国家的发展是互动的，学术研究也是建立在国家发展成就的基础上。习近平总书记 2018 年 5 月 2 日到北京大学考察时说，什么是一流？要在中国特色下去评价。过去讲，只有民族的才是世界的，先是要让国家达到一流水平，其他服务于国家一流。这个说法归纳起来就是"国家一流，学术才能一流"。在学术界，一直存在一种较狭隘的想法，认为学术一流才能国家一流。在此我想强调的是，中国的实践已经形成了中国特色的社会主义道路，我们的国家已经达到了一定的能力和水平，由此，学术就有条件赶超一流国家的能力和水平，我们要有自信，要把学术研究建立在国家发展成就的基础上，做到知行合一。

谈到发展中国学派这个问题，我认为应该视野更开阔，我们国家走过的道路非常艰难，但在一定程度上已经"成形"。在 2018 年两会上，习总书记再次担任国家主席时发表演讲，他说，中国人民是具有伟大创造精神的人民，中国人民是具有伟大奋斗精神的人民，中国人民是具有伟大团结精神的人民，中国人民是具有伟大梦想精神的人民。由此，中国人民的创造精神正在前所未有地迸发出来，中国的大"势"正在推动中国学派的形成。

我们所谈的中国学派不是狭义的、学术流派意义上的学派，而是有自己的概念体系和理论体系，更多地体现出一种中国人看问题的视角和观点，同时包含不同的理论流派，包含与国内外各派学者的竞争和相互借鉴。中国学派不是只研究中国的"学派"，也要进行世界性的研究。中国的改革开放，不仅使国家越来越强大，还使很多学者有条件进行广泛的国际交流和国际比较研究，从中国视角放眼看世界。中国学者对"中国特殊性"要有深刻理解，能够把握中华文明不同于其他文明的独特品质，以中国为立脚点，立足于中国本土的实践基础，彰显富有中国特色、中国风格、中国气派的独特精神。

让世界对中国思想、中国经验、中国道路有所了解，这也是中国学者的使命。多年来，国际上通常以现有的西方学者创造的理论框架来解释世界，并以此来分析中国的发展模式，因而不能正确地解释中国现象。中国学派应该扬弃中国知识分子一向抱有的"西天取经"的信念，这并不是拒绝西方，马克思主义就是来自西方，但是要打破西方思想的理论禁锢，要创造性地理解和吸收。理论的适用与否取决于理论的前提条件，我们要扬弃的是照抄照搬现象，逐步增强"自信"，破除"他信"。

为什么过去很多人只承认西方的学术体系是科学体系？难道中国的诸子百家就不是我们古代的中国学派？我们曾经批评过将西方的"普世价值"植入替代中国的"普世价值"的思想和做法，并不是否定西方在自身的实践和道路上形成的理论，然而我们不能妄自菲薄。站在历史的高度，从我们的先贤那里走到今天，我们不可能放弃本土的学术追求，否定中国自己的理论特色。我们要善于融通古今中外各种资源，几千年的中国优秀传统文化形成了发展中国学派不可多得的丰厚底蕴。近百年来，指导中国革命和中国建设的马克思列宁主义、毛泽东思想的基本理论，以及实践中形成的思想成果，是中国学派进行研究的根基，世界各国在人文社会科学取得的积极成果，都可以成为中国学派的有益滋养。认识没有终结和边界，我们应突破固有的知识框架和概念体系，而不是教条式地顶礼膜拜。有学者提出，我们推动发展中国学派，是否可以理解为面对新的发展环境，在马克思主义基础上的理论创新？我认为可以这样理解，它既是对中国文化的继承、传承和发展，又是对马克思主义的继承。

中国学派的发展，从根本上不能脱离中国发展的基本点和归宿。真知蕴藏在实践中。不能解释中国实践的理论，就不可能正确指导中国的实践。任何重大理论问题都源于重大现实问题，要善于发现问题、研究问题，要在解决实际问题的过程中提出自己的概念和理论。近百年来的中国革命和建设，近四十年来的中国改革开放，波澜壮阔，历经艰难曲折，这是与西方世界的兴起迥然不同的伟大实践，无法在西方的知识体系中加以解释，因而，我们要站在"此岸"而不是站在"彼岸"来认识问题。采取正确的认识路线是第一位的，解决问题要在此岸，离开中国的实际、离开实事求是，认识路线就跑到彼岸去了。我们不是简单地囿于西方理论，也不是简单地囿于我们自己的传统学说，所有的理论，实践性应该是最高品格。我们要结合中国现实问题，在实践中推陈出新。中国学派要有平视世界的学术自觉、学术自信和学术自强，以中国视角去认识世界、认识历史、认识社会。有了这样的历史传承和现实创新，有了这样的认识论和方法论，中国学派的发展就带有历史的必然性。

中国学派应该有学术报国的情怀，这也是中国学派发展的重大历史时代背景，而不是一群学者聚在一起搞脱离实际的纯学术讨论，把学术看成一种独立的、脱离中国实践的追求，这样是无立足之地的。

中国学派的历史使命就是要形成具有中国特色、解决中国问题的知识体系，为我们国家提供认识中国、认识世界的基本理论，为人类发展提供中国智慧、中国道路、中国经验，并及时介绍给世界，如果做不到这点，就是中国学者的缺位。

中国学派要以中国实践创新中国理论，以创新的理论来指导中国实践，需要构建具有中国特色、解决中国问题、以中国视角来观察和研究世界的研究体系和学术队伍，这种新时代的理论诉求，催生了中国学派发展的必然性。

我们正走在中华民族伟大复兴的道路上，中国发展改革中有很多问题需要研究和探讨，习总书记指出，这是一个需要理论而且一定能够产生理论的时代，这是一个需要思想而且一定能够产生思想的时代。我们处在这样一个需要新思想、新理论的新时代，发展中国学派正当其时！在中华民族伟大复兴的道路上，我们要把握好这一历史机遇，把发展中国学派作为自己的使命！

2018年10月15日

目　录

前　言

近代以来中华民族伟大复兴之路 ①

1840 年鸦片战争以后，西方列强凭着坚船利炮野蛮轰开了中国的大门，之后的一百多年中，中华民族一直处于落后挨打、内外忧患的悲惨境地，但灾难深重的中国人民并没有停止对民族独立与伟大复兴的探索。近代以后，争取民族独立、人民解放和实现国家富强、人民幸福就成为不屈不挠的中国人民的历史任务。中国共产党成立后，勇担民族复兴历史大任、团结带领全国各族人民经过百年奋斗，完成新民主主义革命及社会主义革命和建设，开展改革开放和社会主义现代化建设，对中国特色社会主义道路进行艰辛与不懈的探索，开创了中国特色社会主义新时代，中华民族迎来了从站起来、富起来到强起来的伟大飞跃。

夺取新民主主义革命伟大胜利

1840 年鸦片战争之后，由于西方列强的入侵和封建统治腐败，中国逐步成为半殖民地半封建社会，中华民族到了危亡的时刻，中国人民奋起反抗，太平天国运动、洋务运动、戊戌变法、义和团运动接连而起，各种

---

① 本小节根据《中共中央关于党的百年奋斗重大成就和历史经验的决议》整理编写。

救国方案轮番出台，但都以失败告终。1911 年，孙中山领导的辛亥革命推翻了统治中国几千年的君主专制制度，但这并没有改变国家和人民的悲惨命运。中国迫切需要新的思想引领救亡运动，迫切需要新的组织凝聚革命力量。1921 年，中国共产党顺应社会革命的历史呼唤、为挽救民族危亡而诞生，中国革命的面貌从此焕然一新。

中国共产党诞生后，党领导全国人民开展反帝反封建斗争。日本帝国主义侵略我国时，党带领人民广泛开展抗日救亡运动，取得抗日战争的胜利。这是近代以来中国人民反抗外敌入侵第一次取得完全胜利的民族解放斗争。短短几年时间又结束了国民党反动派发动的全面内战，推翻了帝国主义、封建主义、官僚资本主义三座大山，取得了新民主主义革命的胜利。

1949 年 10 月中华人民共和国的成立，彻底结束了旧中国半殖民地半封建社会的历史，实现了中国从几千年封建专制政治向人民民主的伟大飞跃。中国人民从此站起来了。中国发展从此开启了新纪元。

完成社会主义革命和推进社会主义建设

社会主义革命和建设时期，党领导人民实现从新民主主义到社会主义的转变，其间经历了"三反""五反"运动、抗美援朝等政治、经济、军事方面的一系列严峻考验，新中国在错综复杂的国内国际环境中站稳了脚跟。1953 年，党中央正式提出了过渡时期的总路线，即在一个相当长的时期内，逐步实现国家的社会主义工业化，并逐步实现国家对农业、手工业和资本主义工商业的社会主义改造。"一五"计划（1953—1957 年）的制定与实施，标志着我国开始大规模经济建设，并将工业化作为重心纳入国家发展体系。1956 年，我国基本上完成对生产资料私有制的社会主义改造，基本上实现生产资料公有制和按劳分配，建立起社会主义经济制度。社会主义制度的建立，为我国一切进步和发展奠定了重要基础。

党的八大根据我国社会主义改造基本完成后的形势，确立全国人民的主要任务是集中力量发展社会生产力，实现国家工业化，逐步满足人民日益增长的物质和文化需要。党提出努力把我国逐步建设成为一个具有现代农业、现代工业、现代国防和现代科学技术的社会主义强国，领导人民开展全面的大规模的社会主义建设。经过实施几个五年计划，我国建立起独立的比较完整的工业体系和国民经济体系。

1964 年底，周恩来在三届全国人大一次会议上郑重提出实现"四个现代化"的历史任务，即"在不太长的历史时期内，把我国建设成为一个具有现代农业、现代工业、现代国防和现代科学技术的社会主义强国，赶上和超过世界先进水平"。[①]

1975 年 1 月，周恩来在四届全国人大一次会议《政府工作报告》中再次发出"在本世纪内，全面实现农业、工业、国防和科学技术的现代化，使我国国民经济走在世界的前列"的号召。[②] 从此，"四个现代化"成为党和全国各族人民的共同奋斗目标，成为凝聚和团结全国各族人民不懈奋斗的强大精神力量，成为其后得以对接中华民族伟大复兴中国梦的思想基础。

进行改革开放和社会主义现代化建设

粉碎"四人帮"，结束十年内乱，从危难中挽救了党，挽救了国家，挽救了社会主义事业，党和国家的工作重新走上健康发展的轨道，党的历史进入一个新的发展时期。1978 年 12 月，党的十一届三中全会召开，做出把党和国家工作中心转移到经济建设上来、实行改革开放的历史性决

---

① 本书编写组. 中国共产党简史 [M]. 北京：人民出版社，中共党史出版社，2021：198.
② 石平洋. "四个现代化"是如何提出与发展的 [OL]. 人民网，2020 – 05 – 29.

策，实现了新中国成立以来党的历史上具有深远意义的伟大转折，开启了改革开放和社会主义现代化建设新时期。党的十一届三中全会后，党中央制定了到 21 世纪中叶分三步走、基本实现社会主义现代化的发展战略，成功开创了中国特色社会主义。改革开放使中国迅速崛起，中国人民在寻求中华民族伟大复兴的中国特色社会主义事业这条道路上越走越宽。

开创中国特色社会主义新时代

党的十八大以来，中国特色社会主义进入新时代，以习近平同志为核心的党中央领导全党全军全国各族人民砥砺前行，全面建成小康社会目标如期实现，党和国家事业取得历史性成就、发生历史性变革，彰显了中国特色社会主义的强大生机活力，党心军心民心空前凝聚振奋，为实现中华民族伟大复兴提供了更为完善的制度保证、更为坚实的物质基础、更为主动的精神力量。中国共产党和中国人民以英勇顽强的奋斗向世界庄严宣告，中华民族迎来了从站起来、富起来到强起来的伟大飞跃。今天，我们比历史上任何时期都更接近、更有信心和能力实现中华民族伟大复兴的目标。

推进国家治理体系建设和治理能力现代化

中国要在 2035 年基本实现社会主义现代化，到本世纪中叶建成富强民主文明和谐美丽的社会主义现代化强国，一个很重要的进步诉求就是实现国家治理体系和治理能力现代化。

现代化，不是简单移植西方模式的问题，也不是贴东西方标签的问题，而是要把各种各样提升人类文明的要素，根据中国国情，真正融合在一个现代国家治理的制度体系中，形成一种可持续的制度安排，同时探索中国独特的发展道路。

中国经过几十年的改革，相对而言，容易的、皆大欢喜的改革已经完成，剩下的都是难啃的硬骨头，改革进入攻坚期和深水区。党的十八届三中全会提出，要敢于啃硬骨头、敢于涉险滩，以更大决心冲破思想观念的束缚、突破利益固化的藩篱。

党的十八大以来，党不断推动全面深化改革向广度和深度进军，中国特色社会主义制度更加成熟更加定型，国家治理体系和治理能力现代化水平不断提高，党和国家事业焕发出新的生机活力。2013 年，党的十八届三中全会通过的《中共中央关于全面深化改革若干重大问题的决定》（以下简称《决定》）首次提出"推进国家治理体系和治理能力现代化"，此次大会实现改革由局部探索、破冰突围到系统集成、全面深化的转变，开创了我国改革开放新局面。

2019 年，党的十九届四中全会着眼于党长期执政和国家长治久安，对坚持和完善中国特色社会主义制度、推进国家治理体系和治理能力现代化做出系统总结指导，并提出了分三个阶段实现国家治理体系和治理能力现代化的总体目标。这表明了党中央下定决心要承前启后、继往开来、披荆斩棘、过险滩、啃硬骨头，以攻坚克难的信心与勇气实质性地推进改革。

新时代的国家治理现代化理论，为中国特色社会主义开创"中国之治"做出了新思想新观念的丰富发展，构建了中国特色社会主义"中国之治"的实践范式，厘定了中国特色社会主义"中国之治"的主要领域，涵盖了经济、政治、文化、社会、生态、国防和军队、党的建设等，其中，经济领域治理强调，应发挥市场在资源配置中的决定性作用，以供给侧结构性改革为主线，提高资源分配效率和公平性，实现高质量可持续发展。①

---

① 许耀桐. 国家治理现代化理论的创新成果［OL］. 中国社会科学网，2020 – 06 – 20.

从"管理"到"治理"

《决定》明确,"全面深化改革的总目标是完善和发展中国特色社会主义制度,推进国家治理体系和治理能力现代化"。这是对国家治理的核心表述,即可简称为"现代国家治理"。

"国家治理",是党关于全面深化改革的思维体系、话语体系和制度体系中的一个核心范畴,是一个重大理论创新。从传统"管理"到现代"治理"的跨越,虽只有一字之差,却是一个"关键词"的变化,是治国理政总模式包括权力配置和行为方式的一种深刻的转变。① "管理"强调的是各级政府自上而下的管控,而"治理"强调的是政府、市场、社会关系的多元主体之间充分互动,形成最大包容性的制度安排和机制联结。这一机制把管理和自管理、组织和自组织、调控和自调控结合在一起,释放一切潜力、活力,调动一切可以调动的积极性,解放生产力。它所涉及的是一系列相关制度安排和机制联结的创新,即除旧布新、革故鼎新。而治理能力现代化,是要把治理体系和机制转化为一种能力,而以新旧动力的转换支持完成中华民族伟大复兴新的长征。可以说,现代国家治理把中国带入改革开放新阶段,对接了强起来的新时代。

财政是国家治理的基础和重要支柱

《决定》指出,"财政是国家治理的基础和重要支柱",并明确提出建立现代财政制度的目标。财政作为政权体系中"以政控财,以财行政"的分配体系,主要处理公共资源的配置问题,而公共资源配置的优化一定会

---

① 周晓菲. 治理体系和治理能力如何实现现代化——专家解读"全面深化改革的总目标"[N]. 光明日报,2013 - 12 - 04.

拉动和影响整体资源配置的优化。财政预算体现国家政权活动的范围、方向、重点和政策要领。以"钱从哪儿来,怎么来和用到哪儿去",以"取之于民,用之于民"的财力安排机制规范政府"该做什么、不该做什么""怎么做",使政府既不越位也不缺位,能更好发挥作用。这种公共资源配置中政府职能的合理化,要成为现代国家治理的基础,推进现代财政制度的构建,为国家全面实施现代化治理的改革做好支撑,这是财政服务国家改革全局的必然要求。

市场:从"基础性作用"到"决定性作用"

关于市场的作用,《决定》将其表述为"使市场在资源配置中起决定性作用",这个认识是来之不易的。20 世纪 80 年代,我曾参与改革相关的各种研讨活动,当时被称为中青年研究者,知道这个认识发展过程的曲折:党的十二届三中全会提出"有计划的商品经济"的表述,党的十三大又提出新的经济运行机制是"国家调节市场、市场引导企业"。

具有里程碑意义的邓小平南方谈话,解决了在经历调整时期后,中国如何继续坚持改革开放的问题,并推动中国将建立社会主义市场经济体制作为经济体制改革目标。1992 年 10 月,党的十四大明确提出,"使市场在社会主义国家宏观调控下对资源配置起基础性作用",确定了我国经济体制改革的目标是建立社会主义市场经济体制,这对于中国的发展来说意义非同小可。但由于历史条件制约,"基础性作用"的表述是在改革实践过程中才终于进一步上升为《决定》中"决定性作用"的新表述,从而把社会主义市场经济中如何认识市场作用真正说到位了。

正是因为确定了建立社会主义市场经济体制这一改革目标,改革开放后,我国经济社会取得了举世瞩目的成就。尤其是党的十八大以来,我国经济发展平衡性、协调性、可持续性明显增强,国内生产总值突破百万亿元大关，人均国内生产总值超过一万美元，国家经济实力、科技实力、综合国力跃上新台阶，我国经济迈上更高质量、更有效率、更加公平、更可持续、更为安全的发展之路。

正确处理政府和市场的关系

《决定》提出，经济体制改革是全面深化改革的重点，核心问题是处理好政府和市场的关系，使市场在资源配置中起决定性作用和更好发挥政府作用。但实际生活中，情况远比文字表述复杂。

从全局来说，关于政府和市场的关系，政府作用是辅助性的，市场是主体，这是我们进一步解放思想的基石。但市场不是在一切场合、一切事情上决定一切，在某些事情上还必须以政府为主导，比如说维护社会公平正义、克服市场缺陷、扶助弱势群体，给予特定的、我们认为不可缺少的产业政策和技术经济政策方面的政策引导，特别是当这些政策引导要与市场兼容的机制配套时，这都是非常有挑战性的任务。例如，2014 年作为重点创新事项推行的 PPP（政府和社会资本合作）模式，是在政府和企业关系上认识到了要各归其位、划清边界，但在特定的公共工程、基础设施、产业新城建设运营、国土连片开发等重大项目上，政府又要与企业一起，以合作伙伴关系共同开发建设。这都是正确处理政府和市场关系方面必须解决好的现实问题。

供给侧结构性改革的创新意义

改革开放后的几十年，中国创造了经济快速发展奇迹，但不可忽略的是，一些地方和部门存在片面追求速度规模、发展方式粗放等问题，加上国际金融危机后经济持续低迷，经济结构性体制性矛盾积累，发展不平衡、不可持续问题逐渐凸显。2017 年党的十九大明确提出，我国经济已由高速增长阶段转向高质量发展阶段。中央提出新发展理念，并强调，贯彻新发展理念是关系我国发展全局的一场深刻变革，要以高质量发展推动经济发展质量变革、效率变革、动力变革。同时，要以高质量发展为主题、以供给侧结构性改革为主线，建设现代化经济体系，把握扩大内需战略基点，坚持实施创新驱动发展战略。我认为，作为主线的供给侧结构性改革，是在推进现代化过程中引领新常态、激活要素潜力体系的创新发展系统工程。

按照经济增长"三驾马车"理论，需求管理的总量调控不可能包打天下。人们将消费、投资和净出口，视为需求侧可分解的经济增长"三大动力"，但这"三驾马车"并不能构成经济增长的根本动力，因为消费、投资和出口主要在需求侧形成原生动力。要完整认识和把握经济发展中的动力体系，必须把"三驾马车"的结构性特征延伸、转移至供给侧，才可能把握好动力体系的全景图并覆盖最关键部位。只有连通消费供给、投资供给和出口供给，才有可能达到各自需求的满足状态，其中蕴含着由需求侧原生动力引发供给侧响应机制或所派生的要素配置和制度安排的动力体系，进而展开为资源配置的全过程。

在国际金融危机冲击以及中国经济结构调整中，我和同道者对新供给经济学进行了深入研究，在逐渐形成的新供给经济学这一概念下，提出了基本思路和政策主张。过去经济学界讨论较充分的是需求管理，但是，"供给"与"需求"是一对相辅相成的概念，经济学研究资源配置，从宏观层面来看，就是要寻求总供需的动态平衡，适当处理这种对立统一关系。一旦摆脱完全竞争假设下"华盛顿共识"的局限，"供给管理"的重要性便凸显出来，中外供给侧结构性改革于"理论与实践紧密结合"取向下的创新意义，便顺理成章地成为经济学理论创新、政府调控和政策优化的前沿命题。

供给侧结构性改革涉及的结构问题非常复杂，但制度结构的优化是龙头，是"纲举目张"的总纲。例如产业结构、技术经济结构、区域结构、收入分配结构、企业组织结构等，这些无不直接或间接地联结着供给侧结构性改革需要优化的体制结构等，尤其是在必须完成经济社会转型的中国，必然需要确立和把握好优化制度供给这个命题。我们在新供给经济学的研究中，注重研究如何认识和实现供给侧多种要素的优化组合，特别是对于要素供给体系质量和效率起主导作用的制度供给，这应该成为中国完成经济社会转型和跨越"中等收入陷阱"的关键，并带来制度创新、管理创新和技术创新的互动，以制度创新打开科技创新和管理创新的空间，有效合成创新驱动的"第一动力"。供给侧结构性改革，就是"生产关系自我革命"的改革在其深水区的承前启后与攻坚克难，在其推进路径与现实问题中，基本逻辑和原理都在于解除供给约束，释放需求潜力，获取新动力，形成创新发展、协调发展、绿色发展、开放发展和落到归宿上的共享发展。在这过程中，制度创新是最关键的，在中国经济社会转型过程中，具有龙头作用。因此，要处理好供给侧诸要素的组合关系，就要聚焦"全要素生产率"，尤其要重视科技与制度因素的乘数放大作用，走好"创新型国家"之路。

在特定阶段和历史时期内，中国追求后来居上的现代化，需要政府把需求管理与供给管理紧密结合，以制度供给统领全面改革及创新驱动，这成为中国实现高质量发展与现代化的"关键一招"。

在高质量发展中促进共同富裕

2021年，我们如愿全面建成小康社会、实现第一个百年奋斗目标，这是过去一百年中国共产党向人民、向历史交出的一份优异答卷。"十四五"规划时期，是我国开启全面建设社会主义现代化国家新征程、迈向高收入阶段、实现第二个百年奋斗目标的关键时期。党的十九大对实现第二个百年奋斗目标做出分两个阶段推进的战略安排，从 2020 年到 2035 年基本实现社会主义现代化，从 2035 年到本世纪中叶把我国建成社会主义现代化强国。到那时，全体人民共同富裕将基本实现。

共同富裕是社会主义的本质要求

2021 年 8 月 17 日，习近平总书记在中央财经委员会第十次会议上强调："共同富裕是社会主义的本质要求，是中国式现代化的重要特征。"①中国要实现社会主义现代化，基本路径是以共同发展创造共同繁荣，以共同繁荣带动共同富裕。

共同富裕是社会主义的本质要求，事关党的执政方向和执政能力，也是党对人民的庄严承诺。邓小平曾指出，社会主义原则，第一是发展生产，第二是共同致富。②实现共同富裕是中国共产党人矢志不渝的奋斗目标。

2021 年 11 月 11 日，中国共产党第十九届中央委员会第六次全体会议通过《中共中央关于党的百年奋斗重大成就和历史经验的决议》（以下简称《决议》）。《决议》强调，改革开放是党的一次伟大觉醒，是中国人民和中华民族发展史上一次伟大革命。改革开放 40 多年，我国实现了从生产力相对落后的状况到经济总量跃居世界第二的历史性突破，实现了人民生活从温饱不足到总体小康、奔向全面小康的历史性跨越，推进了中华民族从站起来到富起来的伟大飞跃。《决议》提出，到 21 世纪中叶，我国将实现国家治理体系和治理能力现代化，成为综合国力和国际影响力领先的国家，全体人民共同富裕基本实现，我国人民将享有更加幸福安康的生活，中华民族将以更加昂扬的姿态屹立于世界民族之林。

---

① 习近平主持召开中央财经委员会第十次会议［OL］．中国政府网，2021－08－17.
② 邓小平．邓小平文选：第三卷［M］．北京：人民出版社，1993：172.

中国古人早有对"大同社会"的憧憬。共同富裕是人民群众共同的期盼，是天下大同的一个重要内容，也是中华民族伟大复兴的重要基础。

实现共同富裕是一个动态推进的持续努力过程，需要分阶段进行。党的十一届三中全会以后，党中央深刻总结了新中国成立以来正反两方面经验，认识到，贫穷不是社会主义，平均主义也不是社会主义。所以必须改善民生、鼓励致富，增强人民幸福感、获得感和安全感。改革开放初期，党在实事求是的基础上，实施分阶段发展的战略，让一部分地区、一部分人先富起来，先富带后富，这符合市场取向改革中差异化发展的客观规律。

改革开放后，中国经济高速发展为全面建成小康社会打下了物质基础。脱贫攻坚是全面建成小康社会的底线任务。在实现第一个百年奋斗目标中，党中央动员全党全国全社会力量，攻克坚中之坚，解决难中之难，组织实施人类历史上规模最大、力度最强的脱贫攻坚战。党的十八大以来，全国832个贫困县全部摘帽，12.8万个贫困村全部出列，近1亿农村贫困人口实现脱贫，历史性地解决了绝对贫困问题，创造了人类减贫史上的奇迹。

坚持以人民为中心的发展观

发展才是社会主义，发展必须致力于共同富裕。共同富裕是社会主义的本质要求，是中国式现代化的重要特征。"治国之道，富民为始。"共同富裕是马克思主义的一个基本目标，也是中国人民自古以来的一个基本理想。我们推动经济社会发展，归根结底是要实现全体人民的共同富裕，切实贯彻以人民为中心的发展观。

《决议》指出，人民对美好生活的向往就是我们的奋斗目标，增进民生福祉是我们坚持立党为公、执政为民的本质要求，让老百姓过上好日子是我们一切工作的出发点和落脚点。我们必须坚持以人民为中心的发展思想，使全体人民共同富裕取得更为明显的实质性进展。

目前，面临百年未有之大变局，我国重要战略机遇期的内涵已经发生了深刻的变化，实现高质量发展成为新发展阶段的发展主题。要坚持以人民为中心，增进全体人民的福祉。党的十八大以来，为了保障和改善民生，我们加强普惠性、基础性、兜底性民生建设，推进基本公共服务均等化。努力建设体现效率、促进公平的收入分配体系，调节过高收入，增加低收入者收入，稳步扩大中等收入群体，推动形成橄榄型分配格局，促进居民收入与经济增长基本同步，农村居民收入增速快于城镇居民。目前，我国已建成世界上规模最大的社会保障体系，10.2亿人拥有基本养老保险，13.6亿人拥有基本医疗保险，人民生活得到显著改善。

优化国民收入分配格局

收入和分配问题是世界性难题，中国在发展中力求解决好"公平与效率""先富与共富"的关系，这也是改革进入深水区后要啃的硬骨头。虽然我们的再分配制度需要做调整和改革，但收入差距加大，在很大程度上是由于各种不公正的机制、不合理的规则、不到位的制度所致。因此，有效推进制度的公平正义、坚持反腐倡廉和优化再分配制度，逐步提高直接税比重，合理构建收入分配规则与秩序，这些都是我们建设现代化国家所必须经受的历史性考验。

收入分配问题重大而复杂，既受诸多因素影响，又是诸多社会问题的根源所在。体现激励有效、公平合理的收入分配机制的建立和顺畅运行，需要以合理的制度安排和政策来引导，从而尽可能理顺各方面的关系。

改革开放以来，我国收入分配制度改革逐步推进，按劳分配为主体、多种分配方式并存的制度框架基本确立，以税收、社会保障、转移支付为主要手段的再分配调节机制框架初步形成，配合和促进了社会主义市场经济体制的建立和国民经济发展，人民生活水平显著提高。同时也要看到，收入分配领域仍存在不少亟待解决的突出问题，城乡收入差距和居民收入分配差距依然较大，收入分配秩序不规范，隐性（"灰色"）收入、非法（"黑色"）收入问题比较突出，部分底层群众生活比较困难，与宏观收入分配格局相关的一系列制度建设合理化改革任务难度很大、推进迟缓。这些问题的存在，关联于我国经济社会转型与发展全局中的"矛盾凸显"，迫切需要我们强化收入分配制度改革。

党的十八大报告指出，"实现发展成果由人民分享，必须深化收入分配制度改革"。党的十九大报告进一步指出，"坚持在经济增长的同时实现居民收入同步增长、在劳动生产率提高的同时实现劳动报酬同步提高"。可见，收入分配问题已经成为解决好人民最关心的利益问题，成为提高人民物质文化生活水平的一个重大的、足以影响全局的基本问题。

70 年来，中华民族之所以重新屹立于世界民族之林，根本原因在于，广大人民群众在党的领导下，积极参与社会主义建设事业并为之努力奋斗。随着综合国力的增强、经济社会持续快速发展，人民对美好生活的向往更加强烈。与此同时，我国仍然是一个发展中国家，人均国民总收入在国际上尚处于中等收入国家行列。40 多年取得的经济发展成就为收入分配格局的调整奠定了坚实的物质基础，我国已经具备了发展战略由"先富"向"共富"转换的条件。当前和今后一个时期，我们需要一方面继续推进地区间均衡发展战略，另一方面推进收入分配制度改革，使经济发展的成果更好地集中到逐步实现共同富裕这一根本目标上来。

党的十九大把新时代我国社会主要矛盾概括为人民日益增长的美好生活需要和不平衡不充分的发展之间的矛盾，并有针对性地提出了提高人民收入的重要原则与要领："坚持按劳分配原则，完善按要素分配的体制机制，促进收入分配更合理、更有序。鼓励勤劳守法致富，扩大中等收入群体，增加低收入者收入，调节过高收入，取缔非法收入。"这些为优化收入分配、更好满足人民需要给出了重要指导。

在优化收入分配格局上，政府作用是加强制度建设和政策优化。西方发达国家居民收入差距的缩小主要是通过再分配环节来实现的。但在我国，税收仍是以间接税为主，再分配功能有限、调节乏力，某些再分配政策在实施中还存在逆向调节问题，使居民收入差距过大问题难以有效缓解；政府间转移支付制度调节收入分配功能有限，社会保障制度的缺陷使其对收入分配调节作用受限，税收调节弱化成为居民收入分配差距大的一个重要原因。因此，要贯彻党的十八届三中全会明确提出的"深化税收制度改革，完善地方税体系，逐步提高直接税比重"的指导方针。中国要走向现代社会，必须有现代税制。要在深化改革、加快立法、优化管理与调节的过程中，把相关的规则和制度建立和完善起来。

在收入分配方面，多年来，我们一直采取"限高、扩中、提低"的方针，要在加强税收对高收入规范调节的同时，进一步扩大中等收入群体。与此并举的扶贫和乡村振兴战略，针对的都是"提低"，但共同富裕不是简单地把高收入阶层的收入均分给低收入阶层，更不是搞平均主义，而是要通过初次分配、再分配和三次分配体系的合理化，实现更为公平合理的发展成果全民共享。

不断促进全体人民共同富裕，是习近平新时代中国特色社会主义思想的精神实质，体现在新时代坚持和发展中国特色社会主义的基本方略之中，也是破解发展不平衡不充分问题的关键。

在实现第二个百年奋斗目标的道路上，我们将立足新发展阶段、贯彻新发展理念、构建新发展格局、推动高质量发展，把握好优化收入分配的政策理性和"先富"向"共富"转换的基本思路，以改革即解决有效制度供给问题为龙头，带动初次分配、再分配、三次分配及其配套政策设计和政策体系的优化，多方协同，推进人民走向共同富裕，国家繁荣昌盛。

全面理解共同富裕[①]

　　共同富裕是经济发展到一定水平后，国家有条件来发力推动的目标。2021 年 8 月 17 日，习近平总书记在中央财经委员会第十次会议上强调："共同富裕是社会主义的本质要求，是中国式现代化的重要特征，要坚持以人民为中心的发展思想，在高质量发展中促进共同富裕。"[②] 实现共同富裕的过程也是我们推进国家治理现代化的过程。中央已对实现共同富裕擘画出蓝图。下面我们就如何深刻理解共同富裕的科学内涵、基本路径和需要进一步深化改革的机制和完善的政策体系，对中国财政学会顾问、华夏新供给经济学研究院首席经济学家贾康进行了专访。

推进共同富裕是中国迈向高收入国家的必经之路

　　问：2021 年是中国共产党成立一百周年，我国在 2020 年实现了全面脱贫，全国人民生活总体上实现了从温饱到全面小康的历史性跨越。2021 年，又是中国开启向第二个百年奋斗目标进军的新征程的重要一年。到 2035 年，中国要基本实现社会主义现代化，基本路径是将以促进共同发展创造共同繁

---

　　① 本文是《经济导刊》对本书作者贾康的专访稿，详见：季红 . 全面理解共同富裕 [J].经济导刊，2021（11）。

　　② 习近平主持召开中央财经委员会第十次会议 [OL]. 中国政府网，2021 – 08 – 17.

荣，以共同繁荣带动共同富裕。您能否就共同富裕的认识框架对我们进行更深入的解读？

贾康：关于共同富裕的认识框架，可分几个层面。

第一个层面，共同富裕是社会主义的本质要求。共同富裕事关执政党的执政方向和执政能力。在向实现新的百年奋斗目标迈进的开局之年，党中央再次提出在高质量发展中促进共同富裕，这是党对人民的庄严承诺。邓小平曾多次提出共同富裕是中国特色社会主义的根本原则和本质特征的论断，具有重大历史意义。1986 年 3 月，他提出，"我们坚持走社会主义道路，根本目标是实现共同富裕"。① 1986 年 9 月，他又再次强调，"社会主义财富属于人民，社会主义的致富是全民共同致富。社会主义原则，第一是发展生产，第二是共同致富"。②

第二个层面，实现共同富裕是中国共产党人矢志不渝的奋斗目标。中国共产党成立一百年来，中国共产党人始终以民族独立、国家富强、人民共同富裕为根本目标而奋斗。

可以说，我们正在进行的是古今中外前所未有的伟大事业。在人类社会发展过程中，还从来没有出现过共同富裕。在原始社会，原始氏族部落有公平但没有富裕，所谓原始共产主义社会是一种非常低水平的发展状态。进入阶级社会之后，阶级压迫、利益冲突和贫富悬殊的不平等现象严重存在，即使是北欧的社会福利保障被高度肯定，被称为是"从摇篮到坟墓"，也只是基尼系数比较低，恐怕不能说北欧就已经形成了共同富裕的社会。

中国古人早有对"大同社会"的憧憬。《礼记·礼运》中，孔子曰："大道之行也，天下为公，选贤与能，讲信修睦。故人不独亲其亲，不独

---

① 邓小平. 邓小平文选：第三卷［M］. 北京：人民出版社，1993：155.
② 邓小平. 邓小平文选：第三卷［M］. 北京：人民出版社，1993：172.

子其子，使老有所终，壮有所用，幼有所长，矜、寡、孤、独、废疾者，皆有所养，……是谓大同。"共同富裕是天下大同的一个重要核心内容。实现共同富裕是中华民族崇高的理想，是中国人民世世代代的憧憬与追求。改革开放后，中国总结经验教训，认识到贫穷不是社会主义，平均主义也不是社会主义。要把改善民生，鼓励致富，增强人民幸福感、获得感和安全感作为改革开放的出发点和落脚点。共同富裕是人民群众共同的期盼，也是中华民族实现伟大复兴的重要基础。

第三个层面，要建立规范的走向共同富裕的"现代国家治理"的制度体系。在配套改革中形成制度框架，实现制度进步，保证决策的科学性。

由"先富"向"共富"的阶段性转换

问：在改革开放之初，邓小平同志曾在不同场合多次提出要让一部分人先富起来，先富带动后富，最终实现共同富裕。[①] 共同富裕是一个历史阶段，需要分阶段推进。中央强调要在高质量发展中促进共同富裕，这是否意味着经过40多年的改革开放，中国经济社会发展已有条件进行重大的战略转型？实现共同富裕是一个动态演变推进的过程，也是一项涉及多主体的系统工程，我国仍然属于最大的发展中国家，这一基本国情并没有变，您认为推进共同富裕的基本路径是什么？

贾康：你提出的这个问题很重要。在新的发展格局下，我们面临在恰当的时机推动由"先富"向"共富"的战略转变。

改革开放初期，针对社会生产力水平较低、经济发展落后的国情特点，我国实施以经济增长为核心、鼓励一部分人先富起来的"先富"战

---

① 赖德胜. 如何理解邓小平"先富共富思想"的辩证法［OL］. 中国共产党新闻网，2014 - 08 - 20.

略。1986 年 8 月，邓小平视察天津时指出，"我的一贯主张是，让一部分人、一部分地区先富起来，大原则是共同富裕"。[①] 这是党中央在实事求是的基础上采取分阶段发展战略的正确抉择，有利于使我国尽快摆脱贫穷落后的状况。当然，这一不平衡发展战略是有代价的，随着经济社会发展，收入差距扩大的负面后果也日益凸显。但经济高速发展和效率提高带来的成就，为收入分配战略的调整奠定了坚实的物质基础。我们所坚持的以公有制为主体、多种所有制共同发展的基本经济制度为收入分配的调整提供了相关的制度保证。曾经有一段时间，一部分地区和一部分人先富起来了，共同富裕目标却被一部分人淡忘了，而这不符合邓小平一开始就特别强调的"先富带动后富，最终实现共同富裕"的思想。近年来，随着人们对两极分化的关注和担忧，走共同富裕道路的呼声越来越强烈，这也是中国共产党的初心和历史使命。因此，我国实施从"先富"向"共富"的战略已经具备了物质条件，也具有现实紧迫性。

20 世纪末，我国先后启动了西部大开发、中部崛起、振兴东北老工业基地、乡村振兴、脱贫攻坚战等发展战略。"十三五"期间，我们以举国之力推动这些战略的实施。地区之间、城乡之间的差距有所缩小，我国的基尼系数在 2006 年达到顶峰后开始表现为趋稳和略有下降，但这些仅仅是初步的。当前和今后一个时期，一方面我们需要继续推进地区间均衡发展战略，另一方面我们要深化收入分配制度改革，将积极促进实现共同富裕确立为未来经济发展的中心轨道。

进一步改革和完善国民收入再分配制度

问：收入和分配问题是世界性的难题。法国经济学家托马斯·皮凯蒂

---

① 邓小平. 邓小平文选：第三卷［M］. 北京：人民出版社，1993：166.

在《21 世纪资本论》中调查统计了一百多年间美国家庭所得与财务分配数据，分析了所得最高的 10% 家庭与其余 90% 家庭的分配变化趋势，研究表明，在超级全球化时代，美国社会贫富两极分化已走向极端，西方一些发达国家的中产阶级迅速萎缩。而中国在发展中试图解决"公平和效率"的矛盾，这是改革进入深水区后要啃的硬骨头，我们的再分配制度机制需要做哪些调整和改革？

贾康： 2020 年我们已达到全面小康。但是收入差距悬殊的状况，客观地讲，是十分明显的。社会主义中国应该比资本主义国家的基尼系数更低。皮凯蒂对全球财富分配做了 200 年时段的研究，他得出的结论是，从 200 年的发展视野来看，资本的力量和劳动的力量比较，资本的力量更强，相关分析认识对我们有启发和借鉴意义。

我们要强调政府能动的优化再分配职责，政府的作用首先是要加强制度建设和政策执行职责。西方国家居民收入差距的缩小主要是通过再分配环节来实现，并已在多年发展中形成了以直接税为主的调节机制。我国的税收现在仍是以间接税为主，再分配功能有限，调节乏力，某些再分配政策在实施中还存在逆向调节问题，使居民收入差距难以有效缓解。

（一）现行财政支出配置对居民收入再分配调节作用有限

第一，财政社会性支出规模有限，对抑制居民收入差距力度不大。我国作为发展中国家，长期以来以经济建设为中心，实施赶超战略，GDP（国内生产总值）的增长成为政府部门的重要目标。我国财政支出结构中经济性支出与行政运行支出长期占较大比重，而社会性支出规模有限。为推进民生状况的改善，需要调整财政支出结构，降低行政支出成本与规模，提高经济支出绩效，增加社会性支出，保证低收入居民的基本生活需要，更充分地优先提供教育、医疗、住房、养老等基本社会保障和基本公共服务，解决好这些方面的可获得性问题。

第二，城乡之间的公共产品供给严重不均衡，城乡居民收入差距显著。公共产品供给支出城乡不均衡，在义务教育、公共卫生、公共设施与基础设施等方面，城乡供给差异很明显，要积极促进城乡的基本公共服务均等化。

第三，政府预算支出中的民生支出偏低。在财力有限的约束条件下，财政分配要选择目前最需要保障的民生事项予以重点支持，即从基本民生的"托底"保障做起。近年来，我国加大了对民生方面的投入，但总体投入仍显不足。例如，近些年，我国不少城市房价暴涨，"买房难"的问题引起民众极大的关注，而政府承建保障房、公租房建设的投入往往严重不足。享受廉租住房政策的居民只占总数的0.5%，而发达国家一般是10%左右。世界上绝大多数国家的社会福利支出在其政府财政支出中占相当大比例，而我国的社会福利支出（包括教育、医疗卫生、社会保障和就业等）占财政支出的比例偏低，难以保障低收入居民的基本生活需要，也不利于缩小居民收入差距。

（二）政府间转移支付制度调节收入分配的功能较弱

我国在构建和发展完善政府间转移支付制度以调节区域差异方面，做了多年努力，取得较大成绩，但仍存在一些明显问题。

第一，以政府间转移支付调节区域和收入差异的力度和规模还不足以缓解收入悬殊，促进共同富裕。

第二，转移支付结构有待进一步优化。尽管优化转移支付结构，逐步提高一般性转移支付比重，清理整合转移支付的要求已提出若干年，但因为削减专项转移支付会牵动和影响所涉及部门的行政权力和资金配置权力，所以难度很大。

第三，转移支付均等化效应还不理想。财政转移支付的目的是通过财政能力的纵向和横向平衡的统筹，以促进基本公共服务均等化。在我国现行的转移支付制度中，中央对地方的转移支付包括税收返还、专项转移支付和一般性转移支付三大类。其中，税收返还重在维护既得利益，不具备均等化效应；专项转移支付重在实现政府特定政策目标，规模仍然较大，而均等化效应较弱；只有一般性转移支付具有直接的均等化效应，但规模还不够大，有待在三者间做结构和机制的优化调整，以促进基本公共服务均等化目标更好实现。

（三）税收调节弱化成为居民收入分配差距大的一个重要因素

第一，个人所得税应发挥的"抽肥补瘦"再分配功能远未到位。我国现行个人所得税负主要针对工薪等四项劳动所得，实行7级超额累进税率，级距设计不够恰当，导致税负不够合理。中等收入阶层成为收入调节的主要对象，承担了较大部分税收，社会成员的薪酬等劳动所得承担了较大比重的税负。原本是调节高收入群体的个人所得税，在我国却主要调节了劳动者收入和中产阶层，而且覆盖面在2018年新一轮个税改革后，开始时仅覆盖3000多万人，全国年度个税收入仅占税收总收入的6%左右，个人所得税在调节分配收入差距方面的主体手段并没有得到充分发挥，导致收入再分配功能发挥不理想。

第二，财产税在税收收入中的占比很低，房产税只是在上海和重庆以改革试点"柔性切入"，迟迟未能启动房产税立法程序。

财产税一般都被作为调节收入分配差距的主要税种，但我国财产税在税收收入中占比极低，尚难以成为收入调节的主要工具。为优化收入再分配，税制改革方向是加大财产税在我国税收收入中的占比。我国现行财产税主要包括车船税、房产税、城镇土地使用税等税种。房地产税属于不动产（包括消费性住房）持有环节的财产税，具有取得财政收入、调节收入分配和调控房地产市场等多方面的作用。目前我国房地产税在上海和重庆试点，只涉及增量或以增量为主，远未全面铺开。

第三，遗产税和赠与税缺失。遗产税和赠与税直接面向的是那些不是通过自己努力而以继承获得巨额存量资产的高收入阶层，它的出台既可以缩小由代际和偶然原因而造成的个人收入差距，同时也倡导了个人要通过自己的努力获得收入的理念与创造性文化。目前，我国遗产税和赠与税征收尚未进入议事日程，但相关文件提出要"研究开征"。开征遗产税需要大力健全财产保护制度、财产实名登记制度等相应的管理制度，包括在配套改革中确立官员财产的报告与公示制度，同时，也应一并设计赠与税，并相应地加强公益性基金会的规范化制度建设。

第四，消费税应有的调节功能有待完善。我国消费税是一种特别消费税，选择了部分消费品征税。近年来，消费税的调整更多从调节消费、保护环境方面出发，而对其收入分配功能的关注相对较少。消费税征收范围较窄，仅对烟、酒、珠宝首饰、烟花爆竹、燃油、实木地板等十几个税目进行征税，部分高档消费行为还没有纳入征税范围，例如高档会所、高档餐饮、高档洗浴、高档卡拉 OK 等，以及私人游艇、私人飞机等炫耀型消费品，将来需要增加消费税的品种和提高税率。

（四）社会保障制度的缺陷使其对收入分配调节作用受限

社会保障也是收入再分配的重要工具。我国社会保障制度的发展在调节收入分配中已发挥了一定的作用，但仍存在诸多的问题。

第一，社会保障的覆盖不足。从总体上看，我国社会保障覆盖率不足，相当一部分人还没有参加社会保险。有一部分贫困人口没有被纳入最低生活保障范围，不少农村人口没有享受到应得的社会福利；基本养老保险制度的覆盖面有限，有大量城乡灵活就业人员和部分城市居民没有被纳入；失业保险方面，一些灵活就业人员、乡镇企业人员还没有被纳入；在非正规就业的农民工等群体中，有大量人员没有被纳入社会保障范围。在逐步解决制度覆盖范围内不合理待遇差距问题的同时，更要关注制度缺失带来的相当一部分人群无法享受社会保障的问题，积极建立覆盖城乡全体居民的社会保障体系。

第二，社会保障发展不均衡。针对贫困人口和弱势群体的社会救助、社会福利发展等还明显不足和不均衡，尤其是城乡发展不均衡。各项福利制度主要面向城市人口，广大农村人口被排除在外。在城市企事业单位，已建立了包括养老、医疗、失业、工伤、生育等在内的社会保险制度，最低生活保障制度也率先在城市建立，农村人口享有率却很低。总之，农村的社会保障发展普遍滞后，即使被覆盖，其享受的待遇也比较低。

问：优化税制结构，需要深化税制改革，以充分发挥税收调节收入分配的功能。市场经济所要求的税制体系，总的来说是一种"多种税、多环节、多次征"的复合税制，必须着眼于整个税制的建设，不可能靠一两种税就能将整体征税问题解决。您觉得应该如何优化税制结构？

贾康：我们需要构建一个包括增值税、消费税、资源税、环境税、企业所得税、个人所得税、房产税、遗产税和赠与税、社会保障税等多税种在内的税收调节体系，对接预算体系运行，从消费支出、收入流量和收入存量各方面"抽肥补瘦"地调节社会各阶层的收入，以多渠道缓解因收入差距形成的矛盾。这些税种在调节范围、调节力度和调节广度上是相互补充、相互协调的关系，逐渐形成一个以直接税为主，以所得税调节即期收入分配，以消费税和财产税、遗产税调节个人财富积累水平，以社会保障税作为社会保障制度主要的收入来源，具有连续性和整体协调性的税收调节机制。

在复合税制组合中，直接税的作用更多体现为：在筹集政府收入的同时，调节收入分配、调节经济和社会生活。直接税的这种调节作用是按照支付能力原则"区别对待"的，在社会成员收入必然有高低差异的情况下，直接税使有支付能力、更为富裕的社会成员对公共金库做出更多的贡献。直接税这种遏制两极分化趋向的功效，使其在社会分配全流量里面有着不可或缺的地位。

问：党的十八届三中全会明确提出我国要"逐步提高直接税比重"。您刚才特别强调要发挥直接税"抽肥补瘦"的作用，但是说了这么多年，实际的进展并不理想，看来这是中国进入改革深水区真正要啃硬骨头的历史性考验。您是怎么看的？

贾康：我个人一向是这样认为：中国要走向现代社会，必须有现代税制，也就必须有现代化的直接税，这也包括构建地方税的要求，要按照中央的要求，先立法然后分步实施，解决房地产税的问题。中央要求的"加快"现在已有了一点动向。还有遗产税和赠与税，它们是无法回避的，但是推行它们的难度更大。我们在实现共同富裕的取向上得到了认定，在攻坚克难中要有紧迫感，要在立法过程中通过取得最大公约数，把相关的规则和制度建立起来。

问：2021 年 10 月 23 日，全国人大常委会第三十一次会议决定：授权国务院在部分地区开展房地产税改革试点工作。这是一段时期以来中国房地产税政策最重大的变革之一。房地产税作为收入分配调节的制度安排，对投资性、高价格的购房行为征收更高税费，能在一定程度上抑制贫富差距扩大，将是实现共同富裕的重要手段之一。政策推进必须立法先行，并直接试点。那么房地产税立法是否也在推进？

贾康：2016 年之后，在北上广深等一线城市带动下，一大批中心城市出现了房价暴涨之势。在这种背景下，应全面考虑优化相关制度安排和优化房地产调控政策，积极考虑加快房地产税立法进程，把这一税制改革任务纳入打造房地产业健康发展长效机制所需的基础性制度建设中，如得到立法机关审批通过，房地产税可率先在房价上升压力大的城市实施。这样既有利于抑制一线城市的房价和房地产泡沫，也有利于打造地方税主体税种、构建地方税体系，又可为中央与地方的收入划分优化创造条件，进而推动央地财政关系改革。

三次分配对当下中国的意义

问：在缩小居民收入和财产分配差距方面，政府要发挥关键作用。多年来，我国一直采取的是"限高、扩中、提低"的方针，关键是要加强税收对高收入的规范和调节，进一步壮大中等收入群体，切实推进基本公共服务均等化。党的十九届五中全会提出，"到2035年，中等收入群体显著扩大，基本公共服务实现均等化，城乡区域发展差距和居民生活水平差距显著缩小"。为此，要做好低收入人群的保障，巩固脱贫攻坚成果，统筹资源力量，对重点贫困地区进行重点帮扶，对城市低收入群体要进一步织密织牢社会安全网。

目前，扶贫和乡村振兴战略针对的都是"提低"，但共同富裕不是简单地把高收入阶层的收入均分给低收入阶层，更不是搞平均主义，而是要通过初次分配、再分配和三次分配体系的合理化，使发展成果全民共享。在强调共同富裕时，三次分配引起高度关注，那么三次分配能够起到什么作用呢？

贾康：中央提到，要构建初次分配、再分配、三次分配协调配套的基础性制度安排，引起舆论高度关注。那么，什么是"三次分配"？

在整个国民收入分配过程中，先后有三次分配。首先有初次分配，它由市场机制主导，生产经营成果按照要素分配到劳动收入、资本利润、地租、科技成果收入等形式上。初次分配是以效率为主导的有偿分配，有投入就可以参与收入分配而各得其所，主要体现的是企业部门和居民部门的关系，政府以流转税介入而筹集收入，兼有弱调节。我认为，我们仍应强调在整个社会再生产中的初次分配环节，在分配导向上首先注重激励创业创新、做大蛋糕，更多注重坚持规则和过程公平。

再分配是在财富均衡取向下的分配，所有社会成员都可以基于公民、纳税人的身份享受政府提供的公共福利。再分配主要体现为政府和企业、政府和居民关系的调整分配，再分配中的政府主导特点非常明显。财政实施的再分配，是非常重要的政府介入国民收入分配的方式，特别是转移支付和直接税。政府有了更多参与，以求"分好蛋糕"。在处理政府和企业（市场主体）、中央和地方、公权主体和公民这三大关系上，财政是一个交汇点。我们所说的财政体制，要稳定地、尽量合理地形成支撑这一分配运行过程可持续良性运转的基础条件。

三次分配是民间个人或组织在自愿的前提下进行的具有无偿性表征的公益慈善活动。参与三次分配的主体具有多元性，一般来说，有个人、企业和民间团体三种，其中民间团体又以社会非政府机构、志愿者组织和基金会为主要的三种模式，在三次分配中发挥着重要的作用。

三次分配主要是以社会治理概念下的"自调节"机制，进一步解决"分好蛋糕"的问题。"分好蛋糕"，要注重分配结果适当的均平化调整。"公平"体现在规则和过程上，跟"效益"没有矛盾，但分配结果的公平（准确地说是"均平"）程度如何，却需要和效益做出合理的权衡——如果过于平均，就没有让社会相关主体下一轮做大"蛋糕"的动力；如果过于悬殊，则会使弱势群体产生不满，甚至影响到社会的和谐，经济问题可能会社会化和政治化。所以必须按照"结果的均平化"这个目标做适当的调整。一般认为，公益慈善机构和志愿者组织主导、按自愿原则组织的三次分配主要表现为以伦理道德为驱动力、以自治和多样性为特征的进一步均平化调整。其中，政府可适当通过制度安排和政策设计进行引导和扶助。

其实，公益慈善古今中外皆有。过去，我国乡绅的基层治理中就有学田、义仓等，还有一些民间自发的像武训的助学方式等，也是一种公益慈善。它们都是社会收入分配体系的组成部分。随着经济社会的发展和文明的进步，三次分配在调节贫富差距、促进共同富裕方面的作用，总体呈上升的趋势，相关社会意识的培养值得肯定。

改革开放后，中国经济迅速发展，随着老百姓实现温饱和全面实现小康，中产阶层和富足人士不断增加，其中有很多先富起来的人有能力给弱势群体以资助，越来越多的人将加入公益慈善活动。特别是在明确共同富裕是"社会主义本质"的认知、在中国推进现代化的过程中，三次分配的作用和意义就更加值得高度重视。

这些年来，我国在助学、救灾捐献、志愿者组织、基金会等方面已经有了较丰富的实践，也越来越为社会所认知。其中也有一些作秀式的粗暴公益，以及抱有强烈商业动机甚至欺诈的行为，等等。如何加强这方面的制度建设，掌握治理的分寸，既不完全否定存在的商业动机（如为了提升社会形象和知名度），又能让这样的公益行动走上健康轨道，如何更好实现对居民个人公益行为的引导和鼓励，这些都是非常具有挑战性的问题。

问： 在经济学中，一般将政府和市场看作是资源配置的两个主体，当一方出现失灵现象时，另一方将是弥补该缺陷的合适选择，反映了政府与市场相互补充的关系。在您的研究中，提出了政府、市场主体和志愿者部门三方的体系，延伸各自有效性而形成三者"合作治理"关系的新认识。这种理论是否可超越资源配置两分法，将资源配置归纳为三种机制，这在分配机制中可否应用？

贾康： 我们通过理论联系实际的考察，认为资源配置可归纳为三种机制。一是市场机制。即通过价格竞争等机制，以竞争和交换的形式实现资源配置。这种配置资源的目的是以追求个人利益为激励形成发展动力与效率提升机制，实现经济社会发展的基本需要。二是政府机制。政府通过公共权力，以税收等形式取得公共收入，形成可支配的公共资源，并以调节公共支出和转移支付等形式进行资源配置。这种配置资源的目的是履行政府职能、满足社会公共需要。三是社会机制。即社会组织通过社会自愿的公益保障与救助机制，以捐献和无偿援助的方式，实现资源配置中的二次分配调整，这种配置资源的目的是使人们出于伦理道德等动因，形成在市场、政府配置中表现不够或顾及不到位的利他主义行为，对社会上的弱者给予关心和扶持。

问：近年来我国慈善公益事业发展如何？

贾康：近年来，我国慈善公益事业虽然取得了一定发展，但三次分配方面仍然存在一些问题，主要包括以下两个方面：

一是总体发展方面的问题。首先，慈善机构数量增多，但筹款能力相对较弱，而三次分配力度不够。其次，参与三次分配的主体仍然以企业（国企和民企）为主，个人参与积极性不高。最后，三次分配关注的领域较为传统，对"大慈善"（科学、文化、教育、卫生）领域的关注不足。

二是体制机制方面的问题。现阶段中国在三次分配方面的调节机制，突出体现在税收制度上，有关规定主要体现在流转税和所得税两大方面，主要存在以下问题：首先，中国现行所得税还没建立捐赠超额结转制度和公益性基金会投资收入税收优惠制度，这在很大程度上限制了中国三次分配中大额捐赠的占比与积极性。其次，免税退税程序较复杂，在很大程度上抑制了三次分配的发展。最后，没有开征遗产税和赠与税，不利于以制度引导为三次分配提供持续资金基础，导致大量富豪和绝大多数中产阶层都选择积累财富，再直接传递给子孙后代，并不会首先考虑进行慈善捐赠。

问：中国现阶段发展三次分配是否已经具备了现实可行性？

贾康：我认为已经在很大程度上具备了可行性，这主要体现在三个方面：第一，中国经济前些年的快速腾飞使人民生活水平得到显著提高，工资性收入的较快增长、财产性收入的多元化和资产价格的攀升等因素，都为富裕阶层和中产阶层的规模增长奠定了基础，城乡居民储蓄余额近年来继续呈现增长趋势，这些都成为中国三次分配发展的物质支撑因素。第二，中国有关三次分配的制度陆续建立。立法方面，现阶段与三次分配慈善捐赠相关的法律法规有《中华人民共和国慈善法》《中华人民共和国公益事业捐赠法》《中华人民共和国红十字法》《社会团体登记管理条例》《基金会登记管理条例》《个人所得税条例实施细则》《救灾捐赠管理办法》等。此外，还陆续出台了一些志愿服务的规范性文件等，为中国发展和引导三次分配奠定了基本框架。第三，近些年民间的慈善、赈灾、公益捐赠活动迅速发展，反映了民间慈善公益活动的收入基础趋于雄厚，更反映了随着人民群众收入的提高，他们对于公益慈善的心理认同与社会偏好、文化氛围的提升。

总之，在三次分配中，我们既要强化"做大蛋糕"，也要重视"分好蛋糕"。实现共同富裕，既需要坚实的制度创新建设保障，也需要优化实施一系列政策，完善多方面的政策体系建设。

第1章 财政是国家治理的基础和重要支柱

1.1 财政作为改革突破口——屡屡选择财政领域的必然性

新中国经济发展经历了曲折的探索之路，经历了从社会主义计划经济体制到社会主义市场经济体制的创新性变革。作为历次经济与社会改革的突破口和重要组成部分，财政改革对于经济体制和社会制度进步的重要性十分突出。

党的十八届三中全会通过的《决定》，作为全面深化改革最高层级的指导文件前所未有地专门提到"财政是国家治理的基础和重要支柱"，要求"建立现代财政制度"。当时就有人问，这是不是说高了一点？从研究者的角度来看，我认为这在学理上是非常严谨的。党的十九大报告再次指出，"加快建立现代财政制度，建立权责清晰、财力协调、区域均衡的中央和地方财政关系"，印证了上述判断。这是因为财政在本质上是一个"以政控财，以财行政"的资源分配体系，所有的社会公共资源配置，按照规范的思路来说，都要有与预算形式相对应的财政分配。国家政权体系的"以政控财"，首先表现为各级政府以社会管理者的政治权力掌握、协调社会总产品中的一部分，这一部分在现代经济生活中必然以价值形态的财力表现出来，实际上代表的是可分配资源。

什么是"以政控财"？从国有资产管理体系来看，国家拥有国有资产的最终所有权，所以就可以参与国有企业的分红，即国企的资产收益分配。政府为什么能成为国有资产最终所有权的代表呢？还是凭借它的政治权力，依靠中国共产党作为执政党的公权力地位，在这种情况下，政权体系就要作为国有资产的出资人，去行使资产所有权所对应的资产收益分配权。

那么什么是"以财行政"？就是用相应公共资源，即由财力表现的可分配社会产品，去履行政府应该履行的职能。政府"以财行政"的职能定位是什么，改革开放后做了多年的探讨，现在大家已经基本认同，首先要满足社会公共需要，即要尽可能地按照社会发展的客观要求，由政府牵头组织和提供公共产品与公共服务。当然，在中国，并不限于公共产品与公共服务，政府对一些产业创新中合理的产业政策、技术经济政策的引导和支持，也都在其职能范围之内。

这里面还要把握好讨论了多年的合理分配问题。陈云同志曾经提到"一要吃饭，二要建设"，① 是最朴素的真知灼见，因为不能反过来，先建设再吃饭，这不符合分配和可持续发展的客观规律，这都是财政体系要解决的分配结构问题。

财税改革是财政体制改革的先行军

在追求强起来历史飞跃的新时代，中国需要坚定而持续地推进财税改革。财政体制改革是中国全面深化改革的关键之举，而财税改革是财政体制改革的先行军。1994 年的分税制改革使我国在市场经济下

① 中共中央文献研究室. 陈云传 [M]. 北京：中央文献出版社，2005：1616.

形成了现有财政制度的基本框架，也奠定了 20 多年来我国经济高速发展的财政制度基础，释放了微观市场主体活力，提高了政府调控经济的能力。

2014 年中共中央政治局召开会议审议通过了《深化财税体制改革总体方案》，这是按照党的十八届三中全会通过的《决定》首先通过的财税改革方案，标志着新一轮财税体制改革启动。到目前，这一轮改革已初步取得成效，为建立现代财政制度奠定了基础。从财税改革入手，符合财政的特殊地位，也和我们原来几轮改革的切入点高度一致。

改革开放启动的时候，微观层面的切入点是在农村，首先肯定而后鼓励了家庭联产承包责任制，使农村改革迅速见效并取得了成果。在企业方面，通过企业基金、利润留成，然后推进利改税，推动企业按照商品生产经营者的市场主体定位发展，以焕发市场活力。城市改革方面，局部的率先动作使深圳成为我国改革开放的"窗口"与"试验田"，结果倒逼出一个经济特区。在当时的情况下，中国必须"敢闯敢试、杀出一条血路"，然后靠实际情况来说话，看社会主义跟资本主义到底能不能比一比。经过几十年的快速发展，深圳从一个不为人知的小渔村变成现代化的大都市，其发展奇迹有目共睹。

改革开放初期，除了微观层面的、局部的改革举措之外，宏观层面也需要改革，如何改革？中央认识到不可能让整个社会再生产按"停车检修"的方式搞"休克疗法"式改革（这是俄罗斯叶利钦政府的改革方式，中国必须按渐进式改革方式推进），但谁也不可能拿出一个全面改革的顶层设计蓝图，只能找突破口。宏观层面，在摸着石头过河、以财政服务全局的情况下，首先选择的突破口是财政体制实行"分灶吃饭"，借助财政分配改革的突破带动了整个体制的改革，后来又开展税制改革，合理划分税基，将税基比较大的几个税种作为共享税。随后，在计划、投资、人事、劳动、金融、外贸等领域，那种高度集中的控制也跟着松动，然后再用双轨制试错，在弹性空间中打开新局面。

1992年10月，党的十四大根据邓小平南方谈话精神确立了我国经济体制改革的目标是建立社会主义市场经济体制。市场经济所要求的间接调控框架必须搞分税制。1994年，分税制改革启动，这就是经济性分权。分税制改革再一次为全局改革提供了一个突破口，进而打开了后续改革的空间。再以后，就是货币政策和财政政策两大政策得以在间接调控体系中实施以经济手段为主的调控，这样基本上走上了与市场经济一个大方向的间接调控之路。

现在我们讲财税改革的时候就要意识到，党的十八届三中全会之后，财税改革再一次合乎逻辑地在整个全面深化改革战略布局中充当了先行军的角色。中央首先通过了《深化财税体制改革总体方案》，并以财税改革作为重头戏拉开了中国全面深化改革的序幕。其后的改革包括户籍制度改革、土地流转制度改革、司法改革、价格改革、国企改革等，都是作为一个个重点步骤在依次部署和推开。

财政体制是处理三大关系的基础

在学术界已形成的共识是：财政体制是处理政府间分配关系的制度安排，税收制度是规范政府与企业分配关系的制度安排。如在学理层面做更周详的审视，可知这一认识还不够到位。

财政作为一国政权体系的组成部分，本质上是"以政控财，以财行政"的资源分配体系。首先是要解决政府为履行其社会管理权力和职能而优化公共资源配置的问题，而公共资源配置的优化一定会影响和拉动整体资源配置的优化。财政预算体现国家政权活动的范围、方向、重点和政策要领。也就是说，财政所涉及的是整个社会资源的配置问题与财政制度安排，包括：政府"钱从哪里来"的税收与非税收入问题，"钱用到哪里去"的支出、转移支付问题，以及资金收支的标准化载体即预算等一系列体制、机制的规定。这些问题实际上涉及经济社会生活中的三大基本关系：一是政府与市场主体企业之间的关系；二是中央政府与地方各级政府之间的关系；三是公权体系与公民之间的财力、资源、利益分配关系。

财政之所以成为国家治理的基础，预算之所以反映政权活动的范围、方向和重点，财税分配之所以与国计民生息息相关而牵一发动全身，财政史之所以既能反映社会进化中的阶段、结构演变，又能反映社会正义、文明程度的发展，财税改革之所以要为全面深化改革"既打头又殿后"提供全面支撑，都是因为政府与千千万万家企业、中央政府与地方各级政府、公权体系与公民或纳税人之间的权责利关系，都必然体现并交汇于财政体制。

因此，现实生活中，财政体制绝非仅仅处理政府间或政府体系内的分配关系。在服务社会主义市场经济与社会发展全局的意义上，财政体制首先需要处理好政府与企业之间的关系这一"核心问题"，进而需要基于分配机制"三位一体"地处理好政府与企业、中央与地方、公权与公民三大基本经济关系。直观地看，市场主体和纳税人层面最为敏感又特别关心的税费制度，解决的是企业"缴什么"和"怎么缴"的问题，而财政体制要一并解决"缴给谁（哪级政府）"和"按什么原则与规范（何种制度）缴给谁"的问题。因此，财政体制首先要解决资源配置中基于产权契约和法治环境、政府作用之下的效率激励、创业创新响应机制问题以及利益分配过程中的公正、可预期、可持续问题，进而服务、影响、制衡资源配置全局。

1.2 合理分权——处理好中央与地方关系

在当代市场经济条件下，财政体制内嵌于市场体制中，作为政府、市场、社会之间的连接纽带，财政体制的健康、稳定、平衡、效率，财政体制运行过程中的法制化和规范化水平，及其对社会公平问题的矫正，都体现出国家治理能力的现代化水平。

要处理好中央地方体制关系，需要从理顺事权开始，应形成各级事权一览表、支出责任明细单，理顺收入划分，建设地方税体系，在扁平化三级框架之下寻求"财权与事权相顺应、财力与事权相匹配"的局面，促进基本公共服务均等化和各地各级政府职能的到位。

基本思路如下：首先，对每一级政权要有人大的合法授权，进而形成"一级政权、一级事权、一级财权、一级税基、一级预算、一级产权、一级举债权，再加上自上而下两级转移支付和辅助性的横向转移支付"的制度安排。邓小平同志在南方谈话中提到"先富起来的地区要多交点利税，支持贫困地区的发展"[①]。这些年，中央、省级政府在"抽肥补瘦"做转移支付的同时，也辅助性地在发展横向转移支付。比如在汶川大地震之后，中央协调各地对口支援灾区，就是横向转移支付。这样一套制度最终如果能够使不发达地区的地方政府在财力方面也能满足履行其基本职能的需要，就算是长治久安了。其次，地方税体系方面必须完成攻坚克难的改革，产权、举债权的制度建设也要优化推进。党的十九大以后，以《国务院办公厅关于印发基本公共服务领域中央与地方共同财政事权和支出责任划分改革方案的通知》（国办发〔2018〕6号）的出台为里程碑，给出了具体明确的指导，并要求加快推进省以下支出责任划分改革。

---

① 邓小平. 邓小平文选：第 3 卷［M］. 北京：人民出版社，1993：374.

财政体制的演变：从"分灶吃饭"到"包干制"再到分税制

党的十一届三中全会之后，中央很快确定了宏观层面改革的突破口是财政体制改革，重点是改变过去高度集中的财政体制，实行分权。原来的财政分配体制，近乎人们所说的"统收统支"，准确表述是"总额分成、一年一定"。改革的方式则是变"分灶吃饭"为"划分收支、分级包干"，"一定五年不变"。在向地方分权的同时，中央还明确提出地方权力要继续下放到企业。

这就拉开了改革开放时期宏观层面改革的序幕。在中央向地方分权、地方向企业分权的过程中，形成了在计划、物资、人事、劳动、金融、投资等方面改革的一些相对松动、有弹性的空间，而整个国民经济仍由原来的指令性计划维系体制内的再生产，此时就伴生出一个体制外空间，这是各种试验和改革的可能空间。财政体制改革在总体上为各项改革提供了可以试验的基础和条件。

然而，当分权改革发展到一定程度，其内生的各种问题也显露出来。与过去"总额分成"相比，"分灶吃饭"提高了地方政府理财的积极性，但在增加本级收入动机和市场价格扭曲信号导向下，必然倾向于多办"自己的企业"，多生产高税产品和价高利大的产品。到 20 世纪 80 年代后半期，社会上已出现越来越多的对于"分灶吃饭"的负面评价。如很多人认为，分配关系并不稳定，企业并不能真正被搞活，并且出现了地方保护主义、市场分割等问题。于是，中央开始寻找改革新思路，讨论分税制的可能性。[①] 1992 年邓小平同志发表南方谈话后，党的十四大确立了以建立社会主义市场经济体制为我国经济体制改革目标，财政体制改革也确定了实

---

① 分税制改革具体论述详见2.2节。

行分税制的基本思路。经过一段时间的准备，于 1994 年启动了具有里程碑意义的财政体制改革，即实行分税制财政体制。

1994 年的分税制改革，可以说搭建了中国市场经济间接调控的基本框架：国家主要以预算、税收、国债等财政政策和货币政策作为特色调控工具实施宏观调控，让市场的各种信号与这些宏观参数结合后，实现由国家调控市场、市场引导企业的目标，从而构建起有利于解放生产力的整套间接调控运行机制，使微观市场主体在分权状态下真正活起来。

这种运行机制实际和邓小平同志南方谈话的基本精神是一致的，即在运行机制上并不涉及基本制度问题，计划和市场都是手段，且二者要结合起来，以解决资源配置问题。在分税制改革目标取向上，旨在更多地让市场发挥基础性作用。

财政行政性分权与经济性分权的基本特征

若要对改革开放以来的财政体制转变做简要的总结，那么 1994 年之前可称为"行政性分权"，而 1994 年后则可称为"经济性分权"。

行政性分权最基本的特征是按照企业行政隶属关系形成财政收入组织方式和控制方式。分权之后，隶属不同层级政府的企业之间依然不能真正开展所谓公平竞争。哪怕实行"多种形式的企业承包责任制"，政企之间也不可能是平等的甲乙双方。这种问题即使在承包制框架下，也得不到一个真正优化解决的方案。所以，必须改变按照行政隶属关系组织财政收入的旧体制。无论是分权还是集权，只要不改变这种制度安排，就无法真正建立起市场经济。

在分税制体制下，一个辖区内所有的企业，无论大小，不分行政级别，在税法面前一律平等，企业该交国税的交国税，该交地方税的交地方税，税后可分配的部分，按照产权规范和政策环境，可以由企业自主分配。这样一来，各类企业公平竞争，企业的行政级别随之被淡化，企业的厂长、经理，哪怕是国有企业和国有控股企业的领导，以后也越来越多地可以在不参照行政级别的情况下，靠企业家市场来挑选和配置。这些是真正搞活企业的关键，也是1994年财税体制改革确立分税制的改革框架以后才形成的。

现阶段，一般人认为企业跨隶属关系、跨区域、跨所有制、跨各种各样标签概念的兼并重组是很自然的事情，而在1994年以前，这种事情难上加难。企业和政府之间的关系也是在1994年经济性分权之后，才得到一个适应市场经济的规范处理，各类企业也就开始有了一条公平竞争的起跑线。同时，中央和地方关系亦前所未有地进入一个相对稳定的状态。原来说的"一定五年不变""一定三年不变"，实际上是频繁变动的。1980年财政"分灶吃饭"后，中央曾三次向地方借钱，还开征了预算调节基金，以致在利益驱动下资金较为分散，在预算内和预算外，还有为数可观的"制度外"资金。1994年以后到现在，也再没有说"一定多少年不变"的问题，只是说，中央拿什么，地方拿什么，怎样合理优化调整。此后，资金的规范管理、预算安排的相对稳定与可预期等才成为可能。

总之，经济性分权，在社会主义市场经济最基本的经济关系——政府和企业、中央与地方这两个方面，首先是真正形成了与市场经济发展内在逻辑相契合的制度安排。其次，还有一种关系，即政府（包括中央政府和地方政府）作为公共管理实体的政权体系与公民、与纳税人之间的关系也越来越清楚。在这个过程中，个人所得税改革引起了社会的广泛关注，在客观上进一步唤醒了公民意识和纳税人意识，当然也带来了很多复杂的问题。

与此同时，我们也要看到分税制改革以后出现的新困境。一是在2000

年前后一度出现特别严重的基层财政困难，二是2008年"四万亿"政策以来出现的广受指责的土地财政和地方隐性负债问题。实际上，出现这些问题，不应归咎于分税制，因为我国省以下并没进行真正的分税制改革，还迟迟未进入分税制状态。地方财政出现的这些问题，恰恰是来自我们过去就知道一定会出问题的制度安排领域，因为我国所有地区，包括最发达的地区，在省级行政区以下仍没有能够实行真正的分税制，而是五花八门、复杂易变、讨价还价色彩较浓的分成制和包干制。

因此，接下来深化改革的重要任务，便是怎样把经济性分权进一步贯彻到省以下，真正把分税制从上到下贯通起来，让它成为市场经济发展的长效支撑机制。在这方面也有不同的认识，有的学者提出要因地制宜，分成农业区域和非农业区域，农业区域不搞分税制，非农业区域才搞分税制；同时中央和省一级搞分税制，省以下不搞分税制。听起来这似乎非常合乎中国国情，但这种认识实际上还没有真正理解和把握市场经济所要求的财政制度安排的本质内容，因为整个财政体制和"以政控财，以财行政"财政分配体系所对应的是一个统一市场，这个统一市场的制度规则应该横向到边、纵向到底。无论是在五级框架下还是在三级框架下，只要省以下财政实行五花八门的分成制、包干制，中国市场经济发展和经济社会转轨的财政制度安排问题就不可能解决，而且还会有潜在的风险：中央与地方的关系仍缺乏规范性和稳定性，长期这样下去，中央和省级的分税制可能都维持不了。现在有人认为，中央拿得过多，只要给地方更多的分成，整个局面就活了。回到分权概念上，我们坚决不能认同这种实际是以五花八门的分成制为出路的观点。"分灶吃饭"代表财力分配的分权并没有跳出传统的行政性分权与讨价还价式体制框架，所以必须探寻新的改革路径。

培育地方税体系：实现经济性分权的可行路径

改革中确实需要充分考虑中国的特色和特殊情况，但是发展市场经济必有一些共性的特征，比较突出的是国家财力分散，地方缺少必要的设税权和稳定财源，中央缺乏必要的宏观调控主动权。在经济性分权新时期，省以下不能真正实行分税制的原因就是财政层级太多——省以下还有四个层级。解决这个问题，应该另辟蹊径，走扁平化的道路，减少层级。

行政性分权在体制上不能保证政府财力必要的集中程度和中央地方间合理、稳定的分配关系。农业税取消以后，以农业税为主要财政收入的地方，尤其是乡镇没有或基本没有收入了，无从谈起怎样建立乡镇实体财政的问题，也没有能力给乡镇配金库，因为工商、税收以及其他方面的政府管理关系，都是按照经济区域而不是行政区域在下面设分支机构，实际上就必须放弃之前一再强调的建设乡镇财政的方针。下一步，行政方面也需要通过乡镇改革，把一般的乡镇（首先是农业区域的乡）变成县级政府的派出机构，不再是五大班子齐全，不再设七所八站，不再设乡镇财政实体层级。"乡财县管"是过渡方式，已较普遍推开，虽然此事在珠三角和长三角地区可另论。发达地区像广东的东莞，镇以后该怎么样发展，有必要进一步调整，有些可变成区，像东莞设成地级市以后，下面没有区这一层级，以后可把若干镇合并成一个区，区下面再设街道办事处。这种区以下的建制街道办事处，实际上就是根据工业化和城镇化发展过程，把原来的乡镇层级变成与现在北京这种大都市的基层差不多。还有另一种情况：新疆塔里木河流域沿着一个100多公里的狭长水系，散居着的几千人组成了一个乡，这样的地方基层有其特殊情况，先不急于解决，所以民族地区和边疆地区的特殊情况可另说。在其他大部分地方，乡镇改革的大趋势是非常明显的，也是不可逆转的。

通过省直管县，可以把浙江经验全国化，就是市和县在行政不同级的情况下，可与省级财政直接结算，财政不必再分市和县这两个层级配税基，以后逐渐形成中央文件明确说的"行政省直管县"结构。广东在此方面已经起步。从长期来看，省与省以下是两级，即省和市县，再加上中央，形成三级行政架构，原来五级分税制的问题就解决了。三级行政架构如何配置税基，有国际经验可以借鉴，我国也有相关的成功探索。

按照三级分税而不是五级分税，看起来是个技术问题，实际上是一个实质性的必须解决的出路问题，要求形成共识的问题。我们可以想一下：如果要了解中国财税体制运行的真实情况，可以把各省以下行政区的财政体制方案放在一起探讨。从分税制改革实践可以很清晰地看出，1994年以后，不要说欠发达地区，就是发达地区省以下也没有真正进入分税制状态，而只是维持了中央和省之间分税制的基本结构，并且共享税已经越来越多。我们的底线是，各个地方都必须按照统一规则处理共享税，增值税过去是75%归中央、25%归地方，现在"五五分享"，北京、上海如此，西藏、青海也如此，这是基本的规则，是底线，剩下的问题就要靠转移支付解决。

现在的真实情况是省以下都没有进入分税制状态，那么对于1994年以后困扰我们的地方财政困难、土地财政和高隐性负债等问题，打板子打在哪里？是打在分税制身上，还是打在省以下没有真正贯彻分税制而不得不实行的分成制、包干制身上？我认为这是我们要认清的真问题，也是一个大是大非的问题，必须把这些问题看清楚，才能真正进一步处理好财税改革该何去何从、怎么把握大方向、怎样通盘考虑的问题。前已提及，有一种意见是，中国可以考虑只在中央与省之间实行分税制，省以下不搞分税制。我的回应是：省以下不搞分税制就是中国现在的真实情况，你说维持现在的真实情况就可以过得去，中国就可以由此而一路实现现代化吗？显然这个观点不成立。正是因为省以下没有真正进入分税制状态，现在才有这么多的困扰，如地方财政困难，土地财政的偏颇，地方隐性负债过高。解决这些问题的关键是形成有效制度供给，即通过有效制度供给真正破解财税改革的遗留问题。

为真正把分税制改革代表的经济性分权贯穿到底，就必须进一步培育地方税体系。在建立地方税体系时，我国可考虑的支柱税种有两个。一是资源税，中西部工商业虽不发达，但资源富集，所以通过资源税可使其形成大宗稳定的收入来源，像新疆先行先试以后效果就非常明显。新疆于2010年率先实行的资源税改革，当时只涉及原油和天然气两项，但仅是这两项，从静态算账来看，一年就为新疆增加几十亿元收入，以后此类税收还会继续上升。与形成这种大宗稳定的收入来源相配套的资源税改革，意义其实更宽广，它可使整个中国在市场经济发展以后，在可持续发展、节能降耗的问题上形成一个以法律为背景的长期有效的经济杠杆。也就是说，依靠经济内在利益的调整机制，逼着整个产业链从资源开发开始，所有的经济主体在税收加入的比价关系调整经济压力之下千方百计地节能降耗，开发有利于节能降耗的工艺、技术和产品。

在地方税体系中，另外一个可以寄希望的支柱税种，就是2011年上海、重庆先后试点的不动产保有环节的税收——房产税（亦即后来立法中所称的房地产税）。要使中国走向现代社会，必须有与现代化相适应的不动产税制，必须有现代意义上的、与不动产相配套的调节制度，构建不动产保有环节的税收是不可回避的。随着时代的变迁，要进一步适应社会需要，优化再分配和财产配置结构，不动产保有环节的税收就是主要抓手，从长远看还可成为地方政府财源建设方面的主力税种之一。

财政集权与财政分权之争

在改革开放初期，财政体制以宏观层面作为突破口，率先进行改革，改变原来"总额分成,一年一定"的高度集中财政体制,向地方分权,并进一步向企业分权。之后,中国财政改革逐渐和顶层设计之下的全面配套改革融为一体。

在确保中央必不可少的开支的前提下,明确划分各级财政的权利和责任,做到权责结合,打破了大一统的高度集权格局,扩大了地方政府配置资源的权力,提高了地方政府的积极性。同时,国民收入分配格局分权取向的重大变化,也促进了多元化市场主体的形成。

下一步应重点研究公共预算和财政体制改革,因其牵一发而动全身。它把整个中国若干个"五年规划"之下怎么走向现代社会的很多任务全串在一起,从基层到中央,社会管理的方方面面都可在这个大的概念之下打通。

在讨论集权和分权的问题时,单纯讲集权多一点好还是分权多一点好并没有多大实际意义。关键是要考虑什么性质的分权,以及什么样的事权方案。有人认为,提高地方政府收入的集中度,就可以缓解现在的矛盾。我不认同这种观点。实际上,现在中央和地方的事权还没有很好地划分,应该尽快形成事权明细单,然后根据事权考虑中央政府如何发挥转移支付功能,然后再权衡中央和地方财政的比例关系。这个比例关系高一点或低一点,表面上看是分权和集权的标志,其实不是这么简单的关系,更多要看是不是符合经济性分权的内在逻辑,是不是与市场经济所要求的分税制原则真正一致。过去美国和日本都是联邦政府或中央政府层级要拿整个财政收入的接近70%,而2011年以来,中国中央政府财政收入占比却低于50%。如果简单地说地方多拿一点,那么另外一些矛盾就可能尖锐起来。中国欠发达地区实际上需要中央更多的转移支付。

在转移支付方面具体怎么优化,有许多问题需要讨论。在中央和地方财政收入占比背后还有很多更深刻的问题与事权框架有关,不是简单讲中央多一点还是地方多一点,而是要从本源开始做更有建设性的研究。有人认为，中国现在有很多应该由中央做的事情，但中央并没有真正承担起来，如维持法律的公正，很多经济事务上的司法权就不能再给地方，特别是涉及跨地区经济纠纷的司法权，应该统一收归中央，中央可以垂直地、巡回法庭式地来处理这些司法问题，这样才能使地方的司法机关不再从自己的局部本位出发来处理跟自己利益相关的案件。司法机关一旦不能超脱局部利益，就极为容易产生非常明显的不公正情况，如缉私等案件，显然需要中央政府更多来承担事权并加以强化。可见，并不是中央政府财政收入所占比重越低就越符合分权要求。在有些方面，中国现在按照事权合理化这个取向要做的事情，动作可能会很大，但是在做研究时不得不考虑这些问题，考虑能不能做一些必要的渐进式调整。有些事情是很显然的，如果按照当前模式，地方都分别形成自己的公检法体系，那么在利益驱动下不公正的事情可能会日趋增多，因而有必要从事权合理化的角度来推动相关改革。

在集权和分权概念下，关键是看能不能由粗到细形成事权明细单，再加上其他的配套改革。该收到中央的权力往中央收，该彻底下放到地方的就要落到地方。中央和地方在总财力盘子中各拿多少比例，是随之生成的，而不应该事先设定，不能因地制宜地来划定不同地区最主要税种的分成比例。一定要认清听起来似乎有理的因地制宜的实质，绝对不能跨过共享税一视同仁这条底线。其他所有因地制宜的事情，要靠转移支付来解决。中央和地方共享的税收，必须按照 1994 年划定的框架来落实。所有需要进行利益调整、区别对待的，通过优化、强化转移支付，包括发展横向转移支付，将之系统化，使之具有可持续性。

事权：与财权相顺应，与财力相匹配

党的十八大强调了预算必须是全口径预算，所有的政府财力必须统统表现在预算之内。全口径预算的基本逻辑就是，财政为全局服务客观要求预算的完整性，所有政府的财力必须纳入规范的预算体系中，而财政预算所对应的这些事权，当然就对应政府活动的范围、方向、重点、政策要领和突出重点以后必须兼顾的所有事项。

（一）财政事权是政府事权

事权的划分是现代财政制度有效运转的基础和支撑，是理顺政府财政关系的逻辑起点和前置条件。2016年国务院下发的《关于推进中央与地方财政事权和支出责任划分改革的指导意见》（国发〔2016〕49号）要解决的这个事权问题，其实是一个始发环节，就是各级政府首先应该明确怎样使自己的职能合理化，应该做什么，不应该做什么。

在此我想探讨文件中提出的一个概念，即财政事权的概念。首先要明白：政府事权、财政事权二者到底怎么理解，有什么区别？无论文件怎么表述，我个人认为财政事权只能是政府事权。

我的观点是，并不存在游离于政府事权之外的财政事权，无论是政府事权还是财政事权，我们所说的事权的合理化，都必须跳出财政看财政，把握好以财政分配体系为政府合理履行职能服务这个内在本质。

（二）各层级事权划分应遵循"三原则"

从中央开始往下，各个层级的事权划分应遵循什么原则呢？我赞成财政部原部长楼继伟提出的"三原则"。

第一是外溢性原则。楼继伟指出：中央也好，地方也好，划分事权从原则上讲，首先要看政府所要发挥的具体职能的外溢性，比如国防是整个国家的安全防卫，它外溢到我们国家的全部版图。所以，就不能简单地把它看作是一个一个区域的问题。如果它覆盖整个国家，显然它应该是中央的事权，这样才能合理地履行必须统筹协调的政府职能。

在国防领域我们过去的实际情况是怎样的呢？实际上，是把中央和地方混在一起，本应该确定为中央事权的国防，却出现了"军民联防"、

"双拥模范"、民兵预备役等情况，地方参与进来以后，形成种种错综复杂的事权和财权关系。在特定的区域，比如新疆，还有屯垦戍边的兵团，兵团承担特定的国防使命任务，同时它又有其他职能。

那怎么把事权与事权后面必然要配的财权及财力的关系理清，过去的做法不太令人满意。有一些事情没什么外溢性，比如具体到每个地方政府辖区内的不动产，包括大家关心的居民住房，基本不涉及外溢性的问题，就适合由当地的政府来管。

第二是看信息的复杂程度。从住房等不动产来看，是适合地方政府来管的，因为每套住房的地段、朝向以及各种各样配套的要素很复杂，中央没有必要跨越中间的层级一下管到地方基层。而且交给地方管又没有外溢性，还有利于最大限度地减少信息的不对称，提高管理效能。

第三是追求激励相容原则。同样从住房等不动产来看，同时按照市场经济的经验，地方政府如果能管，不只是在交易环节能够取得税收，还能在保有环节适当取得税收。地方政府的财源建设机制就和税收索取权结合在一起，地方政府就会意识到，只要专心致志地优化本地投资环境，履行好提供公共服务、维护公平竞争的职能，其财源建设跟着就一起解决了，同时实现了激励与政府职能合理化的兼容。中央政府不必在细节层面去管各个地方辖区之内的不动产，相应地，不动产的税收也应划为地方税。

（三）进一步厘清事权需深究三个层面的问题

第一，事权配置合理化的实现是否可以按照有人建议的跳过财权配置合理化而直接对应于财力？中央过去曾强调"事权和财权相结合"，后来直接讲"财力与事权相匹配"。有人认为可以把财权问题抛到一边，我认为这不成立。仅仅以事权简单代替财权去跟财力匹配，将意味着什么事情都靠转移支付解决，即不用考虑税基怎么合理配置的问题了，显然此路不通。既然是分税分级财政，在各个层级上，税基这样一个财权怎么配置的基本问题是绕不过去的。

第二，各级事权、财权合理化的通盘框架有没有可能维持五个层级的传统架构？在各经济体（包括世界上规模最大的经济体）中，中国形成了很独特的一个五级政府架构，而搞分税制的其他经济体，如美国、日本、德国、英国等都是三级框架，它们的共同经验是分税分级与整个制度安排匹配。1994 年的时候我们意识到这一重大区别，但是当时来不及细化具体方案，希望先建立中央和以省为代表的地方政府之间的分税制框架以后，再探索出一条五级分税制的道路，但是从实践来看，五级分税之路走不通。我想强调的就是，如果把事权和财权合理化当作一个制度安排必须解决的内在问题，那么传统的五级框架就必须进行改造。

第三，以上两点表明，我们势必要抓住中央文件早已经明确的扁平化思路，探究怎样着手推进。这又是一个充满争议的问题，比如"省直管县"，从浙江开始，财政部已经发文要在全国推行，但这几年的进展并不尽如人意，而且还有反对的声音，值得进一步讨论。

从全局来看，现在牵一发而动全身的事权合理化问题，实践中如果五级框架无解的话，我们怎么找到有解的框架？这个有解的框架，显然是在农村税费改革以后已经实现了"乡财县管"的基础上，再借鉴浙江经验和财政部的通盘部署推进"省直管县"，这就有可能把五级实体层级变成三级，以明确事权和税基（三级形成事权明细单，20 种左右的税按三级配置），进而推行中央和省两级自上而下的转移支付制度。

「延伸阅读：2017 年关于三级事权的政协提案」

党的十八届三中全会通过《决定》之后，中央政治局首先审批通过了关于财税改革的方案，确定预算管理改革、税制改革和理顺中央地方财政体制关系三大方面的改革任务，并提出了时间表的要求。2016 年，国务院印发了《关于推进中央与地方财政事权和支出责任划分改革的指导意见》（国发〔2016〕49号，简称"49号文件"）。为贯彻落实财税改革方案与49号文件提出的改革任务，在理顺中央、地方财政体制的深化改革中，应尽早编制中央、省、市县财政事权一览表，并对应列出三级财政支出责任明细单。特以本提案简述建议如下：

其一，合理设定各级财政事权必须具体化到一览表的形式上。

财政作为国家政权"以政控财，以财行政"的分配体系，是为政府履行其应有职能服务的国家治理基础与重要支柱。政府职能的合理设定，需要具体化到各级财政的事权与支出责任设计上，并且必须细化到"财政事权一览表"和与之对应的"支出责任明细单"上，才能在实际工作中具有可操作性。多年来，关于政府职能转变和与之匹配的财政事权合理化的问题，各方一直在讨论，决策层也多次强调，但也一直停留于某些原则性表述上，尚无法对接实际工作部门的具体操作，于是方向、原则与实践始终脱节。这种改革任务悬于半空的状态，不宜再继续下去了。

其二，我国各级财政事权的一览表应当按照中央、省、市县三级来编制。

我国政府与财政的层级，是相当独特的中央、省、地市、县、乡镇五级架构，这使得1994年财税配套改革形成的分税制体制框架，在深化改革中遇到了"五级分税无解"的难题，以致省以下的分税制迟迟不能够真正落实，实际上在"过渡"中却僵化为较普遍的省以下分成制甚至是市以下包干制，衍生出诸如基层财政困难、隐性负债和土地财政等方面的不良问题。为完善社会主义市场经济和与之相匹配的分税分级财政体制，我国需要继续推进以"乡财县管"和"省直管县"为操作途径的扁平化改革，将财政实体层级调整为中央、省和市县三级架构，从而使省以下分税制由无解变有解。与此改革大方向和内在基本逻辑相适应，编制我国各级财政事权的一览表，宜按照中央、省、市县三级来设计掌握。

其三，三级财政事权一览表的编制，可由粗到细，动态优化。

考虑到中国经济社会转型还处于攻坚克难的阶段，政府职能、财政事权还有一个从比较大幅、频繁的调整向逐步稳定成熟的转变过程，故三级事权一览表的编制，可按照尽职事务的外溢性、信息复杂程度、激励相容等原则和匹配适宜的地方税种等客观要求，由粗到细地在一个较长时期内动态优化。建议起始阶段，参照已有的相关课题研究成果（包括有关这一专题的中央层级国经中心智库报告和地方层级河北省辖区内的方案设计等），由管理部门牵头设计一个相对粗线条的方案付诸实施，再于实践中总结其管理运行经验，做出细化改进，争取尽快把三级事权的一览表，对接到以预算支出科目为技术性支撑条件的三级支出责任明细单之上。以后动态优化的处理，将可望趋于从容。

1.3 财政分配的"不可能三角"与"三元悖论"

美国经济学家保罗·克鲁格曼在蒙代尔－弗莱明模型（Mundell-Fleming Model）和蒙代尔"不可能三角"（见图 1－1）的基础上提出了著名的"三元悖论"理论：一国不可能同时实现本国货币政策独立、汇率稳定、资本自由流动三大金融目标，而最多只能同时满足其中两个（见图1－2）。

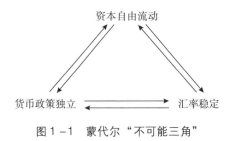

图 1－1　蒙代尔"不可能三角"

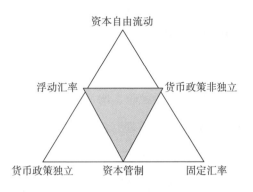

图 1-2 克鲁格曼"三元悖论"

若以这种简明、直观的"三元悖论"模型，比照考察财政分配相关基本导向的内在制约关系，我们也可以得到以"减少税收"、"增加公共福利支出"和"控制政府债务及赤字水平"为目标的财政分配的"不可能三角"模型，进而引出（限定条件下）财政分配的"不可能三角"制约。我们在此提出并阐述财政分配的"三元悖论"，并在此基础上着重探寻中等收入阶段财政分配"三元悖论"的特点及缓解其制约的路径选择，以期循此逻辑路径更清晰地洞悉和揭示财政分配中的规律与制约关系，从而提出合理可行的缓解制约的思路。

比照蒙代尔"不可能三角"与克鲁格曼的"三元悖论"，考察财政分配的内在制约，可以在常规限定条件下得出财政分配的"三元悖论"，即在财政经常性支出管理水平、政府行政成本和政府举债资金融资乘数①既定情况下，财政分配中减少税收、增加公共福利和控制政府债务及赤字水平三大目标，至多只能同时实现其中两项，而不可能全部同时实现。

---

① 政府举债资金融资乘数是指政府举债资金的变化所引起的政府融资总量变化的程度。

财政分配三个目标关系的一般考察

图 1-3 直观地表明在前述限定条件下，财政分配的"不可能三角"，即在任一特定时期，人们在减少税收、增加公共福利支出和控制债务及赤字水平这三个通常看来都"很有道理"的目标之中，其实只能进行以下三种选择：第一，若在财政分配中要"减少税收"和"控制债务及赤字水平"，那么必须以减少（而不可能是增加）公共福利支出为前提；第二，若在财政分配中要"减少税收"和"增加公共福利支出"，那么必须通过提升（而不可能是控制）债务及赤字水平来实现；第三，若在财政分配中要"控制债务及赤字水平"和"增加公共福利支出"，那么必须通过增加（而不可能是减少）以税收代表的政府非债收入来实现。由此得出如图 1-4 表示的财政分配"三元悖论"，三角形每一顶角上所标目标的实现，必然要求相连两条侧边线上标出的事项配合，而必然牺牲另外两个顶角标出的目标中的至少一项。

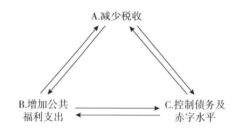

图 1-3 限定条件下财政分配"不可能三角"示意图

其实，这其中的制约关系十分明了，因而相关的公众关切与取向的内在悖谬这层"窗户纸"也很容易被捅破，可简单表述为：A. 减税可减少企业、居民负担，因而会受到广泛欢迎；B. 增加公共服务方面的福利性支出会使社会成员获得更多的实惠，因而也会受到广泛欢迎；C. 以上两者并行又会扩大政府收支缺口，必出现赤字增加，从而提升为弥补赤字而

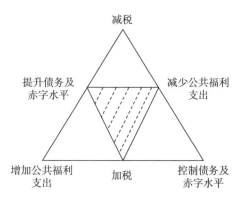

图 1 - 4　财政分配 "三元悖论" 示意图

必须举借的政府债务总水平。这便涉及 "安全问题"，其实，公众对这个问题并不缺少 "常识"：一说到政府债台高筑，又往往会有群众表示忧虑与不满。所以可知，"巧妇难为无米之炊"，"鱼与熊掌不可兼得"。在财政分配中，税收为收入，福利为支出，两者必须是顺向匹配的，一般情况下，加则同加，减则同减，如果一定要顺向增加福利而逆向削减税收，那就必须找到另一个收入项——举债。前述 A、B、C 三者中，要同时保 A、B，就必须放弃对 C 项的控制，但这又会遇到公共风险的客观制约。若想三全其美，则绝没有可能。这里出现的约束是客观规律，并一定会衍生为整个经济社会生活可持续概念下的终极约束。

综合以上分析，可得出一个基本认识：虽然公共福利的增进是经济社会发展的出发点与归宿，但在某一经济体发展的任一特定阶段或具体条件下，公共福利的水平（可以以公共福利支出规模为指标）却并非越高越好，当高过某一定点，对于经济发展的支撑作用会迅速降低，甚至导致经济增长过程不可持续。公共福利（支出）水平带来的福利增进对经济可持续发展的正面效应及其转变，在直角坐标系上可简明表示为图 1 - 5。

图 1 - 5 中，横轴表示公共福利水平（以公共福利支出水平为代表），纵轴表示福利增进对于经济可持续发展的正面效应或支撑作用（亦可按一

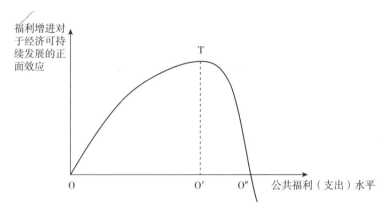

图 1-5 福利增进效应转变曲线

定数值单位量化）。在原点 O，假设无福利，其正面效应当然无从谈起，当公共福利增加，便会相应表现为对经济发展的正面支撑效应的提高（现实生活中常被称为人民群众的积极性因为基于物质利益原则的激发与调动等措施而促成经济活力的上升），一直可上升到横轴上 O′对应的曲线上 T这一最高点（最佳值）。但若一味地增进福利，其正面效应的下滑（现实生活中表现为经济体成长活力的迅速滑落）将迅速导致 O″点上正面效应丧失殆尽而进入负值区间（可与拉美国家 "中等收入陷阱" 情况比照），而 O′到 O″的距离是相当短的。也就是说，公共福利水平一旦超出最佳值，其对一国经济可持续发展的正面支撑作用会很快转变为负面效应，所以对调控当局而言，必须小心谨慎地把状态控制在接近或达到峰值但不超过临界点的区间内。

这一福利增进效应转变曲线与我于 20 世纪 90 年代提出的国债规模正面效应变化曲线[1]十分相似，两者的内在逻辑完全一致，在某种意义上可认为是同一演变过程的不同表述而已。

---

① 贾康. 关于我国国债适度规模的认识 ［J］. 财政研究，1996（10）；贾康，赵全厚. 国债适度规模与我国国债的现实规模 ［J］. 经济研究，2000（10）。

欧债危机分析及美国的特殊性

众所周知，2008 年由美国次贷危机引发的全球金融危机，不仅重创美国经济，而且在欧洲触发了严重的欧债危机，给世界经济带来严重冲击。

从财政分配"三元悖论"制约关系的内在逻辑来看，缓解欧元区债务危机的基本手段在于减少税收以刺激经济、削减赤字及控制债务规模以降低违约风险——这两大财政分配目标需要牺牲公共福利来实现，而这又必然与民众的直接利益、短期实惠相抵牾，处理起来十分棘手，极易导致经济问题政治化。事实上，这确实引发了希腊等国多轮罢工风潮与社会震荡。欧债危机爆发后，除法、德等欧元区强势经济体外，希腊、意大利等受挫国家政府分别提出了削减赤字及控制债务规模等措施，却在"福利国家"的刚性框架制约之下久久不能达成尽量减税和尽量保证福利水平的有效平衡点，这鲜明地体现了财政分配"三元悖论"的内在逻辑。这说明：在为应对危机不得不减少税收、削减赤字及控制债务规模的财政政策组合下，欧元区需要以牺牲公共福利的手段来实现；如果欧元区一边想通过减少税收来刺激经济，一边又想通过削减赤字及控制债务规模来保持财政可持续，与此同时，还想顺应民意保持原有的工作舒适度和较高的公共福利水平，这显然是不现实的。有时不现实的东西在政治家那里需要着意淡化或掩饰以抚慰民心，争取选票，但在理论上，不现实就是不现实，因为这也受到我们业已阐明的财政分配"三元悖论"的制约。

有别于财政分配"三元悖论"的逻辑，美国因掌控了世界货币霸权，获得了选择其他逻辑路径的条件，即通过全球持有美元资产的主体一并为危机埋单的方式，脱离其自身财政分配所受的制约。2008 年全球金融危机爆发后，美国一方面选择减少税收，另一方面保持原有公共福利水平来维持社会稳定，实现路径是既减税，又放宽债务及赤字控制，却不下调美国公众的基本公共福利标准，而是通过多轮量化宽松（QE）政策将危机产生的风险（通货膨胀压力和金融债务风险等）分散化，以美元在全球经济中的硬通货霸主地位，经济又强制性地将风险转移给全球其他经济体，让全世界共同为其埋单。美国出台的多轮量化宽松政策正是因此才有恃无恐。

回到财政分配"三元悖论"的逻辑路径上来分析，实质性的奥秘在于：由于美国的财政分配主体得到了实为同一主体的"世界货币霸权"的支撑，有条件在量化宽松政策下制造出除美国税收、举债之外的第三项巨额收入，即货币发行收入，而不用中断其财政运行，所以美国所受财政分配之"三元悖论"制约的调整空间比其他经济体都大。这也是当今世界其他任何经济体都学不来的，这就是美国的特殊性。

限定条件与权变逻辑

前文对财政分配的"不可能三角"与"三元悖论"的相关分析论述建立在若干限定条件基础上，这些限定条件具体包括：第一，财政经常性支出管理水平既定；第二，政府行政成本既定；第三，政府举债资金融资乘数既定。这些限定条件都是短期难以再现较大改观的"慢变量"，但又是可以变化的。它们的变化，对财政分配"三元悖论"中的各项目标均会产生影响，具体分析如下。

（一）财政经常性支出管理水平

财政经常性支出主要包括人员经费支出、公用经费支出及社会保障支出。财政经常性支出管理水平与"不可能三角"中各项目标的逻辑关系如下。第一，财政经常性支出管理水平越高，财政支出中人员经费、公用经费及社会保障支出的资金使用效率越高、资金流失越少，即"少花钱多办事"的能力越强，显然有利于减少税收和控制债务及赤字水平。第二，财政经常性支出管理水平越高，社会保障支出的管理水平就越高，显然有利于增加公共福利。总之，财政经常性支出管理水平与财政分配"不可能三角"中各项目标是正相关的关系：管理水平越高，则越有利于减少税收、增加公共福利和控制债务及赤字水平；反之，则相反。

（二）政府行政成本

政府行政成本主要包括国家管理机关、行政事业单位、公检法系统及各种驻外机构等运行的相关费用。此类费用既不像经济建设类支出那样能够直接推动经济发展，也不像社会性支出那样能够直接提高社会公共福利水平，而是在政府履行职能过程中产生的，从性质上可以看作是一种任何运行系统都无法避免的运行成本或"沉没成本"。但这种成本与制度安排、管理机制构建等因素密切相关，又有高低之别。政府行政成本的变化与"不可能三角"中各项目标的逻辑关系如下。第一，政府行政成本越高，政府履行职能过程中产生的"自耗"费用就越大，这些费用全部来源于财政收入，显然不利于减少税收和控制债务及赤字水平。第二，政府行政成本越高，在同等财力水平下，对财政社会性支出的挤出效应就越大，那么显然不利于增加公共福利。总之，政府行政成本与财政分配"不可能三角"中各项目标是负相关的关系：政府行政成本越高，越不利于减少税收、增加公共福利和控制债务及赤字水平；反之，则相反。

（三）政府举债资金融资乘数

凯恩斯乘数理论所指的是一种宏观经济效应，即某一变量的增减所引起的经济总量变化的连锁反应程度。参照乘数效应的定义，我们认为"政府举债资金融资乘数"可以定义为：政府举债资金的变化所引起的政府融资总量变化的连锁反应程度。政府举债资金融资乘数与"不可能三角"中各项目标的逻辑关系如下。第一，政府举债资金融资乘数越大，通过政府举债资金融资得到的支持资金总规模就越大，即用较少量的政府举债资金就能够融资得到较多的可用财力，在政府筹集直接举债资金方面的压力就越小，或曰政府举债资金带来的可支配性支出就越多，这显然有利于减少税收和控制债务及赤字水平。第二，政府举债资金融资乘数越大，在同等政府举债资金数量下，融资得到的可支配资金越多，财政可支配性支出中为非融资事项所腾出的财力也随之增多，财政社会性支出力度便可以加大，这显然有利于增加公共福利。总之，政府举债资金融资乘数与财政分配"不可能三角"中各项目标是正相关的关系：融资乘数越大，越有利于减少税收、增加公共福利和控制债务及赤字水平；反之，则相反。

中等收入阶段"三元悖论"制约的特征

财政分配的"三元悖论"，在不同的经济发展和居民收入阶段，呈现出制约特征上的差异，将其内在逻辑与制约特征相结合，有助于做好该经济发展和收入阶段的合理调控路径选择。经过改革开放四十余年的发展，"十三五"以来我国已步入"中等收入阶段"，具体而言是位于下中等收入至上中等收入阶段的转轨期①，且从人均 GNI（国民总收入）的增长趋势看，将较快步入中等收入阶段至高收入阶段的转轨期，且关于"中等收入陷阱"的讨论已引起广泛关注。拉美地区由于盲目实行福利赶超而落入"中等收入陷阱"，给许多国家以前车之鉴，我国应当高度注重中等收入阶段发展战略的正确把握。从本书讨论的视角看，很有必要剖析中国中等收

---

① 按世界银行划分，人均 GNI（国民总收入）低于 1025 美元的国家为低收入国家，人均 GNI 处于 1026～4035 美元的国家为中等偏下收入国家，人均 GNI 处于 4036～12 475 美元的国家为中等偏上收入国家，人均 GNI 高于 12 476 美元的国家为高收入国家。

入阶段财政分配"三元悖论"的制约特征，并结合其内在逻辑做出正确的调控与路径选择。

（一）中等收入阶段的福利赶超与"中等收入陷阱"

居民福利本是一国发展的出发点与归宿，但其应是随着该国经济赶超阶段的不断升级而逐步提高的。然而，在 20 世纪一些拉美国家因多种因素造成的福利赶超却因其不可持续性而半途夭折，并相继陷入"中等收入陷阱"。

拉美国家福利赶超的主要表现是劳工保护和社会性支出的盲目扩大。第一，随着经济的高速增长，拉美国家城乡收入差距逐步扩大，农民工不断由乡村涌向城市，致使城市劳动力市场供过于求，工资不断降低，进而导致收入差距问题日趋严重。在失业率高风险与发达国家福利体制"榜样效应"的双重作用下，拉美国家曾简单照搬美国式"选举"民主政治，民粹主义情愫愈发凸显，多方因素促成拉美国家盲目设立了高就业保护与高福利保障制度，但这些又与本国国情和经济发展阶段不匹配，因此成为经济发展的沉重负担。第二，20 世纪 70 年代以后拉美国家将财政支出主要用于扩大社会性支出，1990 年至 2000 年拉美国家的社会性支出占 GDP 的比重不断上升，个别国家社会支出占公共支出的比重高达 60%～70%，甚至在财力严重不足的情况下仍然盲目扩大赤字来满足社会性支出，从而彻底拖垮了宏观经济。

不考虑实际国情的福利赶超策略导致经济赶超失败从而落入"中等收入陷阱"的逻辑规律可以被纳入"民粹主义宏观经济学"。其逻辑路径大致为：宏观政策初战告捷→经济增长遇到瓶颈→经济发展全面短缺→政府破产。

第一阶段的主要表现是：拉美国家政府在经济赶超中实施福利赶超策略，经济产出水平和实际工资水平在一开始得到普遍提高，同时由于出台了劳工法，能够保持基本就业率，并迎合民众意愿提高社会保障水平，经济呈现一片欣欣向荣景象。但由于第一阶段属于纯消耗阶段，没有什么积累，所以进一步的发展就遇到了瓶颈。到第二阶段，第一阶段存在的隐性问题逐渐显性化：一方面，以扩大财政赤字为主的扩张性财政政策造成民众对国内商品的巨大需求，而这种巨大需求与生产供给不足严重对立，因此更多的商品要依赖外汇进口。与此同时，已经背上沉重负担的财政还要维持"高福利"，简单机械照搬欧美福利制度实施赶超策略，更使财政雪上加霜；另一方面，由于大笔外汇用于进口，导致外汇越来越短缺，致使没有更多的外汇支持进口更多商品来满足民众需求。这种典型的供给矛盾在第三阶段导致政府控制物价的行为难以为继，只能施行价格调整、本币贬值、外汇管制、产业保护。这一阶段，民众的工资增长很快，但是通货膨胀增长更快，导致实际购买力开始下降。经历了前三个阶段的发展后，前一任政府在种种矛盾激化局面下必然破产倒台，新一任政府出面主持大局，不得不实施正统宏观政策下的稳定计划，或借助世界银行和国际货币基金组织（IMF）等国际机构的援助，以求继续维持本国经济发展。此时，国内民众实际工资已出现大幅下降，甚至低于实施福利赶超策略之前的水平，并在很长时期内处于低水平，经济增长停滞不前，甚至出现倒退，使拉美国家陷入"中等收入陷阱"难以自拔。可见福利赶超虽然是归宿，但是若没有强有力的经济赶超作为支撑，则无法最终达到所追求的福利目标。

（二）中等收入阶段"三元悖论"的制约特征与路径选择

"拉美化"问题作为前车之鉴表明，位于中等收入阶段的经济体应当着力避免盲目效仿西方国家的福利赶超策略，否则易导致社会矛盾激化。按照前文提出的财政分配"三元悖论"，拉美地区在中等收入阶段的财政分配进程中显然选择了"减少税收"和"增加公共福利"这一目标组合，按照"三元悖论"的逻辑，该目标组合需要通过扩大债务及提高财政赤字水平的方法来实现。从拉美地区陷入"中等收入陷阱"的实践来看，该地区确实是通过扩大债务及提高财政赤字水平的方法来试图实现其对减税和增加公共福利的追求，却最终拖垮了国民经济而落入陷阱。

对同样处于中等收入发展阶段的中国而言，在财政分配"三元悖论"中如何既保持可持续发展又缓解制约，是非常值得深入思考的现实问题。一般而言，中等收入阶段财政分配的"三元悖论"制约的特征突出地表现在以下两个方面。

第一个方面，"三元悖论"反映的制约关系通常更强烈地与民意取向相抵触。

发展经济学的理论分析和实证考察表明，一国收入水平进入中等收入阶段后，通常会带来民众关于收入提高、福利改善的更高预期，这种预期极易超前于实际收入增长的可达速度和政府改善公共服务提高公众福利水平的供给能力，于是便易出现"老百姓端起碗吃肉，放下筷子骂娘"的不满，以及与之相互激发的种种矛盾。以"民众永远有理"为内在逻辑的民粹主义倾向在此阶段极易抬头乃至大行其道成为潮流，尤其在与西方发达国家经济发展与福利体制的横向比较下，这种民粹主义情愫更易迅速升温，更倾向于对福利的追逐与渴求。如果对应于财政分配"三元悖论"中的逻辑路径，倾向上显然就是拉美地区已做出的选择：对减少税收和增加公共福利的强烈追求。然而，这种诉求需要以扩大债务、提高财政赤字水平来实现，并且绝不是无边界的。在民粹主义情愫催化下，很容易导致福利赶超超前于经济赶超，债务规模过度扩大。

当有人强调"三元悖论"所内含的制约关系而发出理性声音时，便会强烈地与民意取向相抵触而遭遇群起而攻之的压力，与西方力量的悬殊又很容易导致福利赶超继续高歌猛进，债务和赤字规模走向失控，最终可能将拖垮国民经济。福利赶超被迫从高空跌落尘埃，一起跌下来的，还有经济赶超的可能性与整个国家发展的后劲。

在中等收入阶段，正是经济赶超发力的时期，应当坚定与合理地贯彻经济赶超战略。与此同时，再稳步推行福利赶超政策，而不能让其与民粹主义情愫相互激发、升温，出现只侧重眼前利益却伤害长远利益的失衡，成为经济可持续发展的隐患。

在中等收入阶段，在财政分配"三元悖论"制约下，选择适当"减少税收"和"控制债务及赤字水平"的目标组合是更为科学的，但这一目标组合需要以控制公共福利增加为代价来实现，因而在民意层面是不讨好的。为了在中等收入阶段避免民粹主义基础上的福利赶超而最终实现跨越"中等收入陷阱"的经济赶超战略，决策层需要有远见、有定力、有策略地在与民意的互动中引导理性思维发挥积极的影响，做好短期利益与长期根本利益的权衡。

第二个方面，经济的政治化压力上升与缓冲社会矛盾的弹性空间收窄。

鉴于"三元悖论"反映的制约关系在中等收入阶段通常会更强烈地与民意取向相抵触，所以在财政分配"三元悖论"制约下，坚持统筹兼顾，既顺应民意又引导民意科学发展是根本选择。无可否认，民粹主义情愫对政府的政策选择会产生显著的影响，政府在某种意义上往往能处理好相关复杂问题。步入中等收入阶段后，一系列敏感的经济问题如物价、税收、公用事业供给等很容易与收入分配、政府管理等方面的矛盾交织，使经济问题政治化的临界点降低，社会问题的维稳压力上升，为了缓解压力、平息不满做出妥协和调停的可用缓冲弹性空间缩小。

按照财政分配"三元悖论"制约关系，减少税收、控制债务及赤字水平与增进公共福利的目标三者不能同时兼得。缓冲弹性空间实质上是指，在顺应社会心态而集中又便捷地尽可能减税和增加公共福利供给的同时，那种通过逐渐扩大公共债务规模的方式提升这些即期利益总水平所对应的安全操作空间。从财政分配"不可能三角"的逻辑来看，所提升的公共福利程度加上所减少的税收水平和控制债务及赤字的水平成反比，决策层必须特别关注为缓解社会矛盾而扩大公共债务规模的安全区问题，一系列局部的为防止经济问题政治化的操作恰恰会归结为放松公共债务控制，而连年赤字、债务不断积累，一旦越过了已收窄的缓冲弹性空间的边界，便可能导致隐性问题显性化的矛盾冲突和危机局面，甚至造成全局发展态势不乐观、黄金发展过程的中断。

缓解"三元悖论"制约的主要途径

如上文所述，财政分配的"三元悖论"制约是在一定限定条件下，即既定的财政支出管理水平、政府行政成本和政府举债资金融资乘数之下的一般认识，且存在正负相关性：财政支出管理水平越高，政府行政成本越低，融资乘数越大，则越有利于减少税收、增加公共福利和控制债务及赤字水平。鉴于此，加入政府职能转型、机制创新、深化改革等其他因素，缓解财政分配"三元悖论"制约的途径主要可从以下四个方面考虑。

（一）切实提高财政支出管理水平——"少花钱，多办事"

提高财政支出管理水平要求制度创新、管理创新、技术创新互动的全面改革，为真正实现"少花钱，多办事"，需分别从这三方面着手，并加强三方改革互动。首先，制度方面应特别注重财政体制深化改革和以其为制度依托的资金绩效考评监督体系的建设。其次，支出管理方面应继续推行科学化精细化管理，建立健全财政支出全程监控体系。相关的财政支出绩效评价可考虑引入平衡计分卡（表）等方法趋于细致、全面。最后，相关技术方面应考虑在"金财""金税"等政府"金"字号工程的基础上，继续全面推进和落实适用最先进信息处理技术的系统工程及升级政府财务管理体系。在落实"十二金"工程的基础上，继续提升电子政务的先进性、安全性和综合性，提高信息获取、信息处理、信息传达的便捷性和准确性，将制度信息化、电子化与绩效管理方法系统化融合，从而全面提升财政支出管理水平，少花钱，多办事，减少"三元悖论"制约。

（二）有效降低政府行政成本——"用好钱，办实事"

有效降低政府行政成本的关键是推进经济、行政、政治全方位的配套改革，其重点内容包括如下几个方面。首先，加快行政体制改革，在各级政府职能、事权（支出责任）合理化基础上精简机构和人员，提升人力资源素质，在提高政府工作效率的同时，降低行政管理的机构与人员成本。其次，继续落实预算信息公开制度，强化监督。预算、决算信息公开是公共财政的本质要求，也是政府信息公开的重要内容。向社会公布中央、地方政府"三公"经费等预算信息，表明了政府履行承诺、接受公众监督的决心，也为推动各级政府进一步公开各项行政经费，在公众监督下厉行节约、深化改革、降低政府运行成本奠定了基础。再次，进一步改革与政府行政经费相关的管理制度。例如，推进公车改革；严格审批因公出国，减少出境团组数和人数；严格控制公务出差、公务接待经费标准；严禁赠送礼品；等等。最后，大力完善财政资金监督考评与问责体系，促使纳税人的钱每一分都花到实处，发挥出最大效益，从而能够将节省出的财政资金投入民生最需要的方面。

（三）扩大政府举债资金融资乘数——"少借钱，多办事"

如前所述，政府举债资金融资乘数是指政府举债变化所引起的政府实际融资总量变化的连锁反应程度。融资乘数越大，越有利于减少税收、增加公共福利和控制债务及赤字水平。提高政府国债或地方债的融资乘数必然要求一系列的管理和机制创新，特别是与政策性融资体系机制相关的配套改革。具体实施的关键点之一是，要在财政、政策性金融机构、企业、商业银行和信用担保等机构之间，搭建一种风险共担机制（而非财政"无底洞式"的兜底机制）与规范的支持对象遴选机制（而非弊病丛生的少数人内定机制）。在市场经济环境下，运用政策性资金、市场化运作、专业化管理机制，追求资金的信贷式放大，即"四两拨千斤"地拉动社会资金、民间资本跟进，并提高资金使用效率。

（四）实质性地转变政府职能类型——"扩财源，优事权"

在市场经济发展过程中，我国政府职能的合理化调整势在必行。政府在履行其治理职能方面主要体现为社会公共事务管理、宏观经济间接调控和维护规则公正。随着时代的发展进步，行政管控型政府要向公共服务型政府转型。财政作为"以政控财，以财行政"的分配体系，必须服务于这一历史性转型并进行相应的转变，即健全公共财政。实质性地转变政府职能，要求政府体制、机构和社会管理多方面的改革。例如：在政府体制方面，必须逐步清晰、合理界定从中央到地方各级政府的职能，由粗到细形成事权明细单，并在预算中建立和运用完整、透明、科学合理的现代政府收支分类体系，为履行政府职能提供基础性的管理条件。在政府社会管理方面，应在继续建立和完善覆盖全民的基础教育、基本医疗卫生保障和基本住房保障制度等的基础上，推动政府向服务型政府转变；鼓励和引导构建各类面向市场、面向公益的非政府主体和中介组织机构，完善公私合作的种种机构和制度，从而促进民间主体和非政府财力为政府职能转变与优化注入新的活力，为公共福利水平提升开辟新的财力来源与资源潜力空间，有效地缓解政府债务和赤字压力。

第 2 章 财税改革的历史与现状

2.1 预算改革——从"预算外的预算外资金"谈起

大家知道,预算是国家年度集中性财政收支计划,它规定国家收入的来源和数量,财政支出的各项用途,反映着整个国家的政策、政府活动的范围和方向。现代意义的预算对于政府履行职能不可或缺。历史上,各国政府曾在很长时间都没有一个像模像样的预算。在资产阶级革命以后,西方国家开始对一定透明度的预算有了明确要求。美国在"进步时代"(1880—1920 年)的发展过程中,形成了现代意义的预算体系。

2014 年国务院印发的《国务院关于深化预算管理制度改革的决定》(国发〔2014〕45 号)所列全面推进深化预算管理制度改革的各项工作的第一条,就是"完善政府预算体系,积极推进预算公开"。政府所有的收入和支出,都要纳入预算管理公之于世,少数涉密的除外。实际上,除了国防、外交两个涉密单位外,所有中央各部、委、办等机构的部门预算近年都在网络上公开了。同时,要求地方政府也要跟进。这是对预算透明度的要求。另外,党的十八大提出了全口径预算,要求政府所有的财力都必须在预算中体现,不能藏着掖着。经过多年改革探索,财政部已于 2012

年明确提出不再允许存在"预算外资金"概念。至于说更早的时候常提及的"小金库",也就是所谓"预算外的预算外资金",早就已经明确了其非法地位。经过了几轮清理,"小金库"等情况整体得到改善。所以,现在既无"制度外资金"又无"预算外资金",中国的整个预算,就是一套完整全面反映政府财力的预算。

预算透明度和完整性的意义何在

从历史上来看,欧洲在资产阶级革命前的预算被称为"王室预算"。王室有收支计划,但没有对社会公布其信息的义务。资产阶级革命之后确定了一个"无代表不纳税"的基本原则,行公权的政府"钱从哪里来",首先要跟公众交流以后形成一个基本共识并且将之法律化。这是历史的进步。税收法定、信息公开,是解决"钱从哪里来"(收入侧)的问题,跟着是要解决"钱用到哪里去""怎么用"(支出侧)的问题,收支合在一起,便形成了"公共财政预算"。

1880 年前后,美国经济发展势头强劲,但在制度管理上还有过一段混沌时期。当时腐败猖獗,公共财产流失屡见不鲜,预算缺失正是罪魁祸首。学者王绍光教授写过一本书——《美国进步时代的启示》,他开宗明义地讲,1880 年前后美国社会的情况跟改革开放初期中国的情况有一定相似性,在经济发展势头强劲之时,也出现了一系列社会矛盾,比如说各级政府官员可以随意地设立各种各样的收费名目,苛捐杂税较多,要花钱才能办事,等等;公民越来越多地要求了解情况,要求信息透明,政府并不能简单自觉地顺应公民的要求,因此就产生了种种矛盾。

美国是如何摆脱这种混沌局面的呢?"进步时代"是美国现代财政制度的成型期,美国从收入和开支两方面对其财政制度进行了彻底改革,但是并没有设计出一个正面表达的政治体制改革方案，而是通过一系列改良色彩非常浓厚的手段，实现规范化与法治化。

王绍光教授在书中举了一个例子：1911年美国纽约曼哈顿下城区三角衬衫厂发生一起火灾，100多名工人遇难，其中还有不少童工，这场大火在美国社会产生较大震动。此后，美国开始立法明确规定，只要是多层建筑，外部就必须悬挂金属疏散梯。后来规定摩天大楼必须设置疏散通道，2001年"9·11"事件发生时，从双子塔大楼逃生通道跑出的人比死的人要多。如果没有逃生通道，"9·11"事件的死亡人数就更多了。这项法律可以在"进步时代"找到源头。在不幸事件发生、问题暴露以后，人们就会认识到要做一些事情来亡羊补牢。在1911年的火灾之后，美国通过立法解决了许多问题。

美国以同样的逻辑来处理公共资源配置的问题，在收入方面，最重要的变化是引入了个人所得税和公司所得税。到1913年，美国终于有了一个很清晰的关于个人所得税的法律规定。在个人所得税确立以后，一直到现在，美国联邦政府的运作主要依靠个人所得税这个大宗财源，再加上社保体系中的工薪税。现在，所得税在所有发达国家都是最重要的税种之一，这跟中国的情况大相径庭（中国第一大税种是增值税，属于间接税）。在这前后，美国的地方基层政府也在博弈之中确立了政府履职运作的稳定财力来源，主要是靠直接税中的房地产税。在支出方面，美国最重要的变化是引入现代预算制度，预算改革的目的是要把"看不见的政府"变为"看得见的政府"。

那么在美国，当年政府与公众是怎么沟通的呢？在新闻媒体业发展起来以后，当时的美国总统打开报纸天天看到公众对政府的各种指责，于是很生气地对记者说，你们只看着脚底下那堆牛粪，扒过来扒过去。意思是怎么不宣传主旋律，不报道政府做的工作成绩。当时，美国媒体敢于挑刺，总统这么一说之后，媒体记者回应说"我们就是扒粪者"，并有了继续专挑政府毛病的"扒粪运动"。当时，人们对腐败的厌恶和愤怒成了改革的动力。在这种情况下，政府只能更规矩地做事，钱怎么来，钱来了后怎么用，收入支出都要有法规约束，这就是预算规范。从这个意义上说，预算是一种对政府和政府官员的"非暴力制度控制方法"。

改革派认为，与其对人们的愤怒置若罔闻，听任矛盾激化，不如进行预算改革，缓和阶级冲突。于是，美国的预算开始成为一项制度，预算通过议会或各个地方立法机构审批后，就成为具有法律效力的执行文件。看似不起眼的预算改革对美国后来的政治经济发展产生了重大的影响。

1920 年，当时占美国 GDP 一半以上的纽约市在预算民主上开了先河，率先出台了城市预算法规，形成了美国现代预算的基本框架。其基本特征就是：事前决定、公众参与、规范决策，一旦决定以后就要严格执行，并实行问责制。这在当时的美国似乎也是破天荒的创新，以后就成了通行的情况。一直到现在，美国联邦、州、地方三个层级的预算大体上都是这样的标准形态。

还有一个重要的发展就是实行滚动预算。美国联邦政府的预算一编就是五年，每一个年度结束后即做当年的决算，继续向前延伸做五年的预测与预算编制。这样不断地滚动往前走，让公众可以看清楚，政府眼下在做什么，未来五年还要做什么。

在中国，最早要求政府把预算信息公开出来的是深圳市的一位海归企业家吴君亮。他说他是中华人民共和国公民，有权知道政府财政是怎么安排的，于是他给深圳财政局写信要看预算大本，刚开始财政局不理他，后来批准了他"看预算"的申请。他去了以后看到厚厚的一大沓过去作为保密文件的预算资料摆在那里，工作人员说他可以看，但领导说了不得抄写和复印。他就问了一句，那拍照行不行？接待人员沉吟了片刻说领导没说不许拍照，他和助手就在那儿把好几百页都拍了下来。后来他做了一个专门的网站，跟大家一起讨论如何使政府的预算更合理。这就在全国开了一个头。

当然，这个举措不能说对推动预算制度进步起了根本的作用，但与党的十八届三中全会提出的"实施全面规范、公开透明的预算制度"的目标方向完全一致。

广州是全国最早回应人大代表对预算质疑的城市。人大代表提出，广州市为什么对其下属的机关幼儿园的拨款一拨就是一两千万，是不是对干部子弟有特殊对待？广州市财政局的回应是，这是幼儿园由官办向社会办过程中的过渡，无论是干部子女还是非干部子女，都是祖国的花朵，没有道理歧视，但是有些机关幼儿园确实需要添置新设备和改善条件，所以安排了这些预算。有所解释后，人大代表得到了一定的满足。这之后可能就会生成一个新机制：以后人大代表可能就会年复一年查问政府是否能兑现改革承诺，有没有实现幼儿园的社会化？如果三五年以后还是老样子，人大代表就会追问，原来说好的改革为什么不落实。

从这个角度看，有了透明度就会有公众的知情权、质询权、建议权、监督权。表面上看，这是一个关于透明度的技术性问题，其实是公共资源分配机制的公共性与合理化问题，是"以政控财，以财行政"的体制优化问题，意义非同小可。近些年中国在这方面有很大进步，但要达到理想的状态还要假以时日。

中央的态度非常明确：中央级部门预算挂在网上，并要求提高细致程度，地方以后也要照此办理，除了保密事项外，或早或晚都要全部挂到网上。有些公共财政改革实施比较早的试点地区，比如河南省焦作市，就把这些信息全部挂在网上，在一些特定的场合，老百姓甚至可以索取这些文件。

1988—1989 年在美国当访问学者时，我在专门的政府书店里买到了一本简版的联邦政府财政预算。对于州政府的预算，我写了一封信给宾夕法尼亚州的财政部门，说"我是匹兹堡大学的访问学者，希望得到你们的财政预算信息"，没几天他们就寄来厚厚的两大本材料，他们认为这是应该提供的信息。这背后的逻辑，就是要让公民知情，而知情以后就可以行使监督权和质询权。

在中国这个制度建设逻辑其实就是中国共产党成立时就一直坚守的信念——"人民当家做主"。新中国成立之初，毛主席说过，国家的预算是一个重大的问题，里面反映着整个国家的政策，因为它规定政府活动的范围和方向。[①] 编制全口径的预算，旨在反映各级政府活动的范围、方向、各种各样的政策要领和预算信息所伴随的一切收支细节。

公众有了知情权，再通过合理的制度安排，让公众意愿能够形成最大公约数，落到预算文本上，就是实现人民当家做主的决策权，当然这还是一个要努力实现的理想境界。

中国有了这样一个预算改革的目标，在实际工作中要解决的现实问题是什么呢？

形成全口径的预算体系，支出一般不再与 GDP 挂钩

现代预算的全面完整，要求所有政府财力统统纳入预算。政府预算应该包括政府预算收支的全部项目，不允许政府在预算规定范围之外有任何收支活动，也就是要构建全口径的预算体系，使公民能够对政府预算进行"全景图"式的了解和监督。

---

① 冯键. 增强大局意识 有重点地开展预决算审查监督工作［J］. 中国人大，2006（19）.

如果从预算的透明度与完整性方面考察，我国现在的预算体系包括四个相对独立的部分：一般公共预算、政府性基金预算、国有资本经营预算、社会保险基金预算。一般公共预算是对以税收为主体的财政收入，安排用于保障和改善民生、推动经济社会发展、维护国家安全、维持国家机构正常运转等方面的收支预算。具体又分为中央一般公共预算和地方各级一般公共预算；政府性基金预算是对依照法律、行政法规的规定在一定期限内向特定对象征收、收取或者以其他方式筹集的资金，专项用于特定公共事业发展的收支预算。政府性基金预算应当根据基金项目收入情况和实际支出需要，按基金项目编制，做到以收定支；国有资本经营预算是对国有资本收益做出支出安排的收支预算。国有资本经营预算应当按照收支平衡的原则编制，不列赤字，并安排资金调入一般公共预算；社会保险基金预算是对社会保险缴款、一般公共预算安排和其他方式筹集的资金，专项用于社会保险的收支预算。社会保险基金预算应当按照统筹层次和社会保险项目分别编制，做到收支平衡。

这四个方面预算合在一起组成全口径的预算体系。所有的政府，不论财力如何，都要编制预算，这是基本的原则，而且今后不再强调专项支出和政府收入挂钩。这一点会使各个部门产生不同想法：过去因为强调一些部门的特殊意义与重要性，先后形成了一些"法定支出"要求。比如公共部门教育支出达到年度 GDP 的 4%，这是必须达到的法定指标，这就叫挂钩。另外，农业、科技、计划生育、精神文明等都有挂钩的要求。后来发现，从中央的角度看，整个中国的预算盘子，有 48% 已被僵化、固化，就是被这些挂钩项目给锁死了。有些挂钩项目从逻辑上讲也有问题，比如科技领域，要求科技投入资金增长的幅度超出一般支出的增长幅度。如果每年都超出，这一部分的比重就会不断上升，最后其他部分预算就会降低。这些挂钩原则都是当时至少写入了红头文件、具有法律效力的。党的十八届三中全会明确提出，以后原则上不再做这种挂钩的处理，而是根据不同年度和具体情况统筹协调，这是中国预算的一个进步。

将现代预算引入跨年度滚动预算平衡框架

为了解决传统年度预算平衡框架带来的问题，我们在改革中引入了跨年度预算平衡框架（又称"跨年度滚动预算"），让这两个体系共同发挥作用。

我在美国做访问学者时就注意到，美国联邦政府的滚动预算特别符合中国人所说的统筹协调、综合平衡。目前中国还做不到五年期滚动预算，经过这么多年的探讨与努力，党的十八届三中全会后下决心先做三年期滚动预算编制，但三年期预算也非常考验我们的能力，重点在于对预算内容和相关政策进行优化调整。现在谁也不敢拍胸脯说自己能预测得多么好，但总的来说要往这方面努力。

我专门做过美国三级政府预算的调研，无论到哪个层级哪个地方，我都会问，预算安排了以后，实际情况发生变化了怎么办，负责预算的官员能否根据实际情况调整预算。他们的回答很干脆：我无权做出任何调整，如果我要调整的话，就会进监狱。这么严厉，当时听着我觉得有点不好理解与不敢恭维：情况在不断变化，谁敢保证预算编得恰到好处呢。但后来，我了解到美国有预算调整的程序，但是在走完调整程序之前，谁也无权在预算执行系统中操作。

比如，"9·11"事件发生后，在全国惊魂未定的情况下，美国国会在48小时内通过了紧急拨款法案，拨出了几百亿美元的反恐资金。这属于特事特办、急事急办，就是通过预算调整的程序，把钱拨出来。

今后中国的预算原则上也需要这样操作。我们过去所说的严肃预算执行纪律规则，在编制水平提高的情况下，会体现在一种看起来似乎很"僵化"的执行过程中。"打酱油的钱不能打醋，买棺材的钱不能抓药"，要调整使用买酱油、买棺材的钱，需要走规范的调整程序。

美国国会图书馆是全球最大的图书馆之一，有几千名雇员。但我到访时听说管图书的工作人员有几百人就足够了，剩下的人都是美国国会请来的做经济预测、政策分析、数据处理等工作的各类专家。他们虽属国会图书馆编制，但实际工作是配合美国参众两院的预算专门委员会，跟总统预算办公室与财政部，真刀真枪、逐条逐款讨论联邦预算是否合理。因此可以理解，美国总是提前一年半就开始编制预算，走这么多的步骤，花那么多的人力物力财力，确定下来的预算当然要严格执行。

如果从美国进步时代的启示来考虑，中国的预算制度改革是不是可以抓住预算透明度、预算体系、预算和公众之间信息交流与良性互动来进一步推进？这样也可以同时实现经济、社会生活的民主化与法治化。

此外，在预算改革中，在完善转移支付等方面，我们可以做的事情还有很多。同时，预算编制好后，要抓好其执行以落实预算的安排。规范地方政府债务，也是"十三五"乃至"十四五"时期的热点。《预算法》修订后，地方债管理也将更加规范，明确怎么借、怎么用、怎么还。关于税收优惠的规范，也在逐渐推进中。这些改革要求与实践，体现了近些年来财政制度的进步，但深化改革仍任重道远。

2.2 分税制改革——波澜壮阔的财税配套改革

改革开放以来的财政体制改革，1994 年以前可称为"行政性分权"，1994 年以后则称为"经济性分权"。从与计划经济相匹配的集中生产、统一分配模式，到以"分灶吃饭"的财政新体制为突破口实施中央地方分权的改革，并进一步对企业推行一系列放权让利改革，为我国形成全国统一的市场经济、实现市场经济主体公平竞争、扭转财政困难局面打下了坚实的基础。

1994年分税制改革的里程碑意义和历史性贡献是，在改革进程中，"三位一体"地规范了政府与企业、中央与地方、公权与公民之间的关系。从行政性分权转为经济性分权，绝非所谓"重启集权时代"之举。分税制内洽于市场经济体制，是构建社会主义市场经济的必然选择，必须坚定不移地深化分税制改革，使之在统一市场中横向到边、纵向到底地得到全覆盖。

完整、准确地理解分税制应明确以下几个重要认识：

第一，分税制的逻辑起点，是市场经济目标模式取向下政府的职能定位和从立法机关（我国最高权力机关为全国人民代表大会）所获得的财政分配收支权。

第二，政府事权范围对政府收入规模（广义宏观税负）起着大前提的作用。

第三，事权划分是深化分税制改革中制度设计和全程优化的基础环节。我国财政分权原则的表述，经历了从"事权与财权相结合"到"财力与事权相匹配"再到"事权与支出责任相适应"的转变，反映了改革开放以来不同时期经济发展的矛盾和政府经济体制改革的思路调整，同时体现出在财政体制改革中，我国理论与实践的逐渐深化。

第四，广义税基收入划分主要取决于税种的属性与特点，且要求地区间税基配置框架大致规范一致，但各地实际税收丰度必然高低不一，不同地方政府出现区域财力横向不均衡的同时，也出现了纵向不平衡加剧的情况，许多地方基层财政出现困难。

第五，因收入与支出二者在政府间划分遵循不同原则，各地税收丰度和供给品成本又必然不同，中央本级、地方本级①必不可能各自实现收支平衡，客观上需要以基于"中央地方纵向不均衡"的自上而下的转移支付制度，调节地区间的横向不均衡。

第六，"财权与事权相顺应"与"财力与事权相匹配"都十分重要、不可偏废，但二者属递进关系而非平行关系，较适当的中央地方财力占比是在正确处理经济性分权制度各环节问题后自然生成的。根据实证考察，"94改革"（即1994年的分税制改革）后的体制已在明显产生抑制和缩小区域差距而服务全局的贡献，这种贡献的进一步提升和可持续，需依托深化改革使中央—地方财力纵向不均衡机制进一步健全与完善。基于以上认识，我提出了今后深化财政分税制改革的基本思路与重点。

1994年分税制改革的里程碑意义和历史性贡献

在分税制改革过程中出现很多波折，遇到许多难迈的坎，但需要按照社会主义市场经济体制和现代财税制度要求，不断完善分税制预算管理体系。

党的十八大之后，中国启动了新一轮经济体制配套改革。在此轮改革中，财税改革再次成为研讨和推进配套改革的切入点，其中又以如何认识和深化1994年的分税制改革为核心。

近些年，因为现实中出现了诸如县乡财政困难、地方隐性负债、土地财政和以专项补助为代表的"跑部钱进"等突出矛盾和问题，所以一次又一次地将分税制改革推向风口浪尖，成为社会各界关注的焦点与热点。若干年来不绝于耳的关于"94改革"造成地方财力短缺和中央集权（甚至

---

① 我国政府层级分为中央、省、地（市）、县（区）、乡镇（街道），省及省以下一般统称为"地方"。

被称为"开启新的中央集权时代")的负面评价,以及质疑"财权"概念的讨论,强调"因地制宜"而否定分税制通盘框架等观点,都值得深思和加以澄清。

直率地说,媒体乃至学界提出的颇具影响的流行看法,或在基本事实判断和思维方向上完全错误,或在深化改革的关键问题上离题万里,而且往往让民众陷入分税制改革的认识误区。在这里,我们从客观评价1994年分税制改革的关键性突破和历史性贡献入手,力求清晰地阐述分税制与市场经济的内洽关系,论证坚持分税制改革方向对我国社会主义市场经济建立与完善及对新时期统筹推进"五位一体"总体布局的重要价值和意义,进而在完整准确理解分税制的基础上,回应各方关于分税制的不同声音,并基于此提出今后我国深化财政分税制改革的思路与重点。

1992年邓小平南方谈话后,同年在党的十四大上确定我国经济体制改革的目标是建立社会主义市场经济体制。这样,使多种经济形式和产权规范的法治化取向不可逆转,公平竞争市场和间接调控体系的成型也势在必行,自此拉开了制度化推进宏观间接调控取代直接调控的大幕。1994年1月1日正式推出的分税制改革,正是与中国经济社会历史性转轨中整体资源配置机制的再造相呼应的制度变革。

1994年分税制改革是新中国成立以来政府间财政关系方面涉及范围最广、调整力度最大、影响最为深远的重大制度创新,为中国特色社会主义财政制度发展,为中国经济改革的深入夯实了基础,虽难度很大,但在中国改革发展史上具有里程碑意义。1994年的分税制改革让我们看到:首先它使中国的财政体制终于从新中国成立不久因统收统支而形成的行政性分权,走向了与市场经济相内洽的经济性分权,突破性地改变了以往不论"集权"还是"分权"都是按照企业行政隶属关系组织财政收入的体制症结①。在"缴给谁（哪级政府）"和"按照什么依据缴给谁"的制度规范上，前所未有地形成了所有企业不论大小、不讲经济性质、不分行政级别，在税法面前一律平等、一视同仁的局面。这种"该缴国税缴国税，该缴地方税缴地方税"的真正公平竞争环境，在激发微观企业活力的同时也有利于为培育其长期行为提供稳定预期，同时还使中央与地方双方都告别了行政性分权历史阶段分成制下无休止的扯皮和包干制下"包而不干"延续扯皮因素的"体制周期"，不再进入从集中到短暂分权又到集中的"一放就乱，一乱就收，一收就死"（即"放、乱、收、死"）的循环，从而打开了新局面——形成了政府对市场主体实行宏观间接调控的机制条件，形成了中央与地方之间按税种或按某一税种的同一分享比例分配各自财力的比较规范、稳定的可持续体制安排。

正是这种以统一、规范、公正公平为取向处理政府与企业、中央与地方、公权与公民（财税语境中公民是有纳税义务的自然人）分配关系的"三位一体"框架，淡化了同一地区内各级政府与不同企业的远近亲疏关系，以及由亲疏关系而产生的区别对待，或过多干预，或过多关照；同时抑制了地方政府与中央政府的讨价还价机制以及地方政府之间因苦乐不均产生的攀比机制，既为企业创造了良好的市场经营环境，也为地方政府营造了在一心一意谋发展中认同规范化发展的制度氛围。此后，"三位一体"关系的处理真正进入经济性分权新境界，制度红利得到释放也是其必然的结果，同时也是总体运行可持续性得到提升的明显表现。当然，魄力和动作极大的 1994 年分税制改革，在多方面制约条

---

① 1994 年分税制改革之前，虽已实行了十余年的"分灶吃饭"，但企业仍和传统体制下一样按照其隶属关系向各级政府缴纳利税，即一个企业具体隶属于哪级政府，其利税便缴到哪级政府，政府对企业的"剩余索取"和政府间收入划分，具有明显的"分层行政管制权"特点。

件之下，仍只能提供一个以分税分级体制处理三大关系的初始框架，需要在改革进程中逐步调整。深化改革的任务，在其后已完成了一些（如所得税仍然按照行政隶属关系划分的这条旧体制尾巴，迟至 2002 年才在"补课"中被切除，改变为全国比例统一的中央地方共享税），但如何在省以下真正贯彻落实分税制，其任务还远未完成。自 1994 年以来，我国各省级行政区以下的地方财政体制，总体而言未能真正实行分税制，实际上仍是五花八门的分成制和包干制（越是欠发达的基层越倾向于干脆包干）。

在体制转型阶段，为人们所诟病的基层财政困难问题、地方隐性负债问题和土地财政式行为短期化问题等种种弊端，其实正是在我们早已知道而欲作改变的分成制、包干制在省以下运行中产生的。把地方基层困难、隐性负债、土地财政问题归罪于分税制改革，并由此否定分税制改革的大方向，这是一个大是大非问题，不可忽视、轻看，必须说明白讲清楚。

总之，1994 年分税制改革是中央以极大的改革决心和魄力推出的可行方案，其正面效应，在其后的经济社会发展和财政状况向好方面都有显著表现。虽然 1994 年分税制改革存在较浓的过渡色彩，也存在一些负面影响，但它支撑市场经济改革的重要意义和里程碑性质值得充分肯定。为坚持其基本制度成果，必须正视其"未完成"状态，并进一步解决改革中仍存在的瓶颈问题，因为改革永远处在进行时。

为建设与完善社会主义市场经济必须坚持分税制改革

发展市场经济，就必须实行分税分级财政体制，这是许多国家在市场经济发展中不约而同形成的体制共性与基本实践模式。我国在几十年的财政体制反复探索中的经验和教训，也足以得出这个认识。

市场经济与计划经济的本质区别在于资源配置方式的不同。计划经济以政府直接配置资源为特征，反映在财政体制上便是政府运用其事权和财权提供公共产品，并为提供公共产品而筹集财政收入，还以政府管制方式直接介入非公共产品领域与微观经济活动（包括直接安排、控制企业的投资、生产和销售，以及企业职工工资和劳动力流动等的管理权）。客观地说，决策层对与之伴随而来的财权、事权高度集中状况以及由此产生的活力（积极性）不足问题，并非没有引起足够重视。

新中国成立后，在财政体制关系问题上，我国一直在反复探索"分权""放权"。例如，早在1956年，中央就在"十大关系"的探求中提出分权思维，但是先后因1958年和1970年大规模向地方分权的举措而很快铩羽而归，经历"放、乱、收、死"的循环过程而不得不调整为中央主导但又具分权因素的"总额分成，一年一定"的体制。到了20世纪80年代，改革开放初期的"分灶吃饭"，实际上是以多种"地方包干"配合全局渐进改革和向企业的"放权让利"。相应地，调控格局由"条条为主"变为"块块为主"，在松动旧体制、打开一定改革空间后，却并未能触及和改变政府按行政隶属关系组织财政收入和控制企业这一旧体制症结，很快减税让利也山穷水尽，导致出现企业仍然活不起来、地方经济变为"诸侯经济"的局面，中央政府调控职能进退失据、履职窘迫的不良状态已在政治经济层面皆不可接受，这才终于倒逼出了从行政性分权走向经济性分权的1994年分税制改革。

以市场配置资源为基础机制的市场经济，要求政府职能主要定位于维护社会公平正义和弥补市场失灵，因而政府的事权、财权主要定位在公共领域，"生产建设财政"必须转型为"公共财政"，并以提供公共产品和服务作为主要目标和工作重心。所以在制度安排上，必然要求改变按行政隶属关系组织财政收入的规则而走向法治背景的分税分级体制，让企业得以无壁垒地跨越隶属关系、跨越行政区域实行兼并重组与优化升级，从而释放其潜力、活力，充分参与公平竞争；同时，在政府间关系上，也要遵循规范与效率原则，由各级政府规范地分工履行公共财政职能，将事权与财权在各级政府间进行合理划分，配之以财力均衡机制，完善以资金自上而下流动为主的转移支付制度。这个框架，就是经济性分权概念下的财政分权框架。

分税制是分级分税财政体制的简称，其内容包括：在各级政府间合理划分事权（支出责任）与财权（广义税基配置），按税种划分收入并建立分级筹集资金与管理支出的财政预算，进而合乎逻辑地构建分级的产权管理和举债权管理体系，以及转移支付体系。分税制既适应了市场经济条件下政府维护市场秩序、提供公共产品的内在职能要求，也迎合了各级政府间规范、可预期地分工与合作以提高公共资源配置效率这种公共需要。

一言以蔽之，分税制财政管理体制内洽于市场经济。在我国不断深化社会主义市场经济体制改革和推进全面配套改革，"五位一体"地实现中华民族伟大复兴中国梦的征程上，坚持分税制财政管理体制改革方向，是切切不可动摇的。从 1994 年以来的基本事实出发，必须强调，近些年来地方财政运行中出现的县乡财政困难、地方隐性负债、土地财政、"跑部钱进"等问题，绝非分税制造成的，恰恰是分税制改革在深化中遇阻而尚未贯彻到位，特别是在省以下还未完全落实所致。

面对现实生活中与基层困难、地方隐性负债和土地财政短期行为相关的问题与弊端，除了把这些问题归咎于 1994 年分税制改革这种错误认识之外，还有一种主张也值得关注。它虽未在表述上全盘否定分税制，却以因地制宜为由提出"中央与省之间搞分税制、省以下不搞分税制"，"非农地区搞分税制、农业地区不搞分税制"，我曾将其概括为"纵向分两段、横向分两块（两类）"的设计思路，并撰文提出不同意见。这一设计思路看似以"实事求是"为取向，其要害是未能领会市场经济资源配置的内在要求而脱离了中国经济社会转轨的基本面和现实生活中的可操作性，实际上是一种使财政体制格局重回"条块分割""多种形式包干"状态的思维，完全未能把握深化改革中的真问题。殊不知市场经济体制的实质就是使市场的各种要素实现无壁垒流动，怎么能够因为因地制宜而使横纵皆落入切割状态？如果说省以下不搞分税制，那么实际上这恰恰就是"94改革"以来我们遗憾地看到的因深化改革受阻而形成的为人诟病的现实状态，我们真正要解决的问题是如何走出"山重水复疑无路"的困境。如果说"农业地区不搞分税制"，那么且不说实际操作方案中如何尽可能合理地将我国具体划分各类大大小小、与非农地区仅一线之分的"农业地区"，只要试想一下体制分隔、切割状态下各个区域的企业将如何形成我国目前第一大税种增值税的抵扣链条，以及各地政府将如何处理各自辖区内的企业所得税，就知上述设计思路行不通。因此，统一市场的资源配置优化机制，必然要求分税制改革"横向到边，纵向到底"，保证其制度安排的全覆盖。

分税制财政管理体制是一个逻辑层次清晰、与市场经济和现代社会形态系统化联结的制度框架，需要从政府与市场关系这一核心问题入手，在让市场在资源配置中起决定性作用的取向下，完整准确地理解中国财政体制改革的总体目标和基本框架，才有利于消除诸多歧义，寻求基本共识。

分税制的逻辑起点和设计

财政发挥资源配置功能主要表现为政府对社会再生产和社会生活的分配调节，同时也表现为政府内部不同财政资源的配置，因此便产生了对财政进行分级和分权的问题。1994年我国在分级分权改革中，创新性地提出了分税制财政管理体制改革思路。

在市场经济中，政府应从计划经济时代直接配置资源的角色，转变为主要在市场失灵时提供公共产品与服务以及维护社会公平正义的角色。各国共性的政府事权（职责）范围，大体取决于公共产品的边界。为履行政府公共职责，社会必须授权赋予政府配置（获取和支配）资源的权力，这其中便包括在配置经济资源中获取资金的权力（收入权）和支配资金的权力（支出权），现代社会通常表现为立法机关授权。其中收入权包括两类：一类是征税（费）权，另一类是举债权。前者即为通常意义的财权，后者实为与形式上"无偿"取得收入的财权相辅助的"有偿"方式的权变因子。相应地，政府收入包括税、费和债，其中以税收为主。

至于如何征税，则需要同时考虑收入足额目标和尽可能不对市场形成扭曲的目标，并能适当对社会成员利益"抽肥补瘦"。这客观要求税制设计具备统一、规范、公平、效率特征，并形成必要的差异性（"对事不对人"地区别对待）。在税收制度的安排上要求尽量保持税收的中性，以尽量避免对资源配置产生扭曲影响。然而，要发挥对市场的引导作用和政府宏观调控作用，又会不可避免地加入税制的差异化设计，如针对特定产业的税收优惠政策，又如个人所得税的累进税率设计，等等。因此，在商品经济不发达的农业时代，以耕地作为税基的农业税往往成为首选；随着商品经济的兴起，以商品流转额作为税基的流转税得到各国青睐；当经济进一步发展到近现代后，以所得和财产作为税基的所得税与财产税便受到了各国的重视。

分税制体制的整体设计，必然要求以政府在现代社会"应该做什么、不应该做什么"（既不越位又不缺位）与政府对市场主体和纳税人的调节方式（以经济手段为主的间接调控和"对事不对人"的规范调控）为原点，即以尊重市场、服务与引导市场经济的政府职能定位及其适当履职方式为逻辑起点，在分级收支权的制度安排体系中把财政事权

（支出责任）的分级合理化与复合税制的分级配置税基合理化这两方面整体协调起来。

再谈事权与财权

在分税制体制框架下，各级政府的事权—财权—财力的配置，应与市场经济合理匹配。所谓事权是指要合理界定各级政府在市场经济运行中既不越位也不缺位的职能边界；财权是指在各财政层级上匹配与各级政府事权相适应的税基，以及在统一税收体制中适当安排各地税种选择权、税费调整权、收费权等。那么如何构建合理的事权与财权关系呢？

（一）政府事权范围是政府收入规模（广义宏观税负）的大前提

政府的收入权（现代法治形式为通过立法机关授权），为政府实际筹集收入提供了可能，而实际需要筹集的收入规模（通常为政府可用财力在 GDP 中的占比，即广义宏观税负指标），则首先取决于政府事权范围，或者取决于特定国情、阶段、战略设计等诸因素影响制约下的公共职能边界。这反映了政府"以支定收"（中国古代表述为"量出制入"）的理财思想所带来的一种规律性认识，同时也可依此视角对近年来关于我国宏观税负高与不高的争论做出点评与回应。剔除财政支出效率和各国公共产品供给成本的客观差异等因素，所谓宏观税负（广义宏观税负是指政府收入占 GDP 的比重），更准确地说，还应该包括政府支出占 GDP 的比重①，其高与不高首先取决于政府职能定位与事权范围的大小。

从工业革命之后各国实践来看，政府支出占比的长期表现均呈现上升

---

① 这里又引出一个问题，就是通过宏观税负指标无法完整反映政府在国民收入分配中的地位，用政府支出占 GDP 的比重这一指标会更准确。比如 2009 年日本政府（中央和地方）收入（不包括债务）占比仅为 20.5%，而支出占比为 39.2%，支出占比几乎为收入占比的 2 倍。

趋势，这便是著名的"瓦格纳定律"的基本内容。其根本原因在于，随着时代发展，经济社会公共事务趋于复杂，服务也在升级，政府公共职能对应的事权范围渐趋扩大。

中国政府事权范围和职能范围边界，在传统体制下明显超出成熟市场经济国家，这里还不说城乡分治格局下的某些乡村公共服务状况。改革开放以来政府事权与职能有所趋同，但仍差异可观，除有政府职能转变不到位而导致的政府越位、缺位和资金效率较低等因素外，还包括：转轨过程中的特定改革成本；为落实赶超战略实现中华民族伟大复兴而承担的特定经济发展职责；我国仅用几十年时间就走完了成熟市场经济国家上百年才完成的工业化、城市化历程，导致在其他国家顺次提供的公共产品（有利于市场发展的基本制度、促进经济发展的基础设施以及有助于社会稳定和谐的民生保障用品），在我国改革开放几十年内较密集地交织重叠。①

上述分析并不是否定市场改革不到位、支出效率低下而导致公共资源配置带来较高行政成本的问题，而主要是说明，政府事权范围是决定宏观税负高低的前提。不同国家，发展阶段不同，国情不同，所以各国间静态的宏观税负可比性不强。中国的特定国情和当前所处的特殊阶段，导致政府事权范围较广，在既成宏观税负和政府支出占比水平之中，除确有一些不当因素之外，也具有一定的客观必然性和合理性。

上述分析表明：市场失灵要求政府履行公共职责（事权），相应需赋予其获取、掌握（配置）经济资源的权力（收入权和支出权），而政府借收入权应获取的收入规模（政府可用财力与 GDP 占比）主要取决于事权范围。当然，实际获取收入的规模又同时取决于经济发展情况、征管能

---

① 具体分析参见：贾康. 收入分配与政策优化、制度变革［M］. 北京：经济科学出版社，2012。

力、税费制度设计与政策以及政府的公信力等因素。因此，政府事权和财权是"质"的框架性制度因素，它更多地反映财政体制安排，而财力规模与宏观税负是事权、财权大框架下多种因素综合作用生成的"量"的结果。

（二）事权划分是深化分税制改革的基础

分税制财政管理体制内容包括：事权划分、收入划分和支出及转移支付安排三大部分。其中，反映政府职能合理定位的事权划分是始发与基础环节，是财权和财力配置与转移支付制度的大前提。因此，在讨论分税制改革问题时，我们理应避免首先讨论甚至只讨论收入如何划分的问题，而应全面完整、合乎逻辑顺序地讨论如何深化我国的分税制改革。

与讨论政府总体收入规模之前需要界定合理事权范围相同，在讨论各级政府财力规模和支出责任是否合理之前，必须合理划分各级政府之间的事权。这符合第一层次以支定收的原理。[①] 只有各级政府间事权划分合理，支出责任才可能合理，才可以进一步讨论如何保证各级财力既不多也不少，实现"财权与事权相顺应、财力与事权相匹配"的目标。

把某类事权划给某级政府，不仅仅意味着该级政府要承担支出责任，更要对公共产品的质量、数量和成本负责。因此，"事权"与"支出责任"两个概念其实并不完全等同，支出责任是事权框架下更趋近于"问责制"与"绩效考评"的概念表述。公共财政的本质要求是在"分钱"和"花钱"的表象背后，通过对公共服务责任的合理有效制度规制最终寻求公共利益的最大化。

一般而言，不同政府层级间的事权划分要考虑公共产品的属性及其外溢性的覆盖面、相关信息的复杂程度、内洽于全局利益最大化的激励—相

---

① 贾康. 财政职能及平衡原理的再认识 [J]. 财政研究，1998（7）.

容机制和公共产品供给效率等因素。属于全国性的公共产品，理应由中央政府牵头提供，地区性的公共产品，则适宜由地方政府牵头提供。具体的支出责任，应合理地对应于此，分别划归中央与地方。同时，由于地方政府较中央政府更具有信息优势，更加了解本地居民需要，因而在中央政府和地方政府均能提供某种公共服务的情况下，基于效率的考虑，也应更倾向于由地方政府提供。

（三）财力与事权相匹配是完善税制的基础

"财权与事权相顺应"与"财力与事权相匹配"两者都十分重要、不可偏废，但两者属递进关系而非平行关系，较适当的中央地方财力占比是在正确处理经济性分权制度安排各环节后自然形成的。

在1994年分税制改革启动时，国务院提出要"根据事权与财权相结合原则……并建立中央税收和地方税收体系……"，"并充实地方税税种，增加地方税收入"。① 但随着改革进程中诸多问题的出现，对事权与财权相结合的提法产生了质疑，近些年的文件中，只是多次强调"财力与事权相匹配"，学界也有解读为"不讲财权、只讲财力，才是出路"的声音。在改革中，绝不能认为财权合理配置不重要，似乎可以跳过财权配置直接实现事权与财权的一致，因为财权（广义税基）的配置是配合各级政府事权在统一市场的合理分工，使政府能够稳定、规范地"以政控财，以财行政"的重要制度安排。

从结果导向看，追求各层级政府的财力与事权及支出责任相匹配，是分税制体制安排逻辑链条的归宿，也是建立和完善分税制的动力源。但这并不意味着，我们可以放弃"财权与事权相顺应"这一前道环节。近些年的实践恰恰充分表明，我们亟须明确地在"财权与事权相顺应"的基础之

---

① 见《国务院关于实行分税制财政管理体制的决定》（国发〔1993〕第85号）。

上，追求"财力与事权相匹配"的结果。也就是说，循着"一级政权、一级事权、一级财权、一级税基、一级预算、一级产权、一级举债权"的制度建设逻辑，再配上有效的转移支付制度，才能最终可持续地使中国哪怕是最欠发达地区的地方政府，也能与其事权大体一致，并能够以其可用财力与"基本公共服务均等化"的职能相匹配。如何使财权（广义税基）与事权相顺应、相内洽、相结合，是最终使"财力与事权相匹配"的前置环节。

强调"财权与事权相顺应"，就意味着我们必须如党的十八大、十九大报告所强调的，更加重视地方税体系的建设，重视地方潜在税基的发掘，并重视地方阳光化举债制度的建设和国有资产管理体系的完善，而非仅仅关注现有收入如何分享、如何调整分成比例的问题。

早在 20 世纪 80 年代实行"利改税"政策时，我国便设计了城市维护建设税、房产税、土地使用税和车船使用税。当时设计这四个税种，重要目的之一是为改革财政管理体制做准备，希望通过建立地方税体系，使地方有比较稳定的财源，稳定中央与地方的分配关系。[1] 但是分税制执行 20 多年来，尤其是进入 21 世纪以来，房地产、矿产（包括石油、天然气、煤炭等主要能源品和金属矿石等基础品）价格飙升，最适宜作为地方税的这两类税基迅速成长，但因地方税体系建设明显滞后，相关的理顺体制、深化改革任务也步履维艰，这不能不说与淡化"财权与事权相顺应"的认识和指导原则有关。

重视"财权与事权相顺应"，也必然要求提高对税权下放的关注度。税权下放不仅包括税种选择权、税率调整权，还包括最终在一定条件下的因地制宜设税权。地区间特色、互补发展的态势已初见端倪，近年国家也

---

① 王丙乾. 中国财政 60 年回顾与思考 [M]. 北京：中国财政经济出版社，2009：271.

在有意引导各地区按照功能区模式发展，这意味着各地的"特色税基"将会由潜在状态浮出水面。"靠山吃山、靠水吃水"，在体制规范化条件下，地方政府可以考虑按照科学合理的方式从特色资源中适当地、依法地获取收入。特色资源不易流动，相应也不会产生税源竞争。同时特色资源的开发维护需要特殊成本支出，这种收入恰可以弥补这部分支出，也符合税收的受益特点。可以设想，在消费税中增设特色消费税税目，各地区可以因地制宜地按照本地区特色资源设定具体税目和税率。比如一些中西部欠发达地区，其自然风光如大漠戈壁比较有特色，便可以考虑对来此的旅游者开征特色消费税（可比照借鉴美国凡在旅游胜地住宿的旅客均要缴纳宾馆床位税的办法）；再比如，针对东部大城市的拥堵问题，可以考虑开征"拥堵税（费）"；等等。

如果重视"财权与事权相顺应"，我们就必须首先重新审视目前税种划分是否合理，并创造条件改革税制。例如，考虑"营改增"倒逼之后的资源税、房产税、消费税、环境税等的改革，在配套改革中为丰富地方税基打基础，而不是只盯着中央、地方财力占比高与低的问题。即使在现行一些较小税种划分的技术层面，其实也有依此思路改进的空间。如目前的车辆购置税，一般而言，车辆购买地、上牌地和消费地大体一致，因此较适宜作为地方税，而目前车辆购置税为中央税；还有烟草消费税，目前已具备将征收环节从生产环节和批发环节后移至销售环节的条件，将其作为省（市）级收入；也可积极研讨将汽车消费税的征收从生产环节后移至零售环节，将其作为地方税收入。

所以，"财权与事权相顺应"与"财力与事权相匹配"两者都十分重要，不可偏废，但逻辑顺序上二者是一种递进关系，切不可错认为是平行关系，甚至认为后者对前者是替代关系或涵盖关系。否则，可能导致将分税制改革深化、制度完善的任务，简单化为"分钱"和"占比"的调整问题，甚至主张"一地一率"、因地制宜，而贻误改革事业。

综上所述，可以得出一个至关重要的认识：近些年人们热衷于反复讨论、争议不休的"中央、地方财力（收入）占比高与低"的问题，其实并没有触及中国现阶段深化分税制改革的关键。较适当的中央地方财力分配格局，在"占比"上的量化指标，应是在正确处理经济性分权各项前置环节制度安排问题之后，加上全套转移支付的优化设计而自然生成的，并不是根据主观偏好确定的，也不是简单依从国际经验比照出来的，更不是在争论中按少数服从多数决定的。我们既不应也不必把"中央地方收支应占多少百分比"的问题作为讨论的重点，更不能把这一点作为讨论的前提。

税基划分原则

广义税基收入划分主要取决于税种的属性与特点，且要求地区间税基配置框架大致规范一致，但因各地实际税收丰度高低不一，导致我国财政收入客观存在地区间横向不均衡的问题。逻辑上，事权合理划分之后的环节依次为：财权配置（广义税基划分安排）、预算支出管理以及对应于本级主体的产权和举债权配置问题。我们先看税基划分。

按税种划分收入，属于分税制财政管理体制框架下的题中应有之义和关键特征。政府所有的规制和行为，均应以不影响或尽量少影响生产要素自由流动和市场主体自主决策为标准，相应的收入（税基）划分，则需要考虑税种对生产要素流动的影响以及中央、地方分层级的宏观、中观调控功能实现等因素。税种在中央、地方间的划分，即税基的配置，一般要遵循如下基本原则：与国家主权和全局性宏观调控功能关系密切或税基覆盖统一市场而流动性大的税种，应划归中央；而与区域特征关系密切、税基无流动性或流动性弱，以及税基较为地域化、不会引起地区间过度税收竞争和需要因地制宜的税种，应划归地方。

按此原则，如关税、个人所得税、增值税等应划归中央，如房地产税、资源税、特定地方税等应划归地方。

从各国具体实践看，在基本遵循上述原则的前提下，不同国家根据本国情况，对个别税种可以有一些变通。如美国的个人所得税为联邦政府和州、地方政府按照税基共享、分率①计征方式进行收入共享（以联邦层级为主，实行超额累进税率；以州与地方为辅，实行低税率乃至低平比例税率）；英国将住宅类房产税（称为市政税）作为地方税，而将非住宅类房产税（称为营业税）作为中央税以及中央向地方转移支付的来源，按照居民人数向各地区返还。

为调动地方积极性，我国在 1994 年实行分税制改革后，在收入划分上将税基大或较大的几个税种（增值税、企业所得税、个人所得税）作为共享税，但这些与经济发展直接相关，将税基流动性特征明显的主力税种划定为中央与地方共享税，在一定程度上违背了收入划分的基本原则，结果是刺激地方政府承担了较多的经济发展事权，也导致地方政府之间出现过度的税收竞争（表现为争抢投资、争抢税源等）。因此，"分财权（税基）"和"分财力（收入）"，均有其需遵循的科学规律和所应依据的客观内在机制，不应简单按照人的主观意志与偏好行事，这方面人为的调控空间很有限度。

值得一提的是，特种消费税（如我国的消费税），如果在消费环节征收，因消费具有明显的地域化特征（如某地汽车消费量大，汽车消费税收入则高；烟酒消费量大，烟酒消费税收入就多），使得税收收入与某类财政支出具有较直接的对应关系（如汽车消费量大，因汽车消费导致的城市

---

① 分率是指分不同税率。

交通维护、治理拥堵的财政支出就相应较高；烟酒消费量大，因吸烟饮酒引发各类疾病的卫生保健医疗支出也会较高），所以这类消费税收入宜划归地方。但是，目前我国特种消费税多在生产环节征收，且主要税目（如燃油、烟酒）或主要由大中型国有企业生产，或由政府垄断经营，如果划归地方，则可能导致地方政府为获得高财政收入而要求企业竞相多多生产，背离"寓禁于征"的初衷。

未来在征管条件具备，将征收环节后移至批发环节或消费环节时，可以考虑将该类税基划归地方政府。有些人担心这样会激励地方政府多消费，达到多收税的目的。实际上，无论是燃油还是烟酒，它们均已成为大众消费品（八项规定出台后，原先往往以"奢侈品"定位的高档烟酒大都回归了原形），地方政府没有能力也没有手段对千千万万消费者的消费行为进行干预，其对消费者的影响力远小于可由其控股的屈指可数的国有生产企业。

至于房地产税，这种在住房保有环节逐年征收的财产税，则适合作为地方政府支柱性财源的典型税种：税基不流动，几乎完全不涉及对辖区之外的外溢性问题，地方政府最具信息优势。随着工商业的繁荣、经济社会的发展和居民收入水平的提高，税基丰度也增加了，因而地方政府只要专心致志地优化本地投资环境，提升本地公共服务水平，辖区内的房地产就自然而然进入升值轨道。而每隔一段时间重评一次税基的机制，正是使地方政府的尽职行为成为解决自身财源建设问题的可预期套现机制，这就可以在具备一定工商业活动水平和居民规模与人气的区域，提供大宗、稳定的地方政府收入来源，且具有充分听取社区、基层民意而有针对性地服务于当地公共事业（如教育、市政服务）的天然便利和民主色彩。因此，这一税种在现代经济体中，大都成为地方主体税种。对于当下的中国而言，房地产税在抑制地方政府"圈地卖钱"动机，激励地方政府"养地升值"

积极性，进而提高我国城镇化过程中稀缺土地资源利用率方面具有特别重要的意义。

无论税种（税基）在政府间如何配置，收入是独享还是共享，其划分原则和共享办法与比例，在一个国家内应是上下贯通、规范一律的。即使那些不宜由中央或地方专享，出于过渡性考虑或者因长期理由不得不划为共享税的税种（如我国目前的增值税、企业所得税和个人所得税），也需要执行全国统一的共享办法和比例。

假如我们不能坚持最基本的"全国一律"特征，我国1994年分税制改革形成的税制根基就会被动摇——试想，如听从有些同志的似乎"有道理"的主张，把欠发达地区的增值税分享比重（或所得税分享比重）提高，用以因地制宜地缓解地方财政困难，那么假定这一个省（区）调为55%，另一个省（区）马上会提出一大堆理由要求升为60%，欠发达的边远省（区）则可能会要求提到70%以上，而中部地区、发达地区同样很快会愤愤不平地摆出一大串理由与"困难"来要求改变分税比例。这样，分税制的原有规则，就会变为"一地一率"、讨价还价的分成制，分税制的基本框架便将随之而轰然倒塌，原来弊病丛生、苦乐不均的"会哭的孩子有奶吃"、无休止的扯皮、"跑部钱进"和桌面之下的灰色"公关"等问题，就都会卷土重来。最终，按税种划分中央、地方收入的基本逻辑将荡然无存。这样，现实中的财政体制便不再是与统一市场、公平竞争环境及体制相契合的分税制体制了。因此，即使是共享税，其切分办法也必须全国统一，因地制宜可以靠转移支付来实现，这实际成为维护我国1994年分税制改革基本制度成果的底线。

需要强调的是，各地区税基配置统一、共享办法相同、分享比例一律，并不意味着各地区实际的税收丰度是均等的，实践中会因地区经济发展水平的差异及其他相关因素而出现大相径庭的情况。比如同样是"五五分享"的增值税，工商企业数量多、发展水平高、增值税规模大的沿海省（区），与工商业不太活跃、经济发展水平低下、增值额规模往往还很小的西部边远省（区），定会产生人均对比上的巨大反差；同样是央地共享的所得税，企业效益水平和居民收入水平的区域差距也十分显著，进而人均税收在不同区域往往不可同日而语。这就注定会产生区域间财政收入丰度的横向不均衡，这种情况在区域差异悬殊的我国尤为显著，客观上形成了比一般经济体更为强烈的对均衡性转移支付制度的需求。

转移支付的问题

因收入与支出在政府间的划分遵循不同的原则，所以各地税收丰度和供给品成本必然不同，中央本级、地方本级必不可能各自实现收支平衡，客观上需要基于中央地方纵向不均衡的转移支付制度，调节地区间的横向不均衡。

前已述及不同政府层级税基配置即收入划分的原则，而这与更前面所论及的事权划分即支出责任划分的原则并不形成直接对应关系。规范的制度安排要求各地税种统一、分享比例统一，但实际的税收丰度却会因各地区经济发展水平的差异及其他相关因素而大相径庭，所以注定会产生区域间财政收入丰度显著的横向不均衡。与此同时，地方政府为实现基本公共服务均等化所需的公共产品供给成本，又会因巨大的地区差异而产生另一种支出上的横向不均衡，使欠发达省（区）面临更大困难：因为税收丰度很低的地方，恰恰大都是地广人稀、自然条件较严酷因而提供公共产品的人均成本非常高的地方；而税收丰度较高的地方，一般都是人口密集、城镇化水平高、自然条件和生存环境较好因而提供公共产品的人均成本比较低的地方。财政的收入丰度低而支出成本高，是欠发达地区普遍面临的困难处境，因此在分税制框架下解决这个问题，便主要需依仗自上而下的中央财政、省级财政对欠发达地区的转移支付制度安排（也不排除中央政府协调组织之下开展的发达地区对欠发达地区的横向转移支付等），从而形成可持续的调节区域差异的通盘方案。

随着经济社会的不断发展，人们需求的多元化和个性化明显增强，政府事权下移日益成为大势所趋，各国实践也印证了这一点。在市场经济中，商品极大丰富、生产要素流动活跃、国内国际贸易活动频繁，以商品和生产要素为税基的税种成为各国首选。从这些税种的特点和属性分析，恰恰都宜将其作为中央税，即使与地方共享，地方分享比例也不宜过高，否则会阻碍生产要素和商品的流动，违反市场经济原则。实践中，这又往往导致中央税权和可支配财力均呈现"上移"特征，与社区、地方自治倾向上升而发生的事权"下移"形成鲜明的对比。加之中央政府必须承担调节各地区差异等全局性的任务，只有其可支配财力规模大于本级支出所需规模，才可能腾出一部分财力以转移支付等形式履职尽责。所以，从中央与地方层面看，必然出现中央本级收大于支、地方本级收小于支的纵向不均衡的客观常态格局，而"中央拿大头支小头、地方拿小头支大头"的财力纵向不均衡不但不足为奇，而且正是各国分税分级财政体制运行的共性特征。相应地，转移支付也主要表现为自上而下的财力转移，即形成资金向下流动格局。"94 改革"已使中国政府财力分配的这一格局初具模样。

现阶段我国中央政府收入占比为近50%的水平，无论与其他代表性国家相比，还是与我国中央政府所承担的宏观调控职责相比，都可以说并不高。其实，财政收支问题主要在支出侧，即支出总盘子中中央占比过低，地方支出占比过高。2009 年经合组织（OECD）各成员方中，中央支出非加权平均值为46%，其中与中国可比的大国如美国是54%，英国是72%，日本是40%。① 而中央与地方支出失衡背后的原因恰恰是各级政府间事权划分不合理导致的支出责任错配,各级政府间事权划分办法不规范、不统一;同时,新增事权多采取"一事一议"的办法,无统一科学标准化的原则和方案可遵循。

我国有些应由中央承担的事权如国防,现实中往往以"军民联防""军地共建"等名义较深度而无规范地牵扯进了地方,另一些理应由中央承担的重要事权如经济案件的司法审判权,则几乎全部交给了地方,导致地方常常出现非公平判决案例。合理解决之道,不是减少中央收入占比,而是应调整事权和支出责任,如最终结果使中央在支出总盘子中的占比不变或有所提升,也是合理状态。

无论是考虑"共同富裕是社会主义的本质要求",还是法治社会中基于公民"人权平等"提出的"基本公共服务均等化"要求,都客观需要运用转移支付制度等手段对财政资金余缺自上而下地在各级政府间进行适当调节。这种转移支付制度有效运行的基本前提就是由中央取得与其宏观调控职能相称的财力,进而去调节地区间的横向不均衡。

改革开放四十余年来,我国经过"让一部分人和一部分地区先富起来"的发展之后,叠加各地不同的自然地理环境,地区间经济发展水平差距仍比较大,实现共同富裕任重道远。新时期中央政府不可回避的一项重要任务,就是以合理方式"抽肥补瘦",抑制地区间差距扩大。这种中央政府针对横向不均衡履行区域发展差异调节职责的前提,就是要通过不断深化制度改革,形成合理设计与可持续实施的中央与地方间纵向不均衡的财力分配体系。

所以,市场经济条件下分税制财政管理体制框架中必然内含的转移支

---

① 楼继伟. 中国需要继续深化改革的六项制度 [J]. 比较,2011 (6).

付制度建设在我国尤其重要，必须进一步按长效机制要求来打造并加以动态优化。相应地，我国转移支付制度建设目标包括平衡地方基本公共服务能力和实现特定宏观调控目标两大方面，分别对应于"一般性转移支付"和"专项转移支付"。

深化分税制改革的基本思路与重点

分税制改革的实践表明，分税制必须作为长远目标，分阶段、分地区逐步实现，因而必须分步设计，做好总体目标和周密的过渡方案与落实。

基于以上认识，未来在深化改革中健全完善我国分税制财政管理体制的基本思路应是，在明确政府职能转变、合理定位的前提下，配合政府层级的扁平化和"大部制"的整合与精简化，按照中央、省、市县三级框架和"一级政权、一级事权、一级财权、一级税基、一级预算、一级产权、一级举债权"的原则，配之以中央、省两级自上而下和地区间横向转移支付制度，建立内洽于市场经济体制的"财权与事权相顺应、财力与事权相匹配"的财政体制。

根据 1994 年分税制改革以来出现的矛盾和问题，今后改革的重点至少应包括：

第一，实行分税制财政管理体制，要求各级政府间的财政资金分配采用税种划分方法。我国形成的五级政府体系，在世界上主要国家中并不多见。在近几十年的市场经济发展中，简并税种是主流趋势，国际社会多为三级政府。1994 年分税制改革的问题在于 28 种税要在五级政府之间划分，是世界上其他国家未曾遇到的难题，说明财税改革要与政府体制改革同步推进。所以，在配套改革中要积极、渐进地推进省以下分税制的贯彻落实，通过省直管县、乡财县管和乡镇综合配套改革，从总体上将我国原来的五个政府层级扁平化为中央、省、市县三个层级（不同地区可有先有后），以政府机构层级扁平化改革带动分税制在省以下层级的落实。

第二，在顶层规划下调整、理顺中央与地方三个层级的事权划分，进而按照政府事务的属性和逻辑原理，合理划分政府间支出责任，过去省以下政府向上集中资金，基本事权却有所下移，财政重心和事权重心趋于上下分离，特别是县、乡两级政府，履行事权所需财力与其可用财力很不对称，成为现实生活中的突出矛盾。鉴于此，建议尽快启动由粗到细形成中央、省、市县三级事权与支出责任明细单的工作，并在其后加强动态优化和绩效考评约束。例如，地方政府应退出一般竞争项目投资领域，经济案件司法审判权应集中于中央层级，等等。

第三，以税制改革为契机，积极完善以税种配置为主的各级收入划分制度。大力推进资源税改革，积极扩大房地产税改革试点范围；扩大消费税征收范围，调整部分税目的消费税征收环节，将部分消费税收入划归地方；将车辆购置税划归为地方收入；在积极推进"营改增"的同时，将增值税中央增收部分作为中央增加对地方一般性转移支付的来源。

第四，按照人口、地理、服务成本、功能区定位等因素优化转移支付的均等化模式，加强对欠发达地方政府的财力支持；适当降低专项转移支付在全部转移支付中的比重，归并、整合专项转移支付中的相似内容或可归并项目；尽量提前其具体信息到达地方层面的时间，并原则上取消有关地方配套资金的要求，以促进地方预算的通盘编制与严肃执行。此外，还应积极探索优化"对口支援"和"生态补偿"等地区间横向转移支付制度。

第五，结合配套改革深化各级预算管理改革，在全口径预算前提下从中央级开始积极试编3～5年中期滚动预算；把单一账户国库集中收付制发展为"横向到边、纵向到底",借助"金财工程""金税工程"构建全套现代化信息系统以支持、优化预算体系所代表的全社会公共资源配置的科学决策;加快地方阳光融资的公债、市政债制度建设步伐,逐步替代透明度、规范性不足而风险防范成本高、难度大的地方融资平台等隐性负债;地方的国有资产管理体系建设也需结合国有资本经营预算制度建设而积极推进。

第六,从几十年分权之路的探索可见改革之曲折艰难,中国在渐进改革模式及"建设法治国家""强化公众知情权与参与权"多重约束和逻辑取向下,积极理性地推进财税法制建设,并在服务全局大前提下做好"在创新、发展中规范"与"在规范中创新、发展"的权衡。同时,优化顶层规划,在改革实践中,及时把可以看准的稳定规则形成立法。

在追求强起来的新时代,必须以建立现代财政制度为目标,加快财税体制改革进程,以适应新发展阶段的客观要求。

2.3 中国企业的税费负担与税改方向①

2016 年末 2017 年初,福耀集团董事长曹德旺在专门就中美两国之间各种企业负担进行对比后发表了一番看法,内容涉及人工成本、电费、天然气成本、物流中的过路费,其他开销如厂房、土地费用,还有各种与融资、清关相关的费用,等等。在说到中国企业负担的时候,曹德旺以税的概念得出了一个基本结论,即中国企业的综合税负比美国高35%。他的这一结论引发了社会大讨论。

有人说中国企业碰到了"死亡税率"问题,一些企业家甚至在座谈会上呼喊活不下去了。这个问题的讨论其实涉及很严肃的公众关切话题,我

---

① 本小节内容选自作者文章《中国企业税费负担的"全景图"和改革的真问题》。

们不妨从理论联系实际的角度考察分析。

正税本身不高——中国正税负担分析

曹德旺提出，中国企业的综合税负比美国高 35% 。但他说的到底是税，还是税与其他负担的总和，其实并不清晰。依我的理解，曹德旺说的税负绝不限于税，但是他最后却集中到税的概念上进行对比。

曹德旺反映的税负问题，其背景我们应该心里有数。我们无法回避在全球化的发展过程中，中国各类企业融入国际合作和竞争、面对生产要素和营商成本"用脚投票"这个问题。

我们并不是就事论事地讨论企业的税收负担问题，企业税负和综合负担的降低，与投资环境的改变、企业对未来发展的信心和法治化营商环境保护的预期都是有内在联系的。为了更清晰地识别问题，提出有效的解决方案，我们亟应理性全面地看待企业负担。

（一）先从税种说起

先看看我国现有的税种（见表 2 - 1）。

表 2 - 1　我国现有税种一览表（18 种）

税种类别	税种内容
流转税类（3 种）	增值税、消费税、关税
所得税类（2 种）	企业所得税、个人所得税
财产税类（3 种）	房产税、契税、车船使用税
行为目的税类（6 种）	印花税、土地增值税、城市维护建设税、船舶吨位税、耕地占用税、车辆购置税
资源税类（4 种）	资源税、烟叶税、城镇土地使用税、环境保护税

从法律规定来看，我国的正税目前有 18 种。

所得税类有两种，企业所得税和个人所得税。

财产税类现在设立的是房产税、车船使用税和契税三种。房产税过去一直是对营业性的相关房产征收的，非营业性的个人家庭消费住房不在此税的征收范围内。20 世纪 80 年代，全国人大授权可以具体设置房产税相关的实施规则，国务院以这个授权启动了上海、重庆两地试点在消费住房保有环节征税，根据具体情况形成创新式的税收调节。2021 年 10 月，十三届全国人大常委会第三十一次会议决定：授权国务院在部分地区开展房地产税改革试点工作，标志着房地产税改革向前迈出了一大步。

　　按照 2016 年 12 月全国人大审批通过的与环境保护相关的税法，我国在 2018 年 1 月 1 日开征环境保护税，这是把原来企业排污要缴纳的排污费通过平移改为更规范的税收了。

　　（二）操作上减税空间不大

　　具体地讲，"营改增"全覆盖以后，还存在一些细节问题，经过调研以后需形成解决方案。比如，"营改增"实际上并不能鼓励创新型企业留住研发创新的带头人。高科技企业要出高薪留住自己的研发带头人和它最核心的创新团队，但高薪酬在增值税的抵扣链条中是没有进项抵扣的。于是，一些高科技企业在新的增值税环境之下税负有可能提高了，表现为高端人才的薪酬大量投入超过某一个临界点后，企业实际的税负不降反增。这个问题现在还没有更好的解决办法。诸如此类的问题，在"营改增"的下一步完善中要具体考虑。

　　至于企业所得税，小微企业的起征点虽然可以再抬高些，但由于其规模因素，意义并不大，何况我们对中小微企业已给了很多企业所得税减免的优惠政策。还有企业研发投入方面，已把加计扣除从 150% 提高到175%，再往上提，也未必能对企业税负产生多么大的影响。另外，一些细节问题，比如加速折旧，这是可以做的。从财务角度来看，企业在某一个时间段内可以通过加速提取折旧减少其所得税负担，减少的这个税收推迟缴纳，实际上就产生了一定时间价值，使企业在某一个时间段中能争取超常规发展。这些为企业减税的细节虽然可以继续讨论，但是操作的空间并不大。

（三）国际比较后中国宏观税负不高

从国际可比的宏观税负水平看，我们应有一个理性判断：中国宏观税负水平并不高，应该把最宽广口径下的各种负担因素综合起来考虑，才能看得出中国现在整个社会的真实痛点之所在。可比的宏观税负水平，IMF有明确的定义和统计口径。曾任财政部部长的肖捷同志写过一篇文章，他的基本观点是：按照IMF的口径，中国的宏观税负大致是33%。现在有人把它估计得高一点，最多到35%、36%，这与发展中国家宏观税负约为35%的水平相差不大，而且明显低于发达国家的平均值。

既然中国的宏观税负与发展中国家的平均水平大致相当，而且明显低于发达国家的平均值，那么考察不能到此为止，接下来就是我特别强调的"全景图"概念：中国除了十几种正税之外，首先还需要考虑行政性收费。这些年，行政性收费正在往下调减，但从某种意义上讲还是比较多。比如在曹德旺发表观点以后，娃哈哈集团董事长宗庆后接受浙江卫视专访时，专门列出了一个包含500多项税费的清单，绝大部分是行政性收费。该清单经过发改委和财政部清理、认定，认可其中的300余种，这就是中国实际的痛点之一。很多企业家习惯一句话归结为这是中国企业的税收负担，其实里面大量的是正税之外的行政性收费。交这些钱时，企业还要花费很多心思讨价还价，要消耗很多精力，这都是隐性成本，也是负担。

税费负担"全景图"与中国企业非税负担

既然中国的宏观税负与发展中国家大致相当，那么接下来我们看看包含正税、行政性收费、"五险一金"与"隐性负担"的税费负担"全景图"。

（一）中国除了十几种正税之外，特别需要考虑行政性收费

从广义讲，政府收入中，除了税收收入，其他收入都可以划归为非税收入。政府征收非税收入的依据比较复杂，因此改革难度也比较大。在中国，相比减税，减少行政性收费更得攻坚克难。如前文所讲，娃哈哈一家企业各项费用总计300余项，这些费用后面都有相应部门，要进一步减少项目、降低行政性收费，就需要真正精简机构，按照扁平化重构行政架构，这就涉及许多公共权力部门。所以，要真正减少企业负担，一定要有系列的配套改革，不仅是税改，还要有行政体制改革等，这是一个系统工程。

（二）"五险一金"统筹层次不够造成费率不必要的偏高

与国际比较，我国企业的"五险一金"负担明显偏高，改革会涉及相关的社保基金制度等问题。养老资金池理应做到全国统筹，由全社会形成基本养老的一个大"蓄水池"，在这个蓄水池互济、共济功能充分发挥的情况下，社保税率也可以往下降。而我们现在的基本养老保险只做到了省级统筹，全国至少有30多个养老金池子，它们相互间还不能调剂使用。比如，辽宁的退休人员比重非常高，其养老金早就入不敷出，广东等地由于职工年龄结构偏年轻化，养老金相对富裕。但其"富裕"的养老金无法支持辽宁解决养老金短缺问题，只好让社保基金理事会代做安全理财，这两地的资金就完全不能够产生互济、共济的作用。

要使基本养老资金池做到全国统筹，恰恰又是触动地方既得利益的事情，因为相关部门有自己的收费权，已经发展出几十万人员队伍，维持这个队伍实际上带来种种实惠。如何按照更合理的改革逻辑形成社保基金的全国统筹，以充分发挥基本养老资金池功能，还能降低费率、减轻企业负担，这是在养老金方面真正需要改革的问题，是很现实的硬骨头，需要统筹考虑。

（三）必须承认和啃下的硬骨头——繁重的隐性负担

中国企业负担中的一大"特色"是隐性负担较重。比如，开办企业至少要盖几十个章，继而产生一系列的隐性成本与综合成本；企业运行起来了，对几十个局、委、办等公权部门的"打点"也会长年不断。所以正税减降不是企业负担问题的全部，甚至不是最主要的问题。

在中国，我们一方面要继续坚定不移减税降费，另一方面要继续整顿营商环境，遏制潜规则造成的设租寻租、变相索贿等。在为官不为的情况下，拖延也是一种隐性成本。这些约束要破除，依靠什么？怎么做？这是非常现实的问题。

中国确实需要在减轻企业负担上下功夫，但从税到非税，到各种隐性负担，再到相关投资和发展环境中的各种负担，这些问题应该放在一起进行全景图式的把握，这样才能更好厘清思路，在中国走向现代化的过程中，让企业尽可能轻装上阵，参与国际合作与竞争。同时，降负和使负担合理化应与行政体制等一系列改革相匹配，不是简单的加强管理、改进技术的问题，这也是敢不敢触动既得利益、敢不敢啃硬骨头的问题。

（四）企业负担的其他因素：人工费

我们必须清醒地意识到，前些年支持中国超常规发展的劳动力要素比较优势正在逐步消失，若干年内会基本丧失。相对美国，若干年内我们还能维持劳动力的相对优势，而相对东南亚我们已经明显丧失了这种竞争力，从珠三角开始，不得不"腾笼换鸟"，那里常规的投资正逐渐往外转移。这方面我们要注意劳动合同法的相关约束，同时要健全市场相关制度环境，争取在这个过程中找到合理的平衡点。但总的趋势是，低廉劳动力成本优势正在逐渐丧失，已不再是我们的比较优势。

（五）中国不能与美国比拼电价

中国不能简单跟美国比拼电价。中国现在主要是用火力发电，而美国基本不用火力发电。火电的负外部性非常明显，从开采，到运输，再到使用中有害气体的排放，都会产生环境压力，外部成本非常明显。几十年来，因燃煤导致的环境污染已成为中国经济可持续发展的一大弊病。

这是基本的情况：中国既然是以煤炭为主要燃料，就得做好煤炭的清洁利用，而这一过程中综合成本非常高。中国在这个约束之下，从经济学逻辑来说，关键是如何使相关产业链上的运营企业千方百计减少能源消耗费，开发有益于节能、降耗、绿色、低碳发展的工艺、技术和产品。这才是中国真正的全局、长远利益之所在。

当前中国面临"三重叠加"：人口密度和与人口密度相关的能源高密度消耗、机动车高密度行驶等，叠加之前粗放发展阶段所形成的高排放、高污染，再叠加以煤为主的基础能源要素禀赋结构造成的清洁发展压力。这使与环境承载力相关的可持续性发展呈现"非常之局"，要有非常之策才能破局。从这个角度来说，我们就不能简单地跟美国比拼电价谁更低。美国不依靠火力发电，它的原油储备是别的国家无法竞争的。美国把自己所有探明的国内油田都封存，在国际上不断按照最合适的方式抢价格低点进口原油，而且借助美元国际霸权控制行情。美元跟黄金脱钩以后，实际上与基础战略资源石油是挂钩的。这是美国的相对优势，所以无法与美国低电价相比。

（六）中国不宜与美国比拼过路费

20世纪50年代美国推进了高速公路网建设，带来基础设施支撑力的提升、经济的蓬勃发展，其高速公路基本不收费。中国目前还处在发展追赶阶段，在今后很长一段时间内，中国做不到美国那样的交通干道、高速公路基本不收费，我们还不得不依靠贷款和PPP融资来建设高速公路，然后以收费的方式支撑基础设施建设，这是中国现代化过程中从追赶到赶超的特色。

（七）土地、厂房成本

曹德旺强调，他去美国投资后，土地成本在州政府的补贴鼓励下被对冲掉了。这种情况中国也有，很多中西部地区也是这样的，招商引资时给予企业种种政策优惠，土地几乎白用，但往往仍然不能成功招商引资，原因就是投资环境和其他条件不到位。比如，有些地方政府靠土地批租一次性拿足钱，以在自己任期内尽快出政绩，不会太多考虑后续领导班子怎么过日子，继而产生很多短期行为。前面提到，美国联邦政府的收入来源主要是个人所得税和工薪税，公司所得税是州一级政府的重要收入来源，美国地方政府主要的收入来源是称为财产税的房地产税。美国的财产税是法治的、透明的，这个长期稳定的税收占到基层政府收入的40%~90%，这就是它们可以"白送"土地给曹德旺的原因。美国"靠山吃山、靠水吃水"的土地财政不像中国这样具有短期性，这是我们应该借鉴的经验。

（八）融资等方面的成本

融资成本是影响企业发展的一个重要因素。中国有一个突出的问题是，常规金融在某些区域明显被边缘化，而灰色、地下金融甚至是高利贷却大行其道，最典型的就是以温州为代表的各种跑路事件频频上演。温州金融系统出现的危机，暴露了它的产业空心化问题：在金融不能有效服务于实体经济更新换代的情况下，实际融资成本往往是中、高利贷形成的，这样易造成当地产业升级受阻。而如果实体经济发展不能实现升级，原来一个强劲增长的区域往往会痛失好局，原来的隐患易变成危机。

我们应特别警惕，像温州出现的这种不良现象会不会在长三角、珠三角复制。在深化经济改革的过程中，中国一定要保证整个金融体系的多样化，使其无缝对接实体经济的各类融资需求，特别是在商业性金融体系之外，要对接好政策性金融体系。所谓政策性金融体系，包括开发性金融、绿色金融、普惠金融，这些都必须有一个以国家财政为后盾的政策性融资机制做支撑，如带有明显政策性融资色彩的产业基金、引导基金。当这些都形成有效供给以后，各种各样无缝对接的金融产品中，应该有常规金融的低利贷，有现在发展起来的小贷公司式的中利贷，有政策金融。只有各种融资形式合力使高利贷边缘化，中国的金融生态环境才能够越来越健康。

税改方向前瞻——刚性支出约束下提高直接税比重

直接税和间接税是国际上广泛使用的税种划分方法。一般以税能否转嫁或难易程度为标准，将税收划分为直接税与间接税。所谓直接税，是指纳税义务人同时是税收的实际负担人，纳税义务人不能或不便于把税收负担转嫁给别人的税种。直接税的纳税人，不仅在表面上有纳税义务，而且也是实际上的税收承担者，即纳税人与负税人一致。在世界各国税法理论中，多以各种所得税、房产税、遗产税、社会保险税等税种为直接税。所谓间接税，是指纳税人能将税负转嫁给他人负担的税收，如营业税、消费税、增值税、关税等。间接税通常通过提高商品售价或劳务价格等办法转嫁出去，最终由消费者负担。

党的十八届三中全会通过的《决定》非常明确地提出，要逐渐提高直接税比重，同时提到要稳定宏观税负。言下之意，在提高直接税所占比重的时候，就必须降低间接税的税负。至于说宏观税负往下调，更是要注意到，如果不是逆转"逐渐提高直接税比重"这个改革方向，就要加大力度降低间接税的税负，"营改增"其实就是带有减少间接税特征的改革。

如果我们肯定降低间接税的方向，从全局考虑，必须同时考虑提高直接税的比重，因为哪怕是降低宏观税负，也不可能降得特别低。不论是维持适当的宏观税负还是降低宏观税负，都要考虑优化税制，优化税制的结构取向是必须把直接税更好地培育起来，这是要从正面考虑配套改革的一个具体要点。如要贯彻中央降低宏观税负的精神，其约束条件会更加严格。只讲减税而不讲适当提高直接税比重，是不能够真正把握好配套改革要点的。

减税的同时，我们必须维持整个政府体系正常运转并履职，还必须考虑满足一系列社会民生要求的各种支出。要保民生事项的托底，这是"社会政策"的托底。比如，已经取得全面胜利的脱贫攻坚战①，接下来更艰巨的任务是防止脱贫人口的再次返贫。这就需要对症下药，投入各种资源，但一定是以公共资源为主，甚至完全由财政负担。

这还只是列举出一件事情，其他还有很多刚性支出，如住房保障、教育、医疗、就业、养老等。在这样的压力之下，中央的财政赤字率在2016年和2017年已经提高到了3%，这就意味着中国必须靠更多发行政府公债填补这个赤字。2017年5月，穆迪给中国政府主权债务降级原因就包括这一点，中国现在举债水平已相对较高，而且未来几年很可能会继续提高。直言不讳地说，中国财政赤字率长期处于3%以下（仅2020年抗击新冠肺炎疫情时才达到3.6%），以后有必要时不排除再往上抬一些。但是在社会的普遍关注之下，想迅速把赤字率抬得很高，恐怕不现实，因为这会使经济问题社会化和政治化。

即使肯定了增加直接税这个方向，实行起来也是一个很慢的过程。但现在减少间接税过程却很快，从可持续性来说，在其他因素不变的情况下，减少的间接税必须在短期内找到填补它的收入来源，这其实与在正税之外更多举债有一个必然的关系。

前面我们曾提到，比照保罗·克鲁格曼提出的"三元悖论"模型，我

---

① 新华社2021年2月25日电，习近平总书记庄严宣告：我国脱贫攻坚战取得了全面胜利！

们提出了财政分配的"三元悖论"。简单地说，老百姓都非常拥护的减税、增加公共支出以及控制赤字和举债规模，在具体操作中，最多只能同时满足其中两项，而不可能三项一起满足。这是非常简明的三元制约关系。鉴于此，就必须找到一种理性的权衡，以可持续为前提，设计一个尽可能理性的方案。

有减法有加法——在攻坚克难中解决"真问题"

减税、减负的另一面是加税。在中国，个人所得税是一定要改革的，这里面有减税，主要是低中端要往下调整，也有加税，除了极高薪酬的高管接受最高边际税率调节，最关键的是要把除工薪收入者外其他先富起来的人群（比较典型的是厂主式的富豪）的非工薪收入合并在一起接受超额累进税率调节。同时，对直接投资的资本利得税，可以给予相对优惠的比例税率，剩下的要合在一起按超额累进税率调节。这时候的最高边际税率可以由45%降到35%甚至30%，档次也可以由现在的七级减少到五级甚至更少。而起征点应该适当提高，第一档税率可以由现在的3%调低到1%，这样有利于培养纳税人意识；第二档税率缓慢提高，待超过应培育的中产阶层主体收入水平的某一个数值以后，再加大超额累进税率的调节力度。这是一套比较合理的有减税、有加税的新机制。

对家庭的一些必要的专项扣除项目，如考虑赡养系数，考虑家庭第一套住房按揭贷款，对月供中的利息支出做专项抵扣，这一方面是国际惯例，另一方面也满足中国老百姓的诉求，体现了个人所得税应有的公平税负设计。当然，个人所得税的改革还会有较为漫长的路要走，改革并不容易。比如，当年推出全年收入12万元以上的纳税人要主动申报个税，但在执行过程中不敢动真格。政府目前还不能真正规范严格地依法征税、应收尽收。这么多年来，12万元以上收入者的申报逐渐成为一种形式。美国多年前没有网上信息系统的时候就敢动真格，每年对 1% ~3% 的人进行抽查，抽到以后认真核查，补税的同时还要交滞纳金、罚金，情节严重的甚至被关进监狱以示惩戒，这样就对全社会产生了威慑作用。

减税之外的加税，在中国更是难上加难，但这是中国走向现代社会、建立现代税制必须经受的一个历史性考验。

房产税早已于 2011 年在上海和重庆试点，下一步如果加快立法过程，那么如何做好房产税的税法设计，本土经验就会很有意义。中国必须设计好社会可接受的起步框架方案，不能照搬美国的普遍征收制度。借鉴重庆采取的 180 平方米的扣除标准，我们可以讨论，为了使这一税改可接受，到底怎么做扣除？是按照人均面积，还是按照每个家庭的第一套房？是否允许单亲家庭扣除第一套房，双亲家庭扣除前两套房，以避免假离婚潮等，这都要在立法过程中充分考虑。但无论怎样，都应该积极地推动房产税立法。

中国能不能凝聚改革的基本共识，合成改革推动的力量来攻坚克难，从而真正营造一个高标准、法治化、低负担、公平竞争的营商环境与社会和谐环境，这就是我们面对的现实。

第3章 财税改革实践与"十四五"展望

3.1 税制国际竞争力分析

从特朗普执政一开始，美国就公布了减税方案，有媒体称这将掀起世界范围的减税潮，人们也很关注这一举措对中国可能形成的竞争影响乃至冲击，一时众说纷纭。在这里，我们结合第2章财政"三元悖论"分析和中美两国相关情况，谈几点基本看法。

为何中美两国先后启动结构性减税

早在20世纪80年代，美国就有"里根经济学"指导的减税实践；改革开放后，中国也在推行"减税让利，搞活企业"的方略。两国均已积累了相关经验，取得了积极的成果。在国际金融危机的深远影响需要继续加以消除的背景下，美国总统特朗普要兑现其"让美国重归伟大"与"大规模减税"的竞选承诺，中国要在经济发展进入新常态后深化供给侧结构性改革，进一步简政放权减税，这是两大经济体在税收取向上的表现。两国都有同样的意愿：需要以减税进一步降低市场主体的实际负担，从供给侧激发微观层面创业、创新的潜力与活力。

"拉弗曲线"运用定量研究的方式，在原理上定性地表明了一国最佳（宏观）税负点的存在，如果越过了这一点，虽然税率高，但政府的实际收入会趋于下降，同时经济活动将明显趋于低迷。所以，政策制定者一定要把可能越过这一点的税负因素找出来，以优化经济运行，同时从中长期看，这将会真正优化政府收入结构。在政府层面，美国已有当年供给学派政策主张之下的减税方案经验可资借鉴，中国则有30多年减税让利与税制改革基础上以"营改增"为代表的结构性减税经验。

　　特朗普上任被称为"黑天鹅"事件，是表示其胜选颇出乎意料。他的减税承诺及上任百天即宣布明确的兑现方案，一方面体现了他作为总统回应广大市场主体诉求的态度，另一方面为了实现"让美国重归伟大"的目标。他必须提振美国企业的国际竞争力，美国税制的国际竞争力优势再次作为一张国际关系牌被打出。

　　但减税作为一柄"双刃剑"，也将加大美国的赤字与公共部门债务压力，如果再加上特朗普政府推行的大规模基础设施升级建设，这种债务压力就会更大。客观地说，由于有财政"三元悖论"揭示的"减税、增加公共支出和控制政府债务与赤字水平三大目标至多只能同时实现两项"的现实制约，特朗普政府的减税效果也不乐观。事实证明，特朗普政府执政的4年间逐年推高联邦财政赤字，一直是在减税、加大基础设施开支与控制赤字、举债风险的临界点上"走钢丝"。估计PPP会因此在美国引起更高程度的重视和更大范围的推行，以助益于其权衡过程中临界点的外移而力求"少花钱，多办事，办好事"。另外，还要特别指出，美国所掌控的美元霸权，即世界货币主导权，也可以为特朗普政府落实上述经济政策提供有利条件，因为美国增加的赤字和债务增加所带来的风险，可以在很大程度上分散到全球各经济体，尤其是美元资产持有国（包括中国），形成共同消化、共同承担的机制。当然，这种共担机制只是扩大了可容忍的边界，并不能否定"三元悖论"的终极制约。

中国应在"全景图"概念下减税降费

在经济全球化时代，国际合作与竞争中的互动影响是客观存在、必然发生的。美国的减税政策，也会吸引包括中国在内的市场主体选择要素流动方向，并调整预期的机制竞争压力，使中国有关部门更加注重把减税做实、做好、做充分，如把这种互动称为"减税竞争"，似乎也未尝不可。但中国不应惧怕国际合作与竞争中的"税收竞争"，因为从自身发展战略出发，中国确实也有进一步减税的必要和相对应的弹性空间。特别是，中美之间要素流动的竞争绝不会仅仅由税收一个因素决定，还涉及高标准法治化营商环境下众多的其他因素。美国降低税负，客观上会对中国降税形成外部促进作用。但更为重要的是，中国的"降税"与"降负"的关系比美国要复杂得多，必须基于中国现实并有全局的视野。

就中国正税负担（狭义的宏观税负）而言，中国实际的税收负担不到GDP 的 20%，并不比美国高。但说到税外负担中的政府行政性收费、社保"五险一金"缴纳等负担（广义的宏观税负），中国企业的税收负担已接近 35%，不算低了。另外，众多的税外负担还包括：未统计的时间成本、"处关系"中的精力耗费、"打点开支"等隐性成本与综合成本，这是中国国情的特殊性，也是中国税制国际竞争力的短板。

中美税制结构不同，切忌东施效颦，减法当中有加法

特朗普政府的减税主要是大幅削减企业所得税和个人所得税，中国"照猫画虎"是学不来的，因为中国的企业所得税标准税率早已下调，一般企业所得税的税率为 25%，对高新技术企业、小型微利企业还有一些优

惠政策，哪里有像美国那样从 35% 下调至 15%（初定 15%，最终定为 21%）的空间？至于中国的个人所得税，更是与美国不可同日而语，美国个人所得税占到美国联邦政府税收收入的约 47%（同时也对州与地方政府做出 10% 左右的贡献）。而在中国，"十三五"期间，个人所得税只占全部税收收入的 6% 左右，所以减税空间很小。

鉴于此，中国应结合实际情况和比较优势，实事求是地制定合理的税制改革方案。具体分析如下：

中国的税收制度以间接税（增值税、消费税等）为主体，有人认为要学美国的减税，在这个领域其实不必再强调"学"，我们已把应当推行的"营改增"做到了全覆盖，真正的关键是如何把党的十八届三中全会提出的"逐渐提高直接税比重"的税制改革任务真正贯彻落实，虽然难度较大，需要冲破利益固化的藩篱，但中国若要优化税制结构，这是别无选择的路径。如能真正构建起具有"自动稳定器"和"抽肥补瘦"优化全社会再分配功能的直接税体系，中国也就具备了进一步削减间接税负担的本钱与可能。这样一来，关于中国如何学习美国的税制改革，就绝非减税这么简单。在中国，税制改革包括减税、减负（税外负担）和适当增税（增加直接税比重）的配套改革任务。

3.2 我国主要税种改革历程鸟瞰

世界是由一个个主权国家和地区组成，这些主权国家和地区要运转，就必须要有各级政府的公共权力来维持社会秩序，解决公共问题，让大家得以共同生活。

政府的运转是有成本的，主要由税收覆盖，但如何合理地征收、使用各种税，是整个制度体系要解决的问题。西方有一句名言：这个世界上，唯有死亡和税收是无法逃避的。必有的税收，需要动态优化。税制改革关系到各个企业和自然人，解决的是政府面对的"钱从哪里来"的问题，也内含税收调节功能怎样优化的问题。

常议常新的第一大税种——增值税

提到我国的税制改革，首先要说的是增值税改革，其中"营改增"是这几年减税的重头戏。2016 年 5 月 1 日，"营改增"以"军令状"的方式在全国全面实施，"十四五"期间将继续推进完成增值税立法、税率三档并两档等改革收尾工作。

"营改增"打通了我国曾以间接税为主的税收体系中第一大税种的抵扣链条，不再使服务业存在重复征收。因为营业税将不复存在，以后都按照增值税处理，打通抵扣链条和消除重复征收因素以后，便鼓励了专业化细分，并为企业发展营造了一个强化税收中性①特点的环境。

当然，这不能说就完全达到了税收中性，但比原来相对复杂的税制方案提高了税收中性程度，也更符合市场经济要求的公平竞争环境。另外，"营改增"后可以促进企业专业化细分和升级发展，有利于企业提高其产出的性价比、扩大市场份额，争取做强做大。总之，"营改增"的改革方向和逻辑是值得肯定的。今后，增值税应尽可能减少税率的档次，把13%和11%合并成11%。这样，增值税的标准税率最高是17%，中间有一个11%，对个体户等小规模纳税人有相对优惠的办法。② 到了出口环节还有一个零税率，即可以完全退税。

---

① 税收中性是指政府课税不扭曲市场机制的正常运行，或者说不影响私人部门原有的资源配置状况。

② 经过多年改革，目前增值税的标准税率已从17%降至13%，小规模纳税人征收率由3%降至1%。

多维度平衡改革方向——消费税

关于消费税的改革，"十四五"规划有明确的任务要求，表述为"推进征收环节后移并稳步下划地方"。我国有十几种特殊商品要征收消费税，比如烟酒、鞭炮焰火、燃油、汽车轮胎、作为奢侈品的珠宝首饰等。对这些特殊商品征收消费税，有利于控制其生产与消费。比如烟酒，征收消费税给国家增加了收入，也让实际生活中烟酒的生产、消费规模得到了一定约束。然而，如何使消费税更加合理，还有很多细节要讨论。这其中有适当的动态调整，比如最早把护肤洗发用品放在消费税的税目中，后来认为它们已不是高端商品，而是日常用品，没有必要调节，于是在2006年以后取消了。一次性木筷，原来无消费税，后来出于保护森林资源的意图而被纳入消费税商品目录。

现在讨论中有考虑把私人游艇和私人飞机的消费税加码，让富人在炫耀性消费的同时"多吐点血"。但这个调节更多的是要树立政府社会形象的问题，因为顶级富豪如果给自己买私人游艇和私人飞机，也不会太在乎这个税高一点还是低一点的问题。消费税调整的时候，还涉及一些有环境污染问题的产品，比如一些特殊的电池，也有必要增加消费税，限制其生产和消费。

另外，将消费税从100%收归中央改为一部分由地方政府在销售环节征收的具体方案尚未出台，目前仅是出台了方向性、原则性的指导意见，①因为"一部分"具体是多大比例尚在论证之中。地方在"营改增"以后没有营业税了，完全靠增值税分成又有副作用的情况下，需要找到替代的

---

① 2019年国务院印发的《实施更大规模减税降费后调整中央与地方收入划分改革推进方案》提到，消费税根据征收实际，逐步下划给地方。

财源，消费税可以配合这个情况来改革。

以价格导向取代数量导向——资源税

我国已经就资源税做了从量计征变为从价计征的改革。[①] 这些资源产品从长期看会由于稀缺性而显得越来越金贵，从比价关系看其价格会走高，如按资源产品销售额比例征收，也会水涨船高，调节的力度不减，就避免了过去煤炭资源税从量计征的尴尬。

煤炭每吨 30 多元的时候，每吨税负是 2～3 元，焦炭每吨税负是 8 元。结果若干年以后，煤炭价格最高的时候接近每吨 1000 元了，但从量计征仍是每吨 2～3 元，税负已无关痛痒。改为从价计征后，税负会跟着市场价格上浮，就可以较好地发挥调节作用，以"有关痛痒"的税负促使大家节能降耗。

2016 年水资源税在河北省开展试点，于 2017 年推广至 9 个省（区、市），[②] 今后的方向是要在全国推广。推广水资源税的好处是，使水资源的开发和利用在有一种法定的税负因子之后，更好地在比价关系上促使消费者和生产者尽可能减少水资源的耗费，提高资源利用率，有助于经济可持续发展。

难啃的骨头——个人所得税

个人所得税的改革牵动每个人的神经，实施起来非常困难。目前，个

---

① 见《财政部 国家税务总局关于全面推进资源税改革的通知》（财税〔2016〕53 号）。

② 在河北省试点水资源税改革一年半后，2017 年 12 月 1 日起北京、天津、山西、内蒙古、河南、山东、四川、宁夏、陕西等 9 省（区、市）也纳入水资源税改革试点，用税收杠杆抑制不合理用水行为。详见《财政部 税务总局 水利部关于印发〈扩大水资源税改革试点实施办法〉的通知》（财税〔2017〕80 号）。

人所得税执行的超额累进征收机制只是针对工薪收入，不管是体制内的单位还是体制外的企业、公司，都要履行代扣代缴的职责。

但是非薪酬的部分就很难有效征税，即使征税也不能纳入超额累进调节范围而只是按比例征税。朱镕基同志担任总理时，看到当时刚刚推出的中国富豪榜，马上想到应了解这些富豪到底交了多少个人所得税，就让税务局核查，结果发现他们一分钱都没有交。深究后发现，其实这些富豪并没有给自己开工资，所以找不到他们的个人所得税税基。类似这种事在国外也有，巴菲特自己是私人老板，他说他的个人所得税比中层管理者都要少，主要是他已合理避税，因为美国有鼓励投资的各种优惠政策。

当年朱镕基同志所查的问题现在也没很好解决。富豪们不好意思了，可以自己开个一年几万元的工资交税，也就是如此而已。对他们总收入想做超额累进的调节，仍很难落实：中国个税超额累进最高边际税率是45%，对高薪经理人而言，如果应纳税所得额达到最高两级税率标准，那么35%、45%的收入就被征走了，但是到了民营企业家那样的富豪那儿却没有这种机制。

2003 年，曾经是中国最大民营企业之一的重庆力帆集团老板尹明善表了态，给自己开 100 万元的工资，照章纳税。这 100 万元工资开出来以后，税就交了 40 多万元，这算是一个先进典型了。但这纯粹靠个人自愿，没有机制约束的纳税总是不可长久的。

个人所得税改革方向与前景如何呢？我认为，可以考虑民众的诉求，提高起征点，减少超额累进税率档次，在适当降低最高边际税率时，把工薪以外的其他收入纳入全年应纳税所得额，仍按超额累进税率进行调节。比如，企业家富豪虽然不给自己开工资，但只要在银行里面开账户，实名制下身份证号码就是他的终身纳税号码，从他所有金融账户中都可以知道其所拥有金融资产的收益，那时候虽然抬高了起征点，降低了边际税率，但由于有了汇总的综合收入，真正有高收入和支付能力的富豪会多交税。当然也建议把直接投资的部分做分类处理，通过比例税率鼓励他们更多进行直接投资，这也是符合国际惯例的。

只听楼梯响，不见人下来——房地产税改革

在中国，房地产税需从无到有，攻坚克难。从全局与长远考虑，中国住房保有环节的房地产税，是一项势在必行的直接税制度建设，属于有多种正面效应的基础性制度改革任务，也是我们在房地产领域建立健康发展长效机制并使整个税制与整个社会走向现代化必须经受的历史性考验。

房地产税改革是供给侧结构性改革中一块难啃的硬骨头。从狭义上讲，这个改革要解决的是，我国不动产消费性住房持有环节的税收要从无到有。早在2011年，国务院就部署上海、重庆两地进行这方面的改革探索。[1] 党的十八届三中全会要求"加快房地产税立法并适时推进改革"，但迄今为止一直未见"加快"。[2] 房地产税对中国进入高质量发展阶段特别重视的共享发展、收入再分配有独特意义，亦有久拖不决的高难度特点。

从构建现代化经济体系的客观需要看，房地产税改革已经成为"十四五"税收改革的重点工作。房地产税作为一种直接税，除了有筹集政府收入的作用，特别重要的是它能按照支付能力原则在税收上起到"抽肥"的作用，让有豪宅、有多套房的公民多做一些税收贡献。"抽肥"之后，就能"补瘦"，即政府用此种税收收入扶助弱势群体，加强保障房建设，增进社会福利。这种"抽肥"并不是让先富起来的人伤筋动骨，而是在他们

---

① 尽管当时的试点只是象征意义上的开征房产税，但也意味着中国财产税缺失状态的终结。

② 最新动态是，2021年10月23日，第十三届全国人大第31次会议做出决定，授权国务院在部分地区开展房地产税改革试点工作。财政部、税务总局将依照全国人大常委会的授权，起草房地产税试点办法（草案），按程序做好试点各项准备工作。

先富起来并享受生活的同时适当让渡一部分物质利益，所以房地产税本质上是一种促进社会和谐共赢的税收。

我国在经过了多年物业税模拟试点和上海、重庆两地房产税改革试点后，应排除阻力，争取尽快推进房地产税的改革。路径是在"税收法定"轨道上，尽快落实党的十八届三中全会关于"加快房地产税立法"的指导意见，一待立法完成，可在房价上涨较快的一、二线城市率先开征。

首先，必须立法先行，最关键的要先把有关部门在内部讨论了多年的房地产税法草案公之于世，征求全社会的意见。其次，在税率的设置上，应该根据房产的价值（市场影子价格）等因素确定税基和税率。对满足生活基本需求的房屋面积可实行零税率，对超过住房标准的房屋面积实行各地标准税率，使高收入群体在享有大面积住房的同时也承担更多税负。再次，要注重广义口径上和房地产相关的所有税费的整合和配套改革。最后，要给地方充分授权，于立法完成后在不同区域酌情分步实施。总之，在强调住房保有环节征税势在必行的同时，又必须为家庭住房"第一单位"的扣除设计可行方案，否则纳税人难以接受，建立不起框架，同时，相关的立法程序应争取尽快启动。

代际财富分配公器——遗产税

展望中长期发展，还需研究开征遗产税的问题。[①] 遗产税是一种税负不能转移的直接税，实践中通常要与赠与税一起设计并配套实施。有研究显示，已有 114 个国家在开征遗产税或对遗产课征其他税收，其中，

---

① 新中国一成立，遗产税开征就提上议事日程。1950 年 1 月政务院公布的《全国税政实施要则》，提出建设新税制，涉及包括遗产税在内的 14 个税种。

OECD 国家对遗产征税的占比则达到 91%。① 在我国税制体系中，其实一直有遗产税概念及其一席之地，在 20 世纪 80 年代后的改革讨论中，也曾明确提到要开征遗产税，但一直没有开征。

改革开放多年后，社会变化巨大，财富的积累与增长有目共睹，社会阶层的分化和矛盾凸显。于是近些年来，遗产税又成了一个更为敏感的问题。而在 2012 年末，"研究开征"此税问题又被写入国家有关部门关于收入分配制度改革的指导文件。② 此后关于遗产税的议论增加，如何深化相关的理性讨论，很有必要，也无法回避。

遗产税主要体现在调节收入与财产分配、促进慈善公益事业发展和合理协调先富共富关系三个方面，它有促使收入分配机制优化的功能，在中国研究开征很有必要。但还需考虑与此税关联的一系列配套条件与制度建设问题，其开征所应具备的前提条件与房地产税相比，有过之而无不及。比如居民财产的登记、报告、查验、保护制度需达到较高的水平，官员财产的报告与公示制度有必要先行，在政策制定上，还需充分研究如何匹配对先富阶层的包容式引导和持续创业发展的激励、对中等收入阶层的培养、对第三部门的扶持与规范，以及一系列与社会可接受性和技术性相关的问题。

因此，征收遗产税在中国直接税体系建设事项中相对靠后，应是比较理性的选择，在充分肯定其大方向后，"研究有必要，快进不现实"，需从

---

① 详见北京师范大学中国收入分配研究院承担的《遗产税制度及其对我国收入分配改革的启示》课题中期成果。

② 早在 1993 年党的十四届三中全会通过的《中共中央关于建立社会主义市场经济体制若干问题的决定》就提出"适时开征遗产税和赠与税"。2013 年 2 月，国务院批转了发改委、财政部、人社部三部门提交的《关于深化收入分配制度改革的若干意见》，也提出"研究在适当时期开征遗产税"。

长计议，积极稳步寻求推进。

3.3 我国财税体制改革展望①

党的十九届四中全会通过的《中共中央关于坚持和完善中国特色社会主义制度 推进国家治理体系和治理能力现代化若干重大问题的决定》指出，推进全面深化改革，既要保持中国特色社会主义制度和国家治理体系的稳定性和延续性，又要抓紧制定国家治理体系和治理能力现代化急需的制度、满足人民对美好生活新期待必备的制度，推动中国特色社会主义制度不断自我完善和发展、永葆生机活力。党的十九届五中全会通过的《关于制定国民经济和社会发展第十四个五年规划和二〇三五年远景目标的建议》提出，"建立现代财税金融体制。加强财政资源统筹，加强中期财政规划管理，增强国家重大战略任务财力保障"。构建现代财税制度，正是服务于国家治理现代化、服务于经济社会可持续发展的基本制度建设。

自2014年6月《深化财税体制改革总体方案》由中央政治局审议通过以来，新一轮财税体制改革取得了重要的阶段性成果，现代财政制度的建立正在推进之中。立足于强起来的新时代历史定位，在"十三五"改革成果基础上，我们应正确认识"十四五"时期面临的改革形势与问题，并采取相应对策促进"财政是国家治理的基础和重要支柱"作用的发挥。"十四五"时期，根据党的十九届五中全会的指导，财税体制应特别注重深化预算管理制度改革，强化预算约束和绩效管理，明确中央和地方政府事权与支出责任，完善现代税收制度，在健全地方税、直接税体系以及深化税收征管制度改革等领域有所作为，全面提升我国财政治理与国家治理现代化水平。

---

① 贾康，吴园林. "十四五"时期我国财税体制改革问题及对策［J］. 新华文摘，2020（23）.

财税体制改革面临的新形势

经过改革开放 40 多年的发展，我国经济已由高速增长阶段转向高质量发展阶段，这不仅表现为经济增速放缓，也相应要求经济增长动能和质量水平的提升。随着我国进入现代化事业强起来的新时代，必须以结构优化调整和供给侧结构性改革为主线，在实现全面建成小康社会的目标后形成可持续发展的充沛动力与推进"新的两步走"的强大后劲。随着我国改革进入深水区，进入攻坚期，如何冲破利益固化的藩篱、在创新驱动中使财税改革得到实质性推进，是优化国家治理和宏观调控制度体系的关键内容。"十四五"时期，我国财税改革和配套改革推进所面临的形势有以下四个方面的特点。

（一）"黄金发展期"和"矛盾凸显期"相互伴随

总体来看，我们仍然处于"可以大有作为的重要战略机遇期"。在经济进入新常态后，中国经济增长的底气和市场成长的巨大潜力仍然存在。

2014 年 11 月，习近平总书记在亚太经合组织（APEC）工商领导人峰会开幕式上首次系统阐述了"新常态"的重要思想，并将其主要特点总结为：从速度上看，经济"从高速增长转为中高速增长"；从结构上看，"经济结构不断优化升级"；从动力上看，经济"从要素驱动、投资驱动转向创新驱动"。[①] 在速度、结构、动力上，我国经济增长空间巨大。尽管国际环境纷繁复杂，世界正经历百年未有之大变局，种种逆全球化的不良影响和 2020 年暴发的新冠肺炎疫情使局面趋于复杂与严峻，但国内需求依然潜力巨大，伴随工业化、城镇化、市场化、国际化、信息化、智能化等的推进，新增需求被不断创造出来。2019 年，中国已进入世界"中

---

① 习近平 . 谋求持久发展 共筑亚太梦想［N］. 人民日报，2014－11－10.

等收入国家"人均国民收入水平上半区的 1 万美元以上发展阶段。2020年第二季度后，中国成为全球最先成功地基本控制新冠肺炎疫情的大国。

然而，我们也必须正视"中等收入陷阱"以及相关社会经济问题带来的挑战。"中等收入陷阱"作为一种全球实践引出的概念，反映出真实世界中的现实问题，更是一个关乎中国实现现代化中国梦的关键问题。

从历史视角来看，新中国成立后的 70 年内，全球 90% 进入中等收入发展阶段的经济体都未能如愿迈过"中等收入陷阱"。拉美国家和亚洲"四小虎"（泰国、马来西亚、菲律宾和印度尼西亚）等国家在接近"中等收入国家"指标时，经济体内的经济和社会矛盾也逐渐凸显到临界状态，人际关系、利益格局视角下，人均收入分配差距、地方经济发展差距、政府间财力差距等问题尤为突出，矛盾累积形成经济发展的严重拖累，有可能使经济体滑入类似"陷阱"的增长停滞状态而一蹶不振。

在我国，还面临人口老龄化、人力成本上涨过快、公共服务结构性短缺等社会问题。在全球产业链、价值链分工中，我国虽已有"世界工厂"的地位与影响，但与高端制造水平仍差距明显，与低端制造水平的经济体相比又丧失了低廉劳动力成本优势。在我国"技术性后发优势"减弱的同时，改革攻坚克难步履维艰形成的"制度性后发劣势"有可能形成明显拖累。国家财政在持续数年大规模减税降费背景下又全力投入抗疫，收支矛盾势必进一步加大。

对中国来说，"十四五"时期，不仅是一个"黄金发展期"特征仍未完全消退的阶段，更是一个内外矛盾汇合的"矛盾凸显期"。这两种情形相互交织，对中国可能形成严峻挑战与考验，因此有必要借鉴世界范围统计现象提供的有益国际经验。我国向高收入经济体冲关的"门槛效应"不可忽视，尤其是在中美贸易冲突和新冠肺炎疫情冲击造成的经济下行压力下，要避免经济增长持续失速甚至进入低速增长状态而陷入"中等收入陷阱"的威胁，这是"十四五"时期我国财税体制深化改革必然面临的宏观形势。

（二）上行因素和下行因素相互对冲

中国经济"L"形阶段转换态势还在演变，在由高速增长向中高速增长转型的过程中，又遇中美贸易摩擦升级和新冠肺炎疫情冲击，经济增速2020年后将可能回落至6%以下的区间，所以我们不能忽视下行因素，而且需要找到可以激发和调动的上行因素来对冲。根据当前态势，最值得我们重视和争取的上行因素主要包括制度创新红利（以改革的攻坚克难产生现代化关键一招的全局性制度有效供给，解放生产力）、新型城镇化红利（动力源释放引发的成长引擎效应）、科技创新红利（走创新驱动发展道路并激发科技第一生产力的乘数效应）、社会管理红利（在社区治理、非营利性机构和志愿者组织成长等方面实现基层自治、社会治理效应）等。这方面的认识依据，客观因素视角是，中国在追求现代化并实现和平崛起的过程中，基本国情决定的工业化、城镇化、国际化、信息化的巨大成长空间、韧性与回旋余地；主观因素视角则是，中国正在坚定不移推进市场经济体制改革，并将以制度创新推动科技创新、管理创新，从而为创新发展提供强劲动力。与此同时，相应的下行因素也在不断释放，比如劳动力成本上升、人口红利逐渐消失、社会养老压力以及投资回报递减等。

在这两种因素的相互对冲中，一方面，我们应力求释放上行因素，将改革中实质性的攻坚克难问题一一解决，进而综合性凝聚成为提升和保持全要素生产率、化解各种矛盾制约的改革红利。改革开放40多年来渐趋壮大与活跃的民间资本及民企活力、潜能，需要依托改革而贡献更多积极力量。新一轮价税财联动改革、投融资改革、国资体系改革和行政司法改革等，都应在相互呼应、配套中推向深化。另一方面，我们必须尽力弱化下行因素。我国当前的经济发展方式依然比较粗放，质量、能耗、效益、生态保护等方面的制约有待积极化解。经济结构失衡引发的产能过剩需得到消化，产业升级和服务业迭代的滞后状态必须扭转。民营企业、中小企业能否走向升级换代的发展道路，而非仅靠规模扩张和代工模型来盈利，正面对"腾笼换鸟"的考验。招工难、用工贵和国土资源开发综合成本上升，资本使用效率较为普遍地受到压制，在很大程度上成为经济下行的内因。另外，由于不公平竞争、过度垄断等因素的制约，我国市场经济运行的质量、企业结构的优化遇到较多困难。随着经济社会发展，养老、医疗等社会保障，教育卫生文化类公共福利性支出呈现快速增长态势，对正承担重要支出责任的省级以下地方政府也形成较大的资金压力。

（三）深化改革的努力和既得利益的阻力激烈博弈

旨在解放生产力以对冲下行压力的改革，已处于啃硬骨头的阶段，必然是对既有利益格局的突破。在改革进入深水区之后，改革与既得利益的对峙态势已然形成。在改革越深入的领域，相应的阻力越大。即便不考虑中美贸易摩擦等外部因素，仅就国内形势而言，在众多领域因力量对峙而形成的改革僵局也频频显现，中间夹杂着诸多历史遗留的复杂问题，通常很难通过一次性改革彻底解决，许多问题需要多轮"最小一揽子"的改革推进。

尽管多年来中央一直强调要深化改革、加快经济转型，但利益固化的藩篱始终存在。党的十八大之后，决策层多次表示了壮士断腕的改革决心与魄力。然而，从业已有所表现的所谓改革疲劳症来看，社会各阶层对政府勇于自我改革的勇气尚未产生足够的信任，这其中固然有社会各阶层各自的主客观局限等原因，而公共利益的部门化和政府改革的反复与曲折，更是市场主体信心不足的重要原因。

全面深化改革是国家治理体系和治理能力现代化的最重要表现，是社会进步的助推器。若深化改革推进无力，则国家治理和社会治理现代化将沦为空谈。服务于全面深化改革的我国财税体制改革，势必需要周密设计，注重可行性，寻求多点突破、逐步向纵深推进，全力提升我国财政治理体系和财政治理能力现代化水平。

（四）面对新时代，需要财税体制改革取得决定性成果

新时代是党和国家对我国发展新的历史方位的重要论断。党的十九大报告指出，中国特色社会主义进入新时代，我国社会主要矛盾已经转化为人民日益增长的美好生活需要和不平衡不充分的发展之间的矛盾。

就发展的不充分而言，这是长期存在的状况，问题的关键是不平衡带出了不充分，而不平衡是结构问题：首先是制度结构的不平衡，这表明利益格局亟待改革优化；其次是产业结构、区域结构、企业组织结构等几方面的不平衡，需要通过有效制度供给带动整个供给体系质量和效率的提高。从生产关系到生产力领域的种种不平衡已经成为制约人民美好生活需要得到满足的主要因素，因此，在新时代打造现代化经济体系的主线是供给侧结构性改革。解放生产力、发展生产力，提高国家治理能力现代化水平，以创新驱动优化制度供给，有效地支持提质增效，将是决定我们能够应对挑战、把握机遇的"关键一招"。

在新供给经济学看来，要完成供给侧结构性改革，必须从制度创新带动科技创新与管理创新入手，实现产业升级的高质量发展。基于财政全域国家治理观，财政制度建设与民生保障、国家治理紧密相关，处于国家治理体系的基础地位。以社会主义市场经济建设和国家治理现代化加快推进，来实现新时代"新的两步走"战略目标，财税体制改革必须在攻坚克难中取得决定性成果。在《国务院关于推进中央与地方财政事权和支出责任划分改革的指导意见》（国发〔2016〕49号文）中，决策层提出，2019—2020年，要基本完成主要领域改革，形成中央与地方财政事权和支出责任划分的清晰框架。及时总结改革成果，梳理需要上升为法律法规的

内容，适时修订相关法律、行政法规，研究起草政府间财政关系法，推动形成保障财政事权和支出责任划分科学合理的法律体系。但是，实际的推进程度，已呈现滞后之势，故此我们需要在"十四五"时期，推动服务全局的财税改革取得更大进步。

财税体制改革面临的重点问题与任务

（一）理顺政府间财政关系，推进事权划分改革

分税制改革使我国财政体制迈向与市场经济相适应的经济性分权阶段，这有利于形成政府与市场主体之间的间接宏观调控机制，以公平的竞争环境为培育市场主体长期行为提供稳定预期，也促使中央与地方在分级财税体制框架下形成较为规范稳定、可持续的制度安排。正视我国面临"黄金发展期"和"矛盾凸显期"交织的挑战和压力，其中包括必须正视1994年开始实行分税制改革后，迄今并未完成省以下分税制的制度建设，所以应积极创造条件推进省以下分税制实施落地，更有效地解决基层财政困难、地方隐性负债、土地财政短期行为等明显问题。为化解矛盾，财政体制结构扁平化、县级财力保障、地方税体系建设、转移支付制度改进等措施都势在必行。特别关键的是，首先要理顺各级政府职责，推进事权与支出责任改革。各级政府间财政事权与支出责任划分的不合理、不清晰、不规范，是以往财政体制存在的主要问题之一。一些本应由中央管理的事务，其事权和支出责任却被下沉至地方；而一些本应交由地方管理的事务，其支出责任却过多地由中央承担；由于中央与地方共同事权过多，两者职责重叠现象严重。近些年我们对理顺各级政府间财政关系的事权与支出责任合理划分方面的改革，已取得实质性进展，今后，我们的任务是总结经验，继续积极推进，直至把各级政府职能的全部事项，都形成政府财政事权分担、共担和如何共担的一览表，以及与之在技术性操作上相匹配

的支出责任明细单。

（二）正确把握政府与市场的关系，以机制创新和政策优化投融资结构

以往我国政府与市场在投融资领域的职能分工不够合理和明确，政府职能范围界定不清。在经济转型过程中，一方面，政府的投融资存在对竞争性领域介入过宽、行政干预较多的问题；另一方面，随着市场决定性作用的增长，在准公共产品领域的投融资中，政府与市场主体发展，如PPP式的合作机制创新，仍待有效开创新局面。

"十四五"时期，在国民经济发展中的基础设施、公共工程、产业新区建设的瓶颈领域，迫切需要进一步积极探索和有效构建市场化投融资新模式。实践表明，传统的财政投融资方式难以适应客观需要，在财政吃紧的现阶段更难持续，必须大力推进投融资方式创新。"十三五"时期，我国在这一领域的一项积极探索，是鼓励和发展了以PPP为代表的政府与社会资本合作机制，但迄今其立法迟迟不能迈出较大步伐，在项目识别和落地上缺乏成熟的操作标准。同时，在多种主客观因素制约下，与PPP配合呼应的商业金融、资本市场也未发挥应有的作用。"十四五"时期，有必要大力推进PPP立法，以开发性金融、商业性金融以及政策性金融等市场化投融资机制，努力形成健康长效的多元投融资新局面。

通过数十年的探索和实践，我国政策性金融与开发性金融已初步形成了一套新的风险防控机制，应通过其进一步的发展和完善，在化解经济社会瓶颈和防控准公共产品长期投资风险、支持高质量发展方面做出更大贡献。政府在转型中已认识到需通过政府采购、贴息、信用担保、产业引导基金等方式贯彻产业政策和更好履行公共职能，但相关调控方式和手段的完善不会一蹴而就，如何以强化经济和法律手段为主，实现以政策引导方式产生放大效应和充分发挥投融资领域的间接调控作用，亟待在"十四

五"时期的实践中升级。

（三）加快建立地方税体系，优化调整各级政府间收入划分

在全面深化财税体制改革过程中，地方税体系的建设已严重滞后，暴露出五个主要问题：

第一，迄今为止，我国还未构建一个层级合理、职责清晰的地方税体系。地方税主体税种的缺乏导致地方财政支出缺口甚大，特别是县和县以下财力严重不足，不得不严重依赖中央和省级政府的转移支付。国际国内多年的实践经验表明，如税收收入支撑力不足而过度依靠大规模转移支付，尤其是专项转移支付，不仅容易引发"跑部钱进"等寻租行为，而且地方政府的内生积极性不易调动，往往易导致财政支出效率低下。同时，地方税体系不成型、地方和基层得不到必要的大宗稳定收入来源满足支出需要，也是导致地方隐性债务风险的重要原因。

第二，地方政府高度依赖共享税。"营改增"之后，第一大税增值税已实行中央地方对半分，"2～3年过渡期"后实际上宣布了其固定化，这势必引发地方政府在自己辖区内不问综合绩效而大办企业、培植本地财源的行为扭曲问题，不利于推进产业结构优化与高质量发展。从匹配社会主义市场经济体制的分税制来说，中央税、地方税两个体系的充分建设成型合乎逻辑地应放在税源（税基）建设与划分问题上的第一序位，共享税则居于第二序位，若其长期充当主角，不利于分税制体制的巩固和正面效应的充分发挥。

第三，地方没有大宗稳定税源和主体税种，省以下地方政府的收入划分便很难采用分税制模式。尽管不少地方表态已效仿中央与省之间的分税制，但基本上还是各种变相的分成制、包干制，仍存在传统体制的种种弊端。

第四，税收管理权过于集中。税收立法权为中央独有，税收管理权中

仅将房产税、车船税、城建税等税种制定实施细则的权力下放给地方。总的来说，地方税中的立法、解释、税目税率调整及减免等权限高度集中于中央。在这种高度统一的税收管理体制下，地方几乎完全无法因地制宜调整税制，进而削弱了地方政府组织收入和调节经济的能动性。虽然这种状况有现阶段的无奈之处，但从体制优化的内在逻辑及其趋势导向来看，将来应在一定程度上下放税种选择权、税率调整权和适当设税权，以充分发挥"中央地方两个积极性"。

第五，政府间财政收入划分陷入窘境。与市场经济相匹配的分税制，应在各类企业公平竞争、依法纳税基础上，由央地各级政府主要按照税基合理配置形成"财权与事权相顺应"的局面，即按税种划分央地收入，将维护国家权益、实施宏观调控所必需的税种划为中央税，将适应地方政府职能、适合地方征管的税种划为地方税。这一分税制改革的要义，主要侧重点在于支撑央地财政关系的制度建设。因此，将税基宽、税源充裕的主体税种划归中央地方共享本是一种不得已的过渡性安排，但在"营改增"全面推行后，地方已无大宗稳定的专享税源，支柱性财源会依赖增值税的共享。各地省以下各级政府具体如何共享，又五花八门，使分税制内在要求的中央和地方各级间收入合理划分陷入窘境与困境。地方税源严重缺失，将使央地财政关系积累大量矛盾和问题。

（四）有效形成提升预算管理绩效的制度支撑

我国预算管理方面绩效提升的要求已被反复强调，但制度支撑不足的问题仍较为严重。主要表现为：

第一，在全口径预算上，现代预算制度要求将所有政府资金全部纳入预算，接受预算过程约束，即贯彻预算全面性、完整性原则。自 2011 年起我国全面取消预算外资金，预算外收入或纳入一般预算管理，或纳入政府性基金。然而，综合预算改革成果仍待进一步巩固，近年仍高发的一些腐败案例表明，仍然有部分由某些部门控制的公共资金存在脱离有效的预算管理监督的情况，私设"小金库"的现象还待从根本上杜绝。

第二，在绩效管理和问责机制上，绩效预算是现代预算制度的必然要求。从 2003 年起，我国就开始进行若干分散的绩效评价试点。2018 年 9 月，《中共中央 国务院关于全面实施预算绩效管理的意见》发布，提出"加快建成全方位、全过程、全覆盖的预算绩效管理体系"。已有的进展离绩效预算改革预期还有相当明显的距离。一方面，长期形成的"重分配轻管理、重使用轻绩效"的思维惯性尚未根本改变；另一方面，计划、政策、预算等环节尚未很好地衔接起来。五年编制一次的国民经济和社会发展规划，很难与一年一编的年度预算统筹挂钩。政府的预算按"三年滚动"要求编制，如遇到数据信息支持不到位、预测与分析能力不足等现实条件制约，就难以很好地处理政府施政方针与年度预算的关系。再者，以结果为导向的绩效预算改革，要求有效防范相关渎职行为，并使责任担当和问责奖惩制度化。从预算绩效改革的方向来看，未来在预算执行中还要给予各部门一定的相机抉择自主权，配之以建立标准化内控体系。

第三，在政府会计制度改革上，政府会计体系仍然存在定位不清、体系分割、信息分散、功能不全、基础单一等问题，难以对政府收支进行全程、全面的高水平会计监督，也难以充分满足财务管理和绩效评价的需要。特别是在会计基础上，单纯的现金收付制不能准确、全面地反映政府所有权责，不利于公共部门对资产、负债的有效管理，也不利于防范与降低财政风险。

第四，在审计和预算监督上，审计独立是审计监督的基本原则。我国审计系统独立于其他行政机关，仅向同级人大（及其常委会）报告工作，但在绩效审计提升方面，还有大量工作要做。除审计监督外，人大预算监督是外部监督和权力机关监督的最重要表现形式。尽管中央、省级人大预算监督已经取得一定进展，但在监督范围、重点、介入时间、程序、专业性等方面仍有待优化与加强。

（五）改善税制结构，强化税收征管

目前，我国税收体系在制度设计方面存在的主要问题是：

第一，税制累进性弱，难以适应强化再分配的客观要求。在满足人民美好生活需要、推进高质量发展的新发展阶段，税收调节收入分配日益受到重视与关注，但当前的问题相当明显。首先，间接税占比过高，直接税制度建设比较滞后。在调节收入分配上，直接税作用于再分配环节，功能明显优于间接税，但我国直接税收占比一向过低，党的十八届三中全会要求的"逐渐提高直接税比重"迟迟未能得到实际推进。间接税属于中性税收，调节收入分配具有累退性。从税负归宿来看，低收入阶层实际承担的间接税税负压力较高收入阶层大，因而不利于缩小收入差距、促进社会和谐。其次，直接税中税种设置不全，调节收入分配的能力受到极大局限。在我国的直接税中，企业所得税的税入总量最高，但该税针对企业，旨在筹集政府收入并调节企业间盈利状况之差异，本身不具有直接调节个人收入的功能。个人所得税作为调节个人收入分配最重要的税种，现在覆盖面较窄，收入占比较低，限制了其发挥作用的空间。而且从新近一轮个税改革的实践来看，个税税制设计中，调节功能最强的超额累进机制仅适用于工资薪金和劳务所得等四项劳动所得。2019 年征收范围仅包括工薪收入者中的约 7%（全体居民的约 2%），严重边缘化，不能有效体现应有调节功能。再者，重要税种缺失。缺乏私人房产保有环节的房地产税、遗产税和赠与税、社会保障税等不同环节、不同层面的调节性税种，限制了税制应有的收入调节作用的发挥。

第二，税制对资源环境的保护作用亟待增强。经过 40 多年的改革开放，我国在取得巨大经济发展成就的同时，资源环境保护也面临着巨大的挑战。近年，由于自然资源约束的压力增大、环境污染的加重、生态系统的退化，生态环境保护的严峻形势成为制约我国经济社会可持续发展的重大问题，通过财税改革提升税制对环保的促进作用已成为当务之急。尽管我国针对自然资源开发、污染物排放和成品油、机动车征税等具体问题，近年间在制度上初步构建了一个环境税费体系，但远未完善，既没有针对碳排放的独立税种，又缺乏多个税种之间的有机协调配合。由于对环境税收体系的整体设计不到位，现行税种还仅限于较简单的修订和调整，难以形成较大的系统合力，因而对环境保护的促进作用还不够明显。

从具体税种看，现行税制中，除有"费改税"之后开征的环境保护税之外，与资源环境保护相关的税种包括资源税、消费税、车船税和车辆购置税等。然而，在资源税领域，总体税负水平偏低，未能充分反映资源的社会价值，不利于有效遏制资源的过度、粗放开发利用，且集中于矿产资源，水资源税尚在试点和扩围过程中，森林、草地等可再生资源还未被列入其中。消费税方面，一些高能耗、高污染、高排放的产品应纳入征收范围并提升税负水平。就车辆购置税来看，税率设置尚未充分考虑车辆能效、污染排放而制定更为合理的差别税率。

第三，税收征管效率亟待提升。税收征管体系应当与经济发展形势相适应，这是深化税制改革取得成效的重要保障。税收征管体系的法律权威仍然有待提升，仅有一部《中华人民共和国税收征收管理法》是不够的，目前具体的税务管理、稽查、代理等相关部门规章的位阶并不高，税收法定水平不足。同时，提高税收征管信息化水平虽已有多年努力，但迄今共享机制尚未很好建立，专业化、信息化的共享机制是加强税收征管体系建设的一个重要方向。此外，征管体系的纳税服务意识还不到位，不利于在新形势下促进征纳关系和谐。税收征管机构应进一步树立"以纳税人为中心"的理念，并建立相应的绩效信用评价机制。

上述问题的解决，与构建以"基础和重要支柱"功能服务于国家治理现代化全局的现代财政制度息息相关。同时，它能以理顺财政体制框架、优化重点支出结构与机制、打造分税制在省以下落实所需的地方政府筹集财力主渠道、全面提升政府收支管理绩效和夯实现代化税制支撑力五大维度为着力点，构建以现代化为目标的财政制度，并提升国家治理体系与治理能力现代化水平。

3.4　完善财税体制改革的对策建议

财政是联结政府与市场、中央与地方、政府与公民分配关系的交汇点，是国家治理的基础和重要支柱。以深化财税体制改革来建立现代财政制度，是新时代创新宏观调控制度体系的重要组成部分，也是打造中国特色社会主义市场经济与治理体系制度优势的重大任务。"十四五"时期，面对复杂的政治、经济、社会环境，财政体制改革应当在新时代的历史方位上联通全局性的供给侧结构性改革，力争在政府间财政关系、投融资机制改革、预算绩效改革、地方税体系建设和税制优化改革等方面取得决定性成果。在中国特色社会主义市场经济建设道路上，这一改革必然是有效市场加上有为政府的合理结合，以提供有效供给的机制创新，从而解决中国在实现现代化过程中的深层次问题。基于财政全域国家治理观，我们必须将财政改革摆在国家治理现代化的战略高度，实现财政制度建设的历史性升级发展，助推中华民族伟大复兴中国梦的实现。

处在新时代历史方位上，面对"十四五"时期的新形势、新问题，我们亟须加快步伐推进财税体制改革以建立现代财政制度。基本思路是在1994 年分税制改革基本制度成果基础上，以多轮"最小一揽子"配套措施打造符合社会主义市场经济宏观要求的现代财政制度体系，从而在深化供给侧结构性改革主线上提升国家治理能力现代化水平和支持高质量发展。财税体制改革事关大局，是服务于全面深化改革的系统工程，"十四五"时期，我们必须取得决定性成果。为此，全面推进政府财政事权划分改革、投融资机制创新、全面预算绩效管理及地方税体系的建设与税制改革势在必行。

沿着党的十八届三中全会、十九届四中全会指明的改革方向，"十四五"时期财税体制改革必须特别注重并致力于完成以下五个方面的改革任务。

推进事权与支出责任划分改革

建立并完善现代财政制度大厦，夯实政府职能合理化的地基，具体要领包括：在各级政府间财政关系上加快事权与支出责任划分改革，完善配套措施，实现对各级政府职能领域的全覆盖。这一改革应当配以行政建制与层级设置的相应优化，使财政级次、事权划分与转移支付的改革相互呼应。因此需积极稳步推进"省直管县"、完善"乡财县管"和乡镇综合配套改革，将财政实体层级减至中央、省、市县三级，进而合理、清晰地界定三级政府财政事权与支出责任范围，明确各级政府的公共服务供给责任，特别是共同分担的事权和支出责任如何在具体操作层面落实。另外，还应强化并优化中央、省两个层次自上而下的转移支付体系，适时取消税收返还，对现有种类繁多的专项转移支付进行清理、整合，严格控制新设项目，取消专项转移支付对地方的资金配套要求。相关建议有：

（1）坚定不移以落实分税分级财政体制为深化改革的方向，完善与市场经济相匹配的财政分配体系，打造权责清晰、财力协调、区域均衡的央地财政关系，处理好政府与市场、中央与地方、政府与公民三大关系，抵御否定分税制基本框架错误认识的影响。

（2）以20世纪90年代农村税费改革引出的"乡财县管"和其后由

点到面推进的"省直管县"为基础，巩固成绩，弥补制度、管理、覆盖范围等方面的不足，积极推进财政和政府层级扁平化，建立健全中央、省、市县三级财政事权的体制框架。在此三级框架下按照"一级政权、一级事权、一级财权、一级税基、一级预算、一级产权、一级举债权"的管理原则与制度安排，构建"财权与事权相顺应、财力与事权相匹配"的分税分级体制。

（3）加快形成各级政府事权一览表和支出责任明细单，达到三级所有的事权与支出责任全覆盖状态，并适时动态优化，建立健全央地财政事权划分动态调整机制和争议裁决机制。

（4）优化转移支付结构，规范转移制度体系。适度提高一般性转移支付的比重，整合清理专项转移支付，完善转移支付管理办法，完善辅助性的横向转移支付制度，积极推动生态补偿与对口支援等转移支付形式的优化。

（5）发展完善地方政府公债制度和资产管理制度。建立健全"中央规制＋市场约束"的地方债风险管控机制，严格地方债审批程序，科学划定地方债准入条件，打造债务风险预警和防范机制。建立有透明度的地方政府资产负债表及财务报告制度，以地方资本预算约束地方投资项目和工程建设及资产运营；改善政绩考核的激励机制，完善政府绩效考评机制，推进绩效评估科学化、制度化和常规化。

深化投融资机制改革，优化投融资结构

坚持在创新发展中扩大有效投融资，以深化投融资机制改革为突破口，提高政府投资效率，发挥投资对优化供给结构的关键性作用。

（1）以合理机制形成有效投资供给。完善政府投资体制，发挥好政府投资的引导和带动作用，优化投资结构，鼓励引导更多社会资本、民间投资投向强基础、增后劲、惠民生领域，充分激发社会投资动力和活力；创新融资机制，畅通投资项目融资渠道；充分发挥政策性、开发性金融机构的积极作用，协同推进其他领域相关改革，形成叠加效应。在国家批准的业务范围内，政策性、开发性金融机构应以财政为后盾加大对城镇棚户区改造、生态环保、城乡基础设施建设、科技创新等重大项目和工程的资金支持力度。根据宏观调控需要，支持政策性、开发性金融机构发行金融债券专项用于支持重点项目建设。专项建设基金应通过资本金注入、股权投资等方式，支持看得准、有回报、不形成重复建设、不产生挤出效应的重点领域项目。财税支持建立健全政银企社合作对接机制，协调金融机构加大对重大工程的支持力度。

（2）以政府预算资金安排的投资，要着力优化投资方向和结构，提高效率。应进一步明确政府投资范围，建立绩效评估与调整机制，并大力规范政府投资管理，建立覆盖各地区各部门的政府项目信息平台和投资项目库制度，完善政府投资信息统一管理与协调机制统筹安排、规范使用各类政府投资基金。要扩大政府性基金的引导和放大效应，加快地方融资平台的市场化转型。

（3）创新发展中央、地方公债机制和政策性金融机制。依托多层次资本市场体系，拓宽投融资渠道，支持实体经济以资产证券化盘活存量资产，优化金融资源配置，更好地服务投资兴业。结合国企改革和混合所有制机制创新，优化能源、交通等领域的投融资机制。通过多种方式加大对种子期、初创期企业的融资支持，有针对性地为"双创"项目提供股权、债券及信用贷款等融资综合服务。丰富公债之外的债券品种，进一步发展企业债券、公司债券、非金融企业债务融资工具、项目收益债券等现代融资机制，支持重点领域投资项目通过债券市场融资。设立政府引导、市场化运作的产业（股权）投资基金，积极吸引社会资本参加，鼓励金融机构以及全国社会保障基金、保险资金等在依法合规、风险可控的前提下，经批准后通过认购基金份额等方式有效参与。完善保险资金等机构资金对项目建设的投资机制，在风险可控前提下，逐步放宽保险资金的投资范围，创新资金运用方式。鼓励通过债券、股权、资产支持等多种方式的组合，支持重大基础设施、重大民生工程、新型城镇化等领域的项目建设。加快推进全国社会保障基金、基本养老保险基金、企业年金等投资管理体系建设，建立和完善市场化投资运营机制。

（4）积极鼓励引导政府与社会资本合作的 PPP 机制创新。以法治化、阳光化、专业化为规范发展的关键内容，与必要的特许经营、政府购买服务等方式呼应，在交通、环保、医疗、教育、养老、产业化开发建设等领域采取单个项目、组合项目、连片开发等多种形式，积极稳妥加快 PPP 建设，扩大公共产品和服务供给。应合理把握价格、土地、金融等方面的政策支持力度，发挥工程咨询、金融、财务、法律等专业机构作用，提高项目决策的科学性、项目管理的专业性和项目实施的有效性。

推进预算全面绩效考核管理，健全现代预算管理体系

为按照中央要求建立规范透明、标准科学、约束有力的预算制度，全面实施绩效管理，应尽快出台统一的绩效考核标准，健全适应现代财政制度的预算管理体系。

（1）预算透明度及公众参与度亟待提升。继续健全预算公开制度，积极推进省以下地方财政信息公开，提升各级政府预算透明度，除涉密信息外，依靠财政资金运行的各个部门均应公开预决算。涉及重大财政事项的地方性立法中应公开征求意见，提高地方财政公共参与度。按照"中期滚动预算"框架进一步优化预算编制，增强预测能力和内容编制的准确性、科学性。完善预算支出标准体系，全过程（事前、事中、事后）推进绩效

考评，强化部门综合预算管理，积极研究新问题新情况，注意收集社会反映，做好舆论引导与交流，有效改善预算管理体系。针对 2020 年突发的新冠肺炎疫情，应大力支持公共卫生防疫体系升级建设，优化基本民生保障和预算体系中的基本公共服务相关机制。

（2）在推动跨年度滚动预算编制中，注重对中长期重大事项进行科学论证，探索跨年度弥补预算赤字机制。推进政府会计改革，建立政府与公共部门财务报告制度，逐步健全按年度编制以权责发生制为基础的政府综合财务报告。

（3）积极推进预算全面绩效管理。加强对预算流程的全方位、全过程、全覆盖的绩效管理；完善预算单位资产配置标准、项目支出标准、绩效评价指标体系等基础性、技术性建设，健全绩效管理工作流程和操作细则，明确绩效管理工作职责和质量要求，规范绩效管理工作程序；强化绩效目标管理，加大绩效监控管理，建立完善绩效报告机制，以推进绩效管理试点方式展开，逐步建立绩效问责机制；加快预算绩效管理信息系统各类数据库和研究，进一步提高指标设置的科学性、合理性，加大培训力度，提高绩效管理者的综合素质。

（4）进一步健全预算问责制。严格依法编制预算、执行预算、调整预算、编制决算和预算监督。强化预算审计监督，落实人大预算监督程序。明确预算职责的法律责任，将债务风险管理纳入法律框架，增强对预算违法违纪行为的威慑与问责。

建立健全地方税体系，改进完善地方财源建设

以理顺中央与地方收入划分、促进经济发展方式转变、维护市场统一为原则，在考虑税种属性、外溢性和区域分配格局的基础上，于税制改革中积极建立健全地方税体系、充实地方税收入、完善地方财源建设。

（1）加快启动房地产税立法。房地产税的立法指向是公平土地和不动产税负，强化保有环节征税，为房地产业健康发展、地方政府职能优化和收入再分配构建长效机制，并为地方税体系打造稳定税种，形成未来的重要财源。在沪渝两地个人住房房产税试点基础上，按照中央指导精神加快推进房地产税立法，需注重相关的法治建设配套，包括简并开发与流转交易环节税费；住房保有环节房地产税的征收，可考虑按照套数、面积和独栋非独栋等设定免征条件，在此基础上设定不同税率或税率区间。同时，以土地制度改革配合下调过高的住房用地税负，提高过低的工业用地税负，合理设定公共设施、行政用地税负，提高城乡建设用地综合利用效率。取消征管复杂、机制极易扭曲的土地增值税，将房地产转让实现的收益（不动产利得）分别纳入企业所得税和个人所得税征收范围。

（2）动态优化资源税、环境税。加快推进资源税费改革。在较普遍从价计征基础上，适时将资源税征税范围扩展至水、森林等自然资源。适时完善环境保护税征收，将征收范围覆盖包括废水、废气、固体废弃物等在内的各种污染物排放。税负水平的调整应考虑污染治理成本、经济技术条件、排污者承受能力、区域间的环境状况及环保目标差异。积极探讨以低起点对企业开征独立的碳税，以经济手段为主形成贯穿全产业链、全流程（开采、生产、使用）的内生节能降耗激励机制。

（3）积极完善与地方税体系相对应的地方税费权。在发展完善财产税、房地产税的过程中，应考虑合理扩大地方税法权，下放必要的税政管理权限（如房地产税率可做因地制宜调整），并使地方非税收入体系的改革与地方税体系的建设匹配。

深化税制改革，优化税收征管

（1）进一步优化增值税，降低流转税税负。进一步规范增值税制度，在总体减轻其税负的原则下，争取将现行的三档税率变为两档税率，如一步做不到可分步做。完善增值税出口退税制度，除高能耗、高污染产品以及国家不鼓励出口的产品以外，对所有货物和劳务的出口，原则上都应实行零税率，予以彻底退税。规范清理税收优惠政策，完善跨境服务免税和退税政策，促进产业的专业化分工和融合，促进产业转型升级。

（2）推进消费税改革。应合理调整消费税征收范围，建立消费税课税范围的动态调整机制，将新兴的超前高档消费品适时纳入课税范围，将已成为大众消费品的产品剔除课税范围；合理调整消费税税率，包括根据应税产品对环境的污染程度以及对资源（或能源）的消耗量，采取差别税率，提高那些高能耗、高污染、资源利用率低的产品，非生产性消费品，以及卷烟、鞭炮等危害身体健康和环境的消费品的税率；对清洁能源和环境友好型产品实行低税率或零税率；合理调整央地对消费税收入的分配关系，选择部分商品的消费税收入实行央地共享，进一步考虑将一些可能推到批发环节征收的应税品目全部归地方财政，把具有消费税性质的车辆购置税合并至机动车（小汽车、摩托车）消费税征税，并将其划归为地方税以部分对冲"营改增"对地方财力的影响；研究开征区域性或行业性的地方零售税（销售税，如旅店税），以加强地方政府税基建设；研究完善城市维护建设税的征收，改革其计税依据并扩大其课税范围，以适当提高其在地方财政收入中的比重，服务新型城镇化的发展需求。

（3）优化个人所得税征收结构。个人所得税的改革方向仍应当是分类与综合相结合的税制模式。鉴于纳税人的纳税能力是个税调节功能的重要前提，因而个税改革不应仅考虑起征点，还应当通盘考虑，实行有差别的个人宽免制度，以宽税基、低税负、超额累进为基调，并将源泉扣缴和自行申报相结合。在进一步优化个人所得税税制结构时，应把综合机制适当扩大到劳动收入之外的非劳动收入（如部分金融资产收益），并显著降低最高边际税率。调整费用扣除标准，可建立与物价联动的动态调整机制；逐步完善家庭赡养系数差别化的征收模式，强化配套措施，加强个税信息化制度建设，提升征管效率。

（4）在法制化、信息化和服务型轨道上，优化税收征管体系。全面落实和动态优化税收征管法规；在"金税""金财"工程基础上，持续运用科技创新成果加强税务征管信息化建设；在政府职能转变上，积极推进税收征管的服务型转变，降低征收成本与社会成员的遵从成本。

第4章　土地及住房改革

4.1　公有制下土地制度改革难题——打破二元格局①

土地制度属于一国最基本的不动产制度。新中国成立至改革开放的三十年间，国家在计划经济体制下统一实行土地无偿使用制度，土地失去商品特性。政府通过行政划拨方式配置土地资源，土地使用权无年限限制和无法流动。改革开放之初，随着外资的进入，1979 年国务院颁布《中外合资经营企业法》以法律形式规定国有土地必须有偿使用，场地使用权可作为中方投资，企业应向中国政府交纳使用费。此后，城市土地使用制度进行重大改革。1988 年 12 月修订的《中华人民共和国土地管理法》在专业层面正式确立了中国的土地使用权转让制度，1995 年施行的《中华人民共和国城市房地产管理法》又把土地使用权制度改革向前推进了一步。

改革开放以来，始于农村的土地制度相关改革（农村土地上的"双层

---

① 此节内容源自：贾康，程瑜，陈龙，陈通. 国有平台、整合分类、权益求平、渐进归一：中国新型城镇化进程中土地制度改革的难题破解路径——基于深圳调研的报告［J］. 经济研究参考，2015（21）：46－62.

经营联产承包责任制"）不仅为我国经济社会发展提供了农业基础层面的活力与动力，而且构成了其他诸多领域改革的前提和保障。随之而起的城镇化快速发展与经济起飞，对于从农村到城市的土地制度改革提出了更多的要求与挑战。时至今日，土地制度改革已成为我国新型城镇化、农业现代化、城乡一体化、农民市民化、农民权益保障等诸多问题的焦点。顺应时代要求，启动符合全面深化改革总体要求和未来社会经济发展客观需要的新一轮土地制度改革，亟须在探索创新中形成可行思路并做好可操作方案设计，这将事关中国改革发展全局和现代化事业的推进。

中国城镇化和现代化进程中土地制度改革的难题

我国土地制度改革推进的难度之所以很大，主要在于这一改革涉及的层多面广，历史上积累下来的矛盾纠结缠绕，利益平衡的难度很大。当前与土地制度相关的诸多矛盾，其深层次原因都与土地产权制度密切相关。土地产权制度是改革中的硬核，是我国现代化进程中必须解决的重大问题。

（一）土地制度改革的核心难题在于土地产权制度改革

从所有权属性来看，我国土地分为国有土地和集体土地两种。城市市区的土地属于国家所有；农村和城市郊区的土地，除无主荒地等由法律规定属于国家所有的以外，其他属于农民集体所有（深圳已有改变）。农村集体土地在实现承包经营制度框架之下，近年来中央先后提出允许农民以转包、出租、互换、转让、股份合作等形式流转土地承包经营权，允许农村集体经营性建设用地出让、租赁、入股。但"农字号"的土地始终是与城镇建成区分开的，一旦需要"农转非"，原则上就必须征用为国有土地，完成审批及征用、补偿的全套程序。总体上看，现行土地产权制度结构是包括国有土地所有权和集体土地所有权两种产权并列的结构体系。两种性质的土地名义上同属公有土地，一为大公，一为小公，大公大到"全民"（国有为其具体形式），小公小到人口变动不居的某一村民小组，具体的权、责、利情况千差万别，十分复杂。从现实来看，这一产权制度结构体系产生了诸多矛盾或问题，主要体现在以下五个方面：

一是国有土地与集体土地权利、责任"双重不对等"所产生的矛盾。一方面，国有土地与集体土地权利不对等。这不仅表现在：集体土地因实行乡、村和村民小组"三级所有"而存在所有权虚置与紊乱问题，而且更为突出地表现在使用、收益和处分权上的不对等。长期以来，我国严格限制农村集体土地转为建设用地，除特殊规定外，集体土地使用权不得出让、转让或者出租用于非农业建设。这也就意味着，农村集体不能面向市场供地，只有经国家征用转为国有土地后，才能由国家出面出让、转让和用于非农建设。因此，与国有土地权利相比，集体土地的使用权、收益权和处分权都是存在制度约束的。虽然近些年来我国就这一问题做出了一些探索和制度调整，但由于受诸多现实制约因素的影响，尚未真正实现国有土地与集体土地权利的对等。集体土地与国有土地权利的不对等，又是制约农村发展和引发紊乱状态等诸多问题的原因。例如，导致"小产权房"问题大量出现的主要动因，就在于两种土地权利和收益的显著不对等。

另一方面，国有土地与集体土地责任不对等。在很多地方，政府无法在集体建设用地使用权转让时分享土地增值收益，而政府在公共基础设施等方面进行了大量的投入，是引起土地增值的一个重要原因。如果政府不参与集体土地收益分配，只强调集体土地权利，而不使集体承担责任，显然也是不公平的。这种责任不对等的现象，是近年来集体土地产权转让中愈益频繁出现的问题。

二是二元产权结构体系使土地利益协调和农民权益保护的难度大大增加。在土地利益协调和农民权益保护中涉及的一个根本问题，就是土地增值收益的公平分配。土地"涨价归公"是颇具学理渊源的一个重要思路，来源于孙中山著名的"民生主义"演讲，其针对中国历史及其20世纪初严重的土地问题提出了"平均地权、照价抽税、照价收买、涨价归公"的政策。该政策的理论基础是，土地可以私有，但土地，特别是城市土地的级差地租和市场涨价，不是土地私有者带来的，而是因基础设施及其环境改善与人口聚集带来的。因而，土地的级差地租和市场涨价应当归公，"以酬众人改良那块地皮周围的社会，和发达那块地皮周围的工商业之功劳"，这便是孙中山论述的"平均地权"的政策思路。其政策操作过程是，先由土地的所有者按照市场行情定价（地价是单指素地来讲，不算人工之改良及地面之建筑），然后报告政府。政府按照其报价，按率征税（"照价抽税"）。为了避免地主低报地价偷税，他主张政府有"照价收买"的权利，其含义相当于我们今天的政府征收土地的政策。因为有"照价收买"的可能性，地主低报地价可能在土地被政府征收时对自己不利，高报地价则可能在政府抽税时对自己不利，所以，这个机制可以保证土地所有者诚实报价。当地价确定后，如果这块土地发生产权变动，而此时它在市场中的价格高出原有价格，那么，涨价的部分，就应当由政府收取归公。

但现实中的土地增值收益分配，不可能是简单绝对的"涨价归公"或"涨价归私"，而应按照"公私兼顾、增值共享"的原则，处理好国家、集体和农民之间以及近郊区直接受益农民与远郊区未受益农民之间、农民的土地权益和社会公共利益之间等多重利益关系，建立合理分配机制。两种产权并存，特别是集体土地产权主体由于多种原因最易被虚置，增加了利益协调和保护农民权益的难度。无论是作为一级政府的乡镇，还是作为农村基层群众自治组织的"村民委员会"，都很难成为真正意义上的民事权利主体。在农村社会成员必然变化（如生老病死）和必然流动（如异地嫁娶）以及近些年因外出长年打工等形成劳动力流动性增强的情况下，集体土地产权如何在"集体"中的每个个体身上得以体现和受到保护，成为一个十分突出的问题。

三是集体土地产权主体虚置与土地流转相关的扭曲、作弊问题。集体所有权的虚置，成为土地流转的严重制约因素和不规范因子。土地流转是现代农业发展的内在要求和城镇化发展的必然趋势，它能够提高土地资源配置效率，促进农村剩余劳动力的转移。

虽然近些年来国家逐步放宽并允许农民的土地承包经营权可以采取转包、出租、互换、转让、股份合作等形式流转，但在集体所有权虚置情况下，农民并未拥有完全的土地使用权，并且受乡镇规划、承包经营期限、具体操作程序等影响，往往扭曲了符合规模化和专业化经营要求的土地流转，而且"一人一票"式所有权极易落空和虚置，又为侵犯集体土地权益的作弊与腐败行为大开方便之门。土地征收补偿不合理、强制征收、村委会成员利用土地谋私利等，都严重侵犯了农民的土地权益（当然也包括其背后的全民公共权益）。虽然近年来，我国一些农村通过股份公司、合作社等组织形式，将股份量化到村民，提升了集体内部的规范性，但利益分配中的一些问题和矛盾（特别是对外部而言）尚未得到根本解决。

四是二元产权结构加大了政府管控与市场自主调节土地资源间的矛盾。在市场经济下，市场机制是资源配置的基本方式。土地作为一种生产要素，需要发挥市场的配置和调节作用，以提高其配置效率。由于人多地少，土地在我国现实生活中成为一种特殊的"自然垄断"资源，事关国家粮食安全与 14 亿人的吃饭问题。如果完全依靠市场自发调节，有可能导致农地使用不当、农地和建设用地比例失调，引发粮食安全问题。更何况城镇化带来的中心建成区的扩大，必然引发市场"试错"无法有效解决的"通盘规划合理化"问题，因此，需要政府发挥积极的管控作用。然而，在土地资源配置上，政府与市场往往处于一种此消彼长的矛盾之中。解决这一矛盾的关键是如何找到合理的边界和分工互补机制，使政府与市场都能发挥积极作用，共同提高土地资源配置效率。一般而言，政府应该在保护耕地、保护各类土地产权、实施土地利用规划等方面发挥主导作用，市场应在土地资源配置上发挥主导作用。市场经济的一般经验是，商业活动对私有土地的需求只能通过市场交易满足，公益项目对私有土地的需求可通过国家征用（有补偿）来满足，政府有规划权，但在依法管控事项之外，应交给市场运作。然而，在我国二元产权结构和现行体制下，政府在国有、集体均为"公"字号的土地使用、管理与交易中，却明显存在管控过度与管控不到位并存的现象，作为有为政府，在市场调控中应积极有为，但在现实中，仍存在市场的积极作用未充分发挥，消极作用又往往未得到抑制。一方面，政府在土地征用、开发、拍卖等方面承担了过多的职能，担当了土地供给者和使用决定者的角色。审批程序的复杂以及其他过度管控措施，不仅导致交易成本过高，阻碍了土地的合理流动与优化配置，而且产生了诸多腐败问题。另一方面，又存在土地管控不到位的情况，造成规划紊乱低质、土地配置不合理、使用效率不高、私自改变土地用途等问题，特别是一些集体土地，更是出现了乱占乱建、私自交易等问题。

五是二元产权结构与城镇化发展之间的成本上升与风险压力日趋明显。近些年，我国城镇化的推进主要是由政府主导的征地，以现行的一套土地征收制度为支持。随着城镇化的发展，两种土地产权结构下的征地成本上升导致的"棘轮效应"加"攀比竞抬"式压力日益显现。其一，政府主导城镇化的现实资金约束和风险日益增强。政府主导的城镇化，是以投入大量的建设资金为前提的。没有资金保障，地方政府就难以开展城镇发展所需的基础设施建设，政府主导也就难以落实。我国现有征地制度的一大优势就是，初始开发环节通过低价征收、高价拍卖的方式，为政府推进城镇化提供了大量的资金支持。然而，随着农民土地维权意识的增强和各方"讨价还价"式博弈的变化，政府主导城镇化与现实资金约束增强的矛盾日益显现，因为城镇化很难再以低成本方式继续推进，征地、拆迁费用攀比式的水涨船高，使政府主导城镇化的成本急速上升。农民、市民补偿诉求得不到满足而引发的冲突，成为影响社会稳定的重要因素。这表明二元结构下政府主导城镇化的经济风险、社会风险和政治风险都在增加。其二，在一些城市发展中出现"自主城镇化"模式，即在集体土地上建设城市和"农转非"项目（如"小产权房"），突破了城市土地国有的限制，与现行诸多制度产生冲突，也为后续管理、产权登记、交易等诸多方面增加了棘手的问题。其三，基本农田农地保护与城镇化用地之间的矛盾日益突出。一方面，由于人多地少，实行农地保护制度是生存与发展的必然要求；另一方面，城镇化发展必然造成城镇扩张和建设用地的增加，二者构成一对矛盾，而在农地非农化带来的巨大价差诱导下，进一步刺激了"征地"和"变地"冲动，一些地方千方百计将农田转为农村的建设用地或非农的建设用地，造成乱征收、乱占地现象，对粮食安全和社会稳定等构成了威胁。

（二）土地产权制度改革大的思路与利弊分析

1. 思路一：实行农村土地私有化，取消集体土地所有制

实行农村土地私有，曾经是不少学者的主张，虽然这能够解决集体土地产权虚置、保护农民土地权益、防止村组织以权谋私等问题，但也会带来诸多不可忽视的负面影响，将会使社会主义公有制基础发生动摇，同时，产生极大的经济、社会和政治风险。

一是产生经济风险。从理论上说，土地私有化所带来的产权明晰，便于提高土地利用效率，可能会产生良好的经济效益。然而，土地作为特殊资源，在我国实行的是土地公有制和土地用途管制制度，如果土地私有

化，很可能产生一些经济风险。主要表现在：其一，在不同地区，受利益博弈等影响，可能会出现相互矛盾的两种发展趋势，一些地区可能出现大规模的土地兼并（重演中国历史上的失地农民矛盾积累过程），而另一些地区的农民则可能拒不流转，从而使农业集约化生产难以有效推进。其二，私有化之后的土地流转，受经济利益驱使，可能会危及粮食安全问题。

二是带来社会风险。主要表现在：其一，不利于解决劳动力转移和就业问题。在原有土地的劳动力无法得到有效吸收、转移的情况下，如果以土地私有为产权基础，将会放任资本大肆兼并土地，可能会产生城市盲流，影响社会稳定。其二，农村土地私有化将会导致我国城镇化过程中"钉子户"式产权纠纷难题更为明显和加剧，影响社会稳定。

三是引发政治风险。主要表现在：其一，农村土地私有化而城镇土地已完全无私有化的可能，在国民公众权利意识日益增强的社会背景下，农村土地私有化产生的城乡居民利益反差、心理失衡的社会效应，将会直接影响改革的稳定。其二，由于我国明确实行社会主义制度，土地公有是制度基础，土地私有化必将在政治制度和经济制度上产生一些不可忽视的问题，引发走社会主义道路还是资本主义道路之争。

因此，在我国推行农村土地私有化的社会成本极高，不可控因素太多，经济、社会尤其是政治风险巨大，可能产生种种难以预期的后果，这一思路难以形成方案，不具备可行性。

2. 思路二：维持二元产权结构体系，坚持并完善农村集体土地所有制

由于这一思路不对当前两种产权结构体系做大的调整，因此，优点是负面影响较少，短期社会风险较小，改革较易推动。然而，在这种产权结构体系下，虽然出台的一些政策如土地确权、两权分离、三权分置、允许

农村集体经营性建设用地出让等，能够缓和一些冲突，但仍治标不治本，无法完全解决前述分析中的一些深层次矛盾，"同地同权"的表述虽得人心，但难以落到实操层面，因而我们要坚持和完善的是新型农村集体经济，通过改革完善农村集体土地所有制。

现阶段我国具有一定积极意义的集体土地与国有土地"同地同权"，与孙中山提出的"平均地权、涨价归公"两大原则之间，存在不可调和的矛盾。"同地同权"是有利于保护直接相关农村原住居民权益的原则，"涨价归公"是可能有利于全体国民特别是大量远离城乡接合部、在一桩桩一件件征地或土地交易事件中不可能直接受益的他地居民的原则（当然有效"归公"的前提是政府职能必须正常行使），或者说，前者是在"小圈子"内分权益的原则，后者是在"全社会"中分权益的原则，两者自然有冲突，而且无法按照"二者必选其一"来求解。结合以上两个认识与判断，可得出以下结论：从长远考虑，我国正确处理"土地权益"问题的出路是，在当下以社会可接受的机制实现一桩桩具体事件中"同地同权"与"平均地权、涨价归公"的折中权衡；同时，面对今后几十年的城镇化发展，长久之计是争取创造条件把"土地集体所有制"转为产权清晰、无纠结状态的另一种可接受且有利于可持续处理"涨价归公"问题的所有制形态，就是将土地国有化。

3. 思路三：实行集体土地国有化，建立法律框架后逐步取消集体土地所有制

土地国有化思路，从长远看既能够解决集体土地所有权虚置、土地权利不对等、小产权房等问题，又能以"一次锁定、分步兑现利益"方式避免城镇化的巨大资金支出压力，减少因土地产权矛盾积累而引发的社会和政治风险，并且还有利于统一市场上的土地流转，便于国家统一规划、管理，发挥中国特色社会主义市场经济的优越性。

土地是城镇化的重要载体，与之相关的重大现实问题是，农村基本农田土地使用权的流转制度和城镇化必然征用土地的"农转非"等制度如何合理化。在我国农村土地的"集体所有制"无法与市场、法制完整匹配的制约条件下，土地私有化至少在政治体制上不是中国改革的方向，如何处理土地制度改革这一重大而棘手的难题，是中国统筹城乡发展和实现中华民族伟大复兴愿景面临的巨大历史考验之一。未来的改革大方向，可以按照"排除法"，选择国有制，把必保的基本农田和其他所有土地都纳入国有法律框架，其中对基本农田确立永佃制，在非基本农田用地上则一揽子、一次性、一劳永逸地处理好宅基地、"小产权房"等历史遗留问题（物质利益补偿可以分步按合约实现），进而给予全体社会成员"国民待遇"，其后即有可能在一个统一市场中进入土地产权的规范化、一元化状态。这样我国全部土地都是国有土地，其使用权可透明、规范地流转，凡是土地使用权流转环节上的租金，都进入国有资本预算（基本农田另行处理，实际上可不要求或象征性低标准要求务农者上缴农地的地租）；凡是其流转和持有环节上应征缴的税收，就进入一般公共收支预算。生产要素包括土地要素的流转、配置，均可以进入无壁垒状态。政府应专注于做好国土开发、土地利用的顶层规划，同时非农田建设用地由一套市场规则和特许权规则来调节其交易或特定用途配置。除基本农田用地"封闭"式流转和发展规模化经营之外，真正把所有土地资源放在一个统一市场的大平台上。这个是与城乡统筹发展和以市民化为核心的城镇化发展相匹配的改革方向，如果一旦形成决策思路，公共财政理应支持其方案落地实践和优化。

综合以上分析，我们认为，实行集体土地的国有化，即，将全部土地纳入国有平台，应是中国土地制度改革长远发展战略的大思路。但把集体土地国有化在实践中难度很大，当然只能进行渐进式改革。

（三）土地国有化改革需解决的几个重要问题

一是土地国有化的路径选择。集体土地国有化，是赎买还是直接收归国有？国家显然不具备一步赎买的实力。如果直接收归国有，会引起社会质疑、反对，不利于社会稳定，并且在土地征收等相关制度不完善的情况下，很容易造成对农民权利的侵犯和剥夺。此外，村委会职责的转变、乡村债务等问题都对集体土地国有化形成制约。因此，必须妥善选择土地国有化的渐进实施路径。

二是构建以基本农田永久土地使用权（永佃制）为核心的农用地产权体系。在法律上确定国家作为土地终极所有者的地位之后，基本农田土地使用人可行使永久使用权（其实"分田到户"的土地承包制从"30年不变"到"永久不变"的表述，已基本解决了这个问题），它又可具体分解为占有、使用、收益、处分等权能，形成二级产权。土地使用人享有的土地使用权可以以抵押、租赁、入股、买卖等形式，通过市场优化组合，也可以合法继承、赠予等。这样不仅保证了国家在土地管理和最终决策上的权利，而且又具有很大的灵活性，给实际土地使用者较大的使用权与流转权，防止国家管得过多过死，从而有利于解决当前土地制度中存在的诸多问题和矛盾。

三是探索农民市民化的新路径。城镇化的核心在于实现人的城镇化，即进城定居农民的市民化。农民市民化，不仅是身份的变化，更为重要的是农民能够主动参与城镇化，分享现代化发展所带来的公共服务，实现农民与现代化、城镇化的有机融合。这一问题的着力点又在于如何处理好农民进城与土地的关系。政府应打造包括就业、养老、医疗、住房和教育在内的社会保障体系，为农民的市民化消除障碍。对于农民进城的成本，原则上应由政府、企业和农民三方承担。

四是政府在土地规划、管理中的合理权限问题。全部土地国有化之后，应优化国家通盘的土地规划权，把原农村集体建设用地的规划和管理纳入其内，提高土地使用效率，防止重复建设和各种违法建造等行为。同时，还必须以"正面权力清单"方式约束政府公权，使之不越界、不诿责，有效防止扭曲和设租寻租。

五是探索公平合理、社会共享的土地增值收益分配模式，包括探索对"小产权房"等棘手问题的分类解决方案。只有遵循共享理念，处理好各种相关利益关系，实现土地增值收益的合理分配，才能平抑因征地、拆迁补偿发生的矛盾，为农民市民化和城镇化建设提供必要的财力，使全体城乡居民共享发展成果。

难题破解的重要实践启示：深圳的突破路径

前述中国城镇化、现代化进程中的土地改革难题，突出表现为农村土地集体所有制的道路越走越窄，粗放的土地开发模式已难以为继，必须另寻思路。之前在深圳调研中我们发现，关于土地改革难题，深圳已有开创性探索，也积累了一些经验，其方向和逻辑完全符合前文分析的第三种思路。

深圳作为经济特区，城镇化进程起步后，发展极为迅猛。通过两次城市化土地统征（转），深圳整个市域的土地已全部实现国有：第一次是1992年的统征实现了原特区内土地的国有化，第二次是2004年的统转实现了原特区外土地的国有化，因此，在法律框架下，深圳已不存在农村集体用地，但还存在少量农业地块，而且由于城市化过程中形成了一系列有关土地的历史遗留问题，仍存在土地的二元管理现象，即存在"原农村土地问题"和"原农民土地权益保障问题"。原农村集体经济组织实际占用土地中，仍有部分存在产权复杂、补偿不清、违法建设等问题，也存在当地不称为"小产权房"的小产权房问题。针对这些问题，深圳市探索形成了"依现状明晰产权"与"以利益共享推动产权明晰"并行的改革思路，出台了一系列政策措施，以深化城镇化进程中原农民土地权益的保障改革工作。

（一）深圳市土地国有化框架下对原农民土地权益的保障措施

深圳市早在1996年的城市总体规划中就已将规划范围拓展至全市域，在一个完全国有的平台上，不区分城市和农村，统筹安排全市域土地，配套公共市政基础设施，并在其后《深圳市规划标准与准则》中采用统一标准，为特区一体化奠定了坚实的基础。该举措有别于国家在城乡规划层面的做法，中心城区部分按城市标准规划，其余部分按农村标准规划，从规划层面保障了农民土地权益（配套设施和土地价值一体化）。

在土地政策方面，深圳市不仅按照政策标准支付补偿款，对城市化后城市管理、户籍和计划生育、社会保障和劳动就业、学校教育等进行妥善安排，同时划定了非农建设用地、征地返还用地、支持发展用地（共同富裕工程、扶贫奔康、固本强基）等多种原农村"留用土地"，进一步保障和扩展了原农村集体经济组织和农村的权益，有效地使深圳原农村集体经济组织和原农民分享到改革开放的红利。在留用土地权益设计上，从保障原农民和原农村集体经济组织平稳过渡为市民和现代企业出发，明确非农建设用地和征地返还用地土地使用权权益以及入市流转途径。

深圳市的土地完全国有化，可望一次性解决制度框架上的权益不公平问题，具有重大的启示意义。完全可以理解，由于具体的历史条件局限，宣布了土地的统征统转政策，只是给出了"单一土地国有制"的法律框架，必然会有遗留问题。在此基础上，深圳市在改革创新中逐步完善了对原住农民的土地权益保障。

（二）新形势下有关农民土地权益的改革创新举措

为解决深圳市土地资源紧缺问题，有效盘活原农村集体经济组织土地资源，合理保障原农村集体经济组织土地权益，深圳市于 2009 年启动土地管理制度改革，形成了区政府试点实践、各职能部门政策支撑、社会力量积极参与的改革工作格局和"产权明晰、市场配置、利益共享"协同推进的改革核心思路。

1. 依现状明晰产权

2013 年底深圳市在《深圳市人民代表大会常务委员会关于农村城市化历史遗留违法建筑的处理决定》基础上，进一步细化规则，出台了试点实施办法，探索按照全面摸底、区别情况、尊重历史、实事求是、甄别主体、宽严相济、依法处理、逐步解决的原则，推进农村城市化中历史遗留的违法建筑处理工作。

2. 以利益共享推动产权明晰

在土地利益分配中，统筹考虑城市、集体、村民等多方发展诉求，充分运用规划、土地、金融、财税等多元手段，与市场形成合力，共享土地增值收益，从城市更新、土地整备和入市流转三个方面破解历史难题。城市更新方面，深圳市根据本地实际，创新产权处置办法，建立了"20 – 15"的利益共享机制，即允许经批准纳入城市更新计划的城市更新区域内未签订征（转）地协议或已签订征（转）地协议但土地或者建筑物未作补偿，用地行为发生在 2007 年 6 月 30 日之前，用地手续不完善的建成区，原农村集体经济组织在自行理顺经济关系、完善处置土地征（转）手续的协议、将处置土地的 20% 作为确权成本纳入政府储备后，可将处置土地剩余的 80% 视为合法土地进行城市更新，同时还需缴交公告基准地价 10% 的费用，用作历史用地行为的处理。

3. 两层算账整村统筹

深圳市在土地整备中创新性地提出了"两层算账整村统筹"新模式，即政府与社区算"大账"、社区与内部成员算"细账"的谈判合作模式。

这样一来，政府相对超脱，充分调动了社区的积极性。对于"整村"土地，政府综合利用规划、土地及相关政策，与原农村集体经济组织（社区）直接协商谈判，明确政府与集体的利益分成。其中，社区自行厘清土地历史遗留问题，清拆地面违法建筑，自行协商补偿分配方案，从而整村解决历史遗留问题，以实现各方利益平衡和城市发展利益的最大化。整村统筹实行了以后，政府就从整个体系中的主角变成了一个配合组成的部分，原村民的社区则成了与开发商谈判的主体。社区作为主体来承办拆迁与开发商谈判，与开发商直接对接，避免了政府和社区的利益摩擦，也避免了政府和开发商的复杂协调，从根本上调动了原村民的积极性，让他们"自己做主"改变城市面貌。社区主体对每一个原村民负责，比如说规划不公、非农建设用地不公的问题，要使它在一个村的范围内解决，在社区中将收益按不同情况进行分配。同时，"整村统筹"模式的运作也避免了村干部私下卖地、暗中抽取土地收益等违法行为，加强了村务透明化管理，实质上也是一个显化资产和加强内部管理的过程。

入市流转方面，深圳市政府出台了拓展产业发展空间的"1+6"政策，明确提出允许原农村集体经济组织继受单位尚未进行开发建设的、符合规划的工业用地进入市场交易。对于合法工业用地，所得收益全部归原农村集体经济组织所有；对于尚未完善征（转）地补偿手续的，继受单位需先行理清土地经济利益关系，完成青苗、建筑物及附着物的清理、补偿和拆除，入市所得收益政府与继受单位"五五分享"或者"七三分享"，继受单位持有不超过20%的物业。2013年12月20日，深圳市首例原农村集体工业用地成功入市，充分发挥了市场配置作用，实现了有需求的企业与原农村集体建设用地的对接，既拓宽了产业发展空间，又通过土地出让利益分成解决了原农村土地的历史遗留问题，支撑了原农村集体转型发展，为实现不同权利主体土地的同价同权开辟了新路。下面重点就深圳市

"整村统筹"土地整备模式，以及"土地精细化管理"来具体介绍深圳市破解难题的路径。

（三）"整村统筹"土地整备模式

随着城镇化的快速推进，粗放的土地开发模式早已难以为继。为了改变"土地城镇化"局面，深圳市在土地整备中采用了"整村统筹"模式，力求"一揽子"解决土地问题。

"整村统筹"是在农村城镇化进程中，针对已完全城市化后的特定阶段，形成的一种综合发展理念。即按一定的行政管辖区，整体考虑该地区的发展，将长期利益与短期利益相结合，通过对制约发展的各类限制性因素进行统筹，综合考虑该类区域自然、人文、社会、经济发展的纽带和联系，积极调动行政、法律、社会、政策等多种手段，实现整个地区的完全城市化。"整村统筹"作为一种发展理念，实践的不仅是一个村落的建设重建，还包含了历史传承、经济发展、社会治理、环境提升等更为丰富的内容。

"土地整备"是深圳土地改革进程中的又一创新，其既区别于土地储备，也区别于土地整理或整治。由于针对的主要是城市土地的综合利用和开发，土地整备将土地资产运营的理念贯穿全程，将实现储备、整理、重组、再开发、运营等土地问题统筹综合管理。对深圳市来说，土地整备是积极储备土地、主动调整供地途径、改善城市环境、加强基层管理的一项工作需求。面向全国来讲，土地整备是整合多方资源，加大社会公共服务职能，做好城镇化布局的重要举措；它也是从现状到未来的一种城市化路径，旨在同步推进产业的城市化、人的城市化和环境的再城市化。

1. "整村统筹"土地整备的总体思路

"整村统筹"土地整备以原农村实际掌握的土地为主要对象，以整体确定原农村土地权益为平台，以制度创新为支点，撬动城市建设、社区经济转型和基层社会建设，探索一条新型城镇化道路，实现土地"一元化"管理。"整村统筹"土地整备打破了传统土地整备以政府为主导的模式，形成由政府提供政策支持、资金统筹，以社区股份合作公司为实施主体的新模式。新模式通过社区与政府算"土地＋规划＋资金"的"大账"，社区与居民算"小账"的方式，由政府来统筹解决公共基础设施建设的落地实施、产业用地的划拨、违法建筑处理和确权等问题；由社区来统筹解决辖区内建筑物拆迁、安置居民、物业管理等问题。以"整村统筹"土地整备为平台，承接社区的"基层党建、城市建设、经济发展、社区转型"等多个目标。

2. "整村统筹"土地整备的主要内容与流程管理

"整村统筹"土地整备包括基础工作、专项规划编制、实施方案编制、专项规划方案与项目实施方案的协调配合四大主要内容。一是基础工作，主要包括土地和房屋权属清理、项目测绘、基础数据核查、产权及相关利益主体意愿调查与分析、土地整备空间的需求状况等工作；二是专项规划编制，主要明确社区的规划定位、社区内产业发展、生态建设、基础设施等内容，制定规划空间的分级导引和管制机制；三是实施方案编制，主要明确整备的"土地＋规划＋资金"三大核心要素、社区分期实践方案等内容；四是专项规划方案与项目实施方案的协调配合，主要是将整备过程中的"土地＋规划＋资金"联动起来，规划编制、权属管理、资金运作三条主线相互支撑，实现专项规划方案和实施方案的协调统一。

3. 科学的"社区留用地"核定办法

为了解决"社区留用地"核定的问题，按照"分类确权"为主线、"以房确地"为核心的思路，统筹考虑土地、规划、资金等。深圳市以土地确权为基础，以"利益共享、尊重客观历史，保障社区发展"的原则确定。同时参照城市更新旧屋村的概念，打破旧屋村认定的政策限制，创新提出了原农村集中居住区的概念及认定办法，解决了政府与社区在认定旧屋村过程中的争议。"社区留用地"核定办法规范了原农村集体经济组织留用建设用地核定工作，从而确保"整村统筹"土地整备工作的顺利进行，为深圳市推动原农村土地确权、规划实施、优化空间布局、特区一体化转型发展奠定了基础。

深圳市在"社区留用地"核定办法中的重要创新是"分类确权""以房确地"。

"分类确权"就是在对继受单位已出让国有用地（出让给继受单位的国有土地）、非农建设用地（含征地返还地）、原农村集中居住区、农村城市化历史遗留违法建筑已处理用地等历史已批准用地认定的基础上，构建重叠的指标或评级，核算继受单位留用建设用地的总规模。社区留用地上的规划以项目专项规划批准为准，对于无法落地的规划指标，按照市场评估的价值给予货币补偿。

"以房确地"就是在"分类确权"认定与核算的基础之上，对社区留用地的规模进一步验证和校核。一是对原农村集体经济组织历史上已批准用地进行确认，结合批复的开发强度或合同约定的开发规模，确定各类建筑的功能与总量；二是设定拆建比与各新区建筑量指标体系，借助规划手段在空间上予以重新安排。整个过程是按照"历史已批准用地→留用建筑量→留用建设用地"的思路进行，同时还结合了规划、资金等要素，开创性地实现了规划、土地、资金互动的新局面。

4. "整村统筹"土地整备的借鉴意义

首先，深圳市"整村统筹"土地整备为在国有平台上整合处理、综合解决社区问题提供了一种新的思路，在"一揽子"形式下分类解决了社区土地开发利用、历史遗留问题处理、土地房屋确权、社区经济社会建设等一系列问题，为深圳市新型城镇化建设奠定了基础。同时，其先试先行的大胆创新可以为全国提供宝贵的经验。

其次，深圳市"整村统筹"土地整备可在一定程度上实现土地确权和二次开发，明晰政府、社区的土地产权，维护土地权利人合法合理的正当诉求，一揽子解决社区的未征未转地的开发利用、违法建筑处理等问题，实质性地完成原农村土地到国有土地的改变，实现原农村土地与国有土地之间的腾挪置换以及原农村土地规划功能的调整等问题。

再次，深圳市通过"整村统筹"土地整备，试点社区集体股份有限公司从单一、低端的厂房租赁经济模式向多元化经营转变，经济收入主要来源将拓展至物业开发与经营、事业投资等领域，推动社区集体经济转型发展。

最后，深圳市"整村统筹"土地整备打破了传统社区封闭的发展模式，将社区发展与新区城市发展有机结合起来，使社区真正融入城市当中。社区发展可以为新区或开发区提供完善的公共配套设施、公共服务能力、综合管理水平和社区保障体系等优质服务，推动整个区域的城市、产业、社会结构再造，为新区城市的可持续发展注入新活力，实现以"整村统筹"土地整备带动社区发展、以社区发展促进新区城市发展的目标，实现社区与城市的双赢发展。

基于"整村统筹"试点，土地精细化管理成为深圳新区土地管理重点工作，它以政策法规为依据，制定全覆盖、多层级、高标准的土地管理体系。以此为基础，细化各项制度、规范和程序，严格执行、监督、考核、奖惩，提升土地资源管理工作效率。其主要包括土地批前预控和批后监管、土地资源集约节约利用、土地历史遗留问题处理三个方面的内容。

远景展望：依法分步落实土地国有制度的市场化

前已论及，我国城镇化推进过程中，在农村土地的"集体所有制"无法与市场完整、长久地匹配，同时土地"私有"在政治上又不可行的情况下，土地制度改革的大方向是把所有土地都纳入国有法律框架后，对基本农田确立永佃制，即赋予永久使用权；在非基本农田用地上则一揽子、一劳永逸地处理好宅基地和"小产权房"等历史遗留问题，如此，其后才有可能进入一个统一市场中达到土地产权的规范化、一元化状态：全部土地都是国有土地，其使用权可透明、规范、无壁垒地流转。这个思路，过去我们还仅是在理论上分析推导，作为一种逻辑内洽的可能前景。而通过调研我们知道，在现实改革中，深圳已把这种理论变为实践行动。虽然深圳的实践还只是在一个局部的先行先试，但已可使我们得出以下初步认识：

（一）在土地全部国有法律框架下，可以采用渐进式改革路径，分步实质性落实土地单一国有制改革

党的十八届三中全会提出，"赋予农民更多财产权利，推进城乡要素平等交换和公共资源均衡配置"，而农民的财产其实主要就是归为集体所有制的土地。我们已指出，从大的方向来看，实现全部土地国有化是在长期实践中可选择的较优改革思路，但显然不可能一步到位完成改革，因为无法承担"摆平农民权益"方面可能发生的风险和成本。为此，只能采取渐进式改革路径，分步实行土地国有化改革。对大多数地区而言，第一步，可以"平权"（集体土地与国有土地同样享有参与城镇化、工业化的权利和机会）和"赋权"（赋予农田地永久使用权）为重点，减少不同土地的权利不平等，特别是在土地使用权的流转方面，允许集体土地的使用权（包括农地和农村建设用地）在符合国家法规的前提下实现市场化流转。第二步，不同区域中分先后在法律框架内如同深圳那样取消土地集体所有权，建立统一的土地国有制。同时，承认原集体所有制下的原村民有获得权益补偿的资格，还需要在摆平利益关系的前提下，以分步兑现到位使所有社会成员真正享受"国民待遇"，同时在分步渐进改革过程中实质

性地落实土地完全国有化的改革措施。深圳凭借其特区的有利条件，已不失时机地走到了第二步。

（二）亟须明确和整合政府全面的国土规划权，建立规范有序的土地流转机制

城乡统筹发展战略已提出多年，但国内不少地方仍存在"城市总体规划"、"乡镇总体规划"与"村庄规划"三规不接轨、不交合甚至相互矛盾的情况。市、区县在做村庄规划的时候，把农村应得的土地指标拿出来用作城市建设，真正到了新农村建设和小城镇建设时，却没有用地指标了。一些应当作为建设用地规划的地块，并没有纳入规划范围，影响土地资源价值的发挥。即使是规划为建设用地的地块，往往由于难以获得相应的建设用地指标，"走正门"开发不了，利益驱动倒逼形成为数可观、实际法律上无法给出产权证书的"小产权房"。

深圳的可取之处就在于，其是在单一国有平台上，有了政府的通盘规划之后，有效发挥政府应有职能，在终极产权统一化、清晰化大前提下，面对历史遗留问题，承认利益差异，分类整合，动态优化，因地制宜，循序渐进地消除矛盾，最终可望形成全面国有的规范局面，从而达到长治久安。当然，作为经济特区，深圳的地理位置和制度政策都比较特殊，得改革开放风气之先，城镇化进程起步早、发展快，相对于现在1000多万实际常住人员，原村民的规模仅27万余人，占比甚低。早在20世纪90年代初深圳的土地就已实现市域内全部国有，此后再逐步兑现原村民土地权益以实现彻底的实质性国有化就相对容易。其他地方情况不同，需要因地制宜地进行探索和动态优化。但最终目标是一致的，深圳的思路可望最终成为各地（首先是大城市）迟早的选择。现阶段，即可以把明确和整合政府部门的土地规划权作为切入点，进而发展规范有序的土地流转机制，在政府通盘规划下，让市场充分起作用来实现土地利用的优化。

（三）以发展的办法在"做大蛋糕"中实现产权明晰，权益兑现，建立利益共享机制而最终归入一体化

与土地相关的利益能否合理分配，摆平各相关方，是解决土地问题的核心。进入第二步，无论怎样让原村民和原集体兑现利益，都需要在国有大平台上进行，并不是简单概念上的"同地同权"实现过程，而是一个各方利益主体寻求可接受的平衡过程，当然不可避免地具有"讨价还价"的特征，但从长远看又是一个利益分配较公平且更加兼顾全局的过程。深圳市在统筹考虑城市、集体、村民等多方发展诉求的基础上，充分运用规划、土地、金融、财税等多元手段，实事求是地形成了"依现状明晰产权"与"以利益共享推动产权明晰"相辅相成的改革思路，结合城市更新、土地整备、入市流转、生态保护与发展等环节，设计渐进改革措施，以发展的办法在城镇化推进中"做大蛋糕"，即在不断扩大总利益规模之中，实现利益共享，消化相关矛盾，化解历史遗留问题。具体处理中，以"政府与社区算大账"，再由"社区与利益相关人算细账"的双层谈判机制，巧妙地调动了社区的积极性和管理潜能，使政府相对超脱，新局面、新境界的形成相对平顺。这些做法对其他地区具有启发意义。

我国在推动城镇化和工业化发展的过程中，其所蕴含的人口高密度聚集、人力资本培养、收入提高、消费提升、进城农民生活方式和社会地位的市民化，以及基础设施和公共服务的不断升级换代等因素，将成为我国经济增长和社会发展的持久内生动力。因此，我国具备在这方面"做大蛋糕"的底气和本钱，一旦有了国有大平台，应积极探索建立合理的土地利益分配和共享机制，结合历史遗留问题的解决方案，最终可望形成规范的土地单一国有制。这是一个可前瞻的一体化远景，有利于在中国特色社会主义市场经济的发展中，破解土地制度难题，减少社会矛盾，促进社会和谐，达到总体的土地"涨价归公"局面。

（四）深化户籍制度、社保制度等改革，推动实现农民市民化，最终实现城乡居民一视同仁的"国民待遇"

城镇化既是我国现代化建设顺应历史潮流的发展任务，又是扩大内需、形成发展动力源的最大潜力所在。在城镇化进程中，关键要解决城乡所有居民的"国民待遇"问题，即推进基本公共服务均等化。2013年我国城镇化率已达53.7%，但是城镇户籍人口占总人口的比例却只有38%。大量的农民工实现了地域转移和职业转换，但还没有实现身份和地位的转变。近两亿生活在城镇的人没有城镇户口和享有城镇居民待遇，很多农民工面临的是"就业在城市，户籍在农村；劳力在城市，家属在农村；收入在城市，积累在农村；生活在城市，根基在农村"的"半城镇化"情况。如果农民失去土地后相应的社会保障没有及时跟进，会导致失地农民既丧失了原来拥有土地所具有的社会保障，又无法享受与城市居民同等的社会保障权利。这对促进城乡要素流动、引导农业人口转移和激发经济活力都会产生较大制约，并最终会妨害社会长治久安。

党的十八届三中全会明确提出："坚持走中国特色新型城镇化道路，推进以人为核心的城镇化。"为此，政府应着力打造包括就业、养老、医疗、住房和教育在内的社会保障体系，为农民市民化消除障碍，逐步实现城乡居民享受统一平等的"国民待遇"，最终达到一视同仁。深圳市对城市化后的城市管理、户籍和计划生育、社会保障和劳动就业、学校教育等进行了积极妥善安排，同时划定了非农建设用地、征地返还用地、支持发展用地等多种农村区域的原村民留用土地，进一步保障和扩展了原农村集体经济组织和原村民的权益，有效地使深圳原农村集体经济组织和原农民分享了改革开放红利。

这些做法也值得其他地方借鉴。首先，在户籍制度改革上，不把获得城市户口与放弃原农村土地权利直接挂钩，逐步消除户籍人口与非户籍人口之间的不平等待遇和差距，还原户籍的人口登记功能，将户籍与福利脱钩。其次，促进农民工在城镇稳定就业，合理稳定提高其工资水平；逐步实现教育医疗等基本公共服务由户籍人口向常住人口全覆盖；建立覆盖农民工的城镇住房保障体系，促进农民工在城镇落户定居；建立覆盖农民工的社会保障体系，提高覆盖面和保障水平。最后，完善城镇公共服务能力的提升和公用事业的扩容。政府是城镇化的规划主体，财政是政府处理城镇化问题的公共资源配置的主要手段。因此，在新型城镇化进程中，结合土地制度应按照财政的内在逻辑和职能，消除我国财政分配的二元特征，构建一元公共财政，以有效化解城乡二元结构，形成以"市民化"为核心的城乡一体化财力支持后盾。当然，深圳现阶段在单一国有土地所有权平台上的突破，首先是最明显地惠及了原村民，更多外来打工者的基本公共服务要实现均等化，还需更长时间。

（五）以实质性推进的公权体系配套改革来保障"土地单一国有制"状态下的公平正义

政府辖区土地如按单一国有制大平台确立其所有制，固然有前文所分析论述的必选缘由、与市场经济的统一规范要素流动客观需要及中国特色社会主义市场经济内在追求的共同富裕机制的内洽性等值得肯定之处，但也无可回避地要面临怀疑、否定视角的诘难。如实际生活中以"国有"名义引出的公权扭曲、过度干预、设租寻租等种种弊病，是否会给改革带来新的问题。这也是中国改革进入深水区尤显沉重的一个话题：怎样有效地实现合理、规范的公权约束，"把权力关进制度的笼子里"？

土地国有制，各国都有，只是规模和形式不同。从长远看，取消我国集体土地所有制而大一统地归入如深圳一样的单一国有平台，虽并不改变原土地制度中国有部分的制度安排，但缩减了我国原土地制度中集体所有部分的自治与自由裁量空间，也就等于在达成一次性利益分配方案（可分期兑现）之后，取消了基层种种原来实际可用的分权与分益空间，土地利用和管理的规范性在未来固然可望大大提升，但国有平台的规范性所掩盖的种种弊病是否也会形成新的改革难点呢？

要回答这问题，关键在于我们能否按照党的十八届三中全会、四中全会的规划部署，实质性地推进经济、行政、政治、社会的全面改革和全面的法治化、民主化进步过程，有效提高国有制的健康度。

集体制"小圈子"里的权，似乎有别于严格的私权而属某种公权，但属于非政府的集体经济组织的民事权；一旦到了"国有全民、全社会"概念下的权，则可以是严格意义上的公权，并有种种可能在国有大平台上把其经济权能与政治权能结合，使政府之手越界、政府之弊膨胀，负面表现就会是行政上官僚主义、经济上过度干预、司法上枉法不公等等，这些社会中早已有之的弊病，在我国土地制度改革的视角之下，如理性地思考，并不能成为拒不考虑集体土地所有制未来改革的理由，而应成为我们义无反顾地推进中国实质性改革的动力。

土地制度改革是全面配套改革和渐进改革的重要组成部分，改革要如期取得其应有的正面效应，关键在于进入深水区后真正的攻坚克难，营造有效的民主法治政治文明的公平正义社会环境，使"公权入笼"、公众事务决策通过合理的制度机制落实于主权在民。如能达此境界，政府牵头的国土开发的规划与管理、执行，应能够在制度依托上长效优化，即实现土地开发利用中"涨价归公"取向下的公共利益最大化。同时，相关的权益纠纷，能够在良法体系中得到合理的化解，社会成员能够在预期上消除对"政府不讲理""司法不公""选择性执法"等的恐惧。因此，需要强调，我们本小节讨论形成的关于"国有平台，整合分类，权益求平，渐进归一"的基本认识思路，必须归结到并融合于全面、实质推进改革的联动诉求之中。

4.2 新时代房地产经济制度构建——以包容性为核心[①]

党的十九大报告在提出"新时代"这一以建成社会主义现代化强国为战略目标的新的历史方位时，明确指出，我国社会主要矛盾已转化为人民日益增长的美好生活需要和不平衡不充分的发展之间的矛盾。人民美好生活需要离不开好的居住条件，总的取向是人人住有所居。现实生活中，我国一大批中心城市自2016年以来出现新一轮房价快速上涨，再次把房地产推向风口浪尖，相关矛盾更为凸显。建立房地产市场健康运行长效机制，让商品房进一步回归居住属性，坚持"房子是用来住的、不是用来炒的"定位，让全体人民住有所居，成为满足人民群众日益增长的美好生活需要的应有之义和必然举措。2016年中央经济工作会议强调房地产领域健康发展长效机制需依靠基础性制度建设之后，党的十九大报告又提出明确要求："加快建立多主体供给、多渠道保障、租购并举的住房制度"，由此，使"让全体人民住有所居"的目标，更加明确地具有了以包容性为核心内涵的制度建设方针指导与引领机制。

本节将基于对房地产现状的深入分析，从基础性制度建设着手，探讨新时代如何构建包容性的房地产经济制度，形成其健康发展的长效机制。

我国房地产领域面临制度供给不足和包容性短板

20世纪90年代我国启动分税制财政体制和住房制度改革以来，先后建立了住房商品化制度、个人住房消费金融制度以及土地招拍挂制度等。

① 此节内容源自：贾康，郭建华. 新时代包容性房地产经济制度构建研究 ［J］. 中共中央党校学报，2018，22（02）：119－128.

这些制度的建立和完善，对推动 20 多年的经济快速增长和城镇化发展发挥了重要作用。但深化改革任务中所涉及的房地产领域基础性制度建设推进有限，对房地产市场的种种治标不治本的举措，与人民日益增长的美好生活需要不相适应，产生了诸如违规拆迁、投机炒房、房价居高不下、假离婚等社会问题。政府在强大的社会压力下，为管好楼市推出了一轮又一轮以行政手段为主的调控措施，不同情况下，或给疯狂的楼市踩刹车，或为低迷的楼市去库存。但从长期来看，"一管就死，一放就乱"的局面没有得到改观。

房地产行业的特点是"热了不行，冷了也不行"，问题形成原因错综复杂，对其的解读见仁见智，人们或从管理的角度，或从城市建设的角度，还有的从货币供应的角度寻找答案，或多或少为找到解决的路径提供了参考。但政府主要依靠的限购、限价、限贷或补贴、松贷等种种调节措施，只是带来了几轮"打摆子""荡秋千""坐过山车"式的循环，如何形成健康发展的长效机制仍未找到答案。通过对现行房地产经济制度的考察和对近年来宏观调控的分析，我们认为，我国房地产步入今日之困境，最主要原因是房地产有效制度供给的不足与包容性基础制度建设的缺失。

（一）未形成"全光谱"包容性状态的住房供应体系，公众对住房问题的焦虑日益增强

"全光谱"包容性状态的住房供应体系，是指商品房和保障房供应能够有效覆盖各个群体的住房需求，确保人人住有所居。而我国的现实情况是：一方面，商品房价格泡沫化严重，社会民众多感不安。从国际一般标准来看，房价收入比（住房价格与家庭年收入之比）的合理水平是3~7。在我国 36 个主要城市，2016 年只有长沙、西宁、乌鲁木齐、沈阳、呼和浩特和银川等 6 个城市处于这一水平，称为一线城市的深圳、北京、上

海，其房价收入比均超过了30，远高于合理水平。近年来，由于房价持续过快上涨等因素，低收入人群购房困难日益突出。特别是那些既享受不到廉租住房保障，又买不起商品房的"夹心层"人群，现有的保障房和商品房供应体系对他们都不能覆盖，其住房问题引人关注。另一方面，我国的保障性住房供应体系远不完善。一是保障房保障面窄，经济适用房、廉租房、安置房等仅能覆盖约10%的社会成员，解决住房问题仍高度依赖"购买"，"住房就需拥有产权"的逻辑没有有效打破；二是质量不优，配套不全，廉租房与公租房的供给存在界限不清、位置不当、生活服务不配套等问题；三是经济适用房存在管理成本高，扭曲严重，公职人员变相福利分房等问题；四是租购同权的制度体系没有到位，房屋租赁市场、共有产权房等多层次供给、多渠道保障体系尚未建立。于是，在高房价的推动下，住房问题成为公众持续关注和产生焦虑的热点话题。

（二）土地供应伴随短期行为，助推房价上涨

我国城镇土地所有权属于国家，国家通过规划及其实施来掌握土地的开发利用，具有自然垄断的属性。为推进城镇化建设，促进经济增长，政府的国土开发、规划权力需要确定。但现行的财税制度容易促使政府将规划权与政府的收入和利益混在一起，使得一些地方政府出于"任期政绩"等考虑，依靠土地财政的土地批租机制，力求"一次把钱拿足"。借土地的运作经营，募集充足建设资金并实现经济快速发展，现实中也的确证明相关制度安排对城镇化建设起到了巨大的推动作用，但在运行过程中，短期行为特征明显并暴露出地方政府与民争利等问题，突出表现在土地供应的控制与抬价上。[1]

---

① 贾康，刘微．"土地财政"论析——在深化财税改革中构建合理、规范、可持续的地方"土地生财"机制［J］．经济学动态，2012（1）．

1998 年到 2004 年，我国城市土地购置面积年均增长 34%，而 2005 年实施招拍挂制度后，增速明显放缓，年均负增长 5%。土地供应的收紧，反过来推动土地价格不断走高，一处处"地王"不断问世。地方政府在获取巨大土地出让收入的同时，客观上也在进一步推高房价。

（三）多重制约下地方对房地产经济的依赖在加强，可持续性堪忧

1995 年，我国土地出让收入仅为 420 亿元，相当于一般公共预算收入的 6.7%；而到了 2014 年，土地出让收入规模达到 4.29 万亿元，这一比例上升到 30.6%。房地产相关税费收入普遍占到各地地方财政收入的 30% 以上，有些市县甚至高达 60%~70%。2016 年，房地产增加值占全国 GDP 的比例达到 6.5%，成为名副其实的支柱产业。可以发现，无论是在财政方面还是在经济方面，地方政府对房地产已经形成了较强的依赖，并且这种依赖度还在提高。这一局面的形成，与 1994 年分税制改革建立的地方财政制度安排的演变及遇到的问题分不开。分税制改革将当时规模较小的土地收益划给了地方政府，本应在深化改革中打造以不动产税（包括住房保有环节的房地产税）为主力税种之一的地方税体系，然而这方面的改革步履维艰（仅在 2011 年推出了柔性切入的上海、重庆两地改革试点），迄今地方收入的来源主要为土地出让收入和房地产交易、经营环节的相关税费。

随着 1998 年住房制度改革（城市股票上市）和 2004 年土地招拍挂等制度（卖方决定市场）的推出，有条件把"地皮"的使用权卖个好价钱的地方政府从房地产开发中获取了巨大的经济利益，土地收益逐渐成为发达与较发达地区地方政府最主要的财政来源。一段时间内，这种土地财政的发展壮大，使地方政府依靠巨量土地财政收益，促进本地经济增长和城镇化建设，然而在追求短期政绩的主导下，又易将发展重心放在房地产上面而形成了对其的过度依赖，从而容易产

生三方面的不良后果：一是政府不断地推高土地价格，提升土地成本，与开发商形成利益共同体，增加实体经济的经营负担，在一定临界点出现后，可能很快表现为本地经济发展环境的恶化；二是地方的公共利益与人民群众的现实利益易产生冲突，比如城镇化建设与城中村改造拆迁中征地补偿成本越抬越高，发生违规拆迁以及因利益分配不均引发的群体性事件，等等；三是从趋势上看，某些中心城市不久将面临无地可供的终极制约，这种"单打一"地依靠土地批租的地方筹资模式将难以为继。

（四）商品房市场投机炒作盛行，成品房持有状态出现严重悬殊，房价泡沫化与过冷局面交替出现，房地产调控陷入"打摆子"式轮回

近些年来，不少地方房地产市场动辄出现肆无忌惮的炒作风潮（如××炒房团，曾在不少城市"攻城略地"），竟至给人"房子是用来炒的，而不是用来住的"之惑，在商品房市场炒作成风的过程中，成品房持有状况出现严重悬殊，一边是许多收入总赶不上房价上涨的买房困难户，另一边则是已屡见不鲜的手持几十套甚至几百套房产的"房叔""房婶""房姐"，导致百姓的严重不满、怨怒甚至社会的不和谐稳定。同时，市场的分化也已十分明显：一方面，一、二线城市房价泡沫化日趋严重，北京、上海等地中心城区房价收入比已高达30～40，一套房子的价值可相当于一家具有一定规模的实体企业，房价甚至高于同期东京核心城区。另一方面，2014年后，三、四线城市又普遍出现过冷局面，大量商品房空置卖不出去，有些地方商品房的库存可以满足未来6～10年的需求，一座座所谓的"鬼城"接二连三在中西部城市出现。泡沫化与过冷局面交替出现，房地产调控陷入"打摆子"轮回。2016年初，调控的基调还是"去库存"，但很快，房地产市场"风云突变"，在"杠杠助力"、定向降税等多项措施的驱动下，商品房市场"发烧"行情由一、二线城市迅速蔓延到三、四线城市，比如湖南的株洲、常德

等三、四线城市房价快速上涨并很快伴随库存告急。随之而来的是一轮更加猛烈但又并不惊奇的宏观调控，行政手段的限购、限贷、限价、摇号等措施也纷纷亮相。其实，十余年来，人们对这种"打摆子""过山车式"的宏观调控已经司空见惯，至少经历了三轮：一会儿限购限贷、一会儿放开限购限贷，甚至还给补贴；一会儿收紧首套、二套房贷，一会儿又恨不得实行"零首付"；一会儿五年免税，一会儿又变成两年免税。调控不仅没有治愈房地产的"冷热"病，而且似乎还在加剧其大起大落，市场分化中房价泡沫似乎也越吹越大，上海已出现34万元/平方米的高端公寓楼行情。调控的轮回之中，政府的公信力不断被侵蚀。

（五）房地产金融制度异质化，经济"脱实向虚"有抬头迹象

在商品房、保障房双规并行的房地产领域，依客观需要，本应区分商品性金融和政策性金融两条轨道。我国在政策性金融支撑力不足、机制优化不尽如人意的同时，商业性的房地产金融出于逐利本性，已在多种因素综合作用下发生异质化，主要表现在两个方面：一是个人住房金融的高杠杆化，以及不当的人为干预和调整。2016年以来的新一轮房地产周期中，住房按揭贷款的首付比例和利率在一些区域不断压低，有些地方在开发商和银行业务人员的勾连下，甚至出现了"零首付"或者"首付贷"，广义货币（M2）大量流入房地产领域，客观上助推了房地产价格上涨。二是房地产开发贷款制度缺乏隔离墙，高融通比带来巨大的债务风险。一般情况下，开发贷款的资本金和社会融资（融通量）比例应为1∶3左右，但由于土地可以再次抵押给银行贷款，加上商品房预售后收到的按揭贷款，开发商最后的融通比可以达到1∶10，极端情况下甚至可以达到"空手套白狼"的1∶50。① 开发商为了圈地开发建设，不惜疯狂举债，其中不仅包括

---

① 黄奇帆. 关于建立房地产基础性制度和长效机制的若干思考. 复旦大学演讲整理稿。

中利贷，甚至包括高利贷，这些债务风险容易演变成债务危机。高杠杆化的住房金融推动房产价格上涨，房价上涨带来的赚钱效应，又吸附大量流通中的货币流入房地产，从而形成资金循环怪圈和资金黑洞，加剧一般实体经济与房地产经济的不平衡状态。2016 年，全国房地产贷款余额占 GDP 的比重为 26%，比 2008 年提高了 16 个百分点；金融机构新增贷款的 45% 流入了房地产，其中，工农中建四大银行新增个人住房贷款占比都超过了六成，中国银行这一比例甚至超过了 80%；住房贷款规模比 2015 年增长了 86%，但其他部门的贷款则同比下降。房地产在国民经济中产生的 GDP 不到 7%，"绑架"的全社会资金量却达到了 26%，新增资金量更是高达 45%。[①]

（六）房地产税收制度改革严重滞后，直接税"稳定器"功能未得到发挥

2015 年，我国全部税收收入中来自流转交易环节的税收占到近 70%，而来自所得税、财产税的收入合计占比低于 30%；来自各类企业缴纳的税收占比更是高达 92.06%，而来自居民缴纳的税收占比仅 7.94%。如果再减去由企业代扣代缴的个人所得税，其他由个人缴纳的税金占比不过超 2%。在房地产税收中，房地产投资开发、交易环节（流转环节）的税收占比达 80% 以上，而保有环节的税收仅占不到 20%（对个人消费住房而言，保有环节的税收基本上未开征，仅重庆、上海进行了试点，其他地区个人用于出租的房屋需在月收入 3 万元以上才征税）。这样的税收制度设计，使房地产相关税收远不能发挥应有的收入分配调节功能，土地、房产"涨价归公"的调节机制和优化收入分配的基本税制目标无从实现，反而是交易环节过重的税负推动了资产价格的上涨，加剧了房地产价格的波

---

① 黄奇帆. 关于建立房地产基础性制度和长效机制的若干思考. 复旦大学演讲整理稿。

动，对房价起了助涨助跌的作用。长期以来，饱受诟病的土地财政没有找到有效的制度替代，"税收财政"的相关制度基础也还未建立，因而无从发挥其应有的"稳定器"功能。

总体而言，房地产包容性基础制度建设与健康发展的长效机制缺位、滞后，极不利于有效校正房地产市场的扭曲，助长了矛盾累积与隐患叠加。近年来，北上广深地区，许多人一房难求，还有众多外来人口根本不具备买房的资格，许多正当的刚需和改善性需求被行政手段"一刀切"压制，而不少三、四线城市仍有大量商品房空置卖不出去，库存高企。以行政手段为主、只治标不治本的房地产调控机制，越来越心劳日拙、捉襟见肘，多年前有关部门就已提出的"房地产健康发展长效机制"迟迟不能构建起来。2016年中央经济工作会议强调要推进房地产相关基础性制度建设，这是打造长效机制的关键，但显然具有改革攻坚克难的挑战性与艰巨性。

新时代包容性房地产税收制度的提出

什么是房地产的治本良方？对此，经济学界和实务界有很多种理解，也提出了不少观点和建议，有的主张继续强化行政主导的宏观调控，致力于精准调控来解决房地产价格不断虚高的问题；有的人主张放开土地供给，探索类似于"地票"式的改革，从土地供应入手，解决土地价格推高房产价格的问题；有的主张改革财税制度，开征个人房产税，让税收来替代土地财政制度；还有的反对开征个人房产税，认为开征此税存在法理性障碍等。这些观点不论是否合理，总有一些思考和建议可带来有益的启发，然而总体上尚未形成全面的、成体系的认识与对策。要系统化地解决房地产健康发展的长效机制问题，绝不可继续"盲人摸象"，只治标不治本。因此，结合前述分析，从系统性思维入手，必须立足于建设现代化市场经济体系的背景，从制度供给的视角来寻找房地产领域包容性经济制度建设的思路与要领。

（一）当前房地产经济制度具有较强的汲取性特征

客观而言，我国现行房地产制度的实施集聚了大量资源和财力，为我国工业化和城镇化快速发展做出了巨大的贡献。但随着经济的快速发展、环境的复杂多变，20多年前建立的房地产经济制度框架与经济社会发展形势越来越不适应，相关制度也日渐表现出较强的汲取性特征，如土地供应垄断下的短期行为特征，行政手段主导市场资源的配置，政策环境（信贷、税收等政策）公平性不足等。具体而言，有以下几个方面的不良表征：一是全局视野基本农田"占补平衡"制约下城市土地的高度管制，没有形成缓解有关矛盾的有效制度创新供给。重庆推出的"地票制度"结合国土规划下"土地收储制度"的改革试点，多年来不许其扩大范围，总体而言与房地产相关的土地制度改革严重滞后，在较大程度上推动了土地价格的快速上涨，导致地王、楼王不断涌现。二是住房市场过度商品化，保障层面的公共住房供应的量与质不到位，房屋租赁市场和共有产权房供给远不够发达，不能满足中低收入群体的住房需求。三是相关金融资源配置机制和投融资制度创新滞后，信贷资金大部分被流入商业房地产，不动产在中国式土地财政轨道上变成流动性较强和信誉高的投资品，大量资金被房地产行业吸引而引发其他行业"血慌"，加剧了一般实体经济与房地产的不平衡。四是住房持有环节的无成本预期，助长了"炒房"行为，使综合性制度成本高企——由于缺少房地产税制的"稳定器"和理性引导机制，在高速城镇化历史阶段的市场炒作力量如鱼得水，地价和房价推高了居民的生活成本和企业的生产经营成本，与土地相关的利益寻租和过度垄断则进一步提高了综合意义上的交易成本。五是社会创新动力不足，房地产的创富效应和超额投资投机收益，会在较大程度上抑制其他方面创新创业的动力和激励。一套房子的价值相当于一个规模不小的实体企业，投资买房的收益率远远高于投资开公司，这使社会资金和人才纷纷涌入房地产行业；高企的房价和租金，也提高了创新创业的门槛和成本，将许多创业的尝试挡在了门外，使创业、创新的动力被严重抑制。六是社会福利蒙受净损失。虽然地方政府获取了可观的土地财政收益，部分投资投机主体也获取了一定的超额利润，但由于对生产激励形成抑制，以及伴随而来的土地拆迁、社会维稳等成本呈几何级数的增加等产生的福利损失，远超过部分人获得的超常收益，从而导致全社会的福利净损失。七是存量财富差距日益扩大。未得机会投资城市不动产的居民与早期已经投资不动产的居民之间，贫富差距不断在扩大。当前中国社会贫富差距的突出表现已主要在于存量财富的差距，而房产则是最主要的存量财富。

著名制度经济学家阿西莫格鲁和罗宾逊在《国家为什么会失败》[①]一书中通过对不同时代、不同国家经济发展规律的深入分析和揭示，并结合大量的实际案例论证了汲取性制度不能维持经济的长期增长，缺乏生产激励的经济制度安排不是成功的制度，不可能长期促进经济的增长和发展。我国在走向现代化的经济社会转轨和升级发展过程中，必须从法治、共和的制度建设，实现包容性发展。[②] 以此分析我国具有较强汲取性色彩的现行房地产经济制度，如果不进行改革，必将会对经济和社会生活带来越来越多的困难，成为构建现代化经济体的障碍。房地产的制度建设攸关经济社会发展全局、老百姓的安居乐业、国家的长治久安，为此，针对房地产经济制度的问题与弊病实行变革，将汲取性经济

---

① 德隆·阿西莫格鲁，詹姆斯·罗宾逊. 国家为什么会失败［M］. 长沙：湖南科学技术出版社，2015.

② 贾康. 关于法治共和的包容性发展［M］//创新制度供给：理论考察与求实探索. 北京：商务印书馆，2016.

制度变革为可以长期持续发展的包容性经济制度，已经刻不容缓。

（二）包容性房地产经济制度理论

"包容性"一词源于 2007 年亚洲开发银行提出的"包容性增长"，它的初始意义在于"有效的包容性增长战略需集中于能创造出生产性就业岗位的高增长、能确保机遇平等的社会包容性以及能减少风险，并能给最弱势群体带来缓冲的社会安全网"。其最终目的是使经济发展成果最大限度地让民众受益，也就是说，要使全体社会成员公平合理地分享经济增长的成果。包容性增长理念与科学发展观、新发展理念不谋而合。科学发展观所强调的"统筹城乡发展、区域发展、经济社会发展、人与自然和谐发展、国内发展和对外开放"以达到全面、协调、可持续的发展，目标正是为了让社会大众共享经济增长和改革的成果。党的十八届五中全会提出的"创新、协调、绿色、开放、共享"新发展理念，其归宿为共享发展，就是要以最大的包容性着力增进最广大人民群众的福祉。

新制度经济学将经济制度分为汲取性（或攫取性）经济制度和包容性经济制度。新制度经济学定义的汲取性制度，指的是有关制度、政策由当权者、统治者或精英人物制定，而他们通过各种垄断权、专卖权、市场控制等掠夺生产者，使得生产者只能得到所生产产品的一小部分甚至得不到，结果是生产性激励不足。同时，阿西莫格鲁和罗宾逊定义的包容性经济制度是一种鼓励自由竞争，限制垄断，人们少有机会通过垄断权、专卖权或者市场控制获得超额利润，具有很高的生产性激励的经济制度。阿西莫格鲁认为包容性经济制度是为大多数公民提供公平的（近似相等的）竞争环境和安全的制度结构。① 如保障产权、鼓励投资新技术的制度，这有

---

① 德隆·阿西莫格鲁，詹姆斯·罗宾逊. 国家为什么会失败 [M]. 长沙：湖南科学技术出版社，2015.

利于经济的增长。从新制度经济学的视角来看，包容性经济制度包括安全的产权保障、零壁垒的行业进入、公正的法律和良好的秩序，政府支持市场，以创造一个公平竞争的环境，使得具有不同家庭背景和能力、来自社会各阶层的公民都能公平参与经济活动。

参考借鉴包容性经济增长理论以及新制度经济学关于包容性经济制度的理解，我们认为，在建设社会主义现代化强国的新时代，在我国社会主要矛盾已经转化为人民日益增长的美好生活需要和不平衡不充分的发展之间的矛盾的大背景下，为引导房地产回归居住属性和充分发挥其国民经济支柱产业的正面效应，关键是要构建包容性的房地产经济制度。实践证明，以往对房地产的居住属性重视不够，特别是未有效构建基础性制度和长效机制，习惯于依赖以行政手段为主的宏观调控，忙于治标而难以治本，无法真正治愈房地产积重难返的沉疴旧疾。为避免房地产的泡沫化及其可能的大起大落硬着陆，乃至可能引发的系统性经济危机和社会危机，当务之急就是要加快在我国构建房地产基础性经济制度，提供房地产领域现代化治理的长效制度供给，促进房地产与经济社会协调可持续发展。而房地产治理长效制度供给的核心在于，建立包容性的房地产经济制度，概括起来就是要形成一套有利于促进市场充分发挥作用、资源要素可流动、产权界定清晰、制度性交易成本降低、合理扶助弱势群体、有效保障全体社会成员的"住有所居"的房地产制度体系，使人民群众在公平正义的社会环境中共享改革发展成果，实现房地产充分发展和社会福利最大化。根据上述目标定位和功能要求，我们认为包容性房地产经济制度的基本内涵和特征可以归结为：公平有序，共建共享，激励相容，多规合一，法治保障。

一是公平有序。制度设计要打破垄断特权和部门、区域的分割，对属于市场调节的商品房市场，让市场在资源配置中起真正的决定性作用；对属于居住保障和准公共产品属性的那部分住房，政府需要履行好牵头供给的责任，同时要创造公平、统一、合理的供应规则，引导供给多样化、多层次发展，以满足不同阶层群体的居住需求，确保人人住有所居。

二是共建共享。制度设计的初衷和目标导向，是为了激发创造者的积极性和热情，引导大家更好地、更有效率地创造和实现价值，同时也可成功防止出现改革发展成果由少数人占有、控制的情况。实现的途径就是依照新供给经济学理论，对原有制度的汲取性特征加以革除，形成新的包容性制度体系；调动各方面的共建积极性，形成房地产有效供给、住有所居的体制机制。

三是激励相容。这就要求较低的制度性交易成本，比如房地产税收征纳成本相对较低，税收遵从度较高，较易赢得纳税人的认同；征收范围逐步实现全覆盖，确保有足够的税基，以保障地方政府筹集足够的财政收入，满足公共服务的需要。

四是多规合一。要按照"规划先行，多规合一"的原则，致力于实现土地利用规划、国民经济和社会发展规划、产业布局规划、环境保护规划、公用设施建设规划、教育医疗等规划的协调衔接，有机结合。

五是法治保障。对房地产领域的税收制度，要遵照税收法定原则，尽快推动房地产税、增值税等税种的立法和改革，构建严格意义上的现代化税收法律制度，以法律来保障制度的公平规范和房地产相关各方的权益。

新时代包容性房地产经济制度的具体构想

在构建现代化经济体系、走向现代化强国的新时代，建立包容性的房地产经济制度，必须解决以基础性制度建设为支撑的健康运行长效机制问题。要加快进行制度创新，使相关制度安排从汲取性特征转变为包容性特征，增强人民群众的获得感，使全体社会成员共享改革发展成果。这主要涉及：一是激活土地市场、优化土地供应，以"地票"、土地收储制度等改革举措匹配高水平的国土开发规划和房地产建设规划；二是按照"双轨统筹"的思路，建立多主体供给、多渠道保障，租购并举，既体现效率，又维护公平的住房供应制度；① 三是建立商业金融与政策金融协调呼应的房地产投融资和个人住房金融制度，"双轨"协同发挥合力助推多层次住房供给体系建立；四是构建激励相容的房地产税收制度，形成公平合理、社会共享的土地增值收益分配制度。

（一）改革土地制度，在基本农田"占补平衡"机制保障下，激活集体土地市场、优化城镇土地供应，构建可持续的房地产土地供给制度

土地供应难题是当前房地产困局的重要原因之一，关键是要以制度创新调动土地供应潜力和市场活力，多渠道增加土地供给。具体可从以下三个方面着手：

一是改革土地制度，可以借鉴重庆"地票"制度改革试点经验，激活集体土地市场。赋予农民长期的土地使用权（未来即明确永佃权），并以"占补平衡"大前提下的"地票"式市场交易形成调动远离城乡接合部农民复垦的积极性，使他们共享城镇化发展的土地溢价收益，建立以土地使用权为核心的土地产权体系，弱化所有权，允许集体土地建设用地使用权在符合国家法规的前提下自由流转（包括入股），合理有效解决城镇化进程中扩大建成区所需的增加土地供给的来源问题。

二是优化土地规划，并以土地收储制度确保土地可持续供给。应按照"规划先行，多规合一"的原则，致力于实现土地开发利用规划与城乡发

---

① 贾康，刘军民．中国住房制度与房地产税研究［M］．北京：企业管理出版社．2016.

展、产业布局、公共交通、公共事业环境保护等各类规划的有机结合，以建设人的城市化为目标，保障人人住有所居的目标落实于高水平总体规划的施行之中，动态优化调节居住、工商业和公用事业不动产的匹配关系。

三是改革完善现行的土地一级开发批租制和招拍挂制度，平抑土地价格。针对 40～70 年土地批租制诱发地方政府短期行为而力求把未来若干年的土地租金"一次性拿足"，土地招拍挂单一竞价拍卖制度，在土地自然绝对垄断前提下，很容易出现把价格轮轮推高等问题，可考虑将一次性批租制改为年租制，并且将"招拍挂"改为"限房价竞地价"等新方式，促使土地价格平稳。

（二）建立保障房、商品房供给"双规统筹"多主体供给、多渠道保障、租购并举，既体现效率又维护公平的住房供应制度

"更好发挥政府作用"在住房领域的首要任务是牵头组织好保障性住房的有效供给，在总结已有经验教训基础上，把保障房具体形式集中于对最低收入阶层的"公租房"和适合于收入夹心层的"共有产权房"。

一是要加快优化公共住房建设发展规划，适当提高公共住房比重，根据地方辖区具体房源情况掌握好公共租房"补砖头"与"补人头"的权衡关系。

二是出台切实举措发展房屋租赁市场，如允许承租人可以使用住房公积金付租金，[1] 降低房屋租赁的增值税负担，个人基本生活需要的房屋租金可以抵扣个人所得税等。

三是在教育、医疗方面落实租售同权的配套制度安排。把保障性住房托底的事情做好了，要解决商品房供应问题，就应更多地依靠市场，核心

---

[1] 黄奇帆. 关于建立房地产基础性制度和长效机制的若干思考. 复旦大学演讲整理稿。

思路在于在双轨统筹框架下建立"多主体供给、多渠道保障、统筹兼顾"的住房供应制度体系，既体现效率，提升供应能力和质量，又能照顾公平，实现全体社会成员住有所居。在全面覆盖基本住房需求的同时，也兼顾热点城市中高收入人群的改善性需求。

（三）建立商业金融和政策金融协调呼应的房地产投融资制度，以及个人住房金融制度，"双轨"协同发挥合力助推多层次住房供给体系建立

一是要构建多层次的住房金融体系，合理发展商业性住房金融，开发夯实政策性住房金融机制，探索发展互助储蓄型金融。对于中高端收入人群对应的商业性住房金融，可以逐步放开信托公司、保险公司、财务公司等的准入，破除商业银行的过度垄断，促进竞争，放开融资形式、融资条件、利率等，允许金融机构按照市场化原则提供灵活多样的住房金融产品。对于政策性住房金融，要聚焦建立起一套针对中低收入群体、特殊困难群体的金融支持制度，如按照真正的政策性金融制度体系改革住房公积金制度，探索由政策性金融机构接手保障性住房的投融资（包括PPP项目建设中的保障性住房）。① 可借鉴国外住房储蓄银行的经验，在大中城市建立储蓄性住房金融机构，通过互助融资，为成员间的住房需求提供支持。

二是在住房金融市场发展中，积极支持发展住房贷款证券化产品，培植住房金融的二级市场，拓宽资金筹集渠道，并优化回报机制。

三是面对"冰火两重天"的房地产市场分化格局，在"火"的一、二线城市看重"金融去杠杆"的同时，在"冰"的三、四线城市还需酌情配之以"加杠杆"措施以加快房地产"去库存"。

---

① 贾康，刘军民. 中国住房制度与房地产税研究［M］. 北京：企业管理出版社. 2016.

（四）构建激励相容的房地产税收制度，形成公平合理、社会共享的土地增值收益分配制度

房地产增值收益的分配，是房地产经济制度的一个核心难题。土地涨价归公的分配，现实中应处理为适当兼顾各方的涨价分成。关于土地增值收益的分配，理论界有两种主流观点：一个是"涨价归公"，另一个是"涨价归私"。完全的"涨价归公""涨价归私"都不尽合理，土地的增值主要源于政府牵头对公共基础设施建设投入所带来的公共服务水平提高而产生的物业升值；但也不能否认，土地的增值与私人投资和各个微观主体相互影响所带来的环境改善也分不开。因此，土地增值收益的分配，合理的做法还是公私兼顾、社会共享。而实现这一兼顾和共享的目标是，建立现代化的房地产税收制度（成为政府与居民的激励相容制度交汇点），引导土地财政向税收财政过渡。因此，需要从以下几个方面着手，构建适应现代市场经济体系要求的房地产税收制度。

第一，降低交易环节税费，降低交易成本，减少其对房价的助涨助跌效应。具体考虑至少应有四个方面的措施：一是在"营改增"全面推行后，创造条件按时适当降低增值税税率，简并税率档次，同时尽可能减少免税、先征后退等税收优惠政策；二是降低交易环节税负，可将契税平均税率降低至1%左右，维持较低税负水平；三是简化税制结构，将土地增值税合并至增值税，将城镇土地使用税、房产税、耕地占用税等并入未来的房地产税；四是清理房地产收费，能够取消的取消，能够降低的降低。

第二，在住房保有环节实施房地产税改革，立法先行，按住房市场评估值确定税基，对地方充分授权，分步实施。这一改革关系到以利益引导各方预期的抑制房地产市场炒作机制建设，可促进地方财源建设与地方政府职能合理转变，也与地方治理的法治化、再分配优化、推进广大百姓共

同富裕进程相关。根据现实改革中存在的问题导向和党的十八届三中全会关于加快房地产税立法并适时推进改革、2020 年前落实税收体系的税收法定工作，以及党的十九大关于加快建设地方税体系的系列指导方针，房地产税立法及改革的积极推出势在必行。在改革过程中，可借鉴上海、重庆两地试点经验，一开始可适当"柔性切入"，力求先建成制度框架，制度设计方面要充分考虑中国社会对此改革的可接受性，制定包容、开明的税基扣除和税收豁免政策，通过立法搭建制度框架后，在部分"火"的城市先行，而"冰"的城市可从容等待合适时机跟进。开征房地产税的同时，应当明确立法规范个人房产土地使用权 70 年到期后可续期，即转为永久使用权；不动产信息登记及联网、房屋价值评估机制、个人纳税申报制度建设等，均需匹配到位，确保房地产税顺利落地。

第三，改革中将土地增值税并入增值税后，将集体土地建设开发纳入征税范围，以出让、抵押、租赁、入股等方式有偿转让集体建设用地使用权的，应缴纳土地增值税，从而使国家以税收的方式参与集体土地收益分配。

第四，完善个人所得税制度。推动个人所得税综合与分类相结合的改革，对个人及家庭购买首套或者改善型住房的抵押贷款利息，允许按照个人或家庭年度收入的一定限额在个人所得税前扣除；对有能力有条件有意愿的中等偏下"夹心层"家庭购买共有产权住房或租赁房屋，可规定其购房支出或租金支出在合理的范围内允许在缴纳个人所得税前予以扣除。[①]集体土地准予流转后，应将个人转让集体土地使用权收入，纳入个人所得税的征税范围。

---

① 朱亚鹏. 对"十三五"我国住房保障发展的政策建议［M］//《中国社会保障发展报告·2016》之中国住房保障发展报告. 北京：人民出版社，2016.

第 5 章　金融与资本改革

5.1　加快金融改革创新，推动实体经济转型升级[①]

本节主要讨论我国在以制度供给为龙头的全面深化改革中，如何加快金融改革创新，推动实体经济转型升级，如何在引领新常态和追求可持续发展的过程中，中国金融创新于供给侧改革中"八个方面的势在必行"。

金融的重要性及其与实体经济的关系

关于金融在现代经济中的地位和作用，邓小平有一个著名的论断。1991 年初，邓小平在上海视察听取上海市负责同志的工作汇报时，针对浦东新区"金融先行"的做法，明确提出："金融很重要，是现代经济的核心。金融搞好了，一着棋活，全盘皆活。"[②] 怎么解读这样一个非常简洁而导向很正确的判断呢？我的理解是，可把金融系统比喻为国民经济的

[①] 本节内容源自：贾康. 在供给侧改革中加快金融创新 推动实体经济转型升级 [J]. 新疆师范大学学报（哲学社会科学版），2017，38（06）。

[②] 邓小平. 邓小平文选：第 3 卷 [M]. 北京：人民出版社，1993：366.

一个心血管系统，它显然是带有核心系统特征的国民经济组成部分。在金融运行过程中，要对整个经济生活大系统以信用融资为媒介激活各类经济活动和创新行为，使其在各种要素的流动、重组中发挥作用。这个心血管系统会像润滑剂一样提高整个经济系统的效率和效益，优化资源配置，推动经济增长和社会发展。因此，金融的重要性不言而喻，但要防范另外一种风险——这样一个"核心"是不是也有变成"空心"的风险？这个问题的关键是金融与实体经济到底是什么关系。

说到金融，自然会联想到资本市场、证券市场等，那么它是为实体经济服务还是制造一个虚拟经济的概念。虽然字面上用了"虚"字，但实际上"虚拟经济"只是在经济学研究中对特定事物形成的一个特定表述。现实生活中，虚拟经济已经有很大的发展，金融衍生工具市场就是虚拟经济的典型代表，它是金融前沿创新过程中很重要的市场组成部分，但它确实有些"过虚"了。所谓"过虚"就是过度脱离实体经济而带来风险与危害，2008年国际金融危机就是最典型的由"核心"变"空心"而对经济和社会生活产生严重冲击的不良案例。格林斯潘称这场金融危机为百年一遇，并将这次席卷全球的国际金融危机和1929年的大萧条相提并论。这个冲击力如此之大，到现在仍未恢复，方方面面损失也有目共睹。

从运行分析，其实在虚拟经济概念之下，美国人主导的金融创新一度表现得生机勃勃，尤其是在金融全球化中，它主导了全球经济发展。我们知道，2008年国际金融危机的导火索是次贷危机。简单说，次贷危机是这样演化的：中低收入阶层不用给出抵押就可以拿到次级贷款来购买住房，老百姓表面上一度得到实惠，但这种次贷在实际生活中又因金融创新被证券化，证券化以后又被大规模地衍生工具化，于是"杠杆率"不断加倍，形成泡沫，由于泡沫严重膨胀造成资金链难以支撑，一旦断裂，就产生了次贷危机。次贷危机链式反应最终演变成席卷全球的金融危机。从这个角度说，金融创新关键是要警惕实际生活中金融可能由"核心"变成"空心"的风险威胁，所以我们要对"金融功能归宿到底何在"形成正确认识。

我们应非常明确地认定，金融是为实体经济健康发展服务的，这是金融的本原和初心。一个人的心血管系统无论怎样的强大、完美，最后它一定要服务于整个机体的健康运行。我很尊敬的一位经济学家曾经有个观点，他说，为什么要强调金融为实体经济服务？实体经济不好，你给它服务什么？金融应该追求的就是钱尽其用。我并不认同这个观点。什么叫钱尽其用？2015 年中国出现股市的大震荡（业界称其为"股灾"），观察一下其发展过程中拿着钱投入股市的人，都认为自己就是要钱尽其用，追求最大限度的增值，甚至很多人产生了一夜暴富的狂想，但后来证明，这个"人造牛市"带来的是一系列负面影响。然而，在每一个操作的具体节点上，操作主体都认为他在钱尽其用，即使手中的资金在金融运行中实现了收益最大化，但是整个系统的运行却实实在在地证明出现了严重问题。所以钱尽其用没有把金融的本质追求和作用体现出来。更为严重的是，金融作为服务中介，不能脱离服务功能而去做金融交易，这种钱尽其用是不务正业，不是为实体经济服务，而是为追求利润不计一切，将经营金融风险推到制造业风险上。我们要把金融放在整个经济社会运行大系统中，确切地认定它的出发点和归宿只能是为实体经济健康发展服务，要警惕和防止金融不当的"脱实向虚"。

中国金融改革的简要回顾与评估

金融改革中存在的实际问题是什么？我们必须承认，中国亟应克服金融供给的压抑，深化金融改革，这是中国经济社会转型过程中金融改革的基本任务。

20 世纪 80 年代，中国摸着石头过河走过了一段改革之路，农村改革见到基本成效，企业改革做了一系列初期探索，宏观层面首先从财政分配体系切入，实行分灶吃饭的分权改革，从而为其他一系列领域改革留出弹性空间。1984 年，中央就整个改革发布了第一个系统化指导文件，即党的十二届三中全会通过的《中共中央关于经济体制改革的决定》。当时许多人认为，这标志着城市改革要全面展开了，中国的金融也必将发生巨变。决策层已认识到，要搞商品经济就必须有一个中央银行体系，明确要把中国人民银行所有的商业银行业务职能剥离，使它不再从事具体金融业务，而是将其定位为中央银行这样的管理机构。当时都把工农中建定位为专业银行，放在了现在称为商业性金融的核心银行层面。中国人民银行的商业银行职能被剥离后，1985 年就面临整个中国的贷款总规模怎么切块分给工农中建四家的问题。1984 年中期，决策层明确以这四家银行当年形成的贷款规模为基数，以此作为下一年"切块"的依据，结果后来出现"突击放贷"，导致当年底中国的货币投放进入失控状态，1984 年的货币发行量从 90 亿元（改革开放初期一二十亿元迅速跃升上来的）一下子抬高到了 262 亿元，于是 1985 年一季度迅速出现了所谓超高速和通货膨胀的巨大压力。

这是当年金融改革给我们的一个下马威。之后，从 1985 年到 1988 年，中国一直在通胀的阴云下反复探索。1988 年实行价格闯关，使通胀从潜在压力爆发为现实的经济社会问题，最终导致 1989 年的政治风波。政治风波过后，中央要求各个地方压缩贷款额度，压缩基建规模，把国民经济原来已经出现的严重失调硬往下压，压到 GDP 增速只有不到 4%。这是与金融改革相关的一段坎坷经历，它给了我们一个非常重要的启示：金融如此重要，但怎样才能使它起到服务全局、助推经济健康运行的作用，怎样才能防止其从"核心"变"空心"。

1989 年治理整顿之后，后面的关键转折点就是邓小平视察南方，发表了南方谈话，这使整个局面得以扭转，改革开放重新进入高潮，1992 年党的十四大确定我国经济体制改革的目标是建立社会主义市场经济体制。之后，朱镕基同志主持经济工作，决策层以极大的魄力下决心推出财税配套改革，这是在货币政策方面已有中央银行体系间接调控的基本框架以后，解决了政府"以政控财，以财行政"的财政分配体系如何对接间接调控的体制框架问题。

1994 年的分税制改革，首先应肯定的是它把原来的行政性分权转为经济性分权，其历史意义不仅是正确处理了中央与地方的关系，而且正确处理了政府和企业的关系。1994 年以后，所有的企业不论大小、不论行政级别、不看经济性质、不讲隶属关系，在税法面前一律平等，该交国税交国税，该交地方税交地方税。企业依法纳税之后可支配的部分，按照产权规范和政策环境由企业自主分配，这才使得各种企业可以在同一条起跑线真正实现公平竞争，也为以后企业（包括国有企业）跨行政区划、跨隶属关系、不设经济性质壁垒的兼并重组让出了空间，也为一直推进到现在的混合所有制改革打了基础。1994 年的这个情况，使金融领域已经形成的中央银行体系和财政的经济性分权体制，组合变成如何正确处理政府和企业的关系，正确处理中央和地方的关系，以及正确处理公权体系和公民的关系。这个改革框架是从 20 世纪 80—90 年代开始一步一步形成了与市场经济的对接。金融改革在这个过程中取得了一系列成果，但是直到现在，还是处于"进行时"，改革还需要继续深化。

21 世纪之后，金融领域改革在取得成效的同时，也出现了不可忽视的问题。以温州为例说明，温州曾经在 20 世纪 80 年代初期被指责为"资本主义复辟"区域，那是沿用"文革"的术语，到了 80 年代中后期，温州企业生产的假冒伪劣产品等问题得到一定的治理之后，它的经济活力开始明显上升，90年代，人们讨论的是温州模式与苏南模式到底哪个胜出？进入21世纪之后，几乎众口一词：看来这个竞争中温州模式胜出。因为温州的民营经济得到很好发展，县域经济非常强劲有力，其社会评价也明显上升。在大家都看好温州以后，没想到在国际金融危机冲击之下，温州出现跑路事件，辖区内好多已成气候的大型民营企业，纷纷出现资金链断裂，几十家企业跑路。当时不得不由政府出手处理跑路事件，才使局面大致稳定下来。之后，中央做出了一个特别安排，在国内推行金融综合改革，以温州为试点地区，显然是要在问题导向之下改变发展过程中出现的这种意想不到的不良状态，那么到底怎样防范和克服这类问题呢？

带有讽刺意味的是，在此之前，由金融系统领导推动、著名学者主持的全国金融生态指标评比中，温州连续7年名列全国金融生态第一位。怎么会获得这样高评价之后却一下子落入金融危机的局面？简单地说，是因为当时的指标主要是常规金融的数据，实际上常规金融的"低利贷"在温州已经严重边缘化了，在经济生活中起不了太大的作用，大量的民营经济运行需要靠各种各样的"中利贷"，乃至灰色金融、地下黑色金融的"高利贷"维持运转。正常情况下这种模式还可以维持运转，一旦遭遇金融危机冲击，压力过了某个临界点，它的脆弱性就表现出来了，而且跑路事件之后，进一步暴露的是当地的产业空心化问题。温州那时本来已到了民营经济发达、社会资本非常雄厚的状态，那么大量的资金往哪里去了呢？不是在当地支持已经成气候的一些制造业等实体经济的升级换代，而是往外跑——著名的温州炒房团拿着重金到处攻城略地，通过炒楼想更迅速地实现暴富，后来遭遇一定挫折以后，宁肯去炒绿豆、炒大蒜，就是不回温州支持实体经济的升级换代与本土经济的可持续发展。

跑路事件之后，温州产业空心化这个严重问题便浮出了水面，这就给我们一个警示：温州已出现如此状况，如果长三角、珠三角等地方也都这样，将是什么结果？珠三角前几年已不得不"腾笼换鸟"。所谓"腾笼"，就是把传统制造业的一些产能往外转移，除了有一部分可以被中西部地区接纳之外，其他基本流向越南、老挝、柬埔寨、孟加拉国、缅甸等地方，就跟改革开放之初海外那些产能往中国转移是一个道理。腾了"笼"以后能不能换来"鸟"，就看本土的实体经济能不能优化结构、升级换代了。这就是十分严峻的考验了，现在还待继续观察。在这个背景下，温州案例给我们的启示非常值得深省。

上述金融生态的悖论，揭示了金融服务实体经济实际上还存在严重不到位的情况，我们必须承认和重视这个现实。它带来的问题，其实是怎样全面深化改革、解决经济转型的问题，以防止中国陷入"中等收入陷阱"。

金融改革必须消除过度垄断、发展现代市场体系

认清以上这些以后，可做一个学术概念上的评价：一方面，我国金融发展和改革已取得很多成就；另一方面，我国金融领域仍存在垄断问题。

几年前当我提到金融领域的垄断问题时，一些金融界领导很不服气，说中国现在已经有1000多家银行和金融机构，天天竞争，哪里还有垄断。但我作为研究者观察发现，不说这么多年来一直听到的是"三农"、小微企业等等这些小经济体总是苦苦得不到应有的金融支持，就说首都北京这么多年，人们在银行营业厅接受柜台金融服务的等待时间，就可以说明金融仍处于"短缺经济"状态。在中国改革开放过程中，众多领域已经摆脱了短缺局面，纷纷告别短缺经济，而在少数领域短缺局面仍未改观，比如：公共交通的有效供给是短缺的、养老服务的供给是短缺的。按照经济学理论，短缺就会形成卖方市场，卖方市场中一定会有超额利润，会引起其他生产要素向这个领域流动，使这个卖方市场变成一个供需相对平衡健康的市场。但在中国，为什么金融服务领域多年来一直存在短缺情况，说

明一定存在阻碍生产要素向这个领域流动的因素，这些因素一定与垄断有关。当然，反垄断，不能理想化地等同于完全竞争假设下的消除一切垄断，我们致力于发展的新供给经济学，它所推崇的是在研究中设立"不完全竞争"这样一个假设条件，但是必须说清楚，在不完全竞争条件下，垄断中的过度因素也是一定要努力消除的。由此我认为，金融服务领域因短缺所引起的过度垄断问题，确实是中国金融改革要解决的问题。不解决此类问题，必有碍中国发展现代市场体系。

金融改革进展与相关重点问题

融资难已经成为各个方面的发展瓶颈，也不断听到各领域管理部门在讨论这个问题到底怎么解决。在党的十八届三中全会强调全面深化改革以后，根据国家治理现代化的核心理念，将要进一步把管理和自管理、组织和自组织、调控和自调控结合起来解放生产力，尤其是近年来推行的供给侧结构性改革战略决策，则是要在供给体系方面以改革为龙头提升整个市场体系的质量和效率，旨在让生产要素克服供给方面的压抑和阻碍，更好地流动起来，更好地焕发潜力和活力。

那么，如果按照这个逻辑，金融方面的改革关键在于怎样推进利率市场化，2015 年下半年，决策层踢出了"临门一脚"，即我国放开了存款利率。另外，一大批中小银行和金融机构应该得到更充分的发展，克服过度垄断局面，但前提条件就是要有存款保险制度，这在 2015 年上半年两会时给出明确的信息，随后不久终于解决了。还有当年周小川行长有明确表态：人民币资本项目下可兑换的基本条件已经成熟，这是在前面央行货币政策部门已给出口风，然后由小川行长明确认定的。当时有一些著名经济学家表示了不同的意见，认为中国实现资本项目下可兑换的时机还不成熟。当然，2015 年下半年的"股灾"，2016 年初出现的熔断冲击，还有资本市场上表现的某些脆弱性，可能在很大程度上印证了这些学者的担忧，但是在大的方向上，我认为周小川行长所说的这样一个改革是无法回避的，要明确树立这个改革方向。

总的来说，金融改革的重点是要解决金融在创新中服务于中国现代化发展中的转型升级问题。

利率市场化是一个健康市场必备的条件，当然"临门一脚"踢出以后，还需要使改革配套的其他事项具体得到落实。工农中建这样的银行，多年前说没有必要实行存款保险制度，因为它们已"大而不能倒"，觉得这是平白多出了一块自己可以回避的成本，但存款保险制度的基本逻辑是，那些有可能也应该得到发展的社区银行、村镇银行等小银行要得到发展，前提是老百姓愿意就近把钱存在那里，让它们形成吸储功能。按照存款保险制度，国家法律明确规定居民一个账户以 50 万元为限，哪怕银行倒闭了，法律保证这 50 万元不会出现什么损失，那么老百姓就放心了，可就近把钱存进这些小银行。老百姓方便了，银行有吸储功能了，就可以在金融支持方面提供多样化的金融产品业务。各种各样的中小银行可以提供多样化的金融产品，这种多样化所对应的，首先就是过去金融阳光照不到的"三农"和小微企业。所以应该以建立存款保险制度作为前提条件，促进一大批中小型银行和金融机构健康持续发展。

在金融领域改革中，还有一个大家越来越关注的"互联网金融"发展问题，需要以此配合新技术革命，在金融方面实现必需的升级创新。

另外，在直接融资的资本市场，这么多年的风风雨雨之后，需要进一步发展健全。在它问题比较严重的时候，听到社会上很多抱怨、不满，但是我们至少有一点要肯定，当年邓小平提出要在上海、深圳两地开办证券交易所，而且要允许试，如果试得不好，以后也可以关掉。针对当时关于证券、股市的争议，邓小平指出，"证券、股市，这些东西究竟好不好，有没有危险，是不是资本主义独有的东西，社会主义能不能用？允许看，但要坚决地试。看对了，搞一两年对了，放开；错了，纠正，关了就是了。关，也可以快关，也可以慢关，也可以留一点尾巴。怕什么，坚持这种态度就不要紧，就不会犯大错误"。① 我想当年他心目中认定中国要搞市场经济，证券市场是必须要发展的，但是作为政治家，他特意把话说得非常有策略。现在我们已经经历过"股灾"了，但是我还没有听到说要把深沪两市再关掉的议论，这就说明形势比人强。在中国特色社会主义市场经济发展过程中，无论以后碰到什么样的挫折，这个大的方向不可逆转，相关的认识是在大道理上实现认同，大道理要管小道理。所以，在现实生活中，要进一步深化金融改革，推进金融创新，使金融真正服务于实体经济的转型升级。

金融支持实体经济的关键是合理设计与落实产业政策

产业发展方面，根据《战略性新兴产业分类（2018）》，我国战略性新兴产业包括：新一代信息技术、高端装备制造、生物、新能源、新材料、新能源汽车、节能环保、数字创意产业、相关服务业。在引领新常态过程中，要结合中国现代化整体战略，从工业革命以后的落伍者、跟随者，通过"三步走"成为赶超者，实现中华民族伟大复兴的中国梦。

在此过程中，金融为实体经济服务，支持其升级换代，突破往上提升的"天花板"，就必然涉及之前我国经济学界热议的产业政策以及一系列技术经济政策问题。有争议是好事情，可以借此深化认识。

否定派基本表述的框架虽然是不成立的，因为它从根本上断然否定政府制定产业政策的作用，但他们对政府可能失灵、政府产业政策可能走偏

---

① 李海青. 重温邓小平的改革观：逆水行舟，不进则退［OL］. 人民网，2013－06－24.

的一些担心，值得我们警惕。

肯定派明确肯定了产业政策的必要性，注重产业政策所需要的顶层设计，政府层面的战略布局，强调政府在有效市场之上要加上自己的有为，命题正确，但我觉得已有论述的缺陷在于，产业政策不仅是一个顶层设计问题，最关键的是健全产业政策的贯彻运行机制问题。政府不仅是"有为"政府，还必须是"有限"政府，这个有为和有限怎么结合好，在于机制如何落实。

实际经济生活中，许多地方不得不配合区域发展锁定升级换代目标，由中央、地方政府纷纷组建产业引导基金，目的是什么？一定是贯彻产业政策。比如，湖北在我国长江经济带发展战略中，建立了长江产业基金作为引导基金，显然是在区域发展战略背景下为贯彻产业政策而设立的，它早已经跳出了产业政策的传统框架，直接对接产业政策的合理设计与有效贯彻，后面就必须解决产业政策到底依靠什么机制来执行的问题。应特别强调，这不仅是政策制定问题——九大战略性新兴产业已经基本确定了初步的政策重点了，最关键的就是这种产业基金以什么机制运行？湖北财政拿出 400 亿元以后，已迅速吸引了政府外的资金，在第一期做到了 2000 亿元规模。政府"第一推动力"安排的 400 亿元可称作"政策性资金"，这种政策性资金，性质是非常清楚的，是从财政收入中拿出的"纳税人的钱"，但后续的市场化运作，就是要让这些自愿加入的子基金实现专业化管理。湖北方面非常明确地说母基金不对应具体项目，只是给这些子基金寻找项目后的操作来助力，配上一些特定利益因素，减少相应风险因素，是"加一把劲"的引导支持。由子基金的专业化管理团队在市场和竞争中寻找项目，实现政策性资金的市场化运作、专业化管理和杠杆式放大，产生"四两拨千斤"的作用。这才是最关键的问题。

5.2 金融服务实体经济八个"势在必行"

为落实党的十九大和 2017 年全国金融工作会议精神，金融领域要明确的主题是金融如何更好地服务实体经济。2017 年全国金融工作会议特别强调金融要服务实体经济，又强调要多方协调配合防范风险，并坚定深化金融改革。首先是强调大局观，正本清源，纠正"脱实向虚"的错误倾向。其次要有大系统的监管，在金融领域设立金融稳定发展委员会，下辖一行两会。最后还要有大体系：在稳字当头，对风险加以防范的同时，要以金融系统深化改革来系统化构建商业性金融和政策性金融的协调配套体系。

以金融创新支持实体经济升级换代的工作势在必行

中国总体的后发优势是值得看重的，但是到了一定的阶段，客观地讲，技术方面的后发优势、管理经验方面的后发优势，它们的支撑力越来越小。我们需要主动在制度创新（有效制度供给）方面形成守正出奇的后发优势，而不是落入后发劣势。要避免"中等收入陷阱"这种前车之鉴的威胁，在金融创新方面就要以改革带动发展，制度红利和金融贡献要落在实体经济的升级换代发展上。

实际生活中，金融的重要作用不言而喻。我认为，可将金融比作国民经济运行的供血系统，国民经济运行以金融的有效供给为媒介，带动各种各样要素的配置，金融在其中具有核心的地位，然而不论其核心作用多么重要，也要服务于整个生命机体的健康和可持续发展，出发点和归宿必须是服务于实体经济。但是国际金融危机和国内偏离本原的一些现实问题都告诉我们，"核心"是有可能变成"空心"的。从我们自己的经验来说，比如 20 世纪 90 年代各方曾高度关注温州的发展，千年之交以后大家都认为温州模式和苏南模式的竞争，温州模式胜出了，县域经济、民营经济这么繁荣，但是后来温州却出现了跑路事件，暴露出当地金融生态的许多问题。简单说，由于种种原因导致常规金融被边缘化了，企业不得不以成本很高的高利贷来维持发展，在外部金融危机冲击下，加上自身的矛盾凸显，温州有几十家大型企业几乎同时出现资金链的断裂，企业家为了避祸不得不跑路。从全局来看，类似的问题如果不能得到很好防范和解决，中国现代化后发优势是不能如愿发挥出来的。新发展阶段中国制造必须走向中国创造，实体经济必须升级换代，这是支撑经济高质量发展最关键的力量，金融必须服务于这种力量。

多元化金融产品体系无缝对接的金融与资本市场势在必行

面对现实，我们不得不承认，中国的金融改革在取得较大进展的同时，仍然在一定程度上存在过度垄断。金融领域的准入门槛高，存在垄断也正常，但是垄断不能过分，过度垄断一定要消除。有人说中国已有1000 多家银行和金融机构，竞争很激烈，怎么还存在垄断呢？如果从数量看，美国 3 亿多人有两万多家银行与金融机构，中国 14 亿人只有几千家，但这不是关键，关键在于中国金融行业的赚钱获益特征太明显了：中国上市公司中，从收益水平排名来看，前 10 位全是银行。对比美国方面的情况，美国收益前 10 位公司中，只有三家银行；在中国 A股上市公司中，盈利水平最高的是银行业，而美国第一位是高新科技行业，第二位是银行业，从第一第二到第三和其后，盈利水平是平滑降低的。这可以说明，在要素流动性上，中美之间有巨大的差异，如要素实现了较充分的流动，银行就不可能总是能实现高收益。这种垄断不仅造成金融机构多元化不足，金融产品也不能达到充分多样化，以适应各种不同的需求，所以必须深化金融改革，使金融体系能够在供给侧改革推动下实现结构优化，尽可能形成不同的金融机构，提供多种多样的产品，来适应不同市场主体的融资需求。这样充分的金融产品供应，应该能够把温州式的高利贷边缘化、挤出去。不能说一点儿都不能存在高利贷，但至少要防止"潜规则强制替代明规则"而导致跑路事件重演。过去已有一些探索，比如小额贷款公司，我们强调它是资本金融、自担风险，应该得到更多的发展，现实中是以中利贷的形式形成较适合中小企业的金融产品。至于发展方向，应该是由低利贷和中利贷形成合力，把高利贷挤出去。生活中，我们还可以观察一下，前两年山东的"辱母事件"，源头还是高利贷。这类事件有可能牵一发动全身，处理不好经济问题会社会化、政治化。

强调结构优化，提高直接金融的比重势在必行

当前中国直接金融比重比较低，股、债市形成的直接融资只占20%左右。从国际经验看，美国直接融资占80%左右。当然不能简单照搬美国的经验数据，但是直接金融比重过低确实有问题。现在都在谈论宏观杠杆率，中国广义货币供应量 M2 和 GDP 的比值已经高达近250%，与大量的间接金融以贷款方式一进一出重复计算 M2 有关，况且这些年贷款还有短期化的倾向。后来中央把"去杠杆"转变为"稳杠杆"，这跟中国具体国情和金融结构有关。同时也应注意到，直接金融比重提高，将更有利于要素流动中企业家才能的更好发挥，可以更多使市场竞争带来正面效应，产生加分的因素。间接金融更多是靠企业家求银行，直接金融则是企业家借股市、债市和私募领域进行资源配置获得资金。从发展方向来看，虽然不能简单模仿美国这么高的直接融资比重，但是至少要把我国直接融资的比重努力往上提升，深化金融改革要争取相关的一系列具体措施来达到提高此比重的结果。

打造健康、可持续的政策性融资体系势在必行

政策性金融体系只有与商业性金融体系实现较好匹配，金融才能更好地支持中国经济发展。中国的现代化要依托于中国的超常规发展战略，有效市场必须加上有为政府，必须在政策性融资方面多着力。看看美国、英国等老牌资本主义国家，以及二战以后的日本，没有一国忽略了政策性金融。中国在这方面曾有所探索，实行市场经济后不再强调，党的十八大后，中央重新提出政策性金融、开发性金融的概念，近几年强调的绿色金融、普惠金融、草根金融，对精准扶贫的金融支持等，无一例外具有浓厚的政策性金融色彩，它们形成了一个有别于商业性金融的体系。国际经验和我们自己的经验都表明，在追求超常规发展时，中国必须在战略层面构建健康可持续的政策性金融体系，其中财政是必需的后盾，因为这必然涉及财政的功能作用。在英国、美国，支持中小企业的机制是运用预算资金做贴息、信用担保，中国也在借鉴这些经验，近些年地方政府越来越看重产业引导基金，以及这些年在努力创新发展的PPP，这里面的政策性色彩都非常鲜明。在双轨运行体制下，财政支持的机制是"政策性资金、市场化运用、专业化管理、杠杆式放大"。为使之可持续，要建立多重监督审计制度，最大限度地防止设租寻租和腐败之风，对支持对象要有规范化地遴选，希望得到支持的对象虽然不能都得到支持，但是每一轮挑选出来的应该都是政策金融按照定位该支持的对象。如果搞成乌烟瘴气的靠"关系"，不该得到支持的依靠"拉关系、处关系"得到支持，这个体系就不可持续。

金融创新对接以互联网为代表的第三次产业革命势在必行

阿里公司在计算机系统中利用大数据、云计算、软件设计，零人工干

预地不断批出小额贷款，无形中把商业金融边界扩大了。当然这会碰到一定的局限和制度规范问题，比如说网上靠大数据自动判断风险决定放贷不放贷，申请对象的电子痕迹，与他的亲友、主要朋友间的相关信息是一网打尽的，但如果是偏僻农村区域的申请者，没有什么电子痕迹和以往经济信息，就无法直接得到小贷支持。淘宝商户在形成了一些自己经济行为的电子痕迹后，则越来越容易得到小贷支持。要肯定商业性金融在新的信息技术支持下扩大了边界，但是它不能取代政策性融资，需要覆盖另外一部分人。总体上看，这样的科技创新带来的"互联网＋"的意义重大，可以降低整个金融系统的融资成本，但相应带来的监管问题、信用问题、垄断问题不可忽视。

在金融创新中推进 PPP 机制创新势在必行

关于 PPP，社会上曾有很多议论，有些人甚至说 PPP 要被叫停，有的期刊甚至说，我们以后不发 PPP 文章了。但在中国守正出奇的创新发展中，PPP 的独特贡献是不可否定的。有了前面几年的发展后，往下调一调、稳一稳，符合波浪式发展的规律，但是绝对不会叫停。果然，这两三年，有关部门态度又相对明朗，要支持 PPP 可持续健康发展，这是中国的一个创新。在政府有限财力制约之下，必须使政府财力发挥"四两拨千斤"的作用，这是必选的创新事项。通过 PPP，中国可做的事非常多，从北京地铁 4 号线到 16 号线的轨道交通，从"鸟巢"这类大型公共设施到中国城乡大量项目都可以做 PPP，包括北京必须解决的停车场、停车位严重不足的问题，也可以对接 PPP。如果按老办法依靠政府，不知道多少年后才能解决，用 PPP 就可以加快和优化，这直接关系到民生改善、社会生活质量以及发展环境质量的提高。

创造条件实现人民币资本项目下可兑换势在必行

在人民币国际化过程中，从已经实现的周边化，推到越来越高水平的国际化，必须下决心在具备条件时，"自拆防火墙"实行人民币资本项目下可兑换。可以很清楚地看出，中国要实现现代化，这个关口必须过去，但是确实会形成风险压力，如果诸如亚洲金融危机和2008年国际金融危机那样的情况再发生，防火墙的作用就没有了。我们将要在有能力面对热钱想进就进、想出就出的情况下，来应对索罗斯式金融大鳄的热钱冲击。

把握好发展和规范的关系势在必行

在金融创新的很多新领域，要留出创新试错的弹性空间，大的逻辑是，先做好"发展中规范"，允许有发展中的试错，接着是看准了以后一旦必须出手，就要以规范发展防范风险。中国的"互联网+"，基本上是民营企业冲在一线，可扫码支付的微信支付和阿里的支付宝，有竞争关系，但是两者又使中国公众普遍跨越了信用卡普及阶段，非常便捷地得到了金融服务，老百姓在街上可用手机扫码，可以叫出租车、买煎饼果子，促进了经济的繁荣。但是微信曾经面对很大困难，腾讯曾经要把微信卖出去，没人接盘。中国移动也搞了飞信，是同一个美国原创技术支持的，但是很难通过必须烧钱的一道道关口，未成气候。微信刚出现的时候，不赞成的声音也很大，但决策层顶住了这种声音，决定先"看一看"再规范，即对待各类新业态、新模式要有"包容审慎"态度。冲过了瓶颈以后，微信一飞冲天，不光提供便捷的支付服务，而且为老百姓手中的零钱提供理财通道和金融服务，这是原来金融行业做梦也想不到的。这些事情启发我们：允许试错，给出弹性空间，在运行中看清风险后要进行规范。比如P2P，后来发现爆雷这样的情况，该出手时就要出手，要把防范风险的事情做好。

5.3 信用与普惠金融问题

征信行业的管与放[①]

近几年，《社会信用体系建设规划纲要（2014—2020 年)》《促进大数据发展行动纲要》《国务院办公厅关于运用大数据加强对市场主体服务和监管的若干意见》《关于建立完善守信联合激励和失信联合惩戒制度加快推进社会诚信建设的指导意见》等国务院政策性文件相继出台，勾画了我国社会信用体系建设的宏伟蓝图并给出了重要指导。因此，我们亟应抓紧落实文件精神促进我国征信行业发展，其中合理对接市场化机制是基本要领之一。

（一）征信作为信用体系的基础机制，加速其发展完善具有非常重要的现实意义

（1）征信业是社会信用体系建设的基础与重要抓手。我国信用缺失问题十分普遍与严重，它抬高了社会成本和风险，降低了金融与经济运行效率，妨害人民群众的生命财产安全。信用联合奖惩是解决失信问题在"基础设施"层面的治本之策，征信业发展则能够有效落实信用联合奖惩机制。征信业发展更成熟，才能使信用信息共享更迅捷、信用评价更准确、信用使用场景更丰富，进而才能"让守信人处处畅通、让失信人处处受阻"，从而培育社会的诚信文明，促进现代化发展。

（2）征信业也是普惠金融发展的迫切需求。征信业的繁荣是现代金融

---

① 本小节以作者 2017 年全国政协提案——《鼓励对接市场化机制促进征信行业发展的提案》为基础改写。

体系良好运作的关键性前提。央行征信中心成立，为识别、防范和化解传统金融机构信贷风险起到了重要作用。但因为覆盖面受限，一方面，难以形成对风险的全面防范；另一方面，社会上多数人缺乏传统金融机构信贷记录，无法准确判断其个体风险，制约了普惠金融的发展。因此，摆脱这种制约，必须采用新的征信技术，使用更广泛的数据，弥补信贷数据不足，对长尾普通人群和中小企业的信用情况进行动态客观的评价。这样才能推动金融服务的普及和成本下降，从而加快金融的普惠进程。普惠金融以大数据时代的信息技术革命为支撑结合征信体系建设，将与绿色金融、农村金融、草根金融相融合，形成中国发展新常态中的"信用红利"，造福于人民。

（二）目前征信行业存在的争议和发展障碍

央行在 2015 年初批准 8 家机构开展个人征信业务试点，但并没有正式颁发牌照，征信行业发展尚未完全破局，建设还比较迟缓。主要原因在于：

目前，我国征信业模式是以央行征信中心为代表的政府主导模式。虽然监管层意识到需要引入市场化征信机构，走政府主导＋市场化的发展道路，但对市场化发展的模式信心不足，主要表现在，监管层拟将市场化的模式设计为"以央行征信中心为主，市场化机构为辅，市场化机构仅能从事部分征信业务，政府主导下的信联模式；以独立性为由，限制数据源机构进入征信市场"。这一模式的缺陷是，一些有能力、有资源、有技术的优质市场主体没有积极性进入征信市场，导致我国征信业缺乏活力，不能形成相关资源的优化配置。

中国征信行业已经严重落后于金融服务的需求，但今天互联网、云计算、大数据应用为征信市场注入了新的活力和变革元素，让有技术实力和大数据能力的市场化机构能够进入征信市场，非常有助于中国征信业从较高起点起步，通过整合数据资源和资本能力，促使我国征信业实现弯道超车，缩短行业发展周期。

（三）加快征信行业发展的建议

（1）明确监管重心，避免对市场过度干预。监管的重心应该放在征信业务的用户隐私保护和数据安全性、业务实质独立性方面，而征信产品有效性和征信服务场景应由市场决定。同时，在充分保护用户隐私基础上，应允许采集用户正面信息，不应过多限制数据采集范围。

（2）明确央行征信中心的非营利性"国家金融基础数据库"定位。央行征信中心应回归"国家金融基础数据"公共机构的定位，只覆盖银行与非银行金融机构信用信息的采集、储存和外部数据接入，不应直接参与市场竞争。同时，央行征信中心应向各市场化征信机构开放有关数据接入服务，可按照公共服务使用者付费原则，由央行和价格管理部门确定数据接入服务的收费。

（3）建议监管当局以调动优质市场主体积极性参与征信市场为目标，做好征信业市场化顶层设计。监管者在做顶层设计时，应围绕如何引导有数据源、资金、技术、风控能力的市场主体进入我国征信业，以及如何鼓励市场主体通过技术创新，充分运用大数据、移动互联、云计算等先进技术，提高我国征信机构的竞争力这一主线，力求充分调动优质市场主体积极性。

（4）建议尽快建立牌照发放制度，推动征信业务全面启动，避免劣币驱逐良币。目前，对个人征信业务的争议导致征信牌照迟迟难以下发，既不利于试点征信机构业务的开展，同时也让一些不规范的商业数据公司乘机肆无忌惮地收集并输出各类个人信息，不仅侵害用户权益，也对征信业的健康发展造成恶劣的影响。建议以发放征信牌照来尽快推动征信业务的全面启动，避免劣币驱逐良币，将政府管理与监督合理对接市场机制。

金融资源对小微企业的可获得性改进[①]

随着经济体制改革的不断深入，小微企业在我国国民经济中的地位日渐突出，其不但成为吸纳就业的"主战场"，而且是推动经济持续发展的重要力量。然而，近年来受到生产成本上涨和海外市场萎缩的双向挤压，小微企业的发展困难重重。政府高度重视小微企业的发展，先后出台了《中小企业发展专项资金管理暂行办法》《关于扶持小型微型企业健康发展的意见》等政策，从资金支持、财税优惠等方面提出了一系列措施，虽取得了积极成效，但"融资难""融资贵"仍然是小微企业发展的重要障碍，加强小微企业金融服务已成为促进小微企业健康发展的首要任务。

（一）小微企业金融服务发展存在的突出问题

（1）自身融资条件有限。一是信息透明度低。大多数小微企业管理落后，没有完善的会计核算系统，缺乏规范的财务报告制度和财务信息披露通道，存在会计核算不规范、财务报表不完善、数据不实等问题。二是抵押物不足。小微企业普遍存在固定资产少，土地、房屋等不动产抵押品不足，流动资产在生产经营过程中易发生物质形态变化，无形资产又不易量化等特点，难以提供金融机构认可的抵押物。三是破产率高。小微企业大多经营规模小，处于产业链低端，面临着过度竞争、产品附加值偏低、创新能力偏弱、核心竞争力不强等诸多困难，其发展极易受到经营环境的影响，抗风险能力较弱。

---

① 此小节以作者 2015 年全国政协提案——《关于加强小微企业金融服务，促进小微企业健康发展的提案》为基础改写。

（2）信用担保体系不完善。一是我国担保企业普遍规模较小，担保资金有限且放大倍数远低于发达国家水平，与银行等金融机构的合作关系并没有完全建立，担保能力不强。二是担保企业面临违约风险高、利润低的问题，难以吸引社会资本注入，而具有政府背景的担保机构数量相对较少，不能满足小微企业的融资担保需求。三是根据国家政策规定，担保机构应按照一定比例提取风险准备金，用于担保赔付，但实际操作中，一些担保公司风险拨备严重不足，自身控制风险能力较差，补偿债权人违约损失的作用有限。

（3）融资渠道不畅。首先，我国小微企业融资主要依赖银行间接融资，但由于目前金融体系不合理，使得以国有大型商业银行为主体的银行体系与小微企业"短、小、频、急"的融资需求不匹配。另外，我国有大量小微企业集中在县域，但银行在县域范围内的服务能力明显不足。其次，由于我国对股市、债券等融资方式要求严格，审批时间长，导致通过资本市场直接融资的小微企业少之又少。最后，非正规金融渠道的民间融资利息远远高于正规渠道，并多以半公开的方式运行，信息不透明，潜在金融风险大，经济纠纷甚至犯罪行为时有发生。

（二）加强小微企业金融服务的几点建议

（1）建立小微企业融资增信体系。一是加强信用信息服务。建立小微企业会计信息披露制度和评级发布制度，完善针对小微企业的信用评审机制，利用先进信息技术，提高信息发布的及时性和全面性。二是完善抵押制度。借鉴日本经验，建立类似于"中小企业金融公库"的金融支持体系，对具有发展潜力但抵押物不足的小微企业提供低利息、无抵押的融资服务。同时，要规范应收账款、知识产权等无形资产的抵押登记办理办法，开拓林权、土地承包经营权等资产转让渠道。三是降低破产风险及损失。不断扩大小微企业发展基金规模和税收优惠范围，完善和落实专项扶持资金和减税政策；在企业破产法中增设简易程序，加快债权人的损失补偿速度；建立"风险补偿基金"，对金融机构因小微企业不良贷款形成的损失给予适当的补偿。

（2）完善担保体系。一是增加中央对政策性担保机构的财政资金投入，地方主管部门选择当地担保公司参股、控股，扩充担保行业规模和实力。二是给予小微企业信用担保机构所得税优惠、税收返还等优惠政策，增加业务奖励力度，吸引民间资本和外资进入担保行业。三是借鉴日、德等国的再担保模式，由政府出资建立小微企业"信用保险公库"，为担保机构提供再担保，强化分散风险、增加信用的功能。四是加强担保行业监管，对违规企业进行规范整顿，严格落实风险准备金制度。

（3）疏通融资渠道。一是借鉴发达国家经验，建立政策性金融机构，拓展小微企业的融资渠道和规模，为小微企业提供长期低息贷款及免费或优惠的金融服务。二是支持银行设立服务小微企业专营机构，鼓励在小微企业集中的县域设立村镇银行、贷款公司等小型金融机构，引导和推动自担风险、规范经营的民营银行、金融租赁公司等民营金融机构发展。三是搭建方便快捷的融资平台，适当放宽股权、债权市场对创新型、成长型小微企业的财务准入要求，积极稳妥发展私募股权投资和创业投资等融资工具。

加快中小银行改革①

在我国，中小银行是金融改革的产物，在服务中小企业、满足民生需要方面发挥了重要作用，成为促进银行业良性竞争、保持金融体系活力的

---

① 此小节以作者 2015 年全国政协提案——《关于加大中小银行支持力度，促进实体经济发展的提案》为基础改写。

"鲶鱼"。近年来，中小企业融资难、融资贵、融资慢问题，得到社会各界的高度重视，各级政府出台多项措施推动解决。中小银行定位于服务中小企业，本身也是银行体系中的"中小企业"，其发展面临的不公平竞争问题，却没有得到应有的重视与关注。

（一）我国中小银行发展面临的问题

中小银行是金融市场竞争的基础、活力的源泉，适用的政策与大型银行基本一致，但在市场准入上却存在明显差异，处于被歧视、被排挤的弱势地位。

（1）"出身定终身"的分类监管模式不符合发展现状。根据各商业银行的成立方式，分为大型国有商业银行、股份制商业银行、城市商业银行以及农村商业银行等，监管机构在此基础上实施差异化的监管政策。这种"以出身定终身"的分类方式，没有考虑不同类型间、同一类型间商业银行发展出现的规模分化，政策制定缺乏科学性和公平性。

（2）受到诸多政策歧视，与市场化改革方向相悖。由于对中小银行仍存在偏见，某些政策仍带有明显的歧视性和不平等性，比如现行政策对中小银行吸收军队存款、开设社会保险基金账户、吸收保险公司资本保证金存款等方面都存在歧视性的规定，使中小银行业务发展受到限制。同时，中小银行面临的外部监管、检查等远远多于大银行，不利于营造良好的市场竞争环境。

（3）缺乏与中小银行服务特色配套的政策。当前，中小企业通过资本市场进行直接融资的比例很低，广大的中小企业仍然需要依靠银行间接融资，而大银行在支持中小微企业方面存在体制机制的障碍，中小银行成为服务中小企业的主力军。但中小银行在提供金融服务过程中，存在发放贷款成本高、承担风险大等现实困难，由于不能获得适当的风险补偿，中小银行在服务中小企业过程中，客观存在着心有余而力不足的现象。

（4）上市融资渠道不够畅通。目前，绝大部分城商行资本金基本来源于自身利润留存、增发股份等，支持中小企业发展能力受到限制。随着业务的不断发展，中小银行多元化资本补充渠道的需求越来越迫切。自南京银行、宁波银行、北京银行登陆 A 股后，多年以来，城商行 IPO 名单始终处于空白状态。由于监管部门对中小银行上市态度不明朗，部分城商行急于补充资本金，不得不转战成本更高的 H 股上市。

（二）关于支持中小银行健康发展的政策建议

（1）转变监管理念，创新监管方式。2013 年国务院出台的"金融国十条"，提出"探索优化银行分类监管"，释放了明确的市场化改革信号。建议借鉴国际通行做法，以资产规模为主要标准，结合监管评级对商业银行进行重新分类，实施能上能下的动态监管方式，并且随着经济环境的变化和商业银行的发展情况进行调整。

（2）取消现行政策中对中小银行的歧视性规定。长期以来，中小银行在市场准入、业务创新、分支机构发展等诸多领域受到制约，无法公平地参与市场竞争。随着金融改革的深化，中小银行普遍在资本实力、业务水平和风险管理能力等方面得到了很大的提升。因此，建议尽快取消现行政策中不利于中小银行发展的歧视性规定，促进中小银行持续健康发展。

（3）完善与中小银行服务特色配套的政策。中小银行的主要客户是中小微企业，建议完善与中小企业金融服务配套的财税政策，包括：适当减免中小企业贷款业务的营业税；建立小企业贷款风险补偿基金；出台和落实有关中小企业不良贷款核销的特殊政策等，降低中小银行开展中小企业金融服务的成本，同时加大定向降准力度，推动中小银行更好地为中小企业服务。

（4）明确中小银行上市融资政策。建议明确中小银行上市政策，对符合条件的大中型城商行、农商行，支持其在主板上市；对于一些百亿元级别、十亿元级别资本的小型银行，比照小企业上市安排，支持在中小板上市。支持中小城商行、农商行上市，利用资本市场补充资本金做大做强，才能更好地支持"三农"企业、中小微企业，激发金融市场竞争活力。同时，完善的外部监督机制，也有利于中小银行完善自身治理架构，防范金融风险的发生。

5.4 完善国债发行与管理体系

2013 年呼吁"重推"[①]

国债管理体制在我国金融体制中至关重要，其制度安排主要涉及国债规模管理、国债发行方式管理及国债流通管理。从我国国债管理实践看，国债发行规模逐步扩大，存量规模逐年增加，二级市场交易趋于活跃，一级发行市场和二级交易市场的利率市场化已经实现，国债投资主体不断多元化，市场基础设施不断完善，定价效率明显提高。

然而，相对于海外成熟市场与现实生活的客观要求，我国国债管理体系仍有很大的改进空间和积极改进的必要性。问题与不足主要表现为：缺乏避险工具，国债发行和交易面临的不确定性使投资者参与国债市场的积极性未得到充分发挥；国债一、二级市场定价存在利差，缺乏套利机制；国债招标到上市交易之间的时间间隔较长，承销商面临利率风险；国债收益率曲线的有效性有待进一步提高。国债期货作为国际上成熟、简单和广泛使用的利率衍生产品和风险管理工具，对于提高国债发行效率，降低国债发行成本，助益国债顺利发行，完善国债管理体系，落实财政政策与宏观调控目标，具有重要现实意义。在此，特建议在总结国债期货"327"

---

① 此小节以作者 2013 年全国政协提案——《关于重推国债期货，完善国债发行和管理体系的提案》为基础改写。

事件教训的基础上，尽快重新推出国债期货。这样做的正面效应有：

第一，有利于促进国债发行，助益国家财政政策执行。

财政部采用市场化招投标发行方式已经有较长历史，在一级市场招投标的系统建设、技术支持、招投标方式、参与者成熟程度等方面已经具备较丰富的经验和良好的基础。上市国债期货将进一步促进国债的顺利发行：一是国债期货的价格发现功能可为财政部估算发行成本提供有效依据，从而准确估算发行成本，促进财政预算的精确实施；二是财政部可参考国债期货价格，按需制定投标区间，不致使发行利率定得过低，减少国债拍卖过程中的不确定性，从而保障财政政策顺利实施；三是国债期货为承销商提供了对冲利率风险的工具，使承销商能在招标前通过国债期货市场将持有或尚未持有的多头头寸进行对冲，可以锁定利率风险，提高机构参与承销的积极性。

第二，有利于提高国债现货市场流动性。

国债期货主要通过以下三个方面促进现货市场流动性提高：一是国债期货具有的套期保值与价格发现功能，可增强现货市场对信息反应的灵敏度，为投资者提供更多交易机会；二是国债期货为参与者提供了期现套利的机会，有利于吸引更多的投资者进入债券市场，使市场投资者结构进一步优化，增强债券市场流动性；三是国债期货采用一篮子债券作为交割债券，卖方可能会选择一些流动性欠佳的旧券进行实物交割，从而增加旧券流动性。以美国为例，推出国债期货后，国债期货的成交量与现货市场的成交量呈现正相关关系。此外，在美国长期国债期货刚上市时，新发行国债的买卖价差是 1/4 点，发行时间较久的国债的买卖价差约为 1/2 个点，或者更宽，但国债期货开始交易两三年后国债的买卖价差就降到了 1/32 点，比之前缩窄了 8 倍，新券和旧券的收益率也更为贴近，说明国债期货有效增强了国债现货市场的流动性。

第三，有助于完善基准利率体系。

根据成熟市场的经验，完整利率体系的形成需要有五个市场的互动与制衡，即债券现货市场、期货市场、回购市场、远期利率协议市场与利率互换市场，而且完善的利率体系应包括短、中、长端利率和远期利率。推出国债期货可以提高中长端和远期利率的发现效率，有利于基准利率体系的完善：一是保证金交易提高市场参与者多样化程度，使得市场价格反映了各类投资者的预期，更加具有代表性；二是做空机制使价格反映的信息更加充分，因为开展国债期货交易，实际上是将卖空机制引入债券市场，从根本上给市场带来了新的定价方式；三是集中撮合竞价制度可以形成一个市场交易各方都接受的公开透明的国债期货价格，同时连续竞价交易下形成的利率价格是连续的，更加有利于基准收益率曲线的构建；四是构造收益率曲线需要预期利率的未来走向，而与场外衍生品工具相比，国债期货市场所形成的远期价格更加公允准确。

此外，近年来我国积极推动国债管理体制改革，我国国债管理体制在发行和交易管理的运作中日益市场化，国债规模不断扩大，国债交易日益活跃，这些措施在促进我国债券市场发展的同时进一步夯实了上市国债期货稳健运行的基础，降低了市场运行风险。

总之，国债期货交易带来的国债发行效率的改善，不仅将促进债券一级市场的发展，提高债券融资占全社会融资总额的比重，更好地服务实体经济，而且对于降低国债发行成本、完善国债管理体制、促进财政在"扩内需、稳增长、调结构、促民生"中发挥更大作用，同时对优化我国宏观调控机制具有重要现实意义。需要强调指出，已有大量研究表明，国债期货"327"事件是由于当时国债现货市场条件不成熟、国债期货合约设计不合理、市场监管不足和风险管理滞后而导致的风险事件。当前我国金融市场的整体环境已发生了重大变化，导致"327"事件发生的因素已不复存在，重推国债期货有把握不重蹈"327"事件的覆辙，因为目前的债券市场基础、期货市场风险管理制度、市场监管制度框架已经能够有效防范国债期货"327"风险事件重演。建议有关部门在控制风险前提下，尽快重推国债期货。

2014 年建议"健全"[①]

党的十八届三中全会通过的《中共中央关于全面深化改革若干重大问题的决定》提出，"加快推进利率市场化，健全反映市场供求关系的国债收益率曲线"。决策层将健全国债收益率曲线纳入了国家全面改革的核心发展战略，具有重大指导意义。国债收益率曲线反映无风险资产的利率水平和市场状况，不仅能为金融体系提供基础性的市场化定价参考，而且可以成为经济和金融运行状况指示器。健全反映市场供求关系的国债收益率曲线，是利率市场化背景下资本市场实现准确定价的重要基础，对发挥我国金融的国际影响力也具有重要战略意义和现实迫切性。

目前我国已经初步建立了国债收益率的生成体系，中央国债登记结算有限责任公司编制的国债收益率曲线至今已有近二十年历史，这套指标体系已普遍应用于债券市场的中台风控计量、后台会计记账、前台定价谈判和预测、证券基金的跟踪标的和投资业绩的比较基准，是当前市场认可度最高的国债收益率体系。但由于面临债券市场流动性不足、场外报价及成交信息透明度较差等现实问题，目前的国债收益率曲线仍不能很好反映市场供求关系的真实信号，尚难以充分满足"市场形成、权威公开、基准收益、相对稳定"的要求。针对我国国债收益率体系存在的不足，可尝试通

---

① 此小节以作者 2014 年全国政协提案——《健全国债收益率曲线，完善国债期货产品体系的提案》为基础改写。

过完善国债期货产品体系逐步解决。因为国债期货为国债现货提供了风险对冲机制，在债券市场出现波动时，通过对冲机制一定程度上能对价格形成支撑，使利率走势更加稳健，保证了基准利率体系的稳定性，从而有利于夯实整个金融体系资产的定价基础。现特提出以下建议：

第一，继续以5年期国债期货产品夯实对应期限的国债收益率曲线。国债期货投资者的套利、套保交易增加了市场对现货交易的需求，能够盘活国债现货市场的存量债券，从而提高国债市场的流动性和定价效率，进而使收益率曲线的形成更为准确。我国推出5年期国债期货之后，对应的4—7年期国债日均成交量较上市前增长26.5%，7年期国债现货成为市场中最活跃的券种，成交更活跃、报价更连续，7年期国债的主要券种（13附息国债15）日均成交金额较上市前增长23%，买卖价差由上市前的4－5BP降至1BP，最低达到0.25BP。国债期货市场采用场内竞价机制，参与者结构更多元化，匿名、集中、连续交易保证了价格由市场形成，并且相对透明和公正，在一定程度上弥补了场外交易产生的价格公信力不足问题，提升了基准利率体系的权威性与公开性。今后应进一步总结经验，更好地发挥5年期国债期货产品的作用。

第二，为健全期限完整的国债收益率曲线，需尽快推出各期限国债期货品种。美国国债期货市场已经推出了2年期、3年期、5年期、10年期、长期、超长期等各期限国债期货合约。在成熟的国债期货产品体系之下，美国国债收益率曲线对市场供求关系反映良好，与宏观经济运行情况高度相关，金融产品的基准定价作用得到了有效发挥。推出各期限的国债期货品种，是国际市场的普遍经验和健全收益率曲线的重要条件。目前我国整个国债期货产品体系仅有5年期国债期货一个产品，难以满足投资者多元化的利率风险管理和交易需求，无法完全覆盖收益率曲线上对应的各期限国债。构建完善的国债期货产品体系，一方面能健全整条期限完整的国债收益率曲线，另一方面也将有助于投资者实施跨产品的套利策略，通过增强不同期限国债期货产品之间的联动关系，使收益率曲线上各期限价格关系更为紧密。

总之，推出各期限的国债期货品种，将在更大程度上熨平利率波动，保证收益率体系的相对稳定。因此，在我国加快推进利率市场化进程中，为健全反映市场供求关系的国债收益率曲线，建议在目前已推出的5年期国债期货的基础上，推出1年期、2年期、10年期等短期及长期国债期货品种，进一步完善国债期货产品体系。

2015 年建议抓产品体系细化[①]

国债期货属于国际上历史悠久、运作成熟的金融衍生产品，在我国改革开放中推进利率市场化改革并于宏观调控中维护金融市场稳定性方面发挥了不可替代的作用。国务院《关于进一步促进资本市场健康发展的若干意见》（国发〔2014〕17号）明确提出，"逐步发展国债期货，进一步健全反映市场供求关系的国债收益率曲线"。在这一背景下，我国的国债期货迎来难得的发展机遇期，今后亟应加快创新步伐，丰富国债期货产品体系，更好地服务市场和实体经济。

（一）5年期国债期货市场功能初步显现

2013年9月6日，国债期货时隔18年后回归资本市场，是我国多层次资本市场建设的重要标志。该期货品种上市一年多实现平稳运行，进入2014年，市场参与度和交易热情不断提高，日均交易量从初期的3000手左右上升至1万手左右，日均持仓量从1万手左右上升至近2万手左右，

---

① 此小节以作者2015年全国政协提案——《关于推出短期国债期货，健全国债期货产品体系的提案》为基础改写。

同时，市场功能逐步体现，获得有关各方高度评价。

一是具备较好的价格发现功能。国债期货反映了市场对未来利率水平的预期，通过期现套利机制，对现货市场价格进行再发现、再定价、再校正，提高了现货市场定价效率。

二是提升了国债现货市场流动性。5 年期国债期货上市已使市场机构对相关的国债现货交易热情大幅增加，国债现货的买卖价差大幅减小，流动性显著提升。

三是丰富了证券公司等机构的利率风险管理手段。近年来国债收益率波动幅度有所扩大，部分证券公司利用国债期货管理债券组合的系统性风险，取得了较好效果。

四是加快了金融机构产品和业务创新。国债期货丰富了金融机构的交易工具与策略，提升了金融机构的资产管理效率，有力地促进了各类型业务合作和产品创新，增强了服务实体经济的能力。

（二）我国国债期货产品体系有待健全

从国际经验看，美国、欧洲、日本等主要发达国家和地区，均已推出以长、中、短期限国债期货为基础的产品体系，以满足市场对不同期限的利率风险管理需求。在我国则存在明显差距，加快建立完整的国债期货产品体系具有重要的现实意义。

一是有助于形成合理的收益率曲线。5 年期国债期货提高了对应期限的国债现货交易，改善了收益率曲线在 5 年期的期限点附近的定价效率。但是，从收益率曲线构建来看，"一点不成线、二点成直线，三点成曲线"，因此，推出其他期限的国债期货产品，建立涵盖长、中、短期限的国债期货产品体系，有助于构建一条市场公认、期限完整的基准收益率曲线。

二是满足市场的多元化利率风险管理需求。由于市场对各期限资金和利率产品的需求偏好存在差异，因此，各期限利率的走势和波动不同。我国已上市的 5 年期国债期货，仅主要满足了市场对中期利率风险的管理需求，而长期和短期利率仍然缺少相应的国债期货产品以避险，不利于国债期货市场风险管理功能的有效发挥。

三是有利于完善金融机构创新机制，增强其服务实体经济的能力。国债期货多样化丰富了市场交易策略，促进金融机构丰富产品线，其场内交易的零售特性有利于提升金融机构服务个人客户能力，有助于金融机构培养债券投资客户群，增强对实体经济的服务能力。

四是为境外投资者提供风险管理工具，推进人民币国际化进程。随着人民币国际化，外国投资者持有的人民币资产将不断上升，而我国国债将成为最主要的投资产品。具有多样性的国债期货将为境外投资者提供利率风险管理工具，增强其持债信心，进一步推动人民币国际化。

2016 年建议放开参与主体[①]

商业银行是我国国债现货市场参与主体，资产负债规模庞大，在利率市场化条件下面临前所未有的利率风险管理压力，迫切需要避险工具。国债期货是国际上商业银行广泛使用的利率风险管理工具，商业银行参与国债期货市场，既有助于政府管理部门有效管理国债市场风险，又有利于银行自身增强资产负债管理能力，促进金融和经济稳定运行。目前我国国债期货市场运行平稳，产品体系不断丰富，市场规模稳步扩大，各项风控措施完备有效，商业银行开展国债期货业务的各方面条件已经具备。应尽快制定并出台商业银行开展国债期货业务政策，以国债承销团和做市商银行

---

① 此小节以作者 2016 年全国政协提案——《关于尽快放行商业银行参与国债期货交易的建议》为基础改写。

为切入点，放行商业银行参与国债期货交易。

（一）商业银行面临前所未有的利率风险管理压力

从成熟市场经验来看，在20世纪70—80年代美国利率市场化进程中，大量银行因利润缩水而倒闭，利率风险管理手段缺失是重要原因。随着我国存款利率上限管制取消，利率波动幅度明显加大，商业银行利率风险管理压力凸显。

一是国债市值波动风险加剧。为满足流动性管理和投资需求，以及国债承销、做市业务需要，2015年末商业银行持有国债规模达到6.38万亿元，市场占比为70%，国债收益率的小幅变化，都将引起国债市值的大幅波动；在承销环节，由于缺少对冲工具，商业银行投标风险增大，投标积极性有所下降，部分商业银行因此退出国债承销团；在做市环节，只能被动承受存货头寸的利率风险，做市意愿明显不足。

二是利率敏感资产负债重定价风险加剧。我国商业银行利率敏感性资产和负债总额巨大，借短贷长的经营特性决定了利率上行时，利率敏感负债成本大幅上升，从而降低了商业银行经营利润和所有者权益。

三是银行转型发展压力增强。大力发展以理财业务为主体的资产管理业务是商业银行实现综合化经营的重要方向。理财产品资金来源与运用对利率波动高度敏感，利率频繁波动和利率需求弹性增强，加大了银行业理财产品管理难度，突出表现为利率市场化与"资产荒"双重约束下，理财产品收益与成本不断收窄，甚至有可能出现倒挂，存在不可忽视的风险隐患。

（二）商业银行参与国债期货交易意义重大

国际成熟市场经验表明，商业银行是国债期货市场最主要的参与主体，应利用其管理国债市场波动风险、对冲利率敏感资产负债利率风险、进行资产管理业务创新。现阶段，我国商业银行参与国债期货有助于增强其经营稳健性，加快转型发展，促进国债发行，稳定债券市场供求关系，推动实体经济发展。商业银行参与国债期货交易的意义具体有三个方面：

一是管理国债业务风险。在国债承销环节，可利用国债期货锁定国债承销风险，促进国债发行，降低国债发行成本；在交易环节，可利用国债期货对冲现货市场波动风险，避免极端情况下大规模抛售现货，防范流动性风险与利率风险交叉传染；在做市环节，可利用国债期货对冲存货风险，避免出现单边行情，稳定债券市场供求关系。

二是管理利率敏感资产负债重定价风险。商业银行运用国债期货管理利率敏感性资产负债的风险敞口，可以增强净利息收入稳定性，降低资金风险溢价，从而降低全社会特别是中小企业的融资成本，推动实体经济发展。

三是促进商业银行转型发展。商业银行可借助国债期货为理财产品保值增值，提高理财产品发行、清算效率，提升资产管理效率，为广大客户提供更加安全、更加多样化的产品，促进商业银行转型发展。

（三）商业银行参与国债期货交易时机成熟、条件具备

当前，我国国债期货运行和市场监管均好，商业银行参与利率衍生品交易的经验已十分丰富，完全具备参与国债期货交易的能力，入市时机已成熟。

一是国债期货市场运行平稳，具备商业银行入市的承载能力。我国已经成功上市 5 年期和 10 年期国债期货，市场运行平稳，运行效率不断改善。证券公司、基金公司、私募机构、期货公司等各类金融机构参与广泛，为商业银行入市奠定了基础。

二是商业银行利率衍生品交易经验丰富，具备参与国债期货的能力。从成熟市场经验来看，利率互换、国债期货是商业银行最主要的利率风险管理工具，二者优势互补，共同构建商业银行利率风险防护网。我国利率互换平稳运行多年，商业银行积累了丰富的利率衍生品交易和风险管理经

验。同时，商业银行制度建设趋于完善，内控体系更加严格，前中后台制约机制强，为参与国债期货交易奠定了基础。

三是监管制度日益完善，监管部门的监管能力与商业银行的衍生品业务相适应。在一线监管方面，交易所制定了保证金、涨跌停板、持仓限额、大户持仓报告、强行平仓、强制减仓等风险管理制度，能够有效保障市场平稳运行。在行政监管方面，我国出台了银行业金融机构衍生产品交易业务管理办法，建立了完善的期货监管制度，市场监管有效，基本上具备不发生系统性风险的能力。

2017 年建议推出国债期权①

债券市场是多层次资本市场体系的重要组成部分，在支持国民经济与社会发展中发挥着不可替代的作用。随着利率市场化改革的不断深化和利率形成机制的逐渐完善，利率敏感性进一步提高，在此背景下，2016 年，受金融去杠杆和系列风险事件的影响，债券市场经历了较大幅度波动，化解债券市场风险成为资本市场建设的重要任务。2016 年 12 月，中央经济工作会议提出"要把防控金融风险放到更加重要的位置"。为此，上市国债期权产品是丰富债券市场风险管理体系、提升债券市场稳健性、改进宏观审慎管理效率以及完善债券市场收益率曲线的重要举措。

（一）上市国债期权可丰富债券市场避险工具

2016 年下半年，债券市场波动加剧，市场各方对风险管理需求进一步提高。11 月起，债券价格指数开始下跌，这期间，国债期货充分发挥了利率风险对冲功能。在此背景下，市场各方亟须进一步推出具有保险功

---

① 此小节以作者 2017 年全国政协提案——《关于上市国债期权助力多层次资本市场建设的提案》为基础改写。

能的风险管理工具。从全球范围看，主要期货市场的大部分期货品种都有配套的期权交易，两者互相补充，以满足市场的多元化风险管理需求。我国已推出国债期货产品，进一步上市国债期权：一是有助于进一步完善我国债券市场风险管理体系，市场在规避利率风险的同时，也不放弃改善业绩的机会，"保险"功能更加明显，类似房屋的火灾保险可以避免由于火灾导致的巨额损失；二是其独特的资产保险功能对于维护债券市场稳定可发挥重要作用，在市场出现剧烈波动期间，国债期权的买方通过支付权利金可以化解市场下行和踏空的风险，避免债券仓位调整造成市场波动进一步加剧。

（二）上市国债期权可提升债券市场宏观审慎管理效率

基于国债期权价格编制的波动率指数，可以及时、准确地衡量债券市场压力水平和反映投资者情绪状况，在帮助决策当局判断宏观走势并制定相应政策方面发挥着不可或缺的作用。2008 年全球金融危机以来，国际金融改革强调加强宏观审慎分析，美国财政部、欧洲央行等全球主要金融监管机构均构建了宏观审慎监管指标体系，并将利率期权价格编制的波动率指数作为重点关注指标纳入其中，用于对市场情绪的日常监控。在我国，推出国债期权并编制波动率指数，可以准确及时反映债券市场波动情绪压力，为我国宏观决策和市场监管部门提供参考指标，对于提高宏观决策调控的前瞻性和有效性具有重要意义。

（三）上市国债期权有助于提高债券市场定价效率，推动债券市场收益率曲线建设

党的十八届三中全会明确要求"加快推进利率市场化，健全反映市场供求关系的国债收益率曲线"，理解并落实好这一任务要求是当前金融改革的重点。国债交易价格的精确性、真实性和公允性是健全收益率曲线的关键。国债期权产品通过场内集中交易，能够准确反映市场预期，形成全

国性、市场化的价格。第一，从海外经验看，国债期权市场的投资者结构较现货市场更加多元，价格对市场信息的反映更充分。第二，国债期权采用公开竞价交易机制，价格形成更加准确、透明，更具有真实性和权威性。第三，清算环节引入中央对手方，采用集中清算机制，风险防范能力更强，市场参与意愿更高。所以，发展国债期权是对现有国债价格形成机制的提升和促进，有助于改善债券市场定价效率，准确反映市场预期，从而完善我国基准利率曲线，为金融资产定价提供坚实依据。

（四）现阶段我国上市国债期权条件已成熟

当前，我国上市国债期权的各方面条件已经具备，推出国债期权的时机已经成熟。一是国债现货市场规模和流动性水平不断提高，为利率衍生品创新提供了现货基础。截至 2016 年底，我国记账式国债余额 10.78 万亿元，当年成交 12.35 万亿元，换手率 1.15，市场存量和流动性水平足以支持国债期权的稳健发展。二是国债期货市场平稳运行，市场规模稳步提高，具备了上市国债期权的条件。我国自 2013 年以来，陆续上市了 5 年期和 10 年期国债期货，其间市场运行平稳，投资者交易理性，持仓规模稳步提升，市场功能逐步发挥。根据 2015 年国际期权市场协会的统计，5 年期和 10 年期国债期货交易规模居全球利率衍生品排名前 30 位。尽早上市国债期权，将进一步完善债券市场风险管理体系。三是我国场外利率衍生品市场已取得良好发展，国债期权作为场内标准化、集中清算、透明度高的衍生产品，信用风险低，立法、监管环境更加严格，上市国债期权必能实现平稳起步、稳健运行。

综上所述，特建议有关部门及时决策，推出我国国债期权上市政策。

第6章 劳动力、技术与数据相关问题

6.1 积极应对人口老龄化①

目前，中国社会未富先老，且将较快进入超老龄社会。据预测，未来的基本养老保障和整个养老保障体系年度的资金支付高峰期，将于2030年左右到来。与中国养老保障体系运行可持续性相关的制度建设，一直为我国决策层高度重视，明确要求不断充实全国层面的社保基金理事会管理的战略储备资金。但是，如何建成能够常态化运行、覆盖全体社会成员的"三支柱"养老保障体系，还在进一步的探讨和渐进实施过程中。

中国养老保障体系运行中可持续性的制度建设，应该是逐渐趋向于全社会一体化的养老保障体系。在中国过去城乡分治的情况之下，城市和农村相互独立，现在虽不可能短期内使农村的支付标准跟城市完全一致，但至少在概念与取向上，已开始进行城乡一体化的努力。

---

① 本节内容源自：贾康. 关于中国养老保障体系的制度建设框架和当下的现实问题 [J]. 北方经济，2019（05）：24 - 26。

中国"三支柱"养老保障相关制度现状与制约条件

养老"三支柱"模式，目前是国际上普遍采用的也是我国正在采用的养老金制度模式，即由作为第一支柱的法律强制的公共养老金即基本养老金、作为第二支柱的企业个人共同缴费的职业养老金计划（企业年金与职业年金）和作为第三支柱的个人养老储蓄计划（商业性养老保险）共同组成养老保障体系。三大支柱中，第一支柱是基础保障，第二、三支柱用于进一步提升养老期的生活品质。

（一）第一支柱碎片化，亟待实现全国统筹

目前，我国养老保障第一支柱，即基本养老金的统筹已形成了带有互济功能的"蓄水池"功能，但其存在状态是碎片化的，一直未形成全国系统，最高只做到了省级统筹，甚至还有为数不少的只做到了市县级统筹的"小蓄水池"。具体实践中，全国统筹的改革目标十余年前就已写入了国家经济和社会发展的五年规划，但却一直未能实现。[①] 我们亟应在制度设计和推进改革中，把"蓄水池"提升到与全国统一市场相匹配的全国统筹状态，进而以"蓄水池"内在互济功能的提高，发挥第一支柱应有的作用。

（二）第二支柱比重尚微弱、作用边缘化

企业年金、职业年金是养老"三支柱"中的第二支柱。在中国整个养老保障体系中，其现在所占的比重还很小，所起的支撑作用也相当边缘化，而个人所得税"递延缴纳"试点的步子也不够大。因为企业年金、职业年金原则上带有自愿性质，生产经营成果在其财务表现上比较好的企业、机构及其员工，会愿意更多地按照自愿原则，形成比较有力度的企业年金与职业年金的认缴给付机制。但同时，我们必须注意到，我国正处于

---

① 最新动态是，从 2022 年 1 月起，实施企业职工基本养老保险全国统筹。

深化改革过程中，还没有很好解决一个问题：企业机构财务上的指标好坏，是不是都是在公平竞争环境下通过自身努力形成的？在不少情况下，答案还是否定的，因为会有特殊的一些垄断因素、非公平竞争因素产生影响。所以，我国有关部门在推进企业年金制度建设方面，还是比较谨慎的。以配套改革促进企业间的公平竞争，并加快推进与收入分配相关的改革，使之更为公平，对于促进第二支柱的发展有很重要的影响。

（三）多数社会成员缺乏条件参与第三支柱

以个人商业性养老保险为主的个人养老储蓄计划是"三支柱"养老保险体系中的第三支柱。我国政府有关部门的指导方针是要加紧制定和出台对个人养老金计划给予税收优惠或者政府补贴的政策。同时，在制度设计中要体现公益性和开放性的原则，让金融行业各主体都能公平参与第三支柱领域的相关业务。但是，我们要注意到，目前中国有意愿购买商业性养老保险的社会群体，大多是先富起来的阶层，在他们的金融意识、保险意识上升以后，他们有能力去购买。但在中国，大量的社会成员还是中低收入阶层，他们大都还是有心无力，尚不能够按照现在的收入条件积极参与第三支柱。

加快改革进程，推动基本养老金实现全国统筹

总体上讲，对"三支柱"养老保障体系建设，我们要进一步凝聚共识，针对性地解决一些可能产生阻碍因素的问题，降低摩擦系数，积极推进其建设发展，以适应经济社会发展中对于养老保障体系的客观需要。比如与第一支柱制度建设相关的基本养老金提高统筹层级，是一个颇具代表性的现实问题，值得抓住此类问题重点突破。

（一）基本养老金统筹"蓄水池"功能面临的结构性矛盾

目前，我国基本养老金统筹这个"大蓄水池"的功能作用尚未充分发挥，现实中有些地区面临着突出的结构性矛盾。比如东北、辽宁等老工业基地，基本养老的支出早已经入不敷出，需要中央政府强力介入，做各种各样的特殊调节，给予特殊支援，才能让那里应该享受养老待遇的老工人、退休人员，能够按照标准得到满足基本生活的养老金。但在另外一些地方，最典型的是珠三角，如广东、深圳、蛇口等地，劳动人员的年龄结构相对年轻化，基本养老金大量滚存结余在当地的统筹"蓄水池"里，使水位越涨越高。在满足每个当期的当地支付需要之后，多出来这部分，广东等地干脆把这些钱一笔划到全国社会保障基金理事会，由他们代行安全投资——这个安全投资的滚存结余部分和增值部分，当然在所有权上仍然属于广东的统筹主体，其中一分钱也不能调到其他资金短缺的地方如东北去解燃眉之急，这就是我们的基本现实。

总体来说，目前所谓统筹的基本养老"蓄水池"机制，在全国看来叫作"持米叫饥"，即整个系统看着它的存量——滚存结余合计下来越滚越大、规模越抬越高。通俗点说，看似有很多的富余米可以供饥饿的人吃，但是，碎片化地分散在大大小小至少几十个地方的资金，是无法跨地区调用的，困难的地方常常苦于对付饥饿威胁。

（二）缴费制度缺陷造成基本养老金全国统筹推行受阻

从原理上来说，中国的社会主义市场经济是统一市场的经济，统一市场中最好的要素供给机制之一，应该是使劳动力无壁垒自由流动，与之相关联的最好的基本养老待遇，应该是全社会一致的。其中的道理，颇相仿于个人所得税不能在各地设立不同的"起征点"标准，因为这是违背人力资本作为生产要素自由流动应该尽量减少壁垒与摩擦这一内在要求的。基本养老缴费之所以形成目前的各个地方自己统筹、不能在全国统筹的一个重要因素，就是我们一开始执行的基本养老缴费制度，各个地方允许有一定的差异，形成了直观的"不同利益主体"，并在各个地方先后由相关管理部门建立机构、配置人员，这就在全国形成了不同的机构体系，进而带来既得利益问题，以至于造成"说了十几年却始终不能够突破省或省以下统筹局限"的实际情况。

（三）亟应以改革意识助推实现全国统筹

当下，亟应明确两条：第一，各地缴费水平高低不同，在一旦形成全国统筹的"大蓄水池"之后，所有养老金受益人依规则到时"取水"（领养老金）的标准，完全可以依数据库的技术支持分段计算（就像前些年已实行的"农民工"改变工作地时的分段计算一样），而新阶段的全国统一缴费标准，则马上会产生减少劳动力流动摩擦因素的正面效应，更何况会带来"蓄水池"功能大幅提高、缴费标准可随之适当降低（养老待遇却不必降低）的极大好处。第二，随着 2018 年我国个人所得税改革的推进，中央已下决心将所有基本养老的缴费统归税务部门管理，也一定会解决原有部门或机构人员的安置、分流问题，原来的既得利益阻碍因素将得以消除，今后面临的是"只有人受益而无人受损"的帕累托改进。

当下，亟应以改革意识助推，乘势做到全国统筹。蓄水池的功能提高了，随之就可以降低缴费标准，也就回应了市场主体——广大企业关于降低负担的诉求，并会让一大批按原标准缴费不足的企业得以解脱，从而改变中央调剂金目前只有 3%～3.5%，只能发挥有限的调节作用的局面。我们应乘势抓住这个可以实现"帕累托改进"的新契机，在"只有人受益而无人受损"的情况下，把基本养老保障制度建设中的统筹机制这关键一环，争取向上提升到应有的水平。

（四）创新基本养老制度建设，提高供给体系质量和效率

若想充分发挥基本养老金"大蓄水池"的功能，化解以上社会矛盾，应该考虑把统筹的层级提高到全国统筹，把"水"（资金）"归大堆"，调剂使用。

那么，这样一个全国统筹，会不会动了广东等地方的"奶酪"呢？其实，不可能出现所谓局部利益受损的情况。比如，在提高统筹层级之后，让广东生成的部分收入去解东北的燃眉之急，实际上并不会损害广东的利益。广东所有缴费者所缴的基本养老资金，一分钱也不会增加，一分钱也不会减少——所有在广东应该享受养老待遇的受益者，到了退休的时候，该得到的待遇标准是法定的。同时，只是会使大家一起在"蓄水池"里先后取水用，实现"共济"功能的放大。这个统筹机制解决的都是在保证所有人的缴费标准和受益水平按照法定规则不变和可以兑现的情况之下，整个系统的绩效得到提高。"蓄水池"越大，功能和绩效越能合乎意愿地提高，标准的缴费率就可以相应降低，这就是提高统筹层次给我们带来的红利，全国的缴费人员一起都会受益。

　　总而言之，推进供给侧结构性改革，体现在基本养老制度建设方面就是，我们一定要不失时机地通过制度创新，形成合理化的有效制度供给，形成整个供给体系质量和效率的提高。

6.2　企业家精神——激活实体企业需重视"关键少数"①

　　2017年9月，中共中央、国务院发布《关于营造企业家健康成长环境 弘扬优秀企业家精神更好发挥企业家作用的意见》（以下简称《意见》）。这是官方第一次以"中共中央、国务院"联合发文来强调企业家作用，点赞与弘扬"企业家精神"。随后，有新华社撰文"让企业家在复兴伟业中发挥更大作用"，各方对此好评如潮、反响热烈。可见，我国企业界有望迎来前所未有的一轮企业家的"春天"。

---

　　① 本节内容源自：贾康，程瑜. 养护与弘扬企业家精神［J］. 中国经济报告，2017（11）：72-75。

企业家精神溯源与弘扬

企业家一词的英文为"entrepreneur"，其原意是指"冒险事业的经营者或组织者"。当经济学界最初使用"企业家"这个术语时，并没有专指某一类企业的管理人，而是泛指有创新、创业精神的从事企业经营活动的能人。按美国经济学家熊彼特的说法，企业家就是开拓者、创新者，特别是指那些把科学技术发明引入经济生活之中、把经济推向前进的人。其实，一般的企业经理并不能称为企业家，只有那些敢于创新、勇于坚守、心系社会、业绩卓著的企业领导者，才能称得上是企业家。"企业家精神"则是企业家特殊技能（包括心智、才华和技能）的集合。或者说，"企业家精神"是指企业家在市场经济激烈竞争环境中组织建立和经营管理企业的综合才能的表述方式，它是一种重要而特殊的无形生产要素，十分稀缺，非常宝贵。

熊彼特关于企业家是从事"创造性破坏"（creative destruction）的创新者观点，凸显了企业家精神的实质和特征。彼得·德鲁克承继并发扬了熊彼特的观点，强调企业家精神中最主要的是创新。坎迪隆和奈特两位经济学家，将企业家精神与风险或不确定性联系在一起，认为"没有甘冒风险和承担风险的魄力，就不可能成为企业家"。艾伯特·赫希曼则认为"企业家在重大决策中实行集体行为而非个人行为"。马克斯·韦伯认为，"这种需要人们不停地工作的事业，成为他们生活中不可或缺的组成部分。一个人是为了他的事业才生存，而不是为了他的生存才经营事业"。弗利曼指出："企业家只有一个责任，就是在符合游戏规则下，运用生产资源从事利润的活动。亦即须从事公开和自由的竞争，不能有欺瞒和诈欺。"以上学者所言基本概括了企业家精神的实质，即创新、冒险、合作、敬业、诚信。

我国古代长期实行重农抑商的政策，商人常常为自己的财产甚至人身安全担忧，加之政权多变带来社会的动荡与经济的破坏，严重压抑了企业家的行动力和创造力，久而久之便有了"富不过三代"的说法。20世纪中叶我国处在计划经济时期，由于制度本身否定个人和企业的自主性，企业家的作用和创新活动仍受到压抑。改革开放以后，随着市场经济体制的建立，企业家精神开始受到重视，得以发扬。大批"冒险家""弄潮儿"不断涌现，在市场初创的混沌之中，他们把握正确方向，在竞争激流中顽强生存、勇敢创新，经受重重艰难险阻的考验，带领一批又一批企业发展壮大。

然而，也必须看到，我国社会主义市场经济体制还有待完善，在产权平等并全面依法加以保护、构建统一市场开展公平竞争等方面，距离法治、透明、公平正义的要求还有差距，一些官员和企业领导存在诚信缺失和破坏"亲""清"新型政商关系的违法乱纪行为，加之企业面对的市场需求结构、生产条件、资源环境也在发生很大变化，部分企业领导的实业精神和创新创业意愿减弱，企业家精神亦有所失落，或受到了不利条件的钳制与压抑。所有这些，既制约企业转型升级，又不利于整个国民经济的创新驱动发展，亟须针对这些突出问题，兼顾短期、有效的治标之策和中长期带有治本意义的制度建设，回应企业家关切，引导企业家预期，规范企业家行为，激励企业家创新。一句话，需要进一步激励与弘扬企业家精神。

保护与弘扬企业家精神的重大现实意义

党的十八大以来，习近平总书记多次提出要尊重企业家、爱护企业家，对企业家寄予了殷切的希望，要求不断完善向企业家提供的制度环境。2014年11月，习近平主席在亚太经合组织（APEC）工商领导人峰会开幕式上的演讲指出："我们全面深化改革，就是要激发市场蕴藏的活力。市场活力来自于人，特别是来自于企业家，来自于企业家精神。"①
2016 年中央经济工作会议上，总书记强调，要着力营造法治、透明、公平的体制政策环境和社会舆论环境，保护企业家精神，支持企业家专心创新创业。② 2017 年，李克强总理在全国两会的政府工作报告中提出，要"激发和保护企业家精神，使企业家安心经营、放心投资"。③ 2017 年 9 月，中共中央、国务院发布《意见》，抓住企业家精神这个中国经济驱动转型的重要关键因素，明确了激发和保护企业家精神的总体要求和主要任务。针对企业家尤其是民营企业家关心的政商关系、产权、公平竞争、资源分配、舆论导向等核心问题，国有企业家关心的创新容错等问题，《意见》均给出了明确的指导意见。可以说，《意见》的出台，结合了目标导向和问题导向，恰逢其时，意味深长，对保护与弘扬企业家精神，具有重大的现实意义。

第一，这是促进经济平稳健康升级发展的内在要求。当前我国经济已由高速增长阶段转向高质量发展阶段，与其他曾处于该阶段的发展中国家一样，以往支撑经济高速增长的人口红利、环境红利、廉价土地和资本的要素红利，均已出现了支撑力的下滑，很可能带来经济发展与升级的瓶颈。面对当前阶段经济增长内生动力不足的局面，除了应保持有形资源要素的投入外，更需要激发企业家精神这种十分稀缺而潜力巨大的无形资源要素，提升创新的活力与动能，提高要素资源配置的总体效率，开创提高全要素生产率、引领新常态的新局面。

第二，这是推进与深化供给侧结构性改革的重要支撑。当前，世界经

---

① 张汉飞. 激发和保护企业家精神［N］. 人民日报, 2017 – 03 – 09.

② 习近平总书记在 2016 年中央经济工作会议上的讲话, 新华网, 2016 – 12 – 16.

③ 2017 年 3 月 5 日李克强总理在第十二届全国人民代表大会第五次会议上所作的政府工作报告, 新华社, 2017 – 03 – 16.

济正经历深度调整，中国也进入全面建设社会主义现代化国家的新发展阶段。为此，要把创新驱动作为第一动力，把推进供给侧结构性改革作为经济发展的主线。供给侧结构性改革，正需要企业家们充分弘扬企业家精神发挥创新能力，焕发企业活力，进而激活整个经济。亟须激励企业家们面对不确定性与种种风险，勇于担当、敢于开拓，善于识别和捕捉市场机会，在供给侧高效组织配置资源要素，在创新中努力提供适应市场需求变化的产品和服务，经受优胜劣汰的考验，从而以有效供给优化结构，从根本上解决供需矛盾。

第三，这是消除旧体制束缚与惰性、实施创新发展战略的重要举措。中国已进入改革的深水区，尚未得到根本清除的旧体制惯性与弊端，对创新发展有种种阻碍与妨害。而企业家是创新活动的参与者，更是引领者，通过建立新企业、创造新模式、运用新技术、制造新产品、开拓新市场，在不断提升企业核心竞争力的同时，也推动着全社会新技术、新产业、新业态蓬勃发展，并成为摆脱旧体制束缚、冲破利益固化藩篱、贯彻落实创新发展战略的生力军。

塑造与弘扬企业家精神

当前我国全面深化改革正在向纵深攻坚克难地发展，迫切需要凝聚改革动能，对外开放面临扩展全球合作、推进"一带一路"建设等重大任务，亟待改造提升传统产业、培育发展新兴产业；引领新常态促进经济社会可持续发展，面临着矛盾累积隐患叠加的制约与考验，发展升级急切需要得到企业家独特而宝贵的贡献。企业家作为现代市场经济中弥足珍贵的一种特殊要素资源，作为微观经济层面"创新者"群体中的领头者，在创新发展中具有不可或缺的引领作用。近些年来由于在培育企业家成长、激发和保护企业家精神方面的不足，已影响到部分企业家的预期和信心。为此,《意见》旨在给富有创新精神的企业家提供最合适的创业创新条件,着力完善激发和保护企业家精神的法治环境,让优秀的企业家更好地成为改革创新、推动经济增长的重要力量。为贯彻落实《意见》,我们应特别注重以下三大方面合成的"充分必要条件"。

第一,宽容的社会环境是塑造企业家精神的"保护伞"。营造鼓励创新、宽容失败的文化和社会氛围,对企业家合法经营中出现的失误失败给予更多理解、宽容、帮助。《意见》指出,"对国有企业家以增强国有经济活力和竞争力等为目标,在企业发展中大胆探索、锐意改革所出现的失误,只要不属于有令不行、有禁不止、不当谋利、主观故意、独断专行等情形者,要予以容错"。这种包容的社会容错氛围,是使企业家精神生生不息、代代传承的重要条件。为担当者担当、为负责者负责、对干事者撑腰、对试错者理解宽容,这有利于形成崇尚干事、鼓励开拓、支持创新、保护人才的环境,也有利于维护企业家的创新创业热情。在整个经济社会发展过程中,要有允许企业家冒险探索的弹性空间,应营造直面困难勇于担当、推动改革敢于突破的氛围,形成支持改革、鼓励创新、允许试错、宽容失败的环境,这将有利于形成社会性的"保护伞"来最大限度调动企业家的积极性、主动性、创造性。

第二,健全的制度保障是塑造和弘扬企业家精神的"安全阀"。企业的发展、社会经济的进步,必须鼓励企业家创新精神的发挥,而创新作为人的自由思想和独特行为的结果,客观上需要得到制度的关照与保护。一个富有生命力的社会,在制度建设上必须保障公民自由思考的权利和创业选择的自由,而承认与个人利益密切相关的"恒产"也会为个人自由思想和探索提供最大的激励。《意见》把对企业家的财产权保护,当成激发企业家精神、更好发挥企业家作用的固本之道,切实保护企业家的正当财富和合法财产，给予作为财富创造者的企业家以获得感、成就感（而非剥夺感、幻灭感），激励企业家做出更大的贡献。这是依法保护企业家创新权益的重要治本之策。具体而言，这种产权保护，也应积极探索在法律法规框架下以知识产权的市场价值为参照确定损害赔偿标准，完善诉讼证据规则、证据披露以及证据妨碍排除规则。探索建立非诉行政强制执行绿色通道，研究制定商业模式、文化创意等创新成果的知识产权保护办法，同时要及时纠正侵犯企业知识产权的错案冤案。《意见》中这种以法治化基础性制度建设为塑造与弘扬企业家精神提供"安全阀"的权威性指导，将产生深刻、长远和巨大的正面社会效应。

第三，良性的市场公平竞争是弘扬企业家精神的"催化器"。企业的发展离不开公开、公平、公正的市场环境，只有在健康的市场环境中，企业才可以更好营造诚信经营、有序竞争的经营模式。《意见》提出"围绕使市场在资源配置中起决定性作用和更好发挥政府作用，在更大范围、更深层次上深化简政放权、放管结合，优化服务"。对此，一是政府应进一步加大简政放权力度，减少对微观经济的干预，营造各类企业和企业家"权利平等、机会平等、规则平等"的市场环境，废除对非公有制经济各种形式的不合理规定，消除各种隐性壁垒，保证各种所有制经济依法平等使用生产要素、公平参与市场竞争、同等受到法律保护、共同履行社会责任。二是构建"亲""清"新型政商关系，让企业家增强信心、稳定预期。政府官员同企业和企业家之间要公私分明，不能以权谋私或者搞权钱交易；同时又要加强与企业家特别是民营企业家的交流和沟通，在深入推进简政放权的同时，为企业和企业家提供优质、高效、务实的服务，切实帮助企业解决实际困难。三是政府为实体经济减负要与增强企业自身创新能力相结合。企业家作用的更好发挥，内在于企业的创新发展，而过高的成本负担会极大地影响企业在创新领域的投入。一段时间以来，国家已特别强调要下大力气给实体经济减负，李克强总理明确提出要让政府部门过紧日子换企业过好日子，"营改增"中要确保所有行业税负都"只减不增"。① 对于企业而言，主要是降低微观层面的运行成本，不断增强自身的创新能力和盈利能力，提高成本转化率和附加值。对于政府而言，则主要是降低宏观层面的制度成本，通过短期政策措施的出台和长期体制机制的优化，为市场机制的有效运行营造良好的环境，以实现整个国民经济中各行业企业成本的合理化和最优化，提高整个经济社会的运行效率，这种公平竞争的可预期、可维护，将成为企业家精神培育与弘扬的良好催化器。

6.3 技术进步——科研创新基本规律和科研生态的构建②

基于科研的重要性，本小节分析研讨科研创新的几个规律性特点，即科研创新对经济社会发展的革命性作用、科研创新是否成功存在巨大的不确定性、科研创新在共性规律外存在个性规律、科研创新成功的关键是人才，进而提出了合理构建科研生态的五条基本要领。

关于科研创新的基本规律

怎样看待科研创新的基本规律，是一个很宏大的题目，而探讨它的意义是不言自明的。认识相关规律有利于搞好科研，服务社会。我认为，至少可以从科研实践经验中提炼以下几个称得上与科研创新有关的规律性特点。

---

① 江文. 用政府"紧日子"换来企业"好日子"[OL]. 人民网, 2016 – 12 – 02.
② 此节内容源自：贾康. 刍议科研创新的规律与科研生态的构建[J]. 全球化, 2018
(05)：14 – 22、131。

第一，科研创新一旦成功，会对经济社会发展产生重大的推动作用。这涉及认识科学技术本身的意义。恩格斯《在马克思墓前的讲话》中说道："在马克思看来，科学是一种在历史上起推动作用的、革命的力量。"① 这个表述，我的理解是，它与邓小平强调的"科学技术是第一生产力"②，与很多企业家所推崇的"颠覆性创新"，其实是一个意思。

从理论联系实际的视角分析，"科学技术是第一生产力"，它既有马克思主义经典作家学说原理层面的支撑，更有大量反复发生的实际生活现实的印证。从学术上解释，什么叫第一生产力呢？不是在生产力传统的三要素——劳动力、劳动对象、劳动工具上直接加上第四个要素——科技，而是在传统三要素的框架上使科技要素发挥乘数效应与放大效应。西方经济学者提出而被普通接受的全要素生产率和"索洛余值"，是强调比较容易量化的其他要素贡献值以后，多出来的那一块虽然难以量化但它里面一定是科技的作用在主导。③ 这个主导作用是革命性的，是影响整个发展潮流、影响全局的。所以，它是第一位的。经济学上还有个概念，就是科技一旦成为影响社会的推动力量，它就有正外部性。一项科技成果的应用，如果从商业利益的角度来说，需要有一定的专利保护期，这种保护期是有利于以物质利益鼓励创新的，同时它又有限度，一般来说 50 年是最高限度，50 年以后就变成无偿使用，即纯粹的公共产品。而在此之前，虽然有专利的保护期，其实也不能否定它还有外溢性，在为创新者带来收益的同时，也会助推经济和社会生活更好进步，发展得更好，经济更繁荣，也更能够满足人们对美好幸福生活的追求。这是我们首先要对科研创新的重要

---

① 马克思，恩格斯. 马克思恩格斯选集：第三卷［M］. 北京：人民出版社，1995.

② 1988 年 9 月 5 日，邓小平在会见捷克斯洛伐克总统时说："马克思说过，科学技术是生产力，事实证明这话讲得很对。依我看，科学技术是第一生产力。"

③ 彭鹏，贾康. 从新供给视角重新梳理和解读全要素生产率［J］. 财政科学，2016（3）.

性与意义的规律性认识，从而使其成为我们重视科研的学理依据。

第二，从科研创新面对的实际问题来看，面临着巨大的不确定性。科研创新要成功，既需要物质条件的支持，又需要人文环境"润物细无声"式的养护。这种巨大的不确定性可先从基础理论层面说起。前些年我就注意到中国科学界很有成就的一位老科学家所说的一段话：他说他过去在科学界的贡献全世界都承认，是在古地质学领域论证地中海在远古的时候曾经被蒸干，后来重新蓄上了水。这套论证全球的科学界都接受了，但是令我困惑的是这样一个研究成果和现实生活有什么关系？这一个研究成果对人类社会有什么贡献？他接着说，他还问过丁肇中，他这么多年孜孜以求在高能物理学方面追求科研创新（当然丁肇中很有活动能力，他游说各方以后以天文数字的资源，在多少年前就形成了欧洲高能物理粒子加速器的实验中心），曾获得诺贝尔奖，丁肇中这些年努力的研究结论一两句话就可以概括出来，那么这个认识和研究成果对人类社会的作用怎么体现？丁肇中回答说，他不知道。做科研时，最终能不能出来科研成果往往是不确定的，即使取得不错的科研成果，它到底怎么样造福于社会也是不确定的——现在没有人说得清楚丁肇中的发现到底以后会以什么样的形式造福于人类。但是我们已经看到了，当初全球几乎只有 10 人左右能看懂爱因斯坦的能量公式，现在它对人类社会的影响已世所公认，这个相对论在专业上的具体表述，有狭义和广义之分。狭义相对论直接引出了人类社会的核能时代，而多少年以后，广义相对论，原来认为是更虚无缥缈的一种理论探索，现在却跟引力波等天文观察验证连在一起，成为基础理论研究的热点、重点。这种不确定性在实际生活中我们已经感受到了：可能有很多基础理论的发现到现在还默默无闻，还不知道对人类会产生什么样的实际推动作用。

另一个层面，从与互联网创新相关的开发性、应用性成果来看，我们都知道现在的电商已被称为"风口上的猪",没有翅膀也一飞冲天了,这方面科学技术成果的研发应用,在中国本土已经产生了 BAT(百度、阿里、腾讯)三巨头加上京东,但这种"风口上的猪",有成功者也有很多失败者,而且失败者数量比成功者更多。20 世纪 90 年代初期,我知道北京公主坟环岛周围的写字楼里,就有一大批创业的企业人士,努力地在互联网领域寻求创新,但是那种创新的不确定性,表现在那时就流行的一句话:这些公司在烧钱,在比着谁能烧出最后一个成功的创新发明来。我当时去看过,那里有的公司已经租了很大的办公区,是比较标准的一个个的工位,很多员工在里面工作,在那里"烧钱"。当时的互联网领域,领头的企业叫"瀛海威",如今可能很少有人还想得起这个企业的名字了,它的领头人是一位女性企业家,虽然后来瀛海威公司没有多么成功,换句话说,它在创业之路上与阿里巴巴比显然是失败者,但是这位企业带头人在业界现在仍然很受尊重。大量的失败者在马云等成功者后面默默无闻,他们面对的就是这个"不确定性"的失败结果。当然,这需要宽松和善的人文环境,即能够容忍失败,理解失败者。不要只是天天称赞马云这样的成功者,那些在前面试错、开辟道路的失败者如果能够得到比较足够的尊重,处于容忍失败的相关机制中,就有可能从头再来,这对整个社会的意义可能更大,这是应考虑的第二个角度的规律性特征。

第三,科研创新在共性规律之外存在明显的个性规律。科研虽然存在一些共性的规律,但是在不同层面、不同阶段,显然还有明显不同的个性或者特殊的规律性内容。基础理论研究、应用性研究、成果产业化的研发,各个层面上的规律既然是有个性的,就不能一概而论,在打造总体的支持性的科研生态概念之下,常常会有进一步的挑战性任务。现在决策层特别看重的供给体系质量和效率的提高,以及一直在推进的供给侧结构性改革,都是解决制度环境、制度创新为科技创新和管理创新开辟空间的问题。在具体实施中，要形成针对性的（定制化的）内容合成的有效供给体系和机制。在这样一项系统工程任务中，需要充分考虑各种各样的个性规律，以体现在能够匹配的政策体系中。显然，这对原来所讨论的"宏观调控"概念框架来说，简直是令人望而生畏的任务。在宏观调控概念下，过去被人们所推崇的总量型需求管理，是一个很简洁的认识框架：如果经济生活总体而言热度偏高了，要收缩流动性来降温，反之如果经济低迷，那么就要实行刺激政策升温。总量型的调控概括成一句话就是反周期，非常简洁易懂。

现在，强调供给侧结构性改革，光讲需求管理总量调控已经不够了，一系列挑战性的问题已出现。相关结构问题如此复杂，指标不可通约，怎么掌握好促使结构合理化的机制，政府和市场到底怎么样发挥各自的作用，便非常复杂。原来大家都已认同的政府和市场各行其道，井水不犯河水，"让凯撒的归凯撒，上帝的归上帝"，即让政府的归政府，市场的归市场，终于普遍接受了，但现在为什么要让政府和市场主体以伙伴关系实行合作，以从事公共工程、基础设施、产业新城建设和运营、国土连片开发，并作为一个创新重点呢？这在认识上是在螺旋式上升。要在法治化的条件下找到一个可持续的合作伙伴运行机制，提高资源配置效率。这是供给侧制度创新、管理创新、融资模式创新，当然还伴随种种技术创新，合在一起成为特定的系统化的供给体系和机制问题。与此类似，科研创新方面从以政府为主支持的纯基础理论研究，到更多依靠非政府主体的应用性研究，再到直接面对市场的以企业为主的成果产业化研发，要细分的话，还有更多的一些定制化地形成认识与政策设计的必要，这也是一个我们认同的要顺应复杂规律寻求解决方案的挑战性问题。

第四，寻求科研创新成功，关键资源是创新人才，而这种人才的培养需要友好的科研、教育生态。冯小刚导演的电影《天下无贼》里有一句名言，21世纪最宝贵的是什么？是人才。大家现在都认同，真正实现科研创新成功的，是"关键的少数人"，特别是知识价值创造型的领军人才。在成功实现某一领域、某一课题、某一关键技术的突破之前，在相关的讨论场合、科研活动、创新团队中，他们往往是"少数派"，甚至处于相当孤立的状态，不受重视也罢，还可能是遭排斥、受打击的对象。这种最宝贵的"人力资本"，在突破性的科研领域可遇不可求。而且我们也知道，重大科研的突破，它的不确定性主要取决于创新人才，他们的好奇心、灵感和执着，再加上一定的偶然性（就是他们所说的运气），往往就能生成具有突破性的小概率事件。

现在很难设想，还有像爱迪生那样一生可以有上千项专利的创新型人才——当然他的创造主要还是应用层面。到了基础理论层面，一生能有一个突破，那就是伟大的科学家。这样的人才怎么才能得到培育和重视，这是一个非常重要又很现实的问题。中国人不断热议有关"钱学森之问"不就是讲的这个事情吗？真正可领军的可遇不可求的创新型人才，还有在某一个局部、某一个行业的创新型骨干人才，这些宝贵的人力资本，到底怎么样能够培养出来、生长起来？人才的重要性及其产生机制，是与科研相关的一个非常重要的组成部分。

要培育和保护创新型领军人才，就要营造有利于形成极小概率事件的科研生态，这个概念是一个挺形象化的说法。当然，即使有了这样一种适宜的科研生态，也未必能够确定地说在多长时间之内就会产生大师。但反过来讲，不具备基本的科研生态，就一定不可能产生或者找到能够"为我所用"的这种领军人才。

要营造有利于创新的科研生态，启发式的教育、思想的自由、环境的包容，都是必要的前提条件。对一个社会来说，不论它的绝对规模大还是小，肯定是可以对这个科研生态做一个评价的：在中国古代有为人们所称道的四大发明之后，到了工业革命时期，我们在科研创新方面确实落在那些工业革命成功的国家后面了。再叠加从科举制到其他各种各样不适合创新人才创新发展的因素，导致近现代中国科技创新的明显落后。

合理构建科研生态的基本要领

第一，鼓励、支持创新主体（这里是指自然人）以好奇心和科研情结、奋斗精神去面对巨大的不确定性。在面对不确定性方面，要给予科研创新者以理解和鼓励。这里可提一下屠呦呦的例子，她的突破还是在"文革"期间，她从中医典籍中找到线索，经过几百次实验，终于获得高效青蒿提取物，为中国甚至世界抗疟做出了重大贡献。2015 年她荣获诺贝尔生理学或医学奖，2016 年荣获国家科技最高奖。这种对自然人的关怀和鼓励，对成功者给予的奖励，是树立标杆和导向，但在成功之前，一定要特别理解、关照他们那种跟一般人不同的好奇心和科研情结、奋斗精神。这是科研生态非常重要的一个特点。特别是对于那些不成功者，也要给予他们作为探路者、试路者的必要肯定与人文关怀，尤其是在基础理论研究领域和新技术成果应用的开拓领域，应形成充分宽容失败的社会氛围，政府做"不动声色""润物细无声"的引导与扶助。

第二，政府主体方面的关键性支持作用，应该处理为以包蕴人文关怀和物质支持的制度和政策，分类地支持不同的科研创新活动。比如对基础理论研究的支持，多年前业务管理部门已认识到基础理论研究领域没法拿出一个像模像样的成果认定标准，以及相应的激励标准。国家的资金有限，到底支持什么项目、不支持什么项目，都得摸索，而在这个摸索中，即使依靠现有比较前沿的科学家们的问卷打分，也可能出现这些人的思想跟不上少数人创新点的情况，结果把真正有潜力创新的项目否定掉了。但这方面可能没有更好办法，这个领域总得制定可操作的经费支持和使用的规则。到了成果转化推广应用环节，相对而言怎么支持，那个机制就好建立一些，现在已经有事前、事中、事后政府支持规则的较多探讨和值得肯定的一些进展。

如仅从"事后"看，除了早就有比较成熟的知识产权保护、专利制度之外，还有股权激励等，现在中央已经全面认可，包括科研单位人员怎样可以在保持自己单位正式身份的同时，去参加创业创新的市场活动，都有权威的文件指导。在成果转化、市场化应用环节的专利上，我们要关注的是怎么样依法使之贯彻落实、有效执行的问题。再往后端，政府要以财政贴息、政策性信用担保、研发投入的所得税抵扣优惠、产业引导基金等这些机制去支持成果转化应用环节的创新发展。

第三，从企业角度来看，应鼓励企业家们充分发挥与科技创新相关的冒险精神，大胆试大胆闯，还要有相适应的配套机制。对这样的胆识和独特的企业文化，社会各方应当给予理解。应该说企业家一般有明显不同于常人的特点，如果从某个阶段他们已经取得的财富来说，他们完全没有必要再费那么多心思、再做那么多的努力。被人们所肯定的企业家，一般不会再考虑财富的问题，他有更高层次的追求，这其中的冒险精神、闯劲儿、大胆去实验的事情，与互联网创新等方面的例子是一致的，但是可能由于一些运气因素或一些特定技术路线上的不同，一个一飞冲天，一个归于失败。因此，需要有相关管理方面的一些机制，使这种试、闯的空间更开阔些。在整个经济社会生活发展过程中，要有允许企业家去冒险探索的弹性空间，同时，机制上的差别确实也会导致结果完全不同。例如，在微信出现之前中国移动已推出"飞信"，而且流行了好几年，但是作为国有企业其运行机制相对传统，投资要层层审批，所以"飞信"最终未能发展起来，被微信超越。

再比如，现在风生水起的快递业，顺丰也是一飞冲天的典型，但是最早在这个领域捷足先登的，是中国邮政的 EMS（全球邮政特快专递），但是它也没能做得很大。至于说风投、创投、天使投，为什么不适合由政府做？主要是机制问题。风投、创投、天使投借鉴的是硅谷经验，它的有限责任和比较优势，是与国有企业的体制机制不相容的。在对企业家、创新者的宽容方面，其实有些事情很简单，就是一个和科研规律是不是能对接的科研生态问题。当然全社会也要以文化和舆论的包容性，来宽容、理解、消化失败冲击，使试错机制可持续。

第四，科研生态建设、公益性基金会的多样化支持十分值得重视和发展。许多不适合或难以由政府直接支持的基础性研究、风险型开发研究项目，多样化的公益性基金会却有可能提供支持资金来源。政府、企业之外的第三部门，在美国早就做得相当大了，在中国亟须被重视和培育，使其健康发展起来。

国际上可给我们启发的案例很多，比如工业革命时期，蒸汽机的成功发明是有一系列社会配套条件支持的，包括这项发明以后怎么样能得到规模化的应用，没有当时的产权保护制度和法律规范的配套条件，没有制度环境这种适宜的科研生态，是不可能演变成为工业革命的。[1]"硅谷的故事"前面已说到，高下之分其实是在润物细无声这样的比较之下，我们才能够理解。

第五，改革的攻坚克难对于构建好的科研生态至关重要。以制度创新为龙头，调动一切潜力和活力，解放生产力，使作为第一动力的创新发展，真正能够引领协调发展、绿色发展、开放发展，以及基于人本主义立场旨在满足人民群众对美好生活的向往的共享发展，这里面的逻辑，应该

---

① 贾康，苏京春. 中国的坎——如何跨越中等收入陷阱 [M]. 北京：中信出版集团，2016.

说是相当清楚的：从某种意义上讲，在中国经济社会转轨过程中，制度高于技术，所以在全面深化改革中，体制改革的任务任重而道远。

科研事业单位体制改革，难点就是去行政化的问题，谈了多少年，这一轮科技改革仍在推出各种各样的政策，但改来改去，行政化的东西感觉仍较多。直率地讲，科研单位的改革主要是怎么样符合原来所提事业单位改革的大方向。改革推进过程中，不能落入"说一套做一套"的状态。当年有非常明确的文件，要求体制内科研单位、事业单位，以三年为期完成改革，基本原则就是去行政化，取消行政级别，与社会需要接轨，人员可进可出、可上可下。但改革的实际情况并不理想。

所以，我们希望进一步冲破既得利益阻力，实质性地搞好科研事业单位和高校的改革，使科研人员真正能够在好的科研生态环境中实现他们的人生价值，贡献于中国的现代化和人类社会进步。

6.4 数字经济时代的企业转型①

怎样看待当今时代发展的特征

我们所处的这个时代，就全球范围而言，人们给出的一个表述是"新技术革命时代"，也叫"信息时代"。20 世纪 70 年代后期，我有幸参加恢复高考后的第一次全国考试，进入大学之后，人们就说进入了信息爆炸的时代。发展到现在，这个信息时代最典型的称呼是什么呢？是世纪之交人们开始普遍使用的"数字化生存"，也是现在所说的"数字经济时代"。在数字化的生存、数字化的连通、数字化的互动和数字化的发展中，由

---

① 本节内容源自：贾康. 数字经济时代的企业转型［J］. 扬州大学学报（人文社会科学版），2019，23（02）：15 – 20。

"互联网"发展到现在的"移动互联"。

目前，大多数人都有智能手机，它就是移动互联情况下每个人生活的一个具体物质载体。移动互联到了商业活动、经济活动领域，便发展出移动的商务，移动的银行（比如手机银行就是移动状态下银行业务可以便捷办理的系统）、移动的保险、移动的其他经济活动和文化生活。经济社会生活的种种组成部分，都在移动互联的状态下运行，支撑它的是大数据、云计算。还有现在大家特别看重的"人工智能"也说明我们已进入共享经济时代，现在很多领域已改变过去的经济规则，在淡化"排他性"而实现"共享"。

我们所处的"数字经济时代"，也是创新发展、升级发展的时代。中央近些年所提的新发展理念，就是以创新发展作为第一动力，实现协调发展、绿色发展、开放发展和共享发展。在这个发展过程中，按照党的十九大的表述，我们走过了站起来和富起来的时代，现在正进入实现现代化的强起来的新时代。它和前面所说的席卷全球的信息时代、新技术革命时代、数字经济时代是并行的，中国的奋斗被国际友人称为世界的奋斗，这个全球唯一的古老文明从来没有中断过的民族国家、世界上最大的发展中经济体，要通过和平发展实现后发国家从追赶到赶超的现代化过程，我们的目标，就是要在2049—2050年这个时点，在新时代的发展过程中实现中华民族伟大复兴。中华民族伟大复兴的中国梦绝对不是狭隘的民族主义，而是和全球其他经济体寻求共赢的发展，是摒弃"你输我赢"与零和博弈思维而实现人类命运共同体的共享发展。这就是我所理解的时代特征。

如何认识和勾画发展的大趋势

在实际生活中，经济社会"升级发展"的大趋势可以直观地说是"互联网＋"与"＋互联网"的结合。有一些创业创新者的定位是在互联网这个行业，互联网的创新要加上其他行业创新，相互渗透结合的过程中可以出现发展的新境界，比如前几年大家注意到的互联网金融。互联网不仅要加金融，还要加方方面面的各个行业，而原来很多和互联网似乎没有直接关系的行业、企业、市场主体，现在不得不面对"互联网＋"这个潮流，在实际生活中表现的就是线上线下的结合互动。

原来被称为的电商，就是在互联网领域里做电子商务的平台或企业，现在其与非电商的界限也越来越模糊，很多电商，如阿里、京东也有实体便利店，这种线上线下的结合，增加了有效供给，可更好地满足人们收入水平提高以后生活质量提高的需要。当然，线上线下结合还需要供应链的升级，如果没有信息技术是不可想象的：你会看到在这些实体店，如盒马，随便拿一个商品，比如一条活鱼，它上面会有一个小的金属片标记，可以扫码，一扫就知道这个鱼是什么时间在哪里捕捞上来的，它的培养程序有什么特点，捕捞的人员是谁，是谁接过来通过运输保证质量地在多长时间段内运到你现在所处的这个店面，一清二楚，这是信息时代才能为消费者提供的信息支持。苏宁过去是实体店，现在也是以线上线下结合模式经营。所以，从这个角度来说，"互联网＋"和"＋互联网"在许多企业已经很普遍。

另外，我们还可以举实体经济里制造业的例子。格力过去是生产空调起家的，现在可以生产整个一系列产品，它还想做新能源汽车。格力的空调和其他可提供的家用电器以及格力手机，可覆盖一个网络消费者家庭的所有电器，并组成一个智能化的系统，这个家庭主人的手机通过连通家里的空调和其他所有的电器，在智能手机界面，就可以非常便捷地调节，选择采用最节电、绿色的模式。在生活质量方面，一边是适应升级发展，实现所有电器的智能化使用，一边是适应低碳、绿色发展的要求，节电、节能、环保。

数字经济时代企业的转型问题

在数字经济时代，各行各业、各个企业都有自己的特色，各自要认清时代特征和发展大势再考虑发展转型问题。我觉得至少可分三类：

第一类是新技术企业或者高新科技行业的企业。以新技术开发和运用为定位的高新科技企业，面对绿色低碳导向与竞争，目标是在大量投入、争取成功时，使自己不仅生存下来，而且发展起来，这种发展一定是升级的发展。依我的理解，高新科技企业实际上关键不在转型，它本身就处在已经转型的高新领域，更关键的是，转型过程中怎么样升级，怎么样冲破瓶颈期而进一步发展。我们也必须承认在实际生活中，成功的概率是不高的。在20世纪因特网传入中国以后，对接互联网创新，北京公主坟环岛旁边的写字楼里，有一家叫瀛海威的公司投入资金、租了大量工位在那里做互联网创新，当时它是业界的龙头，很知名，但现在可能很少有人知道瀛海威了。后来的阿里、腾讯等这些互联网企业，是在瀛海威等这些先行者引领带动下逐渐发展起来的，但是成功的毕竟是少数。在这个过程中，对应这种"烧钱"式竞争的高新科技企业的发展转型和升级，必须找到合适的投融资机制，按国际经验，从硅谷开始就有天使投资、创业创新的风险投资。企业在这个领域的创新发展，也可以进一步带动它与战略性新兴产业的融合。高新科技与战略性新兴产业融合后，所定位的新能源、新能源汽车、信息技术的升级发展、大型成套设备制造的升级发展等，一定要有定制化的"互联网＋"和"＋互联网"的解决方案，争取在创新的过程中能够冲过瓶颈期。同时，社会又必须对失败者给予容忍，要有尊敬和容忍失败者而且给失败者以出路的制度安排。比如在硅谷，大量的失败者不会失败以后就倾家荡产，支持他们的天使投资、风投、创投也早就有心理准备，支持100家不求成功10家，其中只要成功3家、5家，就全局皆活。失败的案例也不是没有价值，而是给人们留下经验、教训，有些探索证明此路不通，后面就可以注意绕开这些阻碍和暗礁。

第二类是传统产业中的企业。传统产业的企业，其转型升级的需求一般比较明显，原来那个形态必须转，这和第一类企业是明显不同的。传统产业要解决的问题，往往与实际生活中衣食住行有直接关系，与社会成员（老人、小孩、男人、女人）所需要的日常有效供给有直接关系。这类企业的转型升级不仅要注意引入高科技，还需要适当把握适用技术。不是所有传统产业都要往高科技领域转型，例如餐饮业，要更多注意企业组织生产经营和市场竞争中的一些窍门与要领。在实际生活中我们已经注意到，在保证食品安全和一定风味、口感得到社会接受与肯定的同时，要对接现在的外卖，在外卖这方面想方设法扩大市场份额。如果能在产业园区内提供餐食的后勤支持，市场份额便会显著扩大。这是传统企业转型升级的一个例子。

对实体经济层面的服装加工企业而言，其未来的前景是成为占有一定市场份额、有良好市场形象的企业。例如，某个企业生产的衣服内侧或某个适当位置会带有一个小的标记，亲戚朋友聚会的时候，感觉你穿这衣服效果不错，可能翻开内侧看到这个小标记，拿手机一扫就可以知道它所有的信息，同时厂家能给这个新的潜在消费者提供什么样的定制化服务，然后在连通信息以后随即考虑下单，这是把原来的实体店和像阿里这样的电商平台统统甩在一边了，这是一种可能的发展。

在住的方面，早已经有分时度假酒店。在信息技术支持之下，现在全球最大规模的酒店不是希尔顿、喜来登、假日，而是那种通过互联网连接、没有实体店的供应商，它是在全球提供分时度假这种形式下的便捷选择。谁有这种可能的需求，就可以在网上搜到对应的有效供给。这些都是传统产业、企业转型的方向。

第三类是一些特殊的企业。比如在现实生活中，有不少融资平台，现在要求它们转制，不能再像过去那样单一地按照地方政府意图发行市政债、公司债和向银行贷款，服务地方政府的一些隐形融资需要。在转制的过程中，怎么转，也要结合数字经济时代的转型升级要求。有一些可能要转成相对单一、从事公共事业的地方特殊企业，如供热、上下水、垃圾处理、绿化等等，这是一类。另外一类可能要更开阔地做城市建设的运营，对一个城市或地方政府辖区里相当大的一片区域，甚至整个辖区，考虑各种各样的不动产和相关的经济、社会活动如何联合从事城市建设运营。还有一种可能，就是转型成为地方政府政策性的投融资机构，要通过自己的专业团队，通过配合政策性信用担保、产业基金、产业引导基金等等这样一些投融资的创新形式，以及 PPP 等创新形式，更多地以金融定位去支持产城融合，打开地方发展的新局面。另外，可能还有较彻底转制以后"走出去"的市场主体，不限于自己原来的地域，原来的地方融资平台可以真正彻底市场化，参与全国乃至全球的竞争。这些特殊的企业定位，也必须有定制化的方案，它们也无一例外地要考虑怎么处理自己的" + 互联网"。

在此，可以简要地做个小结。现在企业转型的共性，就是要对接大数据、"互联网 +"，关键是在不同的行业、不同类型的企业，有一个高水平的发展战略规划，然后对应形成一个高水平的定制化的转型升级解决方案。各类创新创业者以自己的特长与知识积累，可以对接创新发展过程，找到实现自己人生价值的特定路径。而在整个社会中，这些定制化的解决方案组合在一起，也就是我们构建现代化经济体系必须抓住的供给侧结构性改革这个主线。总之，所有的这些定制化的解决方案，都要顺应制度创新的供给侧改革，引领技术创新、管理创新，从而使整个供给体系质量和效率得到提高。

第 7 章　中国的现代化与赶超战略

7.1　赶超是后发国家现代化进程中必然的诉求和特征

在多年的研究中，我反复思考中国现代化的战略选择问题，高度重视追赶—赶超战略的思路。

中国作为后发的发展中国家，其现代化进程必然有赶超的诉求和赶超的特征。

后发国家的赶超，通常都以鲜明的"现代化"指向来统领，而国际舞台上的"现代化"，是一个永无止息的动态过程。某一具有一定幅员和潜质的国家，在此方面的实质性追求，必是该经济体在文明状态和综合国力上进入世界前列，特别是以成为强国阵营中的一员作为其现代化成功的标志。从近几百年的世界经济史来看，大国、强国的崛起如斗转星移，从未定局，荷、英、法、德、美、苏、日，"你方唱罢我登场"，无不是在原来落后的状态上奋起直追，后来居上。虽成败利钝各有千秋，国情战略人言人殊，但这些经济体共同的发展特征，都是奉行赶超战略。

鸦片战争以后，中国进入被动挨打、积贫积弱、列强瓜分、灾难深重的沉痛近代史时期。甲午战争前后，"救亡图存""启蒙""建设""复兴"等运动顺时而生，多少仁人志士为民族独立与复兴前赴后继、不懈探索。20世纪，中国经历了辛亥革命推翻帝制，经历抗日战争和解放战争，于1949年成立新中国，又通过社会主义建设和改革开放，终于确立了以实现中华民族伟大复兴为目标的"三步走"现代化宏伟蓝图。这一现代化发展战略，必然是追求后来居上的赶超战略，它构成了中国特色社会主义现代化道路的基调，同时也在历史潮流中代表着新兴市场经济体的共同追求。在中国实现现代化的重要战略机遇期，很有必要对这种战略正本清源、把握要领。

发展经济学理论回顾

在一些学者看来，赶超战略是指采取扭曲产品和要素相对价格的办法，甚至以计划体制来替代市场机制，以提高国家动员资源能力的战略。一些学者认为通过几十年的发展，中国可以放弃赶超战略。但我认为，不可全盘否定赶超战略。

从经济发展理论上溯源，赶超战略思想源于后发优势。根据美国经济史学家亚历山大·格申克龙的理论[1]，落后国家可以直接利用别人的优势为己所用，实现跨越式的发展。这种后发优势主要表现为后发国家在形成乃至设计工业化模式上的可选择性、多样性和创造性。后发国家可以借鉴先发国家的经验教训，避免或少走弯路，采取优化的赶超战略，从而有可能缩短实现初级工业化的时间，较快进入较高的工业化阶段。格申克龙的后发优势理论说明，后发国家的工业化存在着相对于先发国家而言取得更高时效的可能性。

美国社会学家 M. 列维从现代化的角度将后发优势理论具体化，他认

---

① 格申克龙. 从历史的角度看经济落后［M］//谢立中，孙立平. 二十世纪西方现代化理论文选. 上海：上海三联书店，2002：828 – 848.

为后发优势有五个方面的内容：（1）后发国家对现代化的认识要比先发国家在其开始现代化时对现代化的认识更为丰富。（2）后发国家可以大量采用和借鉴先发国家成熟的计划、技术、设备以及与其相适应的组织结构、制度设计。（3）后发国家可以跳越先发国家的某些必经发展阶段，特别是在技术方面。（4）由于先发国家的发展水平已达到较高阶段，可使后发国家对自己现代化前景提供一定的确定性预测，成为目标更为明确的引领因素。（5）后发国家可在资本和技术上得到先发国家提供的帮助。①

继列维之后，1989 年阿布拉莫维茨又提出了"追赶假说"，即不论是以劳动生产率还是以单位资本收入衡量，一国经济发展的初始水平与其经济增长速度往往呈反向关系。②

1993 年，伯利兹、保罗·克鲁格曼等在总结发展中国家成功发展经验的基础上，提出了基于后发优势技术发展的"蛙跳"模型③。它是指在技术发展到一定程度、本国已有一定技术创新能力的前提下，后发国家可以直接选择和采用某些处于技术生命周期成熟前阶段的技术，以高新技术为起点，在某些领域、某些产业实现技术赶超。

1996 年，范艾肯在开放经济条件下建立了技术转移模仿和创新的一般均衡模型，他强调经济后发国家可以通过技术的模仿、引进或创新，最终实现技术和经济水平的赶超，转向技术的自我创新阶段。④

后来的发展经济学理论分析进一步表明，作为后发国家，存在着有别

---

① M. 列维. 现代化的后来者与幸存者 [M]. 北京：知识出版社，1990.

② M. Abramovitz. Thinking about Growth, Cambridge University Press, 1989.

③ Brezis, Paul Krugman, Tsiddon（1993）. Leap-frogging in international Competition：a Theory of Cycles in National Technological Leadership, American Economic Review, 83.

④ R. Van Elkan：Catching up and Slowing Down：Learning and Growth Patterns in an Open Economy. Journal of International Economics，41.

于先发国家的方式或途径来达到与先发国家同样发展水平或状态的可能性，即后发国家也存在着因其相对落后所拥有的特殊优势。后发国家通过引进、模仿、学习（包括技术和制度两方面），可获得后发优势。由于其学习成本大大低于创新成本，使后发优势（包括技术性后发优势和制度性后发优势）不小于先发优势。技术性后发优势，表现为后发国家的技术学习，从先发国家引进各种先进技术，并经模仿、消化、吸收和创新所带来的利益和好处。制度性后发优势则是后发国家向先发国家学习制度，即效仿或移植各种先进制度并经本土化改造所产生的效率和益处。后发国家通过强制性和诱致性制度移植变迁形成后发优势，并成为后发国家赶超式高速增长的主要动因之一。但是，这种后发优势只是潜在的，而非必定的，只有通过自身努力、创造条件，才能使潜力变为现实。

中国实行赶超战略的可行性

发展经济学理论分析表明，作为后发地区，存在着与先发地区不同的方式和途径来达到与先发地区同样发展水平或发展状态的可能性，后发地区也存在着潜在的特殊优势，可以通过引进、模仿和学习获得这种后发优势。

当然，赶超战略在学术界也确实存在一些争议，如林毅夫教授等人，从经济发展阶段、要素禀赋比较优势与最优金融结构相匹配的角度提出，"任何形式的赶超都会扭曲本国的金融结构，降低资金的配置效率，加大金融体系的系统性风险，从而减缓甚至阻碍本国的经济发展"。① 这一论断值得商榷。一方面经济发展阶段是决定一国最优金融结构安排的主要因

---

① 林毅夫，孙希芳，姜烨. 经济发展中的最优金融结构理论初探 ［J］. 经济研究，2009（8）.

素，另一方面也应看到金融结构的创新和率先突破也可以能动地促进经济发展阶段的跃升。事实上，经济发展从来都不可能是一个稳态的线性过程，在某些时候突破制度或技术上的一些关节点或瓶颈后，往往就有可能迎来新一轮的快速增长。要素禀赋比较优势也并不是一成不变和唯一的驱动因素，它也可以通过合理政策导向的资源配置机制来获得突破。

我十分赞同林教授等人提出的"关于落后经济与发达经济的最优金融结构迥然不同、每个经济体内生的最优金融结构是客观与动态演变的"等观点，但我不能接受"发展有效的金融体系必然要求政府放弃经济发展的赶超战略"的观点。因为发展中国家特别是中国这个世界上最大的发展中经济体，是不可能"放弃经济发展的赶超战略"的，这一点其实并不是一个学术命题，而是经济学在中国现实生活中必须正视和研究的一个发展战略问题。在世界历史发展过程中先后崛起的现代化经济体，都是实际贯彻了经济发展赶超战略的。我国发展如今正处在重要战略机遇期，更不能轻易放弃这一战略，关键是如何使这一战略合理化，不仅要与林教授一向强调的"要素禀赋结构"相呼应，而且要与不可忽视的制度创新、后发优势相结合，从而形成可操作、可持续的赶超过程。中国的金融体系有效与否，其实必须以能否有效服务于现代化赶超战略来衡量，而绝不能反过来削足适履。

从我国的发展历程来看，从 20 世纪 50 年代毛泽东号召团结一切可团结的力量，搞好建设，不然就会被开除"球籍"。[①] 到 90 年代邓小平提出的"发展才是硬道理"[②]，再到后来形成"全面协调可持续发展"的科学发展观，中国决策层在赶超战略思路上是一脉相承的，都是强调在中国这样一个经济基础较薄弱的国家加快发展的重要性和紧迫性。改革开放后，

---

① 闫安，闫瀚东. 中华民族是如何彻底摆脱被开除球籍危险的 [J]. 党建，2016（08）.

② "发展才是硬道理"是 1992 年邓小平南方谈话时提出的。

邓小平作为改革开放总设计师提出的"三步走"发展战略，其实质就是一个清晰的赶超战略。邓小平的实事求是思想路线和他高瞻远瞩、令世人折服的战略构想，使中国的现代化之路越走越宽广、后来居上之势越来越明朗。随着经济的发展，"三步走"发展战略目标也逐次实现。中国在经济建设和社会事业上的高歌猛进，如果没有赶超战略的支撑，是完全不可想象的，如仅仅依靠"要素禀赋的比较优势"，也许我们还停留在跟随西方国家一般发展路径亦步亦趋的常规发展状态。

事实表明，中国完全可以在较低的发展起点上，合理利用后发优势，辅之以适当的政策引导，包括政策性投融资支持，来加速推进国民经济和社会主义现代化建设。作为发展中国家，我国有着很多的后发优势，例如，技术选择上可通过模仿、消化吸收、再创新跨越某些阶段；制度上，中国特色社会主义制度，合理的政策倾斜、地方竞争（包括地方的政策性金融活动）也证明我国具有一些更灵活与充分调动各方面积极性、创造力和集中力量办大事的体制优势。

总之，在我国，为实现经济又好又快地发展，推进社会主义现代化建设，最终在 21 世纪中叶实现中华民族伟大复兴，一方面需要遵循经济增长的比较优势和递进发展的客观规律，另一方面还应积极、能动地发挥后发优势，实施后来居上的现代化赶超战略。

7.2 比较优势理论的局限性

与赶超战略相对应的一个概念是比较优势战略。

比较优势战略是通过市场机制和经济的对外开放，由价格机制向国内生产者显示该国要素和商品的供求及相对稀缺性，即要素的禀赋结构[①]，

[①] 所谓要素禀赋结构，是指一个经济体中自然资源、劳动力和资本存量的相对份额。

并通过这些相对价格引导能够充分发挥比较优势的经济部门发展，以此促进整体经济增长的发展战略。

赶超战略则是尽最大可能提高国家动员资源的能力，突破资金稀缺的比较劣势对资金密集型产业发展的制约，使资金密集型产业能够在较低的起点上得到发展并在短时期内实现飞跃，进而使产业结构得以优化。其核心是通过资本积累、效率增进和技术创新，实现非均衡、超常规发展，在较短的时间内接近甚至超出发达国家水平的一种增长方式和增长过程。要执行后来居上的现代化赶超战略，要求在国家战略宏观导向下，尽可能地实现资金和技术的快速集聚，特别是着力支持国民经济发展的一些薄弱环节，消除制约经济发展的瓶颈和短板。

从比较优势战略和赶超战略的内在逻辑可看出，它们是存在明显不同的：一个是渐进而相对缓慢的发展道路，一个是跨越式的超常规发展道路。实行比较优势战略的国家，市场在资源配置中起主导作用，政府的作用主要是为经济发展创造公平竞争的环境；实施赶超战略的国家，则需要政府在产业选择、技术进步、金融资源配置等方面发挥积极、能动的宏观主导或指引作用，但并不必然否定以市场作为资源配置的基础机制。

比较优势理论在实践中的非适应性

第一，从理论框架与发展实践的对应性考察，将比较优势战略生硬地套用于大国经济发展非常值得商榷。对一个企业来说，借助比较优势发展自己的先进技术优势或者廉价的人力优势不啻为一个理性的发展路径选择，例如，依托技术资源雄厚的大学发展高科技企业，依托资源丰富的山区可以发展绿色农业等，这个用比较优势理论来指导企业发展一般是具有实效的。但是对一个国家而言，尤其是中国这样的发展中大国，片面强调比较优势却不能对应最为关键的发展实践。

作为一个发展中大国，我们既不能完全否定比较优势战略，又绝不能僵化地固守比较优势战略，而必须站在更高的历史视野，以动态发展的眼界来认清国家发展的道路和发展模式的选择。在充分尊重现实比较成本、比较优势的同时，更应看重潜在的比较优势和后发优势，积极选择理性的赶超战略。

事实上，当今国际政治经济关系的现实决定了中国很多产业发展选择不是取决于基础条件和比较优势或劣势，而是取决于战略需要。中国不能没有"两弹一星"，不能没有先进的航空产业，不能没有先进、安全的通信产业，但是长久以来我们在这些方面并不具有比较优势，也不主要依托比较优势。因此，中国的发展路线一直不是以"有什么发展什么"的方式来决策，而是以"国家战略需要发展什么就要集中力量重点发展什么"的方式来决策。比如，现阶段中国需要研制大飞机，需要大飞机发展运输、保卫国防，并牵引整个产业链的升级发展，这并不是基于比较优势来决策，也不能用此框架来说明。正如卢周来教授所指出的："由于国际贸易中发达国家的高端垄断地位及其自身收益最大化的考虑，中国30年来的比较优势战略实际上是半拉子。其实，发达国家从来没有按所谓比较优势理论出口高技术到中国，相反，对高技术输入中国设置重重障碍。"[1]

第二，比较优势理论也存在一些逻辑上的欠缺。其一，比较优势战略隐含着的一个逻辑前提是"国际大分工"，但我们需要问的是这个"国际大分工"到底是天生的还是后天的。如果"国际大分工"是先天的，那么今天的美国也不应该成为发达国家，以色列、日本更不应该成为发达国家，而应该是老牌工业国家英国、法国；如果"国际大分工"是后天的，那么似乎就不应该有摈弃"赶超战略""自主创新"的理

---

① 卢周来. 中国上了"比较优势"的当［J］. 中国经营报，2009－11－30.

由。其二，比较优势理论与生产要素边际报酬递减规律存在着不相容性。根据经典经济学分析的观点，生产要素特别是资本存在着边际报酬递减规律。也就是说，具有资本禀赋比较优势的经济体，如果持续性地发展资本密集型的产业，其边际效益其实是要低于资本稀缺型经济体来发展资本密集型产业的。尤其是在生产要素跨国流动日益活跃的大环境中，各国之间比较优势的格局完全可能在较短的时间内发生逆转，这也是世界各国经济发展从长久来看将趋于收敛和趋同的理论基础。其三，从实证角度来看，比较优势其实是个比较虚的概念，要分析其在一个国家是否取得成功是非常困难的，这涉及要素禀赋和产品的要素密集度等相当多难以量化处理的因素。

第三，一个国家对技术进步与发展模式的主观选择，可以借助比较优势，也可以实行赶超战略，当然也可以选择介于两者之间的发展模式。从第二次世界大战以后后发国家的发展结果来看，完全运用比较优势理论发展起来的国家是十分少见的，大多数落入比较优势陷阱；同时，完全运用赶超战略的国家也纷纷陷入产业结构畸形、人民生活恶化、企业缺少活力的境况；能够较好发展起来的国家，一般都是综合运用这两种战略的国家。

在实践中，金砖国家的崛起之势，就不能简单地用比较优势理论来解释。韩国和中国台湾地区的历史经验和中国、印度等国的发展现状表明，经济发展较为成功的发展中大国，它们在发展本国具有比较优势产业的同时，也致力于一些中高端产业的发展。换言之，它们经历的是一种有限赶超过程。跨国回归分析同样表明，有限赶超对一国经济增长速度有显著的正影响。实行有限赶超的国家和地区，其经济增长速度要显著高于没有实行有限赶超的国家和地区，有限赶超指数每提高一倍，人均 GDP 的增长速度将提高 4 个百分点左右，且短期影响要大于长期影响。欧阳峣教授也指出，比较优势理论从资本和劳动力禀赋结构来作解释较适合于工业化的前期与中期，但它并不完全适合于大国的发展道路，也不适合于新型工业化过程，亦不适应当前中国经济从"要素投入数量驱动型"向"要素使用效率驱动型"的经济增长方式转变的需要。[①]

第四，从中国经济发展的实践结果观察，也并不充分支持比较优势理论学说。从我国的情况来看，自新中国成立到改革开放之前，一直都推行重工业优先发展的赶超战略，重工业发展的正外部性使得赶超战略在一定程度上为我国后来的经济起飞打下了良好的工业基础。[②] 改革开放以来，中国经济总体上转向了比较优势的发展路子。中国的确在以自身低廉的劳动力价格参与国际分工，但并没有按比较优势战略充分进口到自己所需的优质资本、高端核心技术资源。从资本层面看，中国近些年已是资本净输出国。中国一方面以高成本引进外资，但另一方面又以甚至低于银行利息的价格把大量外汇储备借给美国；从技术引进层面看，发达国家对高技术出口到中国设置重重障碍。特别是 2018 年中美贸易战（实际上迅速扩展至科技、外交领域）之后，美国已在高端芯片等"卡脖子"关键高科技产品供给上，对中国使出"撒手锏"。所有这些，都说明单纯秉持比较优势理论来参与国际竞争很可能只是一厢情愿，比较优势战略赖以依存的经济环境——"自由、开放和竞争的市场"并不必然存在。在博弈中一定会出现"天花板"——出天价供给方也不卖的芯片技术、航空发动机技术等即为明证。国际政治、法律、意识形态等多方面的羁绊，往往使发展中国家无法获得实现"要素禀赋结构的升级和欠发达经济向发达经济收敛"的技术和资本要素，而这也正是与当下中国经济"大而不强"的阶段性特征相关联的一大原因。

---

① 欧阳峣. 大国综合优势论 [R]. 财政部科研所2009届博士后工作站出站报告.

② 姚洋，郑东雅. 重工业与经济发展：计划经济时代再考察 [J]. 经济研究，2008（4）.

发挥后发优势、抑制后发劣势的最优赶超战略

当前，我国经济发展面临越来越严峻的资源和环境瓶颈约束，经济发展方式已经到了不得不转变的时候，必须要大力推动自主创新，大力发展战略性新兴产业。如果被动遵从比较优势理论，固守劳动力成本的比较优势，长此以往，不仅会带来贸易条件的持续恶化，同时，在国际分工中，我们也将丧失核心技术，很可能要长久地被固化于产业链、价值链的低端，沦为廉价的"世界加工厂"，以牺牲国内脆弱的生态环境和消耗有限的自然资源来换得微薄的加工费，最终经济增长可能无以为继。

所以我们要理性选择赶超战略，在国家宏观战略需求的导向下，通过合理、有效、恰当的政策手段（包括政策性金融、产业政策等）来优化资源配置，最大限度地调动一切生产要素的潜能并发挥合力，在当前日趋激烈的国际竞争中和日益融合的国际合作中，"以我为主，有所作为"地加速发展，追求跨越式发展和非常规发展，以实现中华民族的伟大复兴。

当然，今天我们重视赶超战略并非肯定那种历史上曾大吃苦头、不顾现实条件的盲目赶超、急于求成，而是要积极追求"理性的适度赶超战略"或"最优赶超战略"，即要在市场经济体制框架和制度的张力内，充分遵从市场经济和法制化经济的运行规则，通过政府有战略、有策略、有限度、有力度的倾斜性支持，集聚一些生产要素来优先发展一些战略性和支柱性产业，如基础设施、战略性高新技术和新兴产业等，从而推动实现整体经济的可持续、高效益、健康发展和总体上可实现的赶超发展。

7.3 跨越"中等收入陷阱"是中国实现现代化的历史考验

"中等收入陷阱"这个概念最早是世界银行于2006年在《东亚经济发

展报告》中提出的，它是指一个经济体的人均收入达到世界中等水平后，由于不能顺利实现发展战略和发展方式转变，导致新的增长动力特别是内生动力不足，经济长期停滞不前；同时，快速发展中积聚的问题集中爆发，造成贫富分化加剧、产业升级艰难、城市化进程受阻、社会矛盾凸显等。

相关研究表明，近50年来全球100多个中等收入经济体中，仅有13个国家和地区跨越"中等收入陷阱"，即从上中等收入经济体上升为高收入经济体。而我们研究发现，在这13个经济体中，毛里求斯在近几年又从高收入经济体群组中退出，跌入"陷阱"内。剩下的12个经济体中，韩国、新加坡、中国香港、西班牙、葡萄牙等，从经济体量来看都是小经济体，若探寻成功之路，它们可为中国借鉴之处寥寥。从世界银行2014年发布的2012年人均国民收入数据来看，全球处于下中等收入阶段的经济体有49个，处于上中等收入阶段的经济体有48个，而这些经济体中的绝大部分，都已在现在所处的经济发展阶段挣扎了许多年。其中，巴西、塞舌尔、委内瑞拉等国家，都经历过"晋级—退出—再晋级"的痛苦过程。

中国是否面临"中等收入陷阱"？能否跨越？近年来对此众说纷纭。我们的基本认识是，既不认同"中等收入陷阱"是"伪问题"的否定派观点，也不赞成跨越陷阱毫无悬念、指日可待的乐观派观点。"中等收入陷阱"显然是世界范围内基于大样本的一种可归纳、需注重的统计现象，"从未如此接近伟大民族复兴愿景"的中国，切不可对前面那些再一次跌入"中等收入陷阱"的经济体的前车之鉴掉以轻心，也切不可在已有发展成就基础上忽视"行百里者半九十"的挑战。跨越"中等收入陷阱"是一个关乎现代化中国梦命运的顶级真问题，因此当前阶段特别需要居安思危、预警清晰、防患未然，保持战略思维的应有水准。

虽然中国因改革开放已成功跨越了"下中等收入陷阱"，但当前已站在"上中等收入陷阱"边缘，"黄金发展期"的特征正在消退，而"矛盾凸显期"的特征日益显著。近年来，经济增长正步入新常态而形成一系列的纠结和两难：现阶段中国经济社会类型仍属"两个轮子的自行车"，要求必须守住"可接受区间"的速度底线，严防"翻车"危机。同时，要在"去杠杆、稳物价"和"保就业"之间、"去产能、去库存"和"保稳定"之间保持权衡，要做到"有效市场"和"有为政府"的兼顾与结合等，无疑都存在不小挑战。故此，粗放式发展模式显然不可持续，"帕累托改进"空间已大为缩小，改革进入步履维艰的"深水区"，冲破利益固化藩篱的考验横亘于前，正所谓"好吃的肉都吃掉了，剩下的都是难啃的硬骨头"。在矛盾累积、隐患叠加的情况下，在"改革"和"社会矛盾累积"这"两只老虎的赛跑"中，我们唯有坚定不移地推进改革，保证它跑在前面，从而化解种种矛盾和风险，才能引领新常态而成功跨越"上中等收入陷阱"。

以"五位一体"总体布局作为依托框架

以经济建设为中心是改革开放后拨乱反正形成的党的基本路线的核心，但坚持以经济建设为中心，绝不意味着孤立地搞经济建设，实践中，这一基本路线的内容不断得到丰富，指导方针从经济、政治、文化的"三位一体"推进到加上"社会"的"四位一体"，再推进到加入"生态"的"五位一体"。在经济发展水平不断提高的同时，中国在改革发展中以问题为导向解决问题，把"发展是硬道理"升华为"全面协调可持续的科学发展是硬道理"，推动中国特色社会主义事业全面发展，从而创造了令世人惊叹的经济社会发展成就，也成为跨越"中等收入陷阱"的依托框架。

改革开放之初，我们党确立了社会主义初级阶段的基本路线，其核心内容是"一个中心，两个基本点"，"以经济建设为中心"是兴国之要。1986 年，党的十二届六中全会提出我国社会主义现代化建设的总体布局是：以经济建设为中心，坚定不移地进行经济体制改革，坚定不移地进行政治体制改革，坚定不移地加强精神文明建设，并且使这几个方面互相配合，互相促进。要团结带领全国人民紧紧围绕经济建设这个中心，在努力实现经济、教育、科技、文化的繁荣和发展，使人民生活水平快速提高的同时，政治文明和精神文明建设也不断推进。党的十三大、十四大、十五大、十六大延续了经济建设、政治建设、文化建设"三位一体"的总布局，成为很长一段时间中国特色社会主义建设的重要战略部署和基本框架设计。

随着改革开放深入推进，在经济活力得到激发、"黄金发展期"特征显现的同时，也出现了收入差距拉大、社会分层凸显、社会结构变化等新情况。对此，2006 年党的十六届六中全会提出"构建社会主义和谐社会"的重大任务，以社会管理创新为核心的社会建设被提到新的高度，中国特色社会主义事业总布局由"三位一体"扩展为经济建设、政治建设、文化建设、社会建设"四位一体"。

其后，随着经济规模进一步扩大，粗放型经济发展方式的弊端凸显，高耗能、高污染、高成本问题以及由环境污染、生态恶化引发的种种问题成为制约经济社会持续发展、影响社会和谐稳定的重要因素。党和国家在一贯重视生态环境保护的基础上，2012 年党的十八大把生态文明建设纳入中国特色社会主义事业总体布局，明确提出经济建设、政治建设、文化建设、社会建设、生态文明建设"五位一体"的总体布局。这是适应发展阶段变化、顺应人民群众期待的重大理论和实践创新，是对治国理政理念的极大丰富。

经济发展水平越高、关系越复杂，经济建设就越需要政治、文化、社会、生态文明等方面建设的协同配合。从"三位一体""四位一体"到"五位一体"总体布局，党中央不断总结社会主义建设经验，深化对社会主义建设规律的认识，不断提高驾驭经济社会发展的能力，治国理政的方针与思路日益丰富，社会主义现代化事业的实践不断升级优化：从提高人民生活水平到丰富百姓的精神世界、文化生活，再到建设生态文明、改善人居环境，执政为民的理念始终蕴含其中并不断升华。从全能型政府转向服务型政府，从粗放增长转向集约增长，从强调 GDP 的关键性指标作用到告别"GDP 崇拜"、倡导和推进全面协调可持续发展，中国的发展导向更加适应"人的全面发展"的客观要求，政府的职责更加明晰、工作更加高效，党的执政能力稳步提升。在应对国际金融危机冲击中，中国成为全球表现最好的主要经济体，这固然得益于中国处于经济快速发展阶段、多种力量的综合支撑、城镇化空间较大以及市场回旋空间大等因素，但更关键的是，中国经济发展有社会主义建设总布局为依托，因而更为稳固、坚韧。"五位一体"总体布局，将继续成为中国跨越"中等收入陷阱"的全局性依托框架。

以"四个全面"战略布局作为起跳器

党的十八大以后，在新的历史起点上，为把中国特色社会主义事业全面推向前进，党中央提出了"全面建成小康社会""全面深化改革""全面依法治国""全面从严治党"的战略布局。以"四个全面"联结国家治理，把握中国共产党作为执政党的治国理政核心理念，可知在以追赶—赶超实现现代化的征程中，"四个全面"战略布局与跨越"中等收入陷阱"这一重大问题的关联极为密切，具有形成动力机制实现转型升级起跳器的关键意义。

第一个全面是通过"十三五"规划的"决胜阶段"在中国共产党成立 100 周年时全面建成小康社会，这是引领全国人民的阶段性奋斗目标，不仅人均 GDP 比 2010 年要再翻一番，而且在"共享发展的水平上要全面升级"；紧密相关的是全面深化改革，在 2020 年要取得决定性成果，而第二个全面的内容比第一个全面意义要更为深远，因为在全面建成小康社会的同时，如不结合改革取得决定性成果，则全面建成小康社会的价值要大打折扣，因为全面建成小康社会只是实现中华民族伟大复兴中国梦第三步中的一个节点目标、过渡目标，必须在实现这一目标的同时形成继续发展的后劲，而这个后劲的形成，必须依仗有效制度供给为龙头，通过全面深化改革取得的决定性成果来进一步解放生产力。与此同时，体现提升物质文明的生产力要进一步解放，又必须匹配法治化、民主化的政治文明，因而必须实现第三个全面，即全面依法治国。另外，在中国的现代化进程中，中国共产党作为执政党，必须全面从严治党，解决好共产党执政的合法性问题，即"人心向背"、人民群众是否衷心拥护其执政地位这种意义上的自然法性质的"合法性"问题。由此，从统筹推进"五位一体"总体布局到协调推进"四个全面"战略布局，中国跨越"中等收入陷阱"就有更为充沛有力的动力支撑，从而形成"决定性跃升"的起跳器。

"四个全面"战略布局与国家治理体系和治理能力现代化也有内在关联：以全面建成小康社会为新节点，全面深化改革、全面依法治国、全面从严治党，必将为中国经济社会发展产生巨大的制度红利；在全面深化改革的战略布局下，坚定地使改革攻坚克难实质性深化，意味着更有效地理顺体制机制，降低制度运行成本，而良好的制度供给势必能够更充分地调动潜力、激发活力，通过科技创新攻关提升全要素生产率，从而为经济增长提供强有力的引擎；同时，以全面依法治国和全面从严治党使社会、政治制度建设全覆盖于"四个全面"战略布局之下，有效地以司法改革和党风廉政建设维护社会公平正义，切实防止制度扭曲，提升制度执行能力和运行效率，这一切将为保障和改善民生、走向共同富裕提供良好的制度条件和现代化治理机制，保障经济改革的成果"以人民为中心"而惠及全体人民，形成可持续发展的长远后劲。

以"供给侧结构性改革"作为战略方针与动力引擎

基于"五位一体"总体布局和"四个全面"战略布局，党中央又明确提出了"供给侧结构性改革"的战略方针。可以说，在中国引领新常态、跨越"上中等收入陷阱"之路上，"供给侧结构性改革"就是新旧动力转换与升级的引擎，即动力源。

新供给经济学的理论分析表明：经济增长动力机制的转型升级主要基于社会需求而卓有成效地在供给侧实现，原有"三驾马车"认识框架下所强调的消费、投资和出口需求三大方面的动力体系认知，只有与基于结构优化的消费供给、投资供给和出口供给联通，才可能形成完整认知并支持宏观调控的优化。而供给结构的优化机制，又必须依托于以改革为核心的"制度供给"提供最大红利。目前，我国一般产品市场已基本放开，但要素市场和大宗基础能源、资源市场比价关系和价格形成机制仍然存在严重扭曲，人为压低了要素价格，从而导致粗放型（高能耗、高污染）经济增长。与此有关，对生产者和投资者的非规范补贴，又使经济增长严重依赖投资和形成大量落后的过剩产能，结构失衡矛盾迟迟不能得到有效化解。因此，必须在实质性推进党的十八届三中全会以来"顶层规划"的全面配套改革中，依靠有效市场优胜劣汰机制的力量，加上有为政府理性的政策供给，对经济结构进行调整改造，实现向可持续增长路径转变的动力机制转型升级。最为关键的要领在于，以中国特色社会主义政治经济学理论框架，支持科学决策和优化政策设计，寻求中国改革深水区重大现实问题的解决之道，深化企业改革、消除不当垄断，充分发挥市场在资源配置中的决定性作用，打开制度红利这一转轨中最大红利源的释放空间，形成激发经济社会活力、潜力的有效制度供给长效机制。

中国独特的市场发育和经济赶超正是改革中最难处理的一项基本矛盾。国际竞争的基本现实已不允许我们再常规地、跟随式地经历和等待以平均利润率机制主导的漫长的市场发育与经济结构优化的自然过程，而需要在某些领域、有限目标下从供给侧得到一种比自发的市场配置更强有力的机制——政府理性主导机制，并使之与市场机制叠加，产生"1＋1＞2"的效应，才能逐渐接近并最终实现"追赶—赶超"的现代化战略目标。

把全球市场中可利用的技术后发优势与我们自身保持理性的政府主动作为结合在一起，寻求守正出奇，就要形成超越"政府与市场绝对冲突"或"要么政府，要么市场——二者必居其一"传统思维的新思想、新理论、新方法，以指导改革与发展的实践。在尊重市场、培育市场的同时，供给侧的特定作为，必须包括政府积极有效地建设市场、组织市场以及与市场主体合作形成超越市场平均利润率的机制。"混合所有制"有望成为中国发展现代市场体系的重要产权基石，进而推进国有经济部门的实质性改革，构建高水平的社会主义市场经济体制。进一步深化供给侧结构性改革，我们便有望在中等收入阶段面临劳动成本低廉优势已拼不过欠发达经济体而技术创新引领优势又比不上发达经济体的双重夹击中，避免重蹈覆辙，以动力引擎的成功升级而冲过"历史三峡"化茧成蝶，跃升为高收入经济体。

以"一带一路"和自贸区综合制度建设作为助推器

我国倡导提出的"一带一路"国际合作，具有重大的全球效应和全局意义，并将产生久远的历史影响。"一带一路"国际合作，是遵循和平发展、经济搭台开路的基本路径。在全球化时代，将中国广袤腹地潜在的市场空间与外部世界更有效、便捷地联通起来，寻求与其他经济体的互惠共赢，成为中华民族通过"三步走"实现中国梦的重要举措，并以构建人类命运共同体的共赢理念造福于全世界人民。

在具体实施中，需要基础设施先行：在向西的"一带"上，可具体分为西南、西西、西北三路走向而大兴相关基础设施和公共工程，打造硬件环境（不排除局部"连片开发"），并培育软件配套因素；在向南再向西的海域，需在以三沙市辖区为代表的广阔海域加紧兴建永久居民点、后勤补给基地和通信、管理网点等，一直发展、联通到多条航路上各类船只可据此与多个大洲多个经济体频繁通航通商状态。这些天文数字的资金投入，必须多方筹集，并借助亚洲基础设施投资银行、金砖国家新开发银行、主权财富基金和其他多渠道资金，共同形成支撑合力。

在"一带一路"国际合作的实施推进过程中，一个重要的机制创新是多元筹资与运用 PPP 模式。这一机制近几十年间在欧美、澳大利亚和若干新兴市场经济体应运而生、方兴未艾，在我国近年更是涌现了一系列实操案例，虽国内总体仍属初创阶段，但在 PPP 已得到了决策与管理部门的高度重视和大力推行的情况下，亟待结合"一带一路"倡议，充分发挥其用武之地。这对于缓解政府资金压力，提升建设、运营绩效和培育市场主体，在沿线各国以高绩效机制改善民生、繁荣经济具有重大意义。

改革开放以来，经历深圳等经济特区的开放、上海浦东的开发开放和加入世界贸易组织（WTO）三轮开放之后，从上海开始的自由贸易试验区（以下简称"自贸区"）已形成气势磅礴的中国第四轮开放。建立自贸区的核心之意是"改革"而不是"政策"，是以上海自贸区"先行先试"而广东、福建、天津等多地跟进的改革来"清理文件柜"，修改一些与国际通行做法相悖的法律法规，从而更积极地形成循序渐进的法治建设，并在未来的国际谈判中自然形成中国的话语权和影响力。

自贸区的设立实际是为中国应对新的国际贸易框架协议——跨太平洋伙伴关系协定（TPP）和跨大西洋贸易与投资伙伴协定（TTIP）等的主动准备。在全球化进程遭遇逆流，全球价值链上的自由贸易、投资协定、服务贸易开放等规则制度如何优化调整的抉择面前，中国选择"再入世"，是要向更高标准靠拢，在与外部世界合作与竞争中摒弃你输我赢的旧思维。自贸区确立的"准入前国民待遇和负面清单"，开拓了我国对外开放、深化改革的新模式新领域，使企业在市场竞争中"法无禁止即可为"，"海阔凭鱼跃、天高任鸟飞"。相应地，政府管理则要实行正面清单，"法无规定不可为"，而且有"责任清单"，"有权必有责、必问责"，从而以高标准法治化营商环境促进全面改革开放。

目前国际上已有70多个国家采用"准入前国民待遇和负面清单"管理模式，我国在考虑当前经济阶段、监管体系的基础上，借鉴国际通行制度办法，主动在上海开始推进自贸区综合制度建设，并在广东、福建、天津等地复制上海自贸区框架，这势必积极推动后面一轮又一轮的自贸区建设。在各地大胆试验，着力打造高标准法治化营商环境、完善市场体系进程中，势必同时改造金融服务业的薄弱环节，深化文化、教育、医疗等领域改革，同时提升企业社会责任、环境能源可持续发展、知识产权保护等方面的水准。自贸区改革试点的远景，将是在全国统一市场上使这一制度创新得到较全面完整的复制。

"一带一路"国际合作和自贸区，将为中国经受住历史性考验而跨越"中等收入陷阱"形成强有力的助推器。

放眼中长期经济社会发展，在新的历史时期关系国家前途、民族命运的关键阶段，只要我们紧紧抓住供给侧这个矛盾的主要方面，贯彻实质性的结构性改革战略方针，冲破利益固化的藩篱，克服既得利益的强大阻力和障碍，把硬骨头啃下来，获得解放生产力、引领经济新常态、打造发展升级版的成功，以"五位一体"总体布局作为跨越"中等收入陷阱"的依托框架，以"四个全面"战略布局作为跨越"中等收入陷阱"的起跳器，以"一带一路"和自贸区助推对外贸易与全球化中的和平发展，那么中国必将能够相对顺利地跨越"上中等收入陷阱"，在未来如愿跻身世界发达经济体之列，并实现中华民族伟大复兴的中国梦。依目前的发展态势测算，中国有希望在全面建成小康社会之后的 10 年内，跨越"中等收入陷阱"。

7.4 以新经济引领和支持发展动力的转换

下面我将从"新经济连接着中国现代化的重要战略机遇期"、"新动能主要来自能够对冲下行因素的全要素生产率"、"如何运用后发优势和规避后发劣势"和"如何更好发挥政府作用"四方面阐述培育新动能，以新经济引领和支持发展动力的转换。

不可错失的重要战略机遇期

在我国脱贫攻坚战取得全面胜利，决胜全面建成小康社会取得决定性成就的背景下，面对错综复杂的国际形势、艰巨繁重的国内改革发展稳定任务，我们还要有新的更充沛的动能支持推动中国跨越"上中等收入陷阱"，最后在 2049 年新中国成立 100 周年时，建成富强、民主、文明、和谐、美丽的社会主义现代化强国。这是认识新经济必须在战略层面把握的大背景和不可错失的重要战略机遇期。

在实施现代化战略过程中，中国从追赶、起飞到如今越来越明确地紧盯赶超目标的同时，已经上升为上中等收入经济体，这是世界银行用可比指标动态公布的全球各个经济体排名中，中国已跻身的位置；而就经济总量而言，中国自 2010 年起一直是全球第二大经济体。

但是，即使是全球第二大经济体，我国面对的国内外形势仍复杂多变，经济在经历较长时期的高速增长后开始放缓下行。2014 年，习近平总书记在河南开封、郑州等地考察，首次提出"新常态"的重要论断，提出我国经济发展进入新常态。新常态是一个客观状态，我们要特别注意适应、把握和引领新常态。这个"新常态"的"新"早已明朗，就是进入中等收入阶段以后必然和其他经济体一样告别高速增长阶段，面对经济增长速度下调而经济增长质量提高，必须完成经济结构的优化调整和升级。党的十九大进一步明确提出，我国经济已由高速增长阶段转向高质量发展阶段。在新的发展阶段，关键是要贯彻落实好党的十八大以后明确提出的"五位一体"总体布局、"四个全面"战略布局，以及供给侧结构性改革的战略方针。

供给侧结构性改革的关键就是要以制度供给、制度创新为龙头，实现整个动力体系的转型升级，以支持继续按照超常规发展的轨迹实现国家宏观战略目标。

动力升级转型的主要来源

中国的高质量发展，追求的是结构优化支持的增长质量。引领新常态由新到常的新动能，主要来自"全要素生产率"。

我认为，西方学者提出的"全要素生产率"理念，思路上近似于邓小平提出的"科学技术是第一生产力"的论断，他们都是在揭示，除了供给侧传统要素——劳动力、自然资源（通常可以土地为代表）、资本之外，科技创新所产生的动力潜能非同小可，因而邓小平给加了个前置定语"第一"。

从学理上说，邓小平的论断是十分严谨的。这么多年学者对于"科学技术是第一生产力"的研讨已经可以清晰地形成这样一个基本认识框架，就是在传统的生产力三要素——"劳动力、劳动对象、劳动工具"之外，科技不是做加法、不是做第四要素，而是做乘法，它能产生乘数效应、放大效应，所以才是"第一生产力"。

现在追求的新动能，就必须通过科技所代表的革命性力量对冲以传统生产力要素作为支撑力的下滑。当前，劳动力变得越来越贵，资本常规投资边际收益明显下降，土地和自然资源开发过程中遇到的诸如征地拆迁补偿越来越困难等，这些都是下行因素，所以要找到对冲它们的上行因素，而最值得看重的就是"全要素生产率"，这是新动能应该抓住的发展动力升级转型的主要来源。

既发挥后发优势，又规避后发劣势

从我国中西部看，发展可以产生新动能的新经济，既有技术视角的后发优势，也要警惕中国已经形成路径依赖的渐进改革中制度供给层面可能出现的后发劣势。

所谓"后发优势"，明显的表现就是超常规的追赶过程，不但在沿海，而且在我国中西部地区都有不少非常成功的案例。

如成渝经济圈的成都，这些年日新月异的发展不能用常规发展来描述，而是超常规的，很多地方政府在制定发展战略时常用"跨越式发展""弯道超车式发展"等词语就说明了这一点。

我们发现，在工业革命后落伍的经济体，一旦认准了正确的实现现代化的大方向，就有可能较便捷地得到技术方面的后发优势的推动，我国的高铁建设已经呈现出从追赶到进入世界前列的后发优势；华为（它有别于像高铁这样国有经济成分）现在也在全世界不断扩大市场份额，明显地也是从追赶向赶超前进，现在已经把它的竞争对手甩到了身后；还有电商BAT + 京东四巨头，早几年没人想到它们能发展如此快。

按中央的说法，现在我国发展仍然处于重要战略机遇期，同时面临着矛盾累积、隐患叠加。有的研究者如此比喻——中国社会的矛盾表现为改革和社会问题在赛跑，人们希望改革能够跑在前面，能够化解累积的矛盾、消除叠加的隐患。改革进入攻坚期和深水区，现在就要冲破瓶颈、勇于啃硬骨头，这是必须认识的严峻挑战。制度这方面如果不能够真正如期取得改革的决定性成果，后发劣势就极有可能破坏性地阻滞国家的发展。

如果不借助制度创新充分打开科技创新和管理创新的空间，我们一直追求的现代化强国之路，可能到了某一个临界点就会受阻而过不去。所以，在全面建设社会主义现代化国家的征程中，主观可为或者说唯一的选择，就是认定习近平总书记所强调的"惟改革者进，惟创新者强，惟改革创新者胜"①，要敢于涉险滩，在改革的深水区攻坚克难，把硬骨头啃下来。

要冲破利益固化的藩篱，以实质性的制度创新开拓科技创新和管理创新的巨大潜力空间，守正出奇地继续实现生产力整体跃升式的超常规发展。新经济大潮中的技术创新，也势必倒逼制度创新。要强调"制度高于技术"，靠制度创新开拓千千万万非政府主体创新者的科技创新和管理创新的潜力空间。

政府的有限与有为

在高质量发展阶段，要把有效市场和政府的有限有为有机结合起来。所谓有效市场，讲的就是要坚定地建设中国特色社会主义市场经济，就是要认识、尊重乃至敬畏市场的力量；政府的有限、有为就是要更好发挥政府作用，当然，在这过程中，政府不是唱主角，在资源配置和科技创新、

①　源自 2014 年 11 月 9 日习近平在 APEC 工商领导人峰会上的讲话。

市场创新中，政府是充当配角来更好发挥作用的。同时，政府不能简单地照搬成熟市场经济体所推崇的"守夜人"这样非常简洁的定位，这对中国政府来说不够用。政府要有为，要积极培育、建设市场并理性地弥补市场缺陷。

在我国中西部的发展中，市场不成熟是显而易见的，但不能等待这个市场自然成熟起来，很多的时候需要政府有意识地来培育和建设市场。在这个过程中，有些事情并非依赖市场机制就能解决好，如对基础科研的支持，政府要更加注重，因为这是存在市场缺陷的领域，需要长周期扶持。在这样的领域，政府要唱主角。而到了在基础研究支持之下成果需要孵化、需要中试和发展创业园的时候，就要更多地引入市场机制，要特别注重与市场有效兼容的特定机制的创新。

例如 PPP 创新，在公共工程、基础设施、产业新城建设和运营，某些产业新技术园区、高新科技区的连片开发等方面，它大有可为。当然，在这方面怎么样把它做好，还有一系列挑战。绿色金融、普惠金融、草根金融等，都无一例外地必须考虑适当地加入政策性融资支持因素，不可能完全脱离政策支持就可全部实现其独立的可持续发展。

总之，我国进入高质量发展阶段后，经济发展的环境、条件、任务、要求都发生了新的变化，面临的风险挑战更多，在各种制约条件之下可以选择的就是，义无反顾地以创新发展作为第一动力、以制度创新作为龙头来激发新动能，争取冲破瓶颈、克服路径依赖、实现弯道超车，推动我国经济在实现高质量发展上不断取得新进展。

第 8 章　供给侧结构性改革与"双循环"

8.1　供给侧结构性改革的认识框架

推进供给侧结构性改革是落实"四个全面"战略布局（全面建成小康社会[①]、全面深化改革、全面依法治国、全面从严治党）的重大战略决策。我和一些有共识的研究者，在国际金融危机发生之后的反思中，意识到学术研究的创新方向一定要抓住供给管理。在做出相关研究努力的过程中，在基础理论层面提出了新供给经济学框架。[②] 近些年，决策层明确提出推进供给侧结构性改革的政策措施，我们受到很大的鼓舞和鞭策，深知需要进一步深入领会中央精神和努力深化相关研究。在这里我们试对供给侧结构性改革及相关基本学理，做出框架性分析与认识。

供给侧结构性改革的基本思路与要领

中央决策层提出供给侧结构性改革，总体来说可通过两条线索来认

---

① 随着全面建成小康社会取得伟大历史性成就，当前我国已进入"全面建设社会主义现代化国家"的新阶段。

② 贾康，徐林，等. 中国需要构建和发展以改革为核心的新供给经济学 [J]. 财政研究，2013（1）.

识：一是在党的十八大以后，全面深化改革的大政方针逐步清晰，形成了"四个全面"战略布局；二是我国的经济运行出现了阶段转变，必须认识、适应和引领新常态，打造发展的升级版。[①]

中央大政方针的一步步清晰化，我认为可从党的十八届三中、四中、五中全会协调推进"四个全面"战略布局过程中最关键的几个基本概念、关键词进行把握。从党的十八届三中全会所要求的"现代国家治理""现代市场体系""现代财政制度"，对接关于市场在资源配置中起决定性作用的认识突破，实际上解决的是以这种明显有别于"管理"的"治理"新思维、新概念，来推动实现制度安排的创新。总体来说，政府在资源配置中是起辅助性作用，但是要更好发挥其作用。这种认识再对接到党的十八届四中全会的"全面依法治国"，即现代政治文明，以及党的十八届五中全会所强调的创新发展作为第一动力引领协调发展、绿色发展、开放发展，最后落到共享发展的新发展理念，再到党的十八届六中全会的"全面从严治党"，这些实际上都被纳入"四个全面"战略布局中。

在这样的大政方针之下，我们要认识、适应和引领新常态，中国进入中等收入阶段以后，必然要完成增长速度下台阶而增长质量必须上台阶这样一个具有挑战性与历史性的转换。

在上述两条线索下，我们进而可以领会党的十八届五中全会之后，中央财经领导小组第十一次会议上习近平总书记特别强调的"供给侧结构性改革"战略决策。在此之前，已口风透出（大家已经意识到中央越来越强调供给侧），以后又有很多展开的论述，但是中央财经领导小组第十一次

---

① 贾康. 宏观经济社会背景与供给侧结构性改革［M］∥供给侧改革十讲. 北京：中国出版集团东方出版中心，2016.

会议上习近平总书记提出的关于推进供给侧结构性改革的五个短句，我觉得已经比较完整、精炼地表明了决策层对这个战略决策的基本认识和逻辑关系："在适度扩大总需求的同时，着力加强供给侧结构性改革，着力提高供给体系质量和效率，增强经济持续增长动力，推动我国社会生产力水平实现整体跃升。"①

第一句，"在适度扩大总需求的同时"，实际上告诉我们，供给侧的被重视、被强调并不否定需求侧的意义和作用，还要继续做好需求侧管理。但是第二句、第三句鲜明体现了我们现在面临的矛盾的主要方面是与需求对应的另外一侧，即供给侧。在供给侧着力，首先落在改革上，"着力加强供给侧结构性改革"，这个改革指的是什么？我认为，就是邓小平当年提出改革开放时所说的"生产关系的自我革命"，就是要解决供给侧"有效制度供给"的问题，即通过这样的改革，以有效制度供给来进一步解放生产力。

为什么把"供给侧""结构性""改革"这三个词合在一起进行表述？有人说有点文绉绉的，老百姓念起来也拗口，但我的体会是，显然这体现着中央决策层特别强调我们在科学决策、政策优化时，一定要有中国特色社会主义政治经济学的学理支撑。讲改革，现在说全了便是"供给侧结构性改革"，此表述其新意首先表现在供给侧，就是认定要在改革深水区攻坚克难，解决有效制度供给的问题，讲改革必然要讲制度供给，这完全是顺理成章的表述；同时，又带出另外一个特征，即结构性，因为从制度供给来看，首先涉及的就是制度结构、利益格局，即要冲破利益固化的藩篱。"供给侧"和"结构性"合在一起，落到改革上，三个要素组合而成的表述，学理上是非常严谨的，而且也意味着决策层现在充分注重将政治

---

① 习近平主持召开中央财经领导小组第十一次会议［OL］. 新华网，2015–11–10.

经济学学理基础与科学决策、政策优化紧密结合在一起，以此推进中国的现代化进程。"供给侧结构性改革"，有时候被简称为"供给侧改革"，供给侧改革讲的就是供给侧结构性改革，只是前者表达更简化，只要不忘了"结构性"的含义是内在的。

有的学者认为供给侧改革淡化和排斥了体制改革和深化改革，他们承认供给侧改革的必要，但是认为供给侧改革要从属于体制改革。我们并不同意这种看法。现在我们从学理上来做分析认识，改革作为解放生产力的"生产关系的自我革命"，它发生在供给侧，解决的正是有效制度供给问题，也就是一定要解决制度结构优化的问题、冲破利益固化藩篱的问题。供给侧结构性改革是与体制改革一致的更强化学理色彩的一个概念。

然而，"改革"这个概念只是讲了供给侧的一个制度要素，还要把供给侧其他要素合在一起构成一个体系，就是第三句，要"着力提高供给体系质量和效率"。关于供给体系，我们已经给出了一个理论模型——千差万别的各种供给侧要素、实际生活中指标不可通约的这些要素，可以抽象为五大要素，就是劳动力、土地及其代表的自然资源、资本、科技创新，以及制度与管理。[①] 寻求供给侧整个体系质量和效率的提高，需要强调，在不同发展阶段，五大要素各领风骚，各有贡献，但是当一国进入中等收入阶段并出现新常态之后，它们之间的组合就必须推陈出新，必须实现动力体系的转型和升级。第二、三句所指的改革和供给体系的问题，显然是一个系统工程，这也就表明，并不是像有人所认为的，中国人搬用了美国里根经济学和供给学派以减税为主的主张。对我们有益的东西当然要借鉴吸收，但是美国的供给学派视界较窄，过去学术界对供给

---

① 贾康，苏京春. 供给侧改革：新供给简明读本［M］. 北京：中信出版集团，2016.

学派的评价就是其体系性不足。它强调减税，有值得我们看重的思想与启发，但它并不是如中国提出的供给侧改革那样，着眼的是全局和长远的一个系统工程，所以两者根本"不是一回事儿"。当然，"不是一回事儿"并不是完全否定供给学派，但我们并不能简单认同美国供给学派隐含的新自由主义的学理逻辑，我们是要使政府的作用和市场的作用达到一个合理的结合（以有效市场加上有为政府），这些显然与美国供给学派的主张是有本质区别的。

第四句"增强经济持续增长动力"表达的含义，首先是供给侧改革所要形成的效益和结果是，解决经济社会发展的可持续性问题，这也不是横空出世的全新命题。在胡锦涛任总书记期间，中央已经把邓小平简洁而准确表述的"发展才是硬道理"升华为"全面协调可持续发展"的科学发展观，而现在是在科学发展观这个思路之下，直接把可持续性问题与动力体系的转型和升级相结合。所以，要改变原来已有局限性的需求侧"三驾马车"的认知，而要把"三驾马车"的结构化逻辑进一步推展到供给侧。

最后一句，总结了供给侧结构性改革追求的是什么，即"推动我国社会生产力水平实现整体跃升"。所谓整体跃升，在学术上表达的就是发展曲线并不是一条简单的上扬曲线，它是一条"阶跃式"上升的曲线，在波动中一个台阶一个台阶往上走。整体跃升式的发展，实际上就是追求一种超常规发展。整体跃升式的发展，内含的其实也就是这些年中国政府体系中各级都认同以及地方发展战略设计中直截了当表述的"超常规发展""跨越式发展""弯道超车式发展"。把这种发展诉求理解为超常规发展战略，经济界也有不同的认识，比如林毅夫教授所强调的新结构经济学的基本原理是，要把握好资源禀赋，然后用比较优势原理来解释整个发展。我认为，只讲资源禀赋基础上的比较优势，并不能解决超常规发展的问题。

这样一种愿景并不是凭空而来的，世界许多经济体的发展在这方面早有丰富的实证案例，各国不会是齐头并进的发展，必然是你追我赶的发展——过去英国在发展中赶超了荷兰，后来美国在发展中赶超了英国，为什么现在不能设想中国在发展中赶超以美国为代表的世界发达经济体第一阵营呢？这方面的分析也可援引西方学者的一些研究成果，比如"蛙跳模型"等，并不是凭空想象。① 当然，这种思路也存在危险性：处理不好它会落入"大跃进"式的背离经济发展规律的误区。

这就涉及对产业政策的认识。在相关讨论中，有些学者完全否定产业政策，这种认识在实际生活中得不到任何国家案例上的回应，属于较为极端的一种说法。也有的学者强调产业政策的必要性，提出了怎么样设计产业政策的问题，但我认为，除了怎么设计之外，最关键的是产业政策怎么贯彻执行的机制问题，只讲"有为政府"不够，还得讲"有限政府"②，还得把政策倾斜机制通盘合理化，避免在供给侧结构管理方面出现一些不必要的失误。

关于跃升这个发展命题，我们要追求超常规发展，必须坚定不移。现在供给侧结构性改革，就是要在改革的关键时期攻坚克难，以求能够继续实现整体跃升式的超常规发展。这样的一个超常规现代化发展战略，我认为是中国必须把握好、在学理层面要继续深化认识的非常重要的一个战略。应特别强调的是，不能只停留于比较优势战略的认识层面，比较优势战略已达到"天花板"了。在实施比较优势战略的同时，还必须匹配要尽可能控制风险而力求出奇制胜的赶超战略。③

① 贾康，苏京春. 新供给经济学 ［M］. 太原：山西经济出版社，2015.

② 贾康，欧纯智. 创新制度供给理论考察与求实探索 ［M］. 北京：商务印书馆，2016.

③ 贾康，刘军民. 政策性金融与中国的现代化赶超战略 ［J］. 财政研究，2010（1）.

很显然，这5个短句包括了非常丰富的内容。接着，我们可从学理上介绍基础认识层面的基本概念，并就动力体系进行分析。

经济发展动力体系的完整认知

应当承认，在基本概念上，"供给"和"需求"是经济生活中一对相辅相成的概念，需求是原生动力，供给对需求的响应构成经济循环与经济生活，而政府介入其中时，从宏观调控层面着眼于社会总供需的动态平衡。这种调控既有主要着眼于需求侧的"需求管理"，主要针对总量平衡问题；也有主要着眼于供给侧的"供给管理"，主要针对结构平衡问题。过去比较成套路的、认为经验较丰富、认识较成熟的是需求管理，即反周期的总量型宏观调控，对调节结构以增加有效供给这方面问题关注很少。但是2008年国际金融危机发生之后，发现它的局限性非常明显，成熟程度是不高的。于是，从经济学的成果评价来说，就必须承认过去主流经济学总体成果的不对称性，必须加深对供给管理的认识。我们在这方面的探讨，就是要在承认需求是经济生活中的原生动力基础之上，特别强调供给侧对于需求侧的响应机制和它的特征，这才是划分经济发展不同阶段和不同时代最关键的因素。[1] 这一理论上的分析认识可表现为一个阶跃曲线的表达（见图8-1）。[2]

为进一步展开说明，可从供给侧视角把人类发展过程简单列出来（见表8-1）：

---

① 贾康. 宏观经济社会背景与供给侧结构性改革 [M]∥供给侧改革十讲. 北京：中国出版集团东方出版中心，2016.

② 贾康，苏京春. 论供给侧改革 [J]. 管理世界，2016（3）.

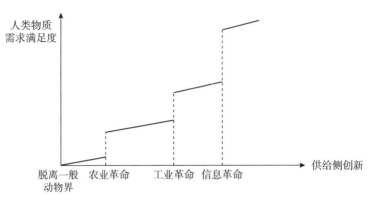

图 8-1　供给侧创新作用原理的量化表达（阶跃量化曲线）

表 8-1　供给侧视角的人类社会发展特征

时代特征	供给侧特征与突破 （人与物，生产力）	制度特征与进展（人与人，生产关系）
旧石器时代	以使用打制石器为标志	在洞或巢中混居、群居 （出现分工合作的采集、狩猎的组织）
新石器时代	以使用磨制石器为标志 （发明了陶器，出现了原始农业、畜牧业和手工业，酝酿产生农业革命）	氏族公社 （组织功能扩展至农耕等）
青铜器时代	以青铜采冶业为标志 （犁铧，兵器）	出现国家与奴隶制
铁器时代	以铁制工具和武器的应用为标志	奴隶制社会加速瓦解，封建社会在欧洲成为主流，出现皇权、农奴与佃农
蒸汽时代 （机器时代）	以机器的广泛使用（机械化）为标志 （机器代替了手工劳动，工厂代替了手工作坊）	工业革命与资本主义社会 （资本主义战胜封建主义；工业化和城市化进程明显加快；资本主义国家社会关系发生重大变化，工业资产阶级和无产阶级成为两大对立阶级；以自由经营、自由竞争、自由贸易为主要内涵的自由主义经济思潮兴起；资本主义国家加快殖民扩张和掠夺；世界市场初步形成；封建帝制被推翻）

　　　　　　　　中国改革真命题

时代特征	供给侧特征与突破（人与物，生产力）	制度特征与进展（人与人，生产关系）
电气时代	以电力的广泛应用（电气化）为标志（电力、钢铁、化工、汽车、飞机等工业迅速发展，石油开始成为最重要的能源之一）	社会主义试验，资本主义调整
信息时代	以计算机技术的广泛应用为标志，计算机技术的发展经历了数字处理阶段、微机阶段、网络化阶段、大数据阶段，并正在走向人工智能阶段（半导体、互联网、移动互联、万物互联、智能化、共享经济……）	社会主义试验中的改革转型，资本主义调整（"和平与发展"成为时代主题）全球化＋新技术革命（思考：信息时代下，对内：制度和治理结构不断发生变化；对外：全球化程度和世界格局不断发生变化）构建人类命运共同体

说明：该表格由作者创建；表中资料来源：斯塔夫里阿诺斯. 全球通史：从史前史到21世纪［M］. 吴象婴等，译. 北京：北京大学出版社，2006. 贾康，苏京春. 新供给经济学［M］. 太原：山西经济出版社，2015。

表8-1中，第一列是关于各个时代可以认定的质的变化，从旧石器时代开始一直到现在的信息时代。第二列是从供给侧观察的生产力（人和物的关系）的发展变化。第三列是生产关系（人和人的关系）的变化，如社会形态、制度特征的发展变化。这三者之间有它们的对应性。

简单地说，人类社会最开始脱离动物界，是以社会成员从事分工与合作中的采集和狩猎这种供给机制，来满足社会成员最基本的"活下来"的生存需求，这便是当时对于原生动力需求的供给侧响应机制。

在生产力的发展过程中，后来推进到出现农耕文明、农业革命，这就上了一个大台阶。农业革命带来的是社会成员可以相对稳定地取得不仅满足他们生存需求的有效供给，而且其中一部分人还可以得到满足他们发展需求和享受需求的有效供给。按照历史唯物论来解释，到了这个阶段，就有产生剩余产品的可能性，此时供给侧也有了新的支撑力，人类社会就逐渐告别原始氏族部落与公社的社会形态，而进入有阶级之分的国家社会形态。

随着生产力的进一步发展，人类社会进入工业革命时代，这是在地理大发现之后伴随全球化推进的。工业革命时代，具体又可以分为蒸汽时代、电气时代、机械自动化时代和我们当前所处的信息时代。一个一个台阶往上走，现在随着生产力的进步，经济生活中最前沿的新技术、新概念也在不断发展，从20世纪五六十年代产生半导体技术，发展到现在的信息技术，其标志是互联网，现在迅速发展为移动互联网，移动互联与大数据、云计算等科技的融合，进而推进到人工智能时代。

在互联网与这些新技术创新融合后，"共享经济"应运而生。原来认为是排他性的经济资源，现在可以共享了。比如前些年大家知道的分时度假酒店，在信息充分共享的情况下已能够便利实现。现在，出行的网约车、顺风车，移动互联技术已可以便捷处理信息的衔接与费用的支付问题。再推进会是什么呢？已为人们日益所了解的电动汽车，若干年内就可能出现这样一种状态：电动车晚上停在停车位，接上充电桩，这时候给它充的电是电网里最便宜的电，因为夜间整个社会用电量降下来了，此时电价最便宜。到了白天，不用车的时候，随身携带的智能手机会跳出一个提示：你可以卖出多少电，而且卖一个好价钱。这样，过去纯粹是一个消费单位、利益排他的私用车，现在变成了一个生产单位，整个社会可以共享这些生产能力，这里面全是赢家，没有输家。这种共享的能力就是依靠信息网络、移动互联、大数据、云计算、分布式能源、智能化电网等供给侧创新技术形成的，它能使整个资源配置效率得到提高。

在生产力进步的支撑下，这种共享经济提供的最前沿的社会形态概念是什么？就是"包容性发展"①，就是我们现在说的治理概念之下政府和非政府的多元主体充分互动而调动一切潜力和活力的发展。这种发展与习近平总书记多次提到的中国的发展是在和平发展中与其他经济体共赢的人类命运共同体式的发展一脉相承，就是要摒弃你输我赢的旧思维。

这绝对不是空话。显然人类命运共同体是在全世界范围之内支撑中国和平崛起、和平发展的一个极其重要的理念，它的逻辑源头在哪里？20世纪80年代邓小平明确提出，当今时代的主题是和平与发展。② 当时这句话说出来似乎并没有太大的冲击力，但是作为研究者，几十年间我反复思想，邓小平这样一个判断的意义非同小可，是最基础的战略判断。而20世纪五六十年代毛泽东的战略判断——认定当时的时代是战争与革命的时代。不同时期有不同的战略判断，不同的战略判断所引出的整个发展思路也极为不同：在战争与革命的时代，要解决的是"谁战胜谁"的问题，按照当年的要求，是要做好打第三次世界大战的准备，而且要立足于早打、大打、全面地打，解决了"谁战胜谁"之后再搞建设，以"深挖洞、广积粮"来对接"备战备荒"，那时必须以阶级斗争为纲，必须在无产阶级专政下继续革命，别无出路。毛泽东时代的战略判断，每一个环节都是逻辑自洽的。而到了邓小平时代，和平与发展作为时代基本特征与主题，强调的是发展时机，他所说的再也不可错失战略机遇的战略思维，就一定要强调以经济建设为中心，坚持党的基本路

① 贾康等. 新供给：创新发展，攻坚突破［M］. 北京：企业管理出版社，2017.

② 1985年3月4日，邓小平在会见日本商工会议所访华团时的谈话中指出："现在世界上真正大的问题，带全球性的战略问题，一个是和平问题，一个是经济问题或者说发展问题。"见：邓小平. 邓小平文选：第3卷［M］. 北京：人民出版社，1993：105。这是邓小平关于"和平与发展"是时代主题的判断的来源。

线一百年不动摇，通过"三步走"发展战略实现中国的现代化，这个战略目标是在前面的战略判断基础上一步一步推出来的，它也是充分逻辑自洽的。

前面提到的两个不同时代的战略判断，都有当时相应的时代背景，最终要按照"实践是检验真理的唯一标准"来评价。到当今这个时代，国际国内形势复杂多变，但和平与发展仍是时代主题，第三次世界大战发生的可能性成为极小概率事件，虽然局部的摩擦和局部战争还不可避免，但是国际上综合评价的核毁灭威胁的烈度是降低的，世界上每年发生战争的综合烈度也在逐渐降低。现在虽然还有很多的不确定因素，不能说"黑天鹅"事件就不再出现，但是人类社会希望之所在，就是通过供给侧在国际合作中发生作用，推动全世界共建人类命运共同体。其实，宏大的命题回到学理层面分析，就是一句话：生产力的特征以及由生产力决定的生产关系的特征，都是发生在供给侧，这是特别需要强调的基本原理。

当然，需求侧也在变化，但是需求侧的变化我们可称为"永新而无新"，如果从广义来说，人的需求永远不会得到满足，人性有贪婪的一面，如大家都知道的渔夫与金鱼的寓言故事。设想一下，把一个乞丐一路抬高到国王的高位，他还想再多活 500 年呢。对于这种漫无边际的无限需求，经济学无法理性讨论，经济学讨论的是有货币支付能力的有效需求。随着经济社会发展，人们收入在提高，钱包鼓起来以后，他们有更多自由支配自己的收入，所以有效需求的实现必须得到供给侧的回应与引领。需求者的变化特点是不断提升其用户体验，使其满意度不断得到提高，但他自己也说不清楚什么东西能真正使他完全满意。当供给侧不断创新，不断追求满足的需求方就会欣然把自己钱包里的钱拿出来去参与交易，这就是供需互动中有效供给所引领形成的经济循环。这个循环如果进展顺畅，就能促使经济增长有强劲动力，经济社会将日益繁荣，而且民众能享受可持续的繁荣；如果没有这样一个很好的供给侧动力，没有不断创新的有效供给支撑，发展动力就会不足，经济就会低迷，升级换代势必遇阻，甚至落入危机境况。

从下面这个案例，我们可以分析其问题之所在。同样是用户体验的升级换代，中国老百姓已经进入家庭卫生洁具升级换代的发展阶段。这种生活需求的升级，理应得到供给的回应，但在中国本土市场却没能及时满足这些消费者的需求，导致前些年大量的中国游客从日本买马桶盖回国。怎么解释这种热购？一开始人们会认为是中国的技术水平和制造工艺不过关，存在这种供给能力的落差。后来发现不对，买回来的马桶盖是中国杭州附近的厂家按照日本的订单生产的，说明在国内并不缺少这种技术和工艺的供给能力，缺的是我们国内市场制度环境的有效供给。同样，国内的家电市场也比较混乱，我说"鱼龙混杂"，董明珠说"大家都在处关系"，处关系的结果就是鱼龙混杂，应该被淘汰出局的产品迟迟不出去，优胜劣汰机制无法形成稳定预期的有公信力的购买目标，在对假冒伪劣心有余悸的情况下，公众几乎都不敢买国内高档消费品。而到了日本，情况就变了，口口相传的公信力代表着全面的质量保证与政府监管，买了可以放心，回来使用不会有任何烦恼。这个区别告诉我们，现在我们要解决的供给侧动力体系问题，往往是在中国转轨过程中首先要以制度供给为龙头才能解决的问题。供给侧的要素中，西方在比较成熟的市场经济情况下虽然没有特别强调制度，但还是形成了制度经济学这样一个新兴学科框架，中国以后更要看重"供给"与"需求"的结构平衡问题。

从这个角度看，可以简要地勾画一下可认知的经济发展动力体系。早些年，动力体系主要是指需求管理视角之下的"三驾马车"，即投资需求、消费需求和净出口需求。这样一个认识，有它的进步意义，它将需求作为一个总量概念，但又不得不做出结构性的处理，分成三块。但是这个结构化的逻辑并没有改变，要把这个逻辑传导、转移到供给侧，进一步掌握其结构状况，才能形成对整个动力体系的完整认知与把握。① 对于供给侧，需要有一个重要的认识提升，要把原来的完全竞争假设替代为不完全竞争假设。原来学者们并不是不知道要进行供给侧分析，但是供给侧分析面对的结构问题太复杂，学者难以建模和量化分析，令人望而生畏，同时供给侧复杂的结构问题可以通过各个厂商在竞争中间实现要素自主流动的配置，达到市场出清状态，该卖的全卖出去了，那时候的结构就是合理结构。所以，学者们一方面意识到供给侧这方面太复杂，不容易建模；另一方面似乎认为无须建模，自然地以"在完全竞争中达到市场出清"解决结构问题。

现在我们所说的经济学创新突破，就是必须在完全竞争假设前提下，认识到这个假设的不足，因为不论在中国还是在美国，非完全竞争都是现实世界中的真实图景。

西方市场经济国家对调节结构以增加有效供给这方面的问题认识不足，凯恩斯主义宏观调控的理论将此概括为"反周期"，即侧重于总量需求管理。

在非完全竞争假设下，政府的调控就不应仅仅是需求管理的"反周期"了，一定还要有政府作为主体促进优化结构的政策供给，比如产业政策；另外，政府必须做好制度供给，即致力于使市场形成有效的制度环境来实现优胜劣汰。这就是关于经济发展动力体系要说清楚的：需把"三驾马车"认识框架内的结构特征传递、转移到供给侧，把所有供给侧要素的

---

① 贾康，苏京春. "三驾马车"认知框架需对接供给侧的结构性动力机制构建［J］. 全球化，2015（3）.

结构问题及其机制放在不完全竞争假设条件之下，以形成一个关于经济发展动力体系的完整认识和把握。

在40多年的改革开放过程中，中国宏观经济运行中的主要偏差基本上与结构失调如影随形，或需求过旺、经济过热，或需求不足、经济低迷，这些问题其实都与结构不平衡问题密切交错。供给侧结构性改革使我们意识到，供给管理与需求管理具有同等重要的意义。国际金融危机爆发后，西方主流经济学对于供给管理的忽视，其实正是其经济学理论的局限性。

供给侧五大要素组合的优化：聚焦全要素生产率

影响经济长期增长的决定性因素是供给侧的五大要素，从供给侧把经济增长的要素抽象为：劳动力、土地及其代表的自然资源、资本、科技创新以及制度与管理。整体而言，这五大要素都不可缺少，但我们首先强调制度供给是龙头，是中国转轨过程中要抓的一个纲举目张的关键，其他相关要素当然也都对经济增长有贡献。如果从供给侧五大要素来看，可以首先得出一个基本认识，就是在一个经济体的不同发展阶段，它们的贡献是不同的，各要素的作用力度和影响效应各不同。例如，在经济增长的早期，劳动力、土地、资本三个要素对经济增长的贡献是主要的。这时候后两个要素也在发挥作用，但是相比之下，前面三个要素的作用更为直观。

比如，中国改革开放之后，农村剩余劳动力进入城镇，因此形成的低廉劳动力比较优势，就使得中国有了在国际合作与竞争环境中超常规发展的支撑力，低廉劳动力的比较优势支持着我们一路成为"世界工厂"，经济总量居全球第二。土地和自然资源改革之后，从深圳开始要靠竞争取得土地使用权、资源开发权，之后，在市场经济物质利益驱动之下，多元主体竞争中出现一波一波生龙活虎的超常规发展。资本方面，一开始国内资本匮乏，但是只要市场一开放，外商都非常清楚地知道中国有利可图，所以外资公司和机构迅速进入，不仅带来了资金，而且带来了技术和管理，实际上也在竞争中培育并倒逼了中国本土资本的原始积累，现在中国本土的民间资本、社会资金已经相当雄厚。但这些年劳动力、土地和资本这三个要素对经济的贡献却开始滑坡。劳动力方面，首先从珠三角开始，之后变成全国性的招工难、用工贵、民工荒，说"招工难"，反过来说就是"就业容易"。所以，这些年就业情况还不错，而且低端劳动力，如粗工、壮工、农民工，包括家政服务人员，他们的工资增长超过全国平均工资增长水平。从正面讲，低端劳动者薪酬要价能力的上升，这是经济体到了一定发展阶段劳动者共享改革发展成果的体现；从负面讲，这是"无可奈何花落去"，我们原来很有支撑力的劳动力比较优势逐渐丧失，于是从珠三角开始必须"腾笼换鸟"，原来的传统产业要往外迁到越南、柬埔寨、老挝、孟加拉国、缅甸等地方去，跟当年这些产能流入中国是一个道理。到了这个阶段，腾了"笼"换不来"鸟"，怎么办？怎么才能换来？这就需要产业的升级换代。如果不能成功"换鸟"，那就可能像温州一样痛失好局，表面上看，开始是"跑路事件"暴露其资金链的严重问题，然后是实质性的产业空心化。那么多的民间资本，可以去炒楼、炒大蒜、炒绿豆，就是不能支持实体经济升级换代，这就阻碍了经济的持续向好发展。如果温州这样的情况发生在东莞，发生在珠三角、长三角，那中国极有可能落入"中等收入陷阱"。这就是劳动力要素对我国经济发展的新挑战。合乎发展的一般规律是，原作为比较优势的低廉劳动力不再成为优势时，要找到其他能对冲这一下行因素的新发展动力源。

土地和自然资源方面的潜力仍然存在，国家统计局公布的中国2016

年的真实城镇化水平（户籍人口的城镇化率）才41%①，未来提升到70%左右的高位才会转入平缓发展阶段，这是国际经验可佐证的。从41%提高到70%，近30个百分点的发展空间，成为未来的引擎和动力源，在经济结构优化升级过程中会不断释放出巨大需求。伴随基础设施的升级换代，产业互动与人力资本培育也会如期实现。

当一国进入中等收入阶段后，科技创新、制度这两大要素一般会表现出巨大的潜力以及对冲前三个要素支撑力下滑的重要价值，甚至会成为全要素生产率的主要贡献因素。

8.2 供给侧结构性改革是生产力与生产关系的优化重构

对已进入新发展阶段的中国而言，要保持经济的平稳较快增长，需要强化供给侧的分析和认知。同时，也必须认识到，唯有技术创新的重大突破，方能引领世界经济彻底走出衰退与下行的泥淖。世界正经历百年未有之大变局，新旧交织、结构性矛盾频现，这与近年来我国在"黄金发展期"特征仍存之时却进入了矛盾累积、隐患叠加的风险期基本一致。我们在处理产品与服务消费的需求侧问题的同时，需要解决"生产什么"和"如何生产"的供给侧问题，尤其是制度供给怎样优化的问题，这种把供给与需求紧密联合起来的研究，在人类社会发展实践中正日益凸显其必要性和重要性。因此，充分认识这一背景，不仅有利于加深对推进供给侧结构性改革的历史纵深与时代背景的认识，而且能从理论上进一步明晰新技术、新经济的发展对中国经济转型升级的重要性，并从中推演出我国供给侧结构性改革的方向与实施路径。

---

① 数据来源于《中华人民共和国2016年国民经济和社会发展统计公报》。

正确理解供给侧结构性改革中政府与企业的定位

供给侧结构性改革的主战场是要素市场。我们要特别关注一个问题：在供给侧结构性改革中，政府与市场主体（企业），各自应如何定位？在要素流动、互动所实现的资源配置中，应怎样分工合作？

前述关于劳动力、土地及自然资源、资本、科技创新以及制度与管理五大要素的共同作用，是就整体经济增长而言的，但是落到与经济增长相关的主体上，则可以进一步分成三个层面。

一是微观层面。一般厂商或企业在从事生产经营活动时，涉及的要素主要有三个：劳动力、土地和自然资源、资本，可简称为"人地钱"。不同的企业家，运用自己独特的眼光与才能，把这三个要素组合而成特定的生产或者服务供给能力。在一个经济体中，大部分企业是在这个层面发挥其市场主体作用。

二是微观与中观、宏观结合层面。以大企业集团或跨国公司等行业龙头企业为主，在从事生产经营活动时，除了以上三个要素之外，还会特别看重"科技"这一要素。这是因为，一方面，对大企业而言，科技创新能力决定其核心竞争力和"百年老店"式长寿生存发展能力，事关大企业是否能保持其行业龙头地位以及能否获得超额利润；另一方面，由于科技创新具有巨大的不确定性，往往耗费巨大，一般只有大企业才有实力进行长期、巨额的投入。另外，在工业化中后期的发展中，一批在战略性新兴产业寻求创新发展的中小企业，在与新经济同向而行的风投、创投、天使投资基金支持下，也把科技要素作为关键的发展支撑条件和创新成长突破口，力求形成其核心竞争力，并成功地以"硅谷经验"引领新潮流。

无论是大企业集团，还是科技型中小企业，其偏好追求都可与地方政府乃至中央政府从中观、宏观层面提供的产业政策、技术经济政策和财税金融政策等相结合，力求以科技产生"第一生产力"的巨大乘数效应。综观世界产业发展史，科技创新和实现重大技术突破，是阶跃式经济发展的直接动能源泉和支撑力量。

近现代，政府愈加注重从支持基础教育、基础科研入手，培育创新人才与创新能力，积极以产业政策、技术经济政策和财税政策等助力科技创新。另外，地方政府、中央政府从中观、宏观层面必须牵头编制与实施的国土开发顶层规划，从而与企业在微观层面自主选择的要素组合相结合。①

三是宏观层面。这一层面属于政府的主要作为空间，对应的是作为慢变量的制度要素供给。制度经济学已经充分证明，制度对于推动一国经济增长和繁荣极其重要。而政府是社会中唯一的正式制度供给者，同时也是非正式制度强有力的影响者与引领者，所有其他的主体——企业、家庭、个人都将在政府以公权力维系的制度规则"天花板"下行动。同时，与自然垄断有关的不动产和网状系统的空间配置，也必须纳入以政府为主体的规划供给之中。比如，以政府为主体的国土开发顶层规划，是所有市场主体进行各种要素组合的前提。

总之，由政府组织形成有效的制度供给这一要素，对于经济增长极其重要。已有的研究表明，无论是工业革命的发祥地英国、市场经济高度发达的世界强国美国，还是20世纪后半期崛起的亚洲"四小龙"、改革开放中迅速发展的中国，都是制度改革优化促进经济增长的绝佳案例，而在撒哈拉以南非洲国家、中东一些国家所见到的普遍贫穷与战乱，与它们缺乏一个强有力的政府以及有效的制度供给密不可分。当然，政府的"有力""有为"，需要与其"有限"合理匹配。政府主导

---

① 贾康，苏京春. 供给侧改革，新供给简明读本［M］. 北京：中信出版集团，2016.

下的有效制度供给，只有形成包容性的机制特征，才能契合人类文明发展的主导潮流，也才能满足微观主体在要素流动中发挥潜力、活力的客观需要。进一步讲，政府还要从宏观层面统筹设计运行与收入再分配相关的制度体系，如税收、福利、抚恤救济等，以期较好地处理经济生活中常常存在的"公平（均平）"与"效率"的矛盾关系。

因此，根据以上认识来把握供给侧结构性改革的内在逻辑，认识政府与企业在这一框架中的各自功能与作用定位，可简要归结为四点：

第一，在推进供给侧结构性改革中，企业（由企业家主导）的作为空间是，积极改进以劳动力、土地与自然资源、资本、科技创新为主要内容的要素组合状况，提高所供给的商品或服务的质量和效益，正视要素流动中优胜劣汰的竞争之道，积极凝聚核心竞争力。

第二，在推进供给侧结构性改革中，政府（由决策者主导）的作为空间主要是制度改革，改进制度供给与推进制度创新，特别是在"生产关系的自我革命"中攻坚克难，改变那些不适应发展要求的经济社会管理规则、方式与机制，为企业从事生产经营活动创造高标准与法治化的包容性环境和条件，释放经济社会的一切发展潜力与活力。比如，关涉全局又无法由微观主体以"试错法"而达到优化的国土开发顶层规划，需由政府牵头搭建主体行动的"天花板"与"一盘棋"的框架。再比如，一个能兼顾公平与效率的国民收入分配格局，也需要政府在其中发挥应有的积极作用。

第三，在推进供给侧结构性改革中，政府不能也不应当下到企业层面，下到要素具体组织运营层面，过多介入产业调整与企业重组等具体事务。应当特别注意，尽量不用、慎用行政性手段去组织实施所谓的"达标"，而应当尽快出台与施行那些能有效引导市场主体合意行为的相关制度。

第四，在推进供给侧结构性改革中，政府与企业要找准合作领域，优化合作机制。以科技创新为例，无论是大企业还是科技型中小企业，都可与地方政府乃至中央政府所提供的产业政策、技术经济政策和财税金融政策等相结合，力求以科技产生"第一生产力"的引领作用和乘数效应。近几十年愈益得到重视和长足发展的PPP模式，在公共工程、基础设施、产业园区与新城连片开发方面也提供了政企合作形成要素组合创新升级版的成长舞台。

此处关于政府与企业定位的考察，实际上已从完全竞争假设出发考察"必然"，扩展到加入非完全竞争考量的"应然"认知框架。如图8-2所示。

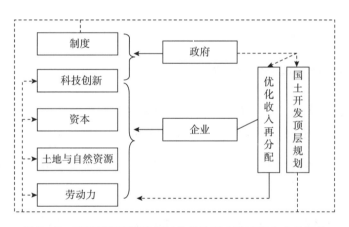

图8-2 要素视角下供给侧结构性改革中政府与企业的定位

8.3 供给侧结构性改革的切入点

供给侧结构性改革的切入点，表述为"去杠杆、去产能、去库存、降成本、补短板"（"三去一降一补"），并要求市场与政府作用的合理结合。为正确理解和掌握"三去一降一补"，必须把它放在供给侧结构性改革整体逻辑关联之内。如果从字面意义来看，有三个词语：供给侧、结构性、改革。我认为首先要注意到，它重点落在"改革"上，但又突出了"供给侧"，即改革是要解决供给侧的有效制度供给问题，表明了决策层通过相关分析，认识到现阶段矛盾的主要方面在于供给侧，所以必须聚焦与需求侧总量问题迥然不同的供给侧结构问题。首先是制度结构优化、利益格局调整、冲破利益固化的藩篱等问题，攻坚克难推进改革而解决好有效制度供给，进而提高整个供给体系的质量和效率，这也是其引领新常态、激活要素潜力的动力体系再造。这三个词语联结而成的这一重要战略决策，是得到社会主义政治经济学的学理支撑的。

如果把供给侧结构性改革的以上三个概念放在一起理解，那么结合现实经济生活，可对"三去一降一补"的具体要求与实施要领做进一步的考察分析。

"去杠杆"：区分宏观与微观

"三去"中的"去杠杆"，直截了当地讲，这在宏观上与间接调控体系中货币政策当局主导的控制广义货币供应量（M2）相关，与适度扩大总需求和完善宏观审慎政策以防范风险有关，也与如何更好掌握总量型的需求管理有关。在这个意义上，它的操作和我们各个地方、各个行业、各个企业并没有直接关系。其他宏观管理部门，则需要与货币当局做好协调和配套。比如近年的财政政策，强调要提高赤字率，而提高赤字率意味着举借债务的规模要扩大，财政部门的领导已指出，这是以财政的加杠杆服务于全局的去杠杆，这就体现了全局与国家层面等部门的协调，这是从宏观角度必须把握的"去杠杆"概念对相关管理主体的要求。

另外，从地方政府视角来说，应有一个清醒的认识：全局的去杠杆并不排除局部的加杠杆，而且局部的加杠杆一定是理性供给管理下的结构性加杠杆。比如，在全局去杠杆的同时，地方政府在本地发展战略实施过程中需要发力支持优化结构的一些关键点上，却是需要加杠杆的；大量三、四线城市楼市去库存，也是需要配合必要的政策措施而加杠杆的。这些都迫切需要设计一种理性的供给侧管理方案，以达到优化结构从而也服务于降低总体杠杆风险程度的要求。总之，管理当局要协调好的事情是，地方、行业应理性地处理好怎么样以必要的结构性加杠杆来顺应全局的去杠杆，从而贯彻落实好发展战略。这是典型的供给管理的任务。

至于微观企业主体降低自身负债率的"去杠杆"，则必须因企制宜，并没有一个"一刀切"的合理解决方案，政府一般也不应按某个量值做硬性要求，关键是企业在竞争中要结合自己的生产经营策略，力求在定制化处理中达到对负债经营较高水准的风险防控。微观的"去杠杆"，实质是一个个企业提供的特定资金供给管理方案。

"去产能"：正确把握实质和机制

其一，不宜笼统地讲去所有的过剩产能。我国现在聚焦的其实是要去落后产能。各个行业的产能过剩还是不过剩处在不断变化中，准确的说法是，在行业里高高低低可比的产能。"去产能"的工作重心必须放在去落后产能这个实质问题上，才能更直接地对应我们所追求的结构优化和打造升级版。

其二，所谓过剩产能，是可以通过一些创新机制比如 PPP 模式来改变其属性的。PPP 这一创新模式显然会把一部分过剩产能转为有效产能。原来政府在某些公共工程、基础设施，以及产业园区连片开发这些建设项目上往往心有余而力不足，现在可以调动民间资本、社会资金，甚至外资一起来做。如果这个事情做得好，便会产生一系列正面效应，包括：缓解政府未来很长时期城镇化和老龄化压力之下的财政支出压力；改善民生，使老百姓得实惠而且实惠可持续，因为它是政府、企业和专业机构"1＋1＋1＞3"的绩效提升机制，也正是落实共享发展的机制创新；它还会给一批与政府合作的企业开拓获得非暴利但可接受的长期投资回报的发展空间；它还能对接混合所有制改革以及对接法治化、民主化制度建设，它是对全面依法治国的一种倒逼机制和催化剂。同时，在引领新常态过程中，它是可以把一部分过剩产能成功转为有效产能、进行有效投资（聪明投资）的创新机制。

其三，我们需要认识到，在行业、企业升级换代中，不应把所有在竞争力上有一定劣势的企业，草率认定为所谓僵尸企业，"僵尸企业"这个概念是可以用的，但是应仅限于少数确实无可救药而迟迟未出局的企业。某些在竞争中确实有压力、有困难的企业，如果能成功地实现升级换代，就可能改变面貌，原来被人们认为的过剩产能，也有可能转为有效产能。所以，在"去产能"方面，一定要真正聚焦到在整个行业或者某一个领域应被市场竞争淘汰的落后产能是否能去除这个关键问题上。

其四，去产能的主体与机制何在？在去产能中，对于为数不多的某些成规模的企业，政府如认定它是落后产能代表，在没有挽救的情况下，可以以政府为主体实施关停并转，但是这种方式的适应性非常有限。2018年，中国各类市场主体总量已超1亿户，但90％以上是中小微企业和个体工商户，大量的中小微企业中谁是落后产能代表，政府不可能一一甄别，必须在依靠政府维持公平竞争的制度环境、让整个市场机制发挥作用的过程中，通过优胜劣汰解决落后产能问题。这是一个极其重要的去产能的主导机制。

"去库存"：区分情况分别施策

人们普遍意识到，去库存主要针对的是房地产，而房地产现在的情况是"冰火两重天"。北上广深早已经火得一塌糊涂，它还去什么库存？需要赶快组织有效的供给，缓解这种供需矛盾，平息民众的不满。相匹配的基础性制度的供给问题，一定要提到日程上。比如，中央所要求的"加快房地产税立法并适时推进改革"，这个政策要求如何跟现实对接已经比较清楚了。所以，房地产去库存，真正要抓的是大量三、四线城市去库存的问题。在三、四线城市去库存，又必须注意不是简单依靠现在已有的商业性消费信贷支持，就可以如愿地达到去库存的目标，因为三、四线城市最值得争取的购房主体是所谓"农民工"，未来几十年，我国还有约4亿人将从农村到城镇定居，一开始他们被称为农民工，是因为户籍还在农村，但是需要在城镇中"住有所居"地形成与他们需求所对应的供给，最主要的部分不是一般商品住宅，因为他们的支付能力大多还跟不上，他们能支付起的是低价的共有产权房或者公租房，所以要在现有存量基础上增加供给，就一定要使用政策杠杆。这说明：在房地产"去库存"方面，在全局的去杠杆、控制杠杆的同时，还必须处理好政策性加杠杆的问题，这样才能真正使一大批农民工如愿地在三、四线城市住有所居，安心地工作和生活。这样处理，确实可以把一些城市的房地产库存，从原来"存"的状态转为"用"的状态。

"降成本"：深化改革、降低制度成本

关于"降成本"，很显然，对于企业自己可以降低的成本，不用政府太操心，政府只要维护了公平竞争环境，企业就会千方百计把事情做到极致，在所有节点上控制成本、降低成本。对政府而言，真正需其发力降低的成本，一定是制度性成本。在制度性成本中，税收上需要继续做好一系列可能的减税改革，但税收之外的非税收入，比如各种各样的行政性收费，以及社保体系的"五险一金"，也还有降低的空间和必要。

"补短板"：因地、因企、因行业制宜

关于"补短板"，需要注意供给侧结构性改革和供给体系质量效率的提高：一定要解决结构问题。而解决结构问题，必须具体分析各地、各行业、各企业的情况后再"对症下药"，如其短板在哪，怎么补？绝对没有一个笼统的拿来就可以直接套用的标准化解决方案。这就是供给管理明显区别于需求管理的特点：需求管理是非常清晰的指标单一、政府以调控进行的反周期操作，而到了供给管理、供给侧的补短板，特别强调的是因地制宜、因企制宜、因行业制宜，一定要设计高水平的特定解决方案，这是我们必须面对的供给侧结构性改革的挑战。

总之，按照中央供给侧改革的实质性要求，关键是要充分尊重市场在资源配置中的决定性作用，政府主要是营造公平竞争的环境和掌握负面清单的"市场准入"，力求在市场竞争中优胜劣汰地执行好"三去一降一补"政策，这样我们才能真正走上一条加快发展方式转变的正路。

8.4 供给侧结构性改革的实施路径

近几年，我国以"三去一降一补"为切入点的供给侧结构性改革，已经在各地展开。对此，有必要从理论与实践相结合的角度做出进一步的分析和认识。

基于要素"释放—吸附—重组"的运动规律和长周期理论所指的技术方向，可以看出，我国供给侧结构性改革要考虑一个既有先后顺序又紧密相连的"三步走"战略：第一步，从低效、过剩领域中释放要素，体现为完成"三去一降一补"这五大任务；第二步，深化结构性改革，系统性地优化制度要素的有效供给，促进竞争性要素的自由流动；第三步，积极抓住新技术革命的机遇，大力发展新经济并基于"互联网＋"推动传统产业升级换代，以形成要素优化配置的升级版，为迎来新一轮经济增长与繁荣夯实基础。

从低效、过剩领域中释放要素：以五大重点任务为切入点

2015 年中央经济工作会议提出的"去产能、去库存、去杠杆、降成本、补短板"这五大任务，主要针对的是 2008 年国际金融危机后因经济刺激政策留下的"后遗症"，主要目的是推动市场出清，提高供给体系的质量和效率。

一是积极稳妥"去产能"，优化供给结构。重点针对的是钢铁、煤炭、水泥、造船、电解铝这五大产能严重过剩行业，主要方式是提高产品、质量、环保等标准，治理"僵尸企业"，淘汰落后产能，释放宝贵的要素资源。需要特别注意的是，防止在"去产能"过程中过于夸大行政力量的作用。对于为数不多的成规模的大型企业，如能认定是不可救药的落后产能企业，固然可以便捷地使用关停并转等行政性手段来加以迅速处理，然而面对我国上亿个市场主体，政府没有能力去一一甄别占绝大多数的中小微企业谁是落后产能的代表，真正有效的机制是促进市场公平竞争的优胜劣汰机制。以市场公平竞争动态地淘汰落后产能，而不是依靠政府严格划定过剩产能而后关停之。

二是"去库存"，消化房地产供给侧的冗余存量。今后一个时期，要以多种政策手段与经济杠杆的合理组合，积极化解这部分房地产库存，促进房地产业健康发展。

三是防范风险"去杠杆"，确保经济安全。近年来，我国杠杆率上升较快，其中既包括宏观上的广义货币供应量指标偏高，又包括非金融企业的负债率指标偏高，需要设计合理可行的风险控制方案，防范化解风险因素。

四是多举并重"降成本"。目前我国各类制度性交易成本过高，特别是税外的"五险一金"、行政性收费与其他各类隐性成本等，造成企业综合负担较重，需要从财税、金融、社保、流通、能源、廉政建设等多个领域发力，以配套改革打好降低企业成本的"组合拳"。

五是雪中送炭"补短板"。要扩大有效供给，即补足经济社会发展中明显形成短板、瓶颈的方面，如精准扶贫、优质教育、普惠医疗、多种形式养老、城乡基础设施升级、科技创新重大事项、"三农"发展等，为经济社会发展营造更好的条件。

消除阻碍要素自由流动的壁垒和障碍：深化重大关键领域的改革

供给侧结构性改革的本质是改革的攻坚克难。从供给侧角度看，我国在要素流动方面，存在着明显的不当约束与抑制，种种制度壁垒和过度垄断与此难脱干系，亟须通过深化改革，降低准入，消除壁垒，为要素自由流动创造良好条件和环境。具体包括以下一些改革：

一是国有企业改革。由于历史原因，近几年进行的去产能、去杠杆、去库存等工作，在相当大程度上都指向国有企业，因此国有企业改革在供给侧结构性改革中首当其冲。国企改革的原则是坚持政企分开、明晰产权、顺应市场规律，建立现代企业制度与治理机制，实施混合所有制战略重组，将国有企业的改革与民营企业的发展纳入共赢的轨道。

二是行政审批制度改革。这一改革的目的是规范政府的行权方式，管住管好政府这只"看得见的手"，把简政放权做到位。一方面，政府应从对大量经济社会事务的具体管理中脱身出来；另一方面，要积极加强宏观调控、市场监管、公共服务和社会管理等政府职能，以优化市场环境、释放经济社会活力。此项改革的实质性推进，亟须结合"大部制"改革和"扁平化"原则，对整个政府机构设置进行优化改造，以精简机构为前提，将减少审批、实质性转变政府职能等改革难点落到实处。

三是金融与投融资制度改革。金融是现代经济的核心，资金是市场经济运行的血液。投资这一重大经济支持因素，需匹配融资的杠杆力量并有效地防范风险。针对我国金融体系长期存在的结构性失衡，金融产品的多样化、衍生化，金融为实体经济服务严重不足和金融风险频发等问题，今后应积极引入多元金融和投融资主体，发展多层次资本市场，加强金融宏观审慎监管和促进互联网、PPP等新金融和新型投融资机制建设，配套做好深化改革。

四是财税改革。财政是国家治理的基础与重要支柱，是政府与企业、中央与地方、公权体系与公民间财力分配体系和基本经济关系的枢纽。需要坚持分税制改革大方向，按照扁平化取向构建中央、省、市县三级架构，以"一级政权、一级事权、一级财权、一级税基、一级预算、一级产权、一级举债权"为原则，再配之以中央、省两级自上而下转移支付的现代分税分级财政制度，形成优化处理中央与地方财政体制关系的设计方案，推动税收制度由以间接税为主向以直接税为主转变，并合理形成地方收入体系，深化预算制度改革等，形成良好的经济社会利益分配与调节机制。

五是科技制度改革。创新对于今日之中国，其重要性无论怎么强调都不过分。当务之急是要基于教育改革破解人才培养的"钱学森之问"，以科技改革打造符合科研规律的创新体系，建立支持基础科研并大力推进科技创新与产业经济融合的长效机制，在高端"买不来的技术"领域要靠自主创新取得突破；在中高端则依靠全面开放和"拿来主义"，将引进、消化吸收再创新与集成创新结合，最终建成创新型国家。

六是土地与不动产制度改革。土地制度和不动产制度是国家的基础性制度，关系到国计民生方面重大利益格局的优化，需要政府在配套改革中长远谋划、审慎把握、积极进取。土地制度改革的难点主要集中在农村集体经营性用地、农民承包地和宅基地等的流转机制，以及城乡接合部征地、拆迁、补偿等方面。为此，应积极总结重庆"地票"、土地收储制度和深圳化解本地居民土地与不动产历史遗留问题的实践经验，结合国家已推出并有明确时间表要求的不动产登记以及《物权法》规定的用益物权自动续期、党的十八届三中全会要求的"加快房地产税立法并适时推进改革"等规定，化解多种矛盾，铺平通向长治久安的新路。

七是优化人口政策与劳动力市场改革。人力资本是经济增长最基本的支持要素。随着我国人口红利的逐渐消失和老龄化社会的来临，必须加快优化调整我国人口政策，实施以优生和提高人口质量为核心、更加鼓励生育的人口战略（2021 年 6 月 1 日，三孩生育政策已全面放开）。同时，要大力完善与人口流动密切相关的户籍制度改革、社会保障制度改革等，从而真正形成城乡一体化、全国统一的劳动力市场。

优化要素配置：推动实体经济升级和积极发展新经济

从低效过剩领域释放要素和通过结构性改革促进要素自由流动，目的是使要素按市场规律实现资源优化配置的结果，提升供给侧经济体系的质量和效益，解放生产力。根据当前世界产业结构在新技术革命大潮中的变化，以及我国经济发展中认识、适应和引领新常态的新要求，我们可以做出一个重要判断，即以优化资源配置为目标的要素流动，必将流向实体经济升级和发展新经济方面。换言之，在经济增长的新阶段，为跨越"中等收入陷阱"所需的实体经济升级和新经济的发展，将是衡量我国供给侧结构性改革是否取得成功的主要标志。

供给侧结构性改革的根本目标之一是振兴实体经济。要以制度、科技为抓手，聚焦全要素生产率，支持我国实体经济向上冲破"天花板"而实现产业的转型升级。历史地看，我国珠三角、长三角等原增长极区域在新的发展阶段不得不实行"腾笼换鸟"式的经济结构调整，表明原来支撑我国成为"世界工厂""全球第二大经济体"的低廉劳动力成本、土地开发潜力等比较优势，在进入中等收入阶段后正失去其支撑力，必须进行新一轮的转型升级。"腾笼"就是要把相当大一部分传统制造业产能转移到国内欠发达地区（如中西部）和周边经济体（如越南、老挝、柬埔寨、孟加拉国），这和改革开放初期这类产能由外部向我国国内（首先是沿海地区）转移是一个道理。"换鸟"就是要实现产业、产品的升级换代。如腾了"笼"而换不来"鸟"，冲不破产业升级的"天花板"，那同样起不到效果。

供给侧结构性改革的根本目标之二是大力发展新经济。新经济主要是指基于互联网为基础的经济创新发展成分，主要包括两个方面：一是以互联网为基础设施所产生的新产业、新业态和新商业模式，二是传统产业在"触网"（互联网＋）后所开拓的新空间、新领域，涉及全部一二三次产业，既有三产中的电子商务等新兴产业和业态，也包括二产（工业制造）中的智能制造、基于社会化大生产的新型定制化生产等，还涉及一产中有利于推进适度规模经营的"订单农业"、家庭农场、"产超直通"和农业经济与二、三产业融合发展的业态，等等。当前，我国已经成为互联网第一大国。新经济延展的不可思议的潜力与空间，为处于经济下行阶段的我国经济乃至世界经济带来了希望的曙光，它也代表着我国供给侧结构性改革和经济加快转型升级的前沿与大方向。放眼全球，当前世界正处于第四次产业革命的入口，我国有望与美国等发达国家站在争抢新经济制高点的同一起跑线上，抓住这一重要战略机遇，对中华民族实现伟大复兴十分关键。因此迫切需要在继续运用好发展中经济体（主要在适用技术方面）后发优势的同时，有效形成供给侧结构性改革的先发优势。

总之，我国推进供给侧结构性改革具有鲜明的时代背景、长纵深视野与十分突出的现实意义，我们需通盘考察，准确把握优化供给侧诸要素的基本要领。一言以蔽之，供给侧所涉及的竞争性要素能否顺利释放、流动、重组，并形成从低效率部门向高效率部门的顺畅转移，是决定我国经济能否长期保持可持续增长的本源性动力和关键。纵观全局，我国供给侧结构性改革正是以问题为导向，准确抓住阻碍经济增长的关键因素，以有效制度供给为龙头，清除在新的历史起点上继续大踏步前进的诸多障碍，向着中华民族伟大复兴的中国梦挺进。只要方向正确、着力点准确，我国完全有可能在当今世界性的结构性改革中，在充满挑战与机遇的 21 世纪，走在世界前列，使我国这一曾经在前几次工业革命后落伍的文明古国，在追赶—赶超的现代化过程中后来居上，并为构建人类命运共同体做出自己应有的贡献。

8.5 "双循环"新发展格局的认识框架

"双循环"框架提出的时代背景

"加快构建以国内大循环为主体、国内国际双循环相互促进的新发展格局"的提出，有相关的时代背景。根据党的十九大报告，我国在全面建成小康社会的基础上，要进一步对接新的"两步走"现代化发展战略。我国经济进入新常态后，主动地从高速发展向中高速发展调整，以期实现结构优化与高质量发展。2018 年后，中美贸易战，又叠加 2020 年突发的新冠肺炎疫情冲击，国内外矛盾交织带来众多不利因素，使得我国面临的不确定性因素明显增加。在这样的背景之下，国际关系的处理与调整、我国发展战略和相关策略的优化组合势在必行，从而更好地服务于实现现代化强国新的"两步走"战略。

"双循环"的历史渊源

改革开放以来，学术界和领导层关于如何以经济建设为中心推动发展进行了大量探讨。20世纪80年代中后期，在总结经济建设实际经验和进一步探索前瞻性战略思路的基础之上，原国家计委经济研究所的中青年骨干之一、现任中国宏观经济学会秘书长王建提出"国际大循环"经济发展战略构想①，并得到时任国务院领导的明确肯定与高度重视。

"国际大循环"战略构想主要是指通过"两头在外"的发展模式把中国本土的比较优势与国际市场对接，以形成邓小平同志提出的"三步走"发展战略内在要求的超常规发展态势。实施这一战略的前提是，我国以经济建设为中心，在改革开放中已进行了农村改革、企业改革、设立经济特区等局部试验，又在宏观层面以财政为突破口进行了分税制改革等，这些改革为要素流动提供了一些基本条件，为国外要素流入打下了基础。当时我国广大地区尚未完成原始积累，特别需要利用国外的资金、资源启动"三来一补"，即"来料加工""来件装配""来样加工"和"补偿贸易"。国外要素流入后，通过加工再出口，我国的就业率、GDP、税收和人均收入都有上升。与此同时，更是引入了资金、技术、管理和商品经济理念，助益我国市场经济的逐步培育与发展，并且逐步与国际规则对接。因此，在很长一段时间里，"国际大循环"战略带动了国内商品经济、市场经济的发展，各种要素在国际大循环中的流动，使中国在经济追赶中实现了超常规发展。当然，我国经济的起飞还有很多其他因素。总体上讲，更为决定性的大事件是1992年邓小平南方视察后，最高决策层把建立社会市场

---

① 1988年王建在《经济日报》上发表了《选择正确的长期发展战略——关于"国际大循环"经济发展战略的构想》一文。

经济体制确立为我国经济体制改革的目标，1994 年中央推出了财税配套改革等。

2001 年我国加入世界贸易组织以后，经济发展突飞猛进，直到经济总量位居全球第二，贸易总量位居全球第一，制造业在规模和产能上领先，被称为"世界工厂"。我国成为世界第二大经济体后，继续通过"国际大循环"战略来推进经济发展，但中国发展出现了明显的阶段性变化。2010 年之后，中国经济运行告别年均两位数的高速增长，在适应新常态的过程中，需要牺牲一些速度而追求高质量发展。2018 年开始，因中美贸易战影响，使原来引领新常态中已初具形态的中高速发展状况未能得到稳固而继续下行。2020 年初，新冠肺炎疫情暴发，进一步对经济下行造成严重冲击。因此，当前我国面临"三重叠加"的经济下行趋势，必须更多掌握主动权，应对种种不确定性，继续推进和平发展的现代化过程，调整原本较高的经济对外依存度，将支持经济持续发展的侧重点转移到潜在需求巨大的国内市场，从而进入更具有主动掌控权的高质量发展阶段。

"以国内大循环为主体"和"双循环"的学理逻辑

首先，"构建以国内大循环为主体"和稳中求进、扩大内需方针是一脉相承的。稳中求进自 2010 年在中央经济工作会议上明确提出一直延续到现在，党的十九届五中全会把扩大内需表述为战略基点，这期间经历阶段转换，告别经济起飞的粗放发展阶段，又演进到中美关系恶化和新冠肺炎疫情冲击叠加的阶段，于是提出"以国内大循环为主体"，即由扩大内需，推进到更清晰地表述其供需循环，这是对我国国内巨大市场潜力释放更为倚重的认识框架；其次，"构建以国内大循环为主体"体现了更好地把握防风险、稳增长、追求发展升级主动权的战略思维；最后，"构建以国内大循环为主体"绝不意味着重回闭关锁国,也不意味着内循环是个闭环,目前强调以内循环为主体,是在原本已有的国际经济大循环发展过程中做加法,而非否定原本的国际经济大循环。

随着生产力的发展,"地球村"在生产、贸易和投资等方面已形成共同发展、不可分割的格局。内循环与外循环的共同背景,是不可能被完全颠覆的全球化,这决定了两者必然是相互促进的关系。

构建"双循环"新发展格局的要领

(一) 内循环视角

(1) 抓好有效投融资。消费需求永远是经济增长的原生动力,它是一切经济活动的出发点和归宿。改革开放之后,我国消费需求不断升级,从基本的衣食住行,到教育娱乐、医疗保障、养生养老等,与之相对应的是要提供有效供给,而这种有效供给的源头是有效投融资——投资要与金融系统的融资相匹配。通过有效投融资形成有效供给,可以回应消费需求,并拉动和创造新的需求,满足人民对美好生活的向往。因此,为充分挖掘我国消费市场的巨大潜力,使消费在发展中的基础性作用得到持续发挥,首先是要抓好有效投融资。2020 年,全国两会强调了"两新一重",即新基建、新型城镇化和作为重点的传统基建,三者一定要相互呼应、合力推进。比如在新区连片开发过程中,既包括道路桥梁、公用设施、绿化带、商业网点、医院学校等传统基础设施建设,也包括数据中心、人工智能开发中心等新型基础设施建设。同时,新区要带动辐射其他地区,包括使其周边更广阔的农村地区共享改革发展成果,因此,新基建和老基建,新型城镇化和城乡一体化,其实是融合发展相得益彰的。

(2) 优化收入再分配,释放消费潜力。虽然我国人均收入水平在稳步增加,但在收入结构方面依然存在收入悬殊、收入分配不公等问题。要解决这些问题，必须优化收入再分配，包括优化转移支付、直接税和社会保障等制度安排，使全民共享改革开放成果，走向共同富裕，释放消费潜力，特别是进一步挖掘低中端民众的消费潜力。

（3）优化户籍制度改革。最新统计数据显示，按户籍人口城镇化水平度量，我国真实的城镇化率只有44.38%①。因此，城镇化还有相当可观的提高空间，未来在户籍制度管理方面要积极推进改革，大方向是进一步消除城乡分治格局。如何让进城务工的农民取得户籍，是扩大内需、"以内循环为主体"必须完成的配套改革任务。在北上广深等大城市和其他一些省会城市、中心城市，户籍管理方面的压力是非常明显的，究其原因，主要是城市当前的供给能力不足以支撑所有流入人口的需求和保障其获得基本公共服务均等化的待遇。因此，必须先从小城镇、中小城镇等流入人口压力不大的地方做起，有条件放开户籍的尽快放开，没有条件马上放开的，要积极考虑运用积分制等过渡办法，加快推进户籍制度改革，让人力资本要素更加顺畅地流动起来。

（4）外贸出口转内销。我国原本的外贸出口规模已是世界第一，在构建以国内大循环为主体、国内国际双循环相互促进的新发展格局中，将部分出口转内销，是应对外部不确定性的必要途径。

（5）以新型举国体制攻关支持形成高端产出的内循环。当前我国在一些核心、前沿、关键技术上仍依靠外部供应，高端芯片等仍面临"卡脖子"的局面。要攻克这些难关只剩下"华山一条路"，即必须以新型举国体制进行攻关，比如争取在3～8年内突破高端芯片的研发技术。我国要

---

① 2020年10月7日，新华社报道，"十三五"期间，我国户籍制度改革进展顺利、成效显著。公安部数据显示，1亿人落户任务提前完成，1亿多农业转移人口自愿有序实现了市民化，户籍人口城镇化率由2013年的35.93%提高到2019年的44.38%。

大力弘扬"两弹一星"的精神，并结合现在市场经济的条件，以强有力的统筹协调机制组织至少数以千计的团队共同攻关，日日紧盯锲而不舍，最终成功的标志是面向全球市场，形成大批量、高质量、性能稳定、源源不断的芯片供给能力，占领较大的市场份额。只有真正解决这些"卡脖子"问题，才能形成期望的内循环能力。

（6）以制度创新打开科技创新和管理创新的空间。在改革的深水区，以有效的制度供给，在打造现代化经济体系主线上推进和完成经济社会转轨，才能真正在自我革命的过程中不断解放生产力，释放创新潜力，保持超常规发展，实现和平崛起。

据研究测算，从长期来看，美国的经济增长速度是接近 3%，如果快达到 3% 时，则一定要收紧银根控制通胀；欧洲的发展速度不及美国，更有"英国病"等社会现象的拖累，2% 是欧洲十分满意的预期增长速度；日本在二战后高速发展，成为东方典型的高收入经济体，但其后经济发展陷入 20 多年的停滞，现在理想的增长区间为 1% ~ 2%。因此，我国如果能够实现高质量发展，以结构优化支撑阶段转换后的升级状态，并在若干年内保持 5% ~ 6% 的经济增长，那么与美欧日等其他大规模经济体相比，我国的增长速度仍将处于高位，在全面建成小康社会之后的 10 年内就有可能跨越"中等收入陷阱"。然而，当前我国还面临经济不断下行的严峻挑战，包括供给侧结构性改革在内的全面深化改革旨在冲抵下行因素，为发展提供后劲，如愿对接新的"两步走"战略。"十四五"时期是关键，作为"重要战略机遇期"，这 5 年如果发展态势较好，我国能够跨过人均国民收入 13 000 ~ 14 000 美元的门槛，成为高收入经济体，再经过努力，到 2035 年，我国人均 GDP 将有望达到中等发达国家水平。这意味着，可再乘势推进到 2049 年左右建成社会主义现代化强国，我国综合国力尤其是科技创新能力进一步提高，那时将有可能与美国在现代化发达程度上平分秋色。

值得注意的是，2010 年我国首次超过日本成为全球第二大经济体，但当时我国人均 GDP 在世界仅排第 100 位，经过 10 年的发展，2020 年我国人均 GDP 已经稳步上升到世界第 58 位左右，可见，我国经济改革发展卓有成效，同时仍任重而道远。中央提出，构建以国内大循环为主体、国内国际双循环相互促进的新发展格局，是延续中国超常规发展态势、延续和平崛起过程所必要的宏观战略部署。

（二）外循环视角

（1）在国际关系调整中坚定不移地推进高水平对外开放。通过开放催化和倒逼改革，是在 40 多年改革开放中积累的宝贵经验，它对于改革的贡献不仅限于经济生活层面，而且有利于促进全面的综合性改革。

（2）继续降低外资准入门槛和鼓励本土企业"走出去"，这是实现全面开放、更高水平开放的应有之义。当然，这也意味着要在"与狼共舞"的全球竞争中提高我们的产业水准和防控风险能力，并且在推进"一带一路"建设等方面积极发力，构建全球共存、共荣的人类命运共同体。

（3）以粤港澳大湾区、海南自贸区和本土自贸区的多轮开发建设，开创内外贸一体化、外向型经济升级发展和内外互动的新局面。在全面开放格局之下，以高水平开放催化、倒逼改革的进程中，我们要继续培育强劲的经济增长点。首先是开放程度高的珠三角、长三角，以及给予特殊政策旨在打造全球最大体量的海南自由贸易港。本土的自贸区从上海自贸区开始，经过多轮开发创新，2020 年 9 月已经确定了第六批自贸区。这些都是在开放导向之下，推动生产力解放、支持中国继续超常规发展的重要举措。

第9章　政策性金融与国企改革

9.1　政策性金融与中国的现代化赶超战略

政策性金融的一般性阐述

政策性金融，在英文中一般表述为"Policy-based Finance"。国外学者一般从政策金融的目标或运作方式来对其进行界定。

总体来看，政策性金融具有"政策性目的、市场化运作、专业化管理"等特征，是有别于一般性金融资源配置机制的一种金融创新，也可说是一种加入政府较强调控作用的金融资源配置机制。政策性金融主要服务于政府某些特定发展目标，既包括各种政策性融资业务，也包括政策性保险、政策性担保等业务。

发展政策性金融体系具有长期的必然性。从国际经验看，政策性金融机构不仅存在于发展中国家，也存在于发达国家。一般来说，市场经济国家都存在政策性金融机构和特定的经济活动；从发展战略看，发展政策性金融对于实施赶超战略的后发国家、发展中经济体具有更特殊的意义和必要性。

M. 列维在阐述后发优势时，尤其提到资本积累问题，认为先发式现代化过程是一个逐步进化的过程，因而对资本的需求也是逐步增强的。后发式现代化因在较短的时间内迅速启动现代化，某些基础性、战略性关键产业和领域对资本的需求必然会突然大量增加，而这种资金需求往往又超越了以微观效益和资金利率为杠杆的商业金融资本配置范围，因此后发国家需要特殊的资本积累形式。实现这种资本积累，也必然要求政府适当、适度地介入，而政策性金融机构正是担当这一任务的重要载体。

阿布拉莫维茨在提出"追赶假说"时指出，这一假说的关键在于把握"潜在"与"现实"的区别，因为这一假说是潜在的而不是现实的，只有具备一定的条件或通过一定的努力才能实现。而政策性金融机构在政府宏观导向和战略意图引领下，借助倾斜性的投融资政策支持并结合规范化的市场化运作机制，广泛动员社会资源，可以较好地将这种"潜在"的后发优势转化为"现实"的发展优势和生产力，快速地跨越经济技术发展的某些阶段，从而推进后发国家追赶目标的实现。

我国当前到底需不需要政策性金融？我国在经济发展过程中加快发展速度，实现后来居上的现代化目标，在对待以市场为基础的资源配置机制和发挥政府作用两个方面，不可采取偏废态度。从中国国情来看，政策性金融在短期内不仅不应弱化，还应进一步加以发展、完善并寻求创新。

政策性金融是政府针对市场失灵参与资金和资源配置的一种手段，但在形式和机制上又要尽可能与市场兼容，并调动市场力量形成政策—市场合力、公私伙伴合力，它可以降低实现国家战略与政策目标的社会成本，促进经济发展与社会公平，更好地服务于我国实现现代化强国梦。

政策性金融是中国实施赶超战略的重要手段

政策性金融是商业性金融重要与必要的补充，与成熟的市场经济国家相比，中国的市场机制和市场体系的建设还不够充分、不够健全，特别是市场化的融资体系建设时间较短（从 1995 年《中华人民共和国商业银行法》颁布实施，至今也只有 20 多年的时间），金融体系尚不健全，金融创新的水平和层次还比较低，这就使得我国商业金融体系的金融资源配置机制和社会资金动员能力远不如成熟市场经济国家强大。同时，商业性金融追逐高利润和低风险的业务取向，必然导致低利润与高风险的领域形成投融资的空白和不足，影响现代化战略目标的顺利实现，改变这一状况的根本办法就是要依靠政策性金融弥补相关空白，因此，我们要从发展战略的高度认识发展政策性金融的重大意义。简言之，政策性金融可以帮助政府履行一些重大的经济社会发展职能，弥补市场机制缺位和财政预算资金不足。

通过政策性金融形式下政府力量的介入，可以实现具有国家宏观战略意图的资源配置和工业布局的优化，并加速市场的培育。政策性金融是要用倾斜的政策性融资支持，建立超越以平均利润率为导向的资源配置杠杆机制。这方面确实具有一定的风险和挑战。如果处理不好，就可能揠苗助长，事与愿违，且助长设租寻租行为；反之，处理得好，则可以通过较好地运用政府、市场与企业的合力，加速推进中国的工业化、现代化进程，并加快破除二元经济结构的制约。政策性金融的重要功能，就是发掘和培育这种空间。

所以，政策性金融就成为一个重要的机制，需要提升到国家经济社会发展战略层面重视和正确处理问题。放在中国这样的发展中大国，政策性金融可以是金融深化与后发优势、赶超战略相结合的一种具体体现。后发地区通过政府适当干预，充分发挥模仿、吸收和采纳有效制度的成本优势、时间优势和经验优势，通过强制性和诱致性制度移植或变迁，可以提高资源配置的效率、优化激励机制、降低交易费用和风险。

从国际范围来看，一些发达国家的政策性金融机构在政策性业务萎缩的情况下，也开始了业务多元化的尝试，并着手对业务结构、发展战略和内部管理进行适当调整，出现了向市场化、商业化经营方向转变的迹象。这里，暂且不对政策性金融与商业性金融的融合趋势进行一般性的价值判断，因为各个国家经济发展状况、市场化程度、金融微观基础、政府干预的范围和手段等都有着很大的差异，很难得出不同国家的政策性金融和商业性金融各自涵盖范围、运作机制的统一模式。

现实生活中，由于我国一些政策性金融机构功能发挥不甚理想、营运成绩不显著，致使目前实务界和学界的许多人有淡化设置政策性金融机构必要性的认识，潜意识地回避政策性金融这个概念和提法，甚至简单化地指责政策性金融不讲经济核算、不依据市场经济原则，具有浓厚的传统行政化色彩而应完全放弃，这就很有"把小孩子与洗澡水一起泼出去"的偏颇了。

我认为，在市场经济条件下，政策性金融在一定程度上可以与商业性金融对接，建立政策性金融机构与商业性金融机构合作的市场化运作模式。例如，通过招投标的方式可以将一些政策性金融业务交由商业银行承办，如对一些需要扶持的融资项目，政府可以在商业贷款的基础上予以贴息支持。但是，这样一种方式，很难达到无缝对接的全面覆盖，尚难以在政策性融资领域"包打天下"。从以招投标方式开展政策性金融业务的运转条件分析来看，至少在可以预见的一个时期之内，招投标方式难以成为也不宜成为我国政策性金融的主要形式，虽可积极试验，但不能完全指望它。比如，迫切需要得到政策融资支持的中小企业，它们在我国企业总数中占比达90%以上，其中除一部分中型企业可能适合通过招标做融资支持之外，成千上万的小企业（占全部企业数量的80%以上）如都纳入招投标融资轨道，将是难以想象、无法操作的。又比如，在我国广大农村地区，除为数不多、比重甚低的农业产业化龙头企业和项目，以及很少一部分农村基础设施项目可能适合招投标方式融资之外，"三农"概念下的绝大部分草根金融项目、回报能力不高但社会效益显著的基础设施项目，显然都很难纳入招投标模式。因此，不能排除有必要成立专门的政策性金融机构来支持那些市场失灵和市场空缺的融资领域。

从长远来看，随着中国现代化程度的不断提高，市场经济体制的不断完善，市场机制创新的不断出现，政策性金融机构的行政色彩也将逐步淡化，但是这还需要一段相当长的时间。

总之，坚持并科学地发展政策性金融体系，并不是简单的策略层面的问题，而是我国在经济转轨过程中加快经济发展的宏观战略问题。在对待以市场为基础的资源配置机制和发挥政府作用两方面，不可采取偏废的态度。从中国的情况来看，政策性金融在短期内不仅不应弱化，还应进一步加以发展、完善并积极创新。从总体来看，我国政策性金融体系还不明朗、不健全、不完善，政策性金融业务与商业性金融业务之间的矛盾还需进一步化解，政策性金融体系的改革还需要深化，政策性金融体系可持续运行的制度保障尚未有效建立，需要进一步确定政策性金融的业务范围、业务实现方式，构建相应治理机构和监管制度。而当前的重要任务之一就是，要从不规范的甚至潜规则式的或规范程度较低的政策性融资活动逐步过渡到制度化、规范化程度较高的政策性金融活动。

9.2　国有企业的历史站位

20世纪80年代以来，我国国有经济体制改革历经多个阶段，取得了显著的成效，但仍存在一些问题。之前有一段时间对"国进民退"与"国退民进"讨论激烈，多年来这成为经济领域争议的热点、难点，但那种简单贴标签的思路是不可取的，因为进和退不仅体现在领域的进出方面，也体现在市场份额的高低方面。就目前的情况看，应将"股份制"作为企业做大做强的重要线索，使混合经济成为企业产权结构和企业治理结构最具代表性的形式。我们主张按照马克思"生产力决定生产关系"的原理作为切入点，观察国有企业存在的必要性、作用方式和空间。在探索其有效管控模式时，必须引入新的理念，转换新的视角，运用新的思维。

国有经济发展、国有企业改革基调

经过 40 多年的改革开放，中国取得了一系列举世瞩目的发展成就，被称为世界上最大的发展中经济体。但是在连续 30 多年保持年均经济增长率 9% 以上的"中国奇迹"之后，我们又面临着非常严峻的挑战。这个挑战直接与我们的"黄金发展期"所伴随的"矛盾凸显期"相联系。

当前的突出矛盾主要表现在两大方面：一是从"物"的角度来看，是资源环境的制约。我国最主要的基础能源之一——原油，现在差不多有 60% 要依靠进口。我们自己提供的能源主要是煤，而煤从开发、使用到煤矿完成生产全周期以后直至煤矿储藏资源枯竭将带来一系列社会问题，例如，相关人员生产生活出路的问题、环境修复和种种外部性问题都相当棘手，它们已经累积成资源环境制约的重大因素。二是从社会关系的制约来看，在收入分配、财产配置、政府与社会成员、公共权力机构与公民、作为管理主体的监管当局与纳税人之间的关系处理上，种种矛盾都在凸显。

在当前复杂多变的国际环境下，我国政府要想比较从容地提供基本公共服务，并且整个市场力量能够在竞争中真正形成中国人所追求的后来居上的赶超之势，这种可能性不大。因为现在想走让市场通过平均利润率调节机制优化结构、使经济成长起来就实现现代化的道路，实际上国际竞争环境已经不允许了。走在前面的经济体说起来都是非常公正的，有一大套规则，如 WTO 之前制定的许多规则是最典型的国际经济贸易规则，对后发国家就有不公平之处。比如，我们最有相对优势的竞争要素是廉价劳动力，但 WTO 在劳务输出方面已经存在种种限制。在限制劳务、人力资源自由流动的同时，WTO 规则却鼓励资本自由流动，因为先发国家已经有这种相对优势，并希望实现资本效用最大化。2008年国际金融危机之后，在国际贸易中又出现了一个很奇特的现象：一些天天要我们破除贸易保护主义壁垒的发达经济体，却在很多场合主张贸易保护主义。面对这些现实，就"更好地发挥政府作用"的要求而言，要充分认识处理好政府与市场关系这一任务的复杂性、挑战的艰巨性。可以说，我们对国有资产管理体系、国有经济作用方面的很多认识，都可以和这件事情联系起来。

党的十九大报告指出，要"毫不动摇巩固和发展公有制经济，毫不动摇鼓励、支持、引导非公有制经济发展，使市场在资源配置中起决定性作用，更好发挥政府作用"，"深化国有企业改革，发展混合所有制经济"，"推动国有资本做强做优做大，有效防止国有资产流失"，"全面实施市场准入负面清单制度，清理废除妨碍统一市场和公平竞争的各种规定和做法，支持民营企业发展，激发各类市场主体活力"。[①]

我国国有经济的战略性改组

1983—1984 年的"利改税"成为国有企业改革的重头戏。两步"利

---

① 资料来源：决胜全面建成小康社会 夺取新时代中国特色社会主义伟大胜利——习近平在中国共产党第十九次全国代表大会上的报告。

改税"把国有企业推到和其他市场经济主体同等的纳税人地位，从此，国有企业和其他企业一样，在市场经济中通过公平竞争来发展。

两步"利改税"之后，决策层在 1985—1986 年认为需要进一步让企业活力得到释放，因为国企改革没有达到预期的一下子就打开局面、活力涌现的状态。在国有经济改革方面能不能也找到一个可以使整个改革乘势向上、迅速见到经济效益的技术路线呢？从管理部门到研究机构，都在研究这个"价、税、财"的联动方案。遗憾的是，相关人员到东北调研国有大型企业之后发现，这个"价、税、财"方案是想依靠市场中的规范化机制、用经济手段调节，但是这种规范手段的调节效果很差，"利改税"后国有企业出现了连续二十几个月的效益滑坡。1986 年底，企业交不上税，财政收入上不来，只得改变思路，从 1987 年开始在国有企业推行承包经营责任制。运行没两年，决策层就意识到这个社会化大生产领域的承包和"农户式"小生产的承包，在运行逻辑上大相径庭。在国有经济改革背景之下，在已经有规模效应的现代化大生产的企业推行承包，很难避免短期行为。更关键的是，承包中的甲乙双方实际上不是平等的主体，必然导致政府监管主体对市场主体的过多干预、过多关照，从而出现"包而不干""包盈不包亏"等非规范非平衡发展的状态。

种种弊病很快使决策层意识到国有企业改革的路径需要进一步探索，1983—1984 年两步"利改税"以后一度认为可以不再提到的利润机制，有必要重新恢复，即确立"税利分流"机制。所谓"税利分流"是指国有企业按照公平竞争的市场法人地位，既要依法上缴国家规定的各种税，包括所得税；同时它又是国有资产实际使用者、运营者，应该对资产运营过程中所产生的资产收益承担上缴义务。在此背景下，进行了"税利分流"的改革试点，虽然有关管理部门给予了一些肯定，但是要让它成气候，必须纳入一个更全面的改革框架中。这个改革框架一直到 1993 年前后才渐趋清晰。1994 年，分税分级财政体制和多层次复合税制的配套改革，解决了在中国搞市场经济必须构建间接调控体系基本框架的问题。货币政策、财政政策两大经济手段在这个框架之下，开始有了越来越大的发挥作用空间。政府对所有的企业不再按照行政隶属关系组织财政收入，而是不分大小、不分行政级别、不论隶属关系，在税法面前一律平等，该缴国税的缴国税，该缴地方税的缴地方税，税后可分配的部分按照产权规范和政策环境由企业自主分配。可以说，这时候在宏观体制与市场运行机制的联通上，才真正有了让各种企业公平竞争的"一条起跑线"。

1994 年以后，企业方面包括国有企业的厂长、经理、管理者等行政级别，自然而然就随着市场机制的建立在淡化，甚至在国有独资企业中，厂长、经理、高管都可以通过人才市场的竞争来遴选。企业跨隶属关系、跨所有制、跨行政辖区的兼并重组也可以较公正地、基本无壁垒地开展。因为国家财政分配系统有了这样一个根本性的机制改变，中国的分权制改革终于从原来的行政性分权阶段进入经济性分权阶段。

在这个基础上，1994 年在终止所有承包经营责任制的同时，作为渐进改革中的深化，在"税利分流"框架下做了一个阶段性的特殊处理：理论上讲，税和利各行其道，但是在 1994 年以后的一段时间内，暂不提国企利润上缴这件事情，这是当时对相关方面做了调整以后形成的一个具体安排。当时国有企业普遍还比较困难，"利润上缴"先不提，而对应于资产收益的这一部分，可以全部留在企业用于扩大再生产，实际上也有利于企业改善职工的福利待遇。但是到了 2000 年后，"三年脱困"目标基本实现，国有企业在效益指标上有了较大改观，方方面面开始关注资产收益上缴的问题了。

简而言之，20 世纪 80 年代经历了国有企业普遍的经营困难，80 年代后期开始组建国有资产管理机构，到了 90 年代推出"抓大放小"，提出国有企业"三年脱困"和"战略性改组"。2000 年以后，国有企业在"瘦身"后财务指标普遍向好，自然而然地使社会注意力放到了资产收益上。资产收益上缴的突破实际上是从"石油特别收益金"开始的，也有人将其作为石油企业的"暴利税"或资产收益特别上缴制度。到 2008 年，中央企业开始正式编制国有资本经营预算①，随着这一预算的编制，国有企业资产收益上缴比过去有了一个更清晰的规则。除了部分国企仍然不上缴资产收益外，其他国企有的按 5% 缴纳、有的按 10% 缴纳，再往后又增加了 15% 这一档（烟草已升为 20%）。

"股份制—混合所有制"是国企改革的大方向

在中央企业层面，归国资委管的企业从 200 多家，下降到目前的不到 100 家，它们都已纳入国有资本经营预算范畴，这个国有资本预算体系有相对清晰的资产收益上缴机制，是改革开放以后一步一步摸索和发展形成的基本格局。总的来说，国企改革对整个国民经济的贡献是十分巨大的。

我国国有经济的战略性改组是以股份制改组作为一条非常重要的主导路线。股份制在市场经济交易和资源交易支配过程中都是边界清晰的，股份制是公有制的主要实现形式，也是融合国有企业、民营企业发展"混合经济"或现代企业的制度形式，可天然对接混合所有制。

当下所说的混合所有制，其框架就是现代企业制度的标准化形式——股份制。党的十八届三中全会指出，国有资本、集体资本、非公有资本等交叉持股、相互融合的混合所有制经济，是基本经济制度的重要实现形式。这一制度可以使公有的、非公有的产权，融合到分散存在的市场——一个个企业内部产权结构中，实现相关利益主体的共赢。

我认为，"混合经济"概念对中国全面深化改革、完善市场经济制度建

---

① 见《国务院关于试行国有资本经营预算的意见》（国发〔2007〕26 号）。

设来说，是一个很重要的概念。"以公有制为主体"或"以国有经济为主导"都有阶段性和层次性。可能在从传统体制走向新的市场经济体制的过程中，在一开始的阶段无法以"为主导"来表述，一定要强调"为主体"，这可以避免很多激烈的观念冲突，把一些该做的实事抓住往前推。但到了另一个阶段，很多人就不满足于"为主体"了，认为这会机械地理解为50%以上的国有股权才是"主体"——在某些行业、某些领域、某些地方、某个阶段如果低于50%，是不是就不能"为主体"呢？在这种争议中，不少人也倾向于"为主导"的表述。"主导"更强调的是辐射力、影响力、控制力。但是也有人不同意，一些人说："如果一下退到'为主导'，会不会整个社会主义都成了问题？"有的人把公有制等同于国有制，不认同股份制也是公有制的主要实现形式。上述争论反映出国有企业改革的复杂性和艰巨性。党的十九届四中全会已明确提出，要坚持公有制为主体、多种所有制经济共同发展。

9.3 对"国—民"进退关系的认识

基本取向与总体定位

如果从中央文件来说，市场改革当然需要进一步落实鼓励民间投资的新老"36条"①，在"降低准入、公平竞争"方面有一系列的原则要求。但是在民间，一些国有经济之外的人士仍然埋怨不公平。他们说碰到三种门：一是"玻璃门"，你看着这条路是可以往前走的，但往前一走却撞得

---

① 新老"36条"，分别是指：《国务院关于鼓励和引导民间投资健康发展的若干意见》（国发〔2010〕13号），此为"新36条"；《国务院关于支持和引导个体经营等非公有制经济发展的若干意见》（国发〔2005〕3号），此为"老36条"。

鼻青脸肿，它是道玻璃门，看得见前面但走不过去；二是"弹簧门"，挨上去以后一下子就把你弹回来，看着是个门但还是过不去；三是"旋转门"，走过去时好像是真走过去了，但是一转就转回来了，实际境况并没有得到改变。总之，要落实新老"36 条"，还有一些难以实现的麻烦和困难。但从取向上来说，"降低准入、公平竞争"这个原则没问题，需要坚持和贯彻。

定位问题，实质是如何公正、客观地界定国有经济部门的必要性。中国特色社会主义市场经济对国有经济部门赋予了并不简单等同于发达经济体国有经济部门的经济职责。发达经济体国有经济部门的主要职能是弥补市场缺陷，所以说其占比越少越好。像美国，其国有经济部门是很有限的。美国比较早期的航空公司走过国有这条路，后来完成了股份化改制，政府只是控制空中指挥权，航空公司是在竞争中完成非国有化的。不少地方兴建机场也引入 PPP 模式，硬件、服务设施的配套等按市场竞争方式来招投标，在运作过程中提高效率，并接受政府的规划管理。总体来说，民间资本解决了供给问题。1988—1989 年我在美国做访问学者时，考察过属于国有经济部门的美国邮政部门。中国现在也讨论邮政领域哪些应该是基本公共服务（特定的公益性的，带有准公共产品性质的），哪些应更多地引入市场竞争。美国那时候就已经在邮政领域的快递和包裹服务上引入了民间竞争，但是平信仍然通过国家邮政系统投递。他们有一个特定的测算：平均每封邮件贴多少钱的邮票可以使这个系统不亏损。如考虑通货膨胀和其他各种因素的变化，隔几年会根据情况调整平信应贴邮票的面值，一般是越调越高。每次调整以后，开始出现一段时间的账面盈利，然后盈利又越来越少，最后变成亏损，亏损到一定程度，再次进行调价。从相对长的周期来看，邮政系统账面上基本能够实现自负盈亏就可以，其他事情政府基本不管。

在中国，我们恐怕还不能像美国这么简单地考虑国有经济部门职能和总体定位问题。因为国有资产涉及归国家所有的生产资料、资源、财产等经济资源，在以公有制为主体的中国，它是社会总资产的重要组成部分。国有资产在保证国民经济平稳运行和保障国家经济安全等方面发挥着重要作用，对于国民经济来说，国有资产是政府提供公共服务、实现各项公共职能的载体。同时，一些行业领域涉及经济安全和国家安全，国有资产在这些领域不仅提供公共产品和服务，更发挥着维护国家政权稳定的作用。

因此，除了处理一些自然垄断的问题需要国有经济部门的特定作用之外，中国还要通过国有经济部门的能动作用追求特定战略目标、贯彻国家意志、实施后来居上的现代化赶超战略。这个后来居上绝不是过去吃过苦头的"大跃进"，而是在充分掌握国情的情况下，利用后发优势发展经济，邓小平提出的"三步走"战略构想就是把后发优势潜力调动出来而后来居上的一个过程。在改革开放刚开始的20世纪80年代初，中国远远落后于美国，也明显落后于战后迅速崛起的日本，甚至落后于亚洲"四小龙"等。但是"三步走"的最后一步完成之时，即2050年前后，中国至少要在世界发达经济体第一阵营中有一席之地，经济总量也要独占鳌头。现在我们在经济总量上已经位居世界第二了。"三步走"的"第三步"——到20世纪中叶，人均国民生产总值达到中等发达国家水平，人民生活比较富裕，基本实现现代化，确实非常含蓄、非常有艺术性，一点儿也没有咄咄逼人的意思。但是现在我们已经成为世界第二大经济体，人均GDP已超过1万美元，一旦我们的人均GDP能够达到中等发达国家的水平，经济总量也将达到能跟美国一比高下的水平。这样一种后来居上的赶超，特别要求国有经济部门在贯彻国家意志、遵循经济规律的同时，在特定行业领域发挥不可替代的作用。国有经济在这其中也确实能够发挥举国体制之优势，实现集中力量办大事的目标。

另外，我们还要在应对突发事件和压力方面借助国有经济部门与国有企业的力量。例如，2011 年的利比亚撤侨事件，短短 8 天，从遥远的非洲将近 4 万名同胞安全撤回祖国，行动相当迅速、有效。这其中就借助了国有经济和国有控股的一些大企业的力量。首先，这种事情带有国家意志特征、带有政治性，谁也不能先让非国有经济部门核算这个投资有没有回报、合算不合算。对不起，这种事情十万火急，当时就需要国有企业顶到一线去，顶住了再说，事后再算经济账。这种事情我觉得不能简单地套用教科书模式，得实事求是地承认，从新中国成立以来的建设发展过程来看，很多事情多少还是有点类似于 20 世纪 50 年代末 60 年代初中国在十分困难的情况下拼命也要拿下大油田这种大干、苦干的事情。在现代管理理论框架之下，西方经济学是不存在这些概念的。在中国的经济生活中，却不能完全排除这些概念，这就是中国体制的特色。也就是说，中国的国有企业确实有不同于一般企业的特殊素质，有那种遇见突发情况能顶到一线或在关键时刻能支撑全局的"准军事化"的特殊能力。当然，国有企业在社会责任方面也要有更多的担当。"社会责任"这个概念大家很熟悉，但很多人对社会责任有认识误区，好像讲社会责任就是企业要学雷锋、要做慈善事业。其实，企业履行社会责任首先体现在要对国有资产负责、对股东负责、对企业的综合效益负责。如果从更宽泛的视角来说，国有企业的社会责任还包括在"特别能战斗"的价值取向上的特定追求过程中，能与民间资本和第三部门——志愿者部门、慈善部门、非营利性组织（西方把它们称为第三部门）形成积极互动的关系。

例如，PPP 在中国的发展实际上是国有企业近年来在重大项目中的创新发展。中国对 PPP 有强烈的需求，而且近些年已经有大量的实践探索和案例，国有企业在这方面要起到非常重要的引领和促进作用，它在定位方面有其特殊性与包容性，也有其辐射力与影响力。

表象的"边界"可变动

在改革没有完成攻坚任务、需要促进战略性改组的现状之下，需要进一步调整国有企业和民营企业、非国有企业各自的侧重点和结构。其实，从咬文嚼字的角度说，"国有"不等于"国营"。我们知道有一种具体的企业形态叫作"国有民营"，即产权是国有的，但是可以采用承包的方式，变成国有民营。把这个例子放到顶层框架中，我们可以知道人们把非国有企业称为"民营企业"并不准确。"国企""非国企"不是天然对立、非此即彼的一组概念，只是所有制形式不同的一种表达。我们在经济改革中已明确多种经济成分的共存之道，并在实践中对多种所有制形式逐渐放开，在股份制这种产权结构出现后，一个企业的股权中，公的股、非公的股以及国的股、非国的股是同时存在的。股份制作为现代企业的一种资本组织形式，其突出特征是财产占有形式的社会化，通过股份占比可以把产权标准化。我认为，股份制只是股权标准化而股权成分可以由各种不同所有制经济量化混合的"混合经济"的一种具体实现形式。这种实现形式，在"控股"这个概念上，边界是可以变动的。从这种表象来看，"国"与"民"的股权在某一企业资产结构中的边界是可移动的。如果简单按照其占比就贴上一个带属性的标签，变成姓"资"姓"社"的问题，那就可能进入认识的误区了。

关于国家控股，我们看看美国的具体例证。我们知道，2008 年的国际金融危机是以美国次贷危机作为导火索引发的。开始一段时间主要表现为美国国内金融企业出现问题，随着境况的日益恶化，不得不由政府出手救助企业，包括后来救助实体经济层面的通用汽车公司，当时救助通用就是动用国家可能动用的资金给通用注资。严格说这也是"国进民退"，因为是给通用注入国家持有的资本金。当时就有人针对某些议论专门做了一个评价：这并不代表着美国要实行我们所说的社会主义；有的人说社会主义救了美国，就是指美国政府给企业注资，由国家来控股。其实不是这么回事，它只是当时在应对危机时采取的特殊的阶段性措施。没有救雷曼兄弟公司，美国人总觉得吃了教训，负面影响太大，到了通用公司不能自救的时候，权衡之下最终决定给通用公司注资。注资以后，风波过去，最大的可能性还是会减持国有股，没有什么姓"资"还是姓"社"的问题。

香港特别行政区早有这种例子。1997 年亚洲金融危机发生时，以索罗斯为代表的国际金融大鳄要比照着之前在泰国、印度尼西亚屡屡得手的套路发动金融狙击战，对港币来一场大攻击。他们在股市、汇市、衍生工具市场同时做好了"埋伏"，打算抓住适当时机突然发动。在紧急情况下，香港特别行政区的决策层也展开一个具有中国式智慧的"特事特办"行动，被称作"积极的不干预"。什么叫积极呢？潜台词是：该干预的时候还得干预。当时是怎么干预的？面对"惊心动魄的港元保卫战"，香港特别行政区政府果断决定把隔夜拆借利率（就是头寸的资金价格）提高百分之三百，同时还动用特别行政区政府掌握的土地基金、外汇基金入市买股票，把股市托到一定水平上。这样一来，索罗斯他们自认为设计得非常完美的方案，最后跟香港方面抗衡时打了个平手，在香港基本没赚到钱。

那次惊心动魄的"港元保卫战"就这么挺过去了，政府靠这种特定操作，抵抗了一轮金融攻击。索罗斯过去标榜的是，所有的操作在国际经营规范内都是站得住脚的、无可指责的，是在守法的情况下做的资本运营，但是那次在香港没有得手，而且正是因为香港这个风波，出现了索罗斯没有预料到的市场动荡迅速向俄罗斯市场和其他市场的蔓延。他在俄罗斯等市场准备不足，结果出现了过去没有过的大规模亏损，这是索罗斯走下坡路的开始。

后来，香港特区政府入市买的这些股票怎么处理的呢？风波过去后，我们看到这些股票通过"盈富基金"减持，减持还赚了一笔钱。赚的钱也是透明的，进入公共预算作为公共资源，通过预算程序决定怎么用。这里既有"国进民退"，也有"国退民进"。

美国和香港特区的案例都表明，如果实事求是地讲，这种股份占比的操作不应该带有资本主义或社会主义的标签或烙印。中国以后还会越来越多地运用股份制的形式，在处理宏观调控问题时也可能要借鉴这种模式。不能简单贴标签，注资的时候就说是"国进民退"，减持的时候就说是"国退民进"。

公有制实现形式的与时俱进

随着改革的推进，我国某些特定的概念已经在潜移默化地发生变化。内部讨论时，部分高管层已经不接受"国有银行"的概念。工、农、中、建以前是国家的银行，也可以叫国有银行，但现在的标准说法是国家持股的商业银行，而不叫国有银行。可能在某些阶段是绝对控股的，不排除以后发展到某阶段可能会出现相对控股，也不排除这个持股比重高高低低地变化。所以在这一方面，我的基本看法是：要回到中央所强调的"股份制是公有制的主要实现形式"这个重要表述上。股份制在法理上是可以清晰地混合各种资本金来源的企业组织形式。有人特别怕被批"趋同"。但我觉得，在人类社会发展过程中，这其实是企业产权结构、组织形式最基本的一种趋同。股份制谁都可以用：过去贴着资本主义标签的经济体可以用，现在贴着社会主义标签的经济体也可以用。我国国有经济的战略性改组就是以股份制改组为非常重要的一条主导路线。股份制这条技术路线，在任何时候，在市场经济的交易过程中与资源交易配置过程中，它都是边界清晰的，"一股一股"非常清晰地标准化。而这个持股比重，在交易过程中与在某一个经济主体内的变化，即"进"和"退"，不是多么了不起的事情，并不是姓"资"姓"社"、改革或不改革的问题。

多年前我们就知道西方有"人民资本主义"之说。什么意思呢？就是指像通用这样的大型企业，很难说它的老板、最主要的股东是谁，因为股权非常分散。过去，持股比重较大的股东占比不到10%，许多员工也持有股权。这么分散的一个股权结构，被称为"人民资本主义"。客观地讲，这其实就是一种混合经济。

混合经济是企业产权结构和企业治理结构最具代表性的一种形式。股份制中具体股权比例结构的演变，是随着多种要素的影响变动不居的。但是，在这样一个框架之下，党的十六届三中全会提出"使股份制成为公有制的主要实现形式"，实际上已经把对股份制的认识提到一个更高的水准。西方社会对一个企业的股份制改造——上市，称为 Go Public，直译是"走向公共"。最典型的例子是上市公司的信息要公开透明地向公众披露，接受整个社会的监督，尽社会责任。从这个意义上讲，混合经济与公有制的实现形式在表象上有天然的连接。这么多年过去了，我们对公有制的理解，一定要跟整个世界的经济社会发展和工业化、城镇化、市场化、国际化以及高科技化组成的历史潮流对接。在全球框架之下，我国还有降低准入、消除过度垄断、带有"国退民进"特征的改革任务，原来争论了多年的"国进民退"与"国退民进"、"姓公姓私"与"姓社姓资"等问题，都可以在混合所有制发展中淡化，以最大的包容性走向共赢。因此，我们应把股份制作为企业做大做强的一个主要途径，作为实现公有制最可能发挥依托功能一种基本形式。

9.4 国企改革中的突出问题与对策

警惕以"股份制改造"为名对国有资产进行巧取豪夺

在国有企业改革和股份制改造过程中，必须注意以种种名目对国有资产进行巧取豪夺的问题。下面就以"管理者收购"为例进行简要说明。

多少年前，我就已经注意到，所谓"管理者收购"这一西方模式，实际上在中国大多是"无本收购"，或者说是"空手套白狼"。比如说某些县乡企业的负责人和政府人士，他们以管理者身份收购所管理的企业。收购用的是什么钱呢？借企业的钱收购企业，这就是"无本收购"。那借这个钱到还的时候怎么结算呢？算活期利息。在企业经营轨迹为上升曲线、有充分的现金流来"借给"管理者的情况下，这个企业实际上摇身一变就成为私人拥有的企业，原来的"管家"白手变身为"老板"。发生在某些中小企业中的这种"改革"可能确有复杂的背景，如"靓女先嫁"和其他当事人的无奈，改革的客观效果也不可一概否定，但就其性质本身而言，就是"化公为私"。

在现实生活中，这种例子大量存在。2006 年在山西有一个特别过分、大家看到之后愤愤不平的典型案例。因那些年山西矿难不断，政府不得不将原来一些已进行股份制改造的煤矿收归国有。有个几年前在非国有化环节评估为 37 万元的矿山，私人低价买到手之后又以 2.7 亿元卖给国家，十分荒唐。在那期间，还不声不响把职工股以极低的价格都清出了，然后让少数的几个人坐享 2.7 亿元的大蛋糕。从各种相关信息看得出来，当时那个 37 万元的资产评估就是少数人在裙带关系操作之下走了一个形式，表面上是做了资产评估，实际上就是先以 37 万元的低价获手，然后再卖个好价钱，让国家用 2.7 亿元来接盘。

若干年前，宁夏有一个老板连续在企业并购方面打了十几场官司，全都胜诉，判决以后得到非常丰厚的收益。后来当地的民众代表实在看不下去了，把这个事情申诉到全国人大，引起高层重视重新把这些事情查了一遍，查一个翻一个案，才发现原来那些判决全都是有利于私人的不公正判决，实质上就是对国有资产的巧取豪夺。这都是通过本应该秉持社会公平正义的公检法系统，以判决的方式实现了个人非分的利益。

2004 年的"郎顾之争"①，客观上起到了一种社会不满情绪"减压阀"的作用，很多人可以公开地评说国有企业改制中出现的种种巧取豪夺的事情。这些也引起了有关部门的重视与警惕，自此以后，管理者收购就开始有了一套新的运作规则。

再比如，某单位有一个工人身份的职工，开始是承包车辆，后来承包了一个机关的劳动服务公司，然后他自己偷偷注册了私人产权实体，该单位却一无所知，因为整个框架就是明明白白的承包框架。后来，财政部监察局接到群众举报说他有财务问题，让该单位进行财务上的专项审计，他却说该单位无权查他，因承包单位已经转为私人企业了，他已在产权方面做了清晰的改制操作。单位领导告诉他，承包框架下赚多少钱也只是一个兑现承包利益的问题，怎么可能通过承包把中华人民共和国财政部的一个法人实体变成一个私人企业呢？不可能的。但是该职工振振有词，搬出一大堆依据。单位领导不得已请了各种专家，包括江平②这样的法律专家。江平教授有一句话特别深刻：带有"中华人民共和国""国务院"等名头字样的实体，不存在戴"红帽子"之说，如果已经注入了私人资产，只是

① 郎顾之争是指在 2004 年 8 月郎咸平发表题为"格林柯尔：在国进民退的盛宴中狂欢"的演讲而由此引爆的意义深远的一场关于国企产权改革大讨论的事件。

② 江平，中国著名法学家，1930 年 12 月出生，浙江宁波人，中国政法大学终身教授、民商法学博士生导师。

对之做清退的问题，不存在改变企业所有权性质的问题。但是有人就真觉得可以暗度陈仓，一旦他的利益受到侵害，他可是要拼命的，因为夺走了他即将入口的一大块肥肉，那他是无所不用其极，比如说威胁生命安全，甚至威胁家人的生命安全。可想而知，在现实生活中，尤其是国企改制中，有多少人碰到这种威胁。你要想真正出于公心保护国有资产权益、维护公共利益，在很多场合，这个权、责、利是高度不对称的。不是所有人都可以真正牺牲身家性命在明枪暗箭下保护国有资产权益，这是一个现实问题。

中国要想相对顺利地实现现代化，解决好这样一个深刻的经济转轨问题，并保证股份制改造中的公平公正，难度也不小。在这个过程中，不仅要方向正确，而且要关注产权转变是否公正。股份制改造要做到公正，找到基本上能够防止国有资产巧取豪夺的私利驱动力量的相关机制是关键。这方面的事情我们并没有解决得很好。

大型国企存在待改进的问题

从国企的特点和特定使命来看，"抓大放小"是必要的。但我们也得承认，大型国有企业在已经脱困、发展得比较顺利的同时，又存在既得利益与"自我满足"惰性，存在不透明、不规范、不讲理的问题。

先说说"不透明"之事。在信息披露方面，多数国有企业已形成心照不宣的共识：少披露为妙。有些东西披露出来就会有麻烦，一不小心就可能损害自己可能已经拿到的好处。财政部的一位老领导退下来以后，参加全国政协的金融巡视组。这位老领导跟我说，参与了金融系统巡视之后才知道很多情况，有一位保险行业的企业高管，他是中组部派的干部，他给自己发700多万元的年薪，听起来简直不可想象。但是查来查去，也没有发现什么违法乱纪行为，因为信息不透明便没有更多的规范可讲。后来我们看到针对金融行业的国有控股银行、保险机构等，有了高管薪酬封顶之说。这是巡视之后推出的一些新的规定。

其次是"不规范"之事。例如，前些年，有国有企业大批量地购进高价酒、进行豪华装修，如一个国企办公楼大厅里的大灯就花费了200多万元，还有国企高管的过度职务消费等，都是国企中存在的"不规范"之事。

最后是"不合理"之事。国有企业内部的分配确实存在着不合理，如"抄表工"的问题。还有一些人说，别光看国企高管拿得多，我们在一线的临时工（劳务派遣工），工资少得可怜。国企内部收入悬殊，确实亟须矫正。我们接触到的有些事情，通过横向对比，在国有企业高管收入上也客观存在差距。我们在河南调查时遇到一位同志，原是财政系统的副局长，组织上觉得这个人可用，调到当地的银行当了领导，过了几年又把他调回来当财政局的局长。他跟我说，他在银行的工资比在财政局高了好多倍，调回来做财政局局长后，虽成了"一把手"，但工资一下跌到只有银行工资的几十分之一了。他的体会就是：组织上让我富我就富，组织上让我穷我就穷。这里面却没多少合理性。这些事情，我们确实无法迅速解决，但是如果不正视这些问题，不通盘认识并对症下药恐怕也不行，要从制度建设方面考虑如何优化解决。

国有资产管理体系探讨

按照一定的标准对国有资产进行科学的分类，是加强国有资产管理的重要内容，也是优化国有资产配置、合理发挥国有资产作用的必要前提。从宏观角度看，首先需要把国有资产划分为以下三类：经营型资产、公益型资产和自然资源型资产。自然资源型资产包括天然形成的未经开发的地表水源、地下水源、矿藏、原始森林、草原等等，它们是国家财富的重要组成部分，它们不加入各经济单位进行经济效益的核算，这类资源一旦开发利用，就转变成为经营型资产、公益型资产。比如一块地皮，没用的时候说不上是经营型资产还是公益型资产，但一旦开发出来，例如，建立一个战略性新兴产业的工业园，就是经营型资产；如果开发为公共绿地，则是公益型资产。两者之间还存在着转化的可能，有的时候原来是经营型，后来"退二进三"，企业搬到郊区去了，这块地变成绿地了，也就从经营型资产转成了公益型资产。一般并不存在绝对不可能转换的情况。

在党的十六大思想指导下，我国成立了国资委，代表中央政府（国务院）履行出资人职责，负责监管国有企业，将管资产、管人和管事相结合。同时，进一步确定关系国民经济命脉和国家安全的大型国有企业、基础设施和重要自然资源等。总的来说，经营型国有资产体制改革是整个国有资产管理体制改革的重点和核心。对这种经营型资产政策已非常明确——"中央、地方分级行使出资人职责"，这一点很关键。也就是说，过去笼统说的全民所有的国有资产，必须分层界定为中央的资产、省的资产、市县的资产，三个层级上都必须人格化地设立专门管理机构。先别说什么政策目标、社会目标，先说出资人的资产管理资格，即国资委、国资局、国资办。这样一来，根据行使出资人职责的要求，解决的就是过去所说的产权虚置、产权悬空的问题。只有把国有产权具体人格化到各个层级、各个环节上，才可能有效地解决产权虚置与产权悬空问题，从而把过去的弊病彻底革除。

中央级资产管理体系现在在实体经济层面已经有明显进展，2008年后国资委监管的企业要正式编制国有资本经营预算，成为需对公众交代的公共财政预算体系中相对独立又有机协调的部分。它和其他的公共收支预算、社会保障预算、政府基金预算一起组成公共财政预算体系。在公共资源配置中，解决政府"钱从哪里来、用到哪里去"的标准现代化形式，就是有完整、透明的预算、决算，并让公众意愿在预算中尽可能充分地表达出来。在事前决定，待人大审批以后即最高权力机关、立法机构审批以后，形成一个具有法律效力的执行文件来严格执行，进而可以推进绩效考评和推行问责制。这种现代意义的预算管理，最后要落在一个非常清晰的、老百姓看得见摸得着的运行体系中。这个资本经营预算在中央层、在国资委那里，原来覆盖200多家国企或央企，现在已经不到100家了。通过国企或央企的重组，就有可能对某些类别或某些单独的国有企业，探索一类或者一家企业匹配一个对应性法案的模式，这方面有国际经验，这个法案就是要在法律上说清楚，设立这家国有企业或这类国有企业，其依据是什么，追求什么特定的目标？除了我们所提到的弥补市场缺陷、提供准公共产品之外，也可以非常清晰地表述为获得某些战略增长点与特定辐射力的目标。

已经涉及的自然垄断，比如电网，它确实属于自然垄断。很难设想，在同一个政府辖区里，可以有几个相互竞争的电网来解决输电的问题。电网回归自然垄断地位，是各种方式选择后成本最低、最可持续的方式。既然让它回归自然垄断，就必须实行特许经营权管理，这种特定自然垄断的具体运营主体仍然可以是企业，但是它确实是一种特殊企业。那么，特许经营权的有关问题以及与特许权相关的资产收益上交的问题，都应该在这个法案里面给出原则性规定，进而构建长久机制，以形成有法可依的局面。

关于国有资产管理体系，还有很多要讨论的问题。上面是国资委，下面是具体的企业，党的十八届三中全会已明确提出，要组建若干国有资本运营公司，支持有条件的国有企业改组为国有资本投资公司。在某些地方、某些行业，也不排除有些是国资委直接管，有些是国资委委托给资本运营公司管。

在这个框架之下，要重点解决依法治国的问题，依法建立完善健康的市场经济体制，要尊重资源配置的市场机制，要承认市场经济中国有经济、国有部门特殊的不可替代性，合理把握国有经济特别的定位、特别的规则，在国有资产管理体系与运行机制层面落实依法治国。

如果说在经营型资产方面需要逐步努力，那么我们的努力方向是合理处理与金融资产、行政事业资产以及资源型资产等相关的一些问题。在行政事业资产（主体上属公益型资产）方面，财政部已专门成立了中央文化企业国有资产监督管理领导小组办公室。这方面如何进一步地健全管理体制，也必然要经历一个探索过程。在资源型资产方面，建议与大部制下类似现在自然资源部这样的一个专门机构的职能打通，再加上方方面面的配合，以处理好管理事项。

第 10 章　三次分配与共同富裕

10.1　马克思主义关于收入分配的理论要点

在认识、坚持和发展马克思理论的过程中，如何基于经济社会现实发挥重大指导作用，是进行马克思主义理论研究需要深入思考的问题。在构建社会主义经济体系，特别是在优化收入分配过程中，重新梳理马克思主义经典作家的相关理论，形成马克思主义关于收入分配的理论框架，能够为我国的收入分配改革提供基础性理论和有益的启示。

社会再生产四环节的理论及消费需求与分配状况的内在关联

马克思在《〈政治经济学批判〉导言》中阐述了资本再生产的四个环节：生产、分配、交换、消费，强调了生产的决定作用，分配与交换的反作用与中介作用，以及消费的最终极的意义。[①] 马克思从这四个基本环节入手阐述了有关资本循环及其实现理论，深刻揭示了商品经济社会自我发

---

① 马克思，恩格斯. 马克思恩格斯全集：第 12 卷 [M]. 北京：人民出版社，1963：733 - 762.

展的内在机制，系统剖析了社会财富实现增殖的基本方式。通过资本循环与市场机制中的价格机制、供求机制、竞争机制等的相互配合、共同作用，有机地构成了市场经济运行的基本理论框架。

根据马克思的理论，在资本循环过程中，有两个关键点：一是在生产资本阶段，资本通过吸收剩余劳动而使自身发生增殖；二是在商品售卖阶段，商品资本通过售出转化为货币资本。这两个阶段顺次交替，实现资本循环和再生产的持续进行。在第二阶段，如果生产的商品不能顺利卖出去，资本循环无法回到出发点，资本再生产过程就会中断，马克思将这一现象称为"惊险的跳跃"。在市场经济环境下，商品销售能否顺利实现主要取决于两方面因素：一是商品售价和质量；二是社会总需求，而后者又往往和社会财富分配有着密切的联系。因此，社会管理主体制定、施行的各类经济政策对于社会资本循环、周转的整个运动过程会产生重要影响。

同时，资本循环周转的顺利程度也直接影响经济社会可持续发展能力的高低。根据马克思的消费理论，满足社会消费能力的资本增殖是资本运动的根本动力，资本增殖程度决定了社会消费能力，也决定了经济社会的可持续发展能力。同样的观点，如果换个角度从西方经济学的理论看，则可以表述为：高收入人群的边际消费倾向通常较低，而低收入人群的边际消费倾向则较高，当社会财富的分配倾向于高收入人群，其所能够增加的消费空间相对有限，此时全社会的消费能力难以有大的提高，消费对于经济增长的拉动作用较弱；反之，如果社会财富的分配倾向于低收入人群，那么所增加的消费空间相对较大，全社会的消费能力会明显提高，消费对经济增长的拉动作用也会增强。

当前，中国经济发展中出现的贫富差距扩大及其中的紊乱与不公，影响了经济发展的均衡性与可持续性，对以经济内生动力机制实现"惊险的跳跃"也形成制约。一般认为，中国的贫富差距主要表现为地区差距、城乡差距、行业差距、行业内部差距等，这些差距与不公的存在，一方面表明收入差距拉大的原因是生产力分布不均和要素流动不充分，另一方面也表明收入差距拉大的结果直接导致货币边际效用递减，进而影响社会整体购买力水平的提高。

因此，加大收入分配，优化调节力度，提升其公正性、规范性，努力实现居民收入增长与经济发展同步，劳动报酬的增长与劳动生产率的提高同步，进而使低收入者收入适当增加、中低收入群体持续扩大、贫困人口显著减少、人民生活水平不断提高，是保障发展成果惠及全体人民和加快转变经济发展方式的有效途径，具有全局意义和战略意义。

马克思社会再生产理论揭示的"按比例"规律

马克思社会再生产理论是马克思主义政治经济学极其重要的组成部分，揭示了为保证社会再生产顺利进行，社会生产两大部类之间、各部类的不变资本、可变资本与剩余价值的配置之间，必须保持适当比例关系的基本经济规律。[①] 根据马克思社会再生产理论，国民经济中各产业应当协同发展、互相促进，避免相互割裂。在国民经济三次产业中，第三产业所提供的服务，其目的是使第一、二产业的资本循环周转得以顺畅进行，从而实现正常的资本增殖，并提高资本利用效率，保障社会财富增长。这也就从产业结构的比例关系及其未来发展趋势方面，阐明了生产、消费、供给、需求结构之间的关系：生产结构、供给结构的变动，是对消费结构、需求结构变化做出的动态反应，通过第三产业所提供的服务，它们被有机联结起来，从整体上完成社会再生产过程中的"惊险的跳跃"。

---

① 马克思，恩格斯. 马克思恩格斯全集：第 24 卷 [M]. 北京：人民出版社，1972.

马克思指出，社会再生产是生产消费和生活消费的有机统一，这个过程既包括生产消费（即直接的生产过程）及其形式转化（即交换），也包含个人消费及其形式转化（即交换）。社会再生产实现的核心问题在于实现物质与价值的两个补偿，归根到底就是"合乎比例"的问题。社会总产品的价值补偿和物质补偿，在市场上表现为相互联结的两个环节：一是生产部门的产品要卖得出去，即通过卖掉产品收回价值，实现价值补偿；二是物质资料要买得进来，即通过购买把消耗掉的各种物质资料买回来，实现物质补偿。在经济运行过程中，由于供给结构具有一定程度的刚性，其结构调整往往相对滞后，从而使得现有生产体系难以及时适应需求的变化，导致不能充分提供有效供给，这就成为供求之间产生结构性矛盾的根本原因。因此，必须推进供给侧结构性改革，动态地实现经济总量和结构的均衡。

近些年，在中国市场配置资源能力逐渐增强的过程中，收入分配格局也发生了一些新的变化，除了城乡差距依然显著之外，还出现了城乡内部差距拉大的问题以及不同行业间贫富差距不断扩大的趋势。收入的两极分化，形成了有消费能力无消费需求和有消费需求无消费能力两个阶层，使经济运行矛盾加剧。理论与实际相结合，显然政府需要在宏观调控过程中运用适当的收入调节政策来改善收入的分配与再分配格局，进一步提高城乡低收入者的收入，并激发他们把潜在的消费意愿转化为现实的消费需求，从而建立起强化内需与经济发展的动力机制。

马克思的"社会扣除"与社会保障理论

马克思在《哥达纲领批判》中①，提出了社会总产品的分配顺序及分

---

① 马克思，恩格斯．马克思恩格斯全集．第 19 卷［M］．北京：人民出版社，1963：11－35.

配原则，即社会总产品对社会成员进行分配时，必须根据社会再生产和社会公共消费的需要，依次进行一系列扣除，形成了著名的"社会扣除理论"。根据该理论，具体扣除顺序和内容如下：首先，用来补偿消费掉的生产资料的部分；其次，用来扩大再生产的追加部分；再次，用来应付不幸事故、自然灾害等的后备基金或保险金；最后，剩下的总产品中的其他部分用来作为消费资料。但是，这部分消费资料并不能直接进行个人分配，在分配之前还需要扣除三部分：一是和生产没有直接关系的一般管理费用，这一部分会随着社会的发展而日益减少；二是用来满足社会共同需要的部分，如学校、保健设施等，这一部分会随着社会的发展而日益增加；三是为丧失劳动能力的人等设立的基金，总之，就是属于所谓官办济贫事业的部分。

上述马克思关于社会总产品分配的扣除理论，不仅指明了社会总产品分配的顺序和原则，还明确阐述了社会总产品分配的内部结构，全面覆盖了初次分配和再分配过程，明确要求在社会总产品分配中，应当对满足社会再生产的需要与保证社会共同消费的需要之间进行适当的协调，这是保障社会经济进步和发展不可或缺的重要条件。从经济理论的角度看，上述每一项"扣除"都与政府宏观政策及财政分配政策有关，特别是其中用于教育、后备和保险、弱势群体社会保障、社会管理的部分等内容，都需与其他相关政策和机制共同构建系统工程的优化状态。

社会保障是调节国民收入分配，化解国民生活困难状况，保障国家长治久安的特殊制度性安排。马克思、恩格斯并未提出社会保障的概念，但相关的社会保障思想贯穿于其对资本主义生产方式的解剖之中。马克思对社会保障的必要性表示认可，但他也指出，资本主义社会中各种针对工人的保障性做法，表面上看起来有利于工人阶级，其实质是资本家维护其自身利益的工具，根本目的在于更多地榨取工人阶级的剩余价值，获取更多的利益，实现剥削最大化。在资本主义制度下，表面上看，工人阶级得到的社会保障基金是由资本家提供的，深究其根源则可以发现，其实质是来源于工人阶级创造的剩余价值，因此本质上具有欺骗性和虚伪性。

马克思主义经典作家也从社会再生产和人类社会发展一般规律的角度论述了建立社会保障的必要性。社会保障制度作为抵御社会风险的重要手段，产生于社会化大生产进程中。在著名的"社会扣除理论"中，马克思指出，在把社会总产品进行个人分配之前，应当从里面扣除具有社会保障基金性质的三项内容，包括社会管理费用、学校等满足社会共同需要的部分，以及用来保障社会弱势群体的官办济贫基金等。[①] 恩格斯也在《反杜林论》中着重强调了社会保障基金对社会长期的稳定发展、政治安定、国民教育的重要作用，指出社会保障基金应在社会主义社会保障制度的建立中发挥应有的作用。

马克思指出，社会主义社会保障的价值取向是实现社会公平，但真正的公平并不是以同样的标准来对待每一个人，而是针对每一个人的不同需求都给予同等的关注。马克思的公平观以劳动为基础，他认为，劳动是每一个劳动者都拥有的最基本的权利，是体现在生产环节与生产领域的公平。而社会保障是以保障社会公平为目标的再分配领域的公平，是体现在分配环节的公平，是对公平的最后保障。

10.2　立足现实认识中国收入分配格局

中国的收入分配格局及其相关制度机制如何优化，是我国在改革发展中推进国家治理体系和治理能力现代化的重大现实问题。在朝着共同富裕

---

① 马克思，恩格斯. 马克思恩格斯全集：第 19 卷 [M]. 北京：人民出版社，1963：20-21.

目标奋进的道路上，应该首先认知中国收入分配的基本格局及当前的关键问题——培育壮大中产阶级所面临的特定挑战。

收入分配差距是中国经济最大的不平衡

在考察现阶段中国收入分配的基本格局及其中的关键问题时发现，近些年中国居民收入与人均 GDP 增长占比走低后已有所回升。在我国改革开放以来的经济社会发展中，国民收入分配总体格局发生了一系列变化。2000—2014 年，居民收入与人均 GDP 增速之比，经历了先走低、后抬高的过程。前面 8 年（2000—2008 年），我国人均 GDP 实际年均增长率为 10%，城镇居民人均可支配收入的实际年均增长率为 9.9%，农村居民人均纯收入的实际年均增长率为 6.4%，均低于经济增长速度。但后面 6 年（2008—2014 年），人均 GDP 实际年均增长率为 8.1%，而城镇居民人均可支配收入与农村居民人均纯收入的实际年均增长率，分别为 8.2% 和 10%，都超过了经济增幅。可知居民家庭收入在国民收入中的占比在经历了下降过程之后，又转为上升过程。①

根据国家统计局数据，可计算出 2000—2014 年我国政府、企业、居民三部门在国民收入初次分配与二次分配中的占比情况（分别见表 10 - 1、表 10 - 2）。

表 10 - 1　2000—2014 年国民收入初次分配格局

年份	初次分配（亿元）				占比（%）			
	住户	政府	非金融企业	金融机构	住户	政府	非金融企业	金融机构
2000	65 811.00	12 865.20	18 529.92	794.40	67.15	13.13	18.91	0.81
2001	71 248.72	13 697.28	21 617.68	1 504.54	65.93	12.67	20.00	1.39

---

① 刘伟，蔡志洲. 新世纪以来我国居民收入分配的变化 [J]. 北京大学学报，2016（5）.

年份	初次分配（亿元）				占比（%）			
	住户	政府	非金融企业	金融机构	住户	政府	非金融企业	金融机构
2002	76 801.57	16 599.95	23 666.49	2 027.70	64.49	13.94	19.87	1.70
2003	86 512.46	18 387.52	27 132.28	2 944.75	64.09	13.62	20.10	2.18
2004	97 489.67	21 912.66	36 979.34	3 071.90	61.14	13.74	23.19	1.93
2005	112 517.06	26 073.94	41 532.18	3 494.24	61.28	14.20	22.62	1.90
2006	131 114.93	31 372.99	48 192.56	5 223.88	60.73	14.53	22.32	2.42
2007	158 805.28	39 266.86	61 525.47	6 824.39	59.61	14.74	23.09	2.56
2008	185 395.44	46 549.14	74 609.24	9 476.51	58.66	14.73	23.61	3.00
2009	206 544.03	49 606.34	73 275.18	10 894.40	60.69	14.58	21.53	3.20
2010	241 864.51	59 926.74	83 385.82	14 582.48	60.50	14.99	20.86	3.65
2011	284 282.94	72 066.93	94 853.93	17 358.58	60.67	15.38	20.24	3.70
2012	319 462.37	80 975.88	97 023.47	20 753.02	61.65	15.63	18.72	4.00
2013	353 759.88	88 745.04	120 826.03	19 865.78	60.66	15.22	20.72	3.41
2014	387 473.11	98 266.40	137 142.34	21 909.25	60.09	15.24	21.27	3.40

资料来源：2008 年、2013 年经济普查修订的资金流量表。

表 10-2　2000—2014 年国民收入二次分配格局

年份	再次分配（亿元）				占比（%）			
	住户	政府	非金融企业	金融机构	住户	政府	非金融企业	金融机构
2000	66 538.67	14 314.06	17 152.68	517.59	67.90	14.61	17.50	0.53
2001	71 865.34	16 324.18	19 327.19	1 254.42	66.50	15.11	17.88	1.16
2002	77 423.32	19 505.94	21 313.62	1 927.53	65.01	16.38	17.90	1.62
2003	87 268.45	21 946.82	24 339.09	2 866.89	64.65	16.26	18.03	2.12
2004	98 508.92	26 517.58	33 246.66	3 075.63	61.78	16.63	20.85	1.93
2005	112 910.16	32 573.69	36 987.87	3 100.65	61.49	17.74	20.14	1.69
2006	131 426.42	39 724.85	42 687.11	4 303.44	60.87	18.40	19.77	1.99
2007	158 558.63	51 192.09	54 207.96	5 284.53	59.51	19.21	20.35	1.98

年份	再次分配（亿元）				占比（%）			
	住户	政府	非金融企业	金融机构	住户	政府	非金融企业	金融机构
2008	185 926.31	60 544.07	65 450.94	7 106.18	58.83	19.16	20.71	2.25
2009	207 302.37	62 603.34	64 171.08	8 405.70	60.91	18.40	18.86	2.47
2010	243 121.74	74 116.25	72 069.17	13 206.55	60.82	18.54	18.03	3.30
2011	285 772.58	90 203.21	78 990.47	15 179.18	60.99	19.25	16.86	3.24
2012	321 399.16	101 301.11	78 875.93	16 855.35	62.02	19.55	15.22	3.25
2013	357 113.36	110 375.99	100 204.35	14 963.20	61.23	18.93	17.18	2.57
2014	391 109.95	121 574.23	116 262.29	15 932.81	60.66	18.85	18.03	2.47

资料来源：2008 年、2013 年经济普查修订的资金流量表。

　　从表 10 - 1、10 - 2 可以发现，居民在整个国民收入分配格局中所占的比重在经历下降过程走过 2008 年的低点后又有所回升，但总体上在 2000—2014 年下降了 6 个百分点左右。这种"蛋糕三分情况"的变化曾一度成为多方关注与讨论的热点，有人认为这与我国消费率偏低等现象密切相关。白重恩等学者的相关研究测算了这个"比重走低"问题，具有中国学界主流观点的影响力。[①]

　　但根据王小鲁的研究，我国国民收入分配中存在巨额的灰色收入，未能反映在国家统计局的数据中，属于隐性收入，在 2008 年，约为 4.6 万亿元的总规模。[②] 之后根据他的又一轮估算，基本结论是，2011 年我国灰色收入总规模为 6.2 万亿元，相当于 GDP 的 12.2%，[③] 而且这种隐性收入的分布是极不均衡的：这块收入中的 63% 集中在前 10% 的高收入家庭，

---

① 白重恩，钱震杰. 国民收入的要素分配：统计数据背后的故事 [J]. 经济研究，2009 (3).

② 王小鲁. 灰色收入与国民收入分配的比较 [J]. 比较，2007 (31).

③ 王小鲁. 灰色收入与发展陷阱 [M]. 北京：中信出版社，2012.

80%集中在前20%的高收入家庭。

根据王小鲁这一同样广泛引起关注和重视、形成主流观点影响力的研究成果，白重恩等学者根据官方统计数据得出的研究结论，恰恰与之是"冰炭不能同器"的观点：依基本逻辑关系，居民收入占比考虑了这一巨额的影响成分后，非但不是下降的，还应当是有所上升的。到底如何，自然会有见仁见智的讨论，但限于种种条件制约，各种观点的量化结果均不可能十分精确。应当看到，王小鲁这一研究结果的独特价值却是无法否认的，即把实际生活中人们早已可感受到的非规范收入问题，纳入严肃的学术研究框架，得出其规模巨大的一种量化分析结果——具体量值上的难以精确，并不能否定问题性质上的重大现实意义。也就是说，我们不应局限于用统计局的官方数字认识中国收入分配问题，也不宜局限于关注居民部门所占比重的下降问题，而应深入探究"隐性灰色收入"问题背后的收入分配结构问题，即收入差距、财产差距问题，收入分配的公平性与规范性问题，以及与之相关的深层次制度性成因。

关于中国居民收入分配结构视角的"收入差距过大"问题，早已引起各方关注，以基尼系数的官方数据衡量，2008年中国的基尼系数达到历史纪录最高值的0.491，以后逐渐走低，但2016年仍在0.46以上，属于过高状态；而非官方研究群体对于中国基尼系数的测算结果，往往明显高于官方数值，如西南财经大学中国家庭金融调查与研究中心开展的中国家庭金融调查（CHFS）的结论，基尼系数高达0.61。与之相随，居民财产分布的基尼系数更高，北京大学中国家庭追踪调查（CFPS）形成的《中国民生发展报告2015》基于全国25个省市160个区县14 960个家庭的样本，得出的结果是，全国居民家庭财产基尼系数已从1995年的0.45扩大为2012年的0.73。顶端1%的家庭占有全国约1/3的财产，底端25%的家庭拥有的财产总量仅在1%左右①（见表10–3）。

表10–3　各类来源计算的基尼系数比较

年份	国家统计局	西南财大 CHFS	北大 CFPS
2002	0.454	–	0.55（财产）
2003	0.479	–	–
2004	0.473	–	–
2005	0.485	–	–
2006	0.487	–	–
2007	0.484	–	–
2008	0.491	–	–
2009	0.490	–	–
2010	0.481	0.60	–
2011	0.477	–	–
2012	0.474	0.61	0.49/0.73（财产）
2013	0.473	–	–
2014	0.469	–	–
2015	0.462	0.60	–
2016	0.465	–	–

特别要注意的是：与居民收入、财富差距扩大形影不离的是，收入分配的不规范、不公平问题。大量的隐性收入，包括"灰色收入"（涉及尚不宜直接认定为违法乱纪的种种不规范分配）和"黑色收入"（涉及腐败等犯罪行径），在分配格局中占据不容忽视、相当可观的分量。探究其成因，应聚焦在相关制度供给的有效性不足问题上，进而探求改革完善之路。

---

① 资料来源：《第一财经日报》，2016–01–13.

如把王小鲁估算的 5 万亿～6 万亿元规模的"灰色收入"考虑在内，我国居民部门所得份额在这些年间并非是减少，而很可能是有所增加，只是关于具体增加了多少的认定，的确是一个棘手的难题，无法形成权威解释。然而，我们依据常识和相关指标的逻辑关系可知，王小鲁所指的隐性收入，一部分会在财务与统计信息中"偷梁换柱"地从非居民部门转到居民部门，这一部分只影响"蛋糕"的切分结构，并不影响我国 GDP 的总量；另一部分却会以"坐支方式"不进入财务与统计信息，于是这一部分应是以做"加法"的因素影响我国 GDP 的总量，即构成做大"蛋糕"的贡献因子。但实际上，这个"加法"也肯定难以被官方统计部门所接受。我们在此特别强调的是，在种种制约条件下，根据王小鲁的研究成果而量化地调升中国 GDP 的总规模，虽然不具备可操作性，但从中国 GDP 内部结构视角看，适当调升居民部门份额，也显然是合理的、必要的。至于调升多少，确实也难以精确论定，但至少这已显著冲淡了关注"居民所得比重下降"问题的必要性，而启示我们更多地把注意力放在中国国民收入分配的真问题——不规范、不公正、差距悬殊上，特别是应循着改革逻辑深刻认识其所关联的深层制度性成因，进而探求有效对策。

"收入分配差距是中国经济最大的不平衡。"① 这种收入分配差距中内含的非规范性、非公平性，与现实生活中主要源于制度供给有效性不足而发生的不正之风、贪污腐败、权钱交易、化公为私、国资流失、巧取豪夺等实为一体，弊病性质最为严重，事关人民的基本福祉、社会的公平正义以及执政党与国家的命运、前途，是当代中国正确处理收入分配所需解决的真问题。

---

① 源自刘鹤为彭文生专著《渐行渐远的红利——寻求中国新平衡》（2013 年社会科学文献出版社出版）写的评语。

培育、壮大中产阶层面临的挑战

对于中国收入分配基本格局的认知，还需特别注重中国中产阶层的状况及如何使其得到培育和壮大的问题。

中国在实施现代化战略中的基本诉求是，基于人本主义立场、维护和促进内外部和谐状态下的和平崛起。把收入分配与社会和谐状态联系起来，有一条十分被人们所看重的基本经验，即培育和壮大中等收入阶层（中产阶层）是促进与实现社会稳定和谐的重要条件。在一个社会中，如果中等收入阶层成为社会成员主体，顶层的巨富者和底层的贫困者都是少数，可形象地称其为"橄榄型"（"两头小、中间大"，形似橄榄）社会，它是最稳定、和谐的社会，因为大量有恒产的中产者，容易具有敬业乐群的"恒心"，中产之上的富豪阶层及其之下的低产阶层均相对较少，客观上有利于缓解高、低两端间的矛盾，不少发达经济体的实际发展情况，正是这一判断的基本依据，而中国与这一类型社会的明显差异，被认为是需要努力加以改变之处。这就是"培育和壮大中等收入阶层"内在逻辑与必要性的缘由。

从传统体制下的平均主义，演变为改革开放中"一部分人、一部分地区先富起来"，中产阶层的扩大本是顺理成章的事。但在当下，如何估量中国中产阶层的发育程度，还有不同的认识与不少的纠结。在此特别阐明两个层次上的基本认识。

首先，在相关概念上应强调，中等收入阶层是一个相对的、定性的概念。所谓相对概念，就是说不要太计较与别的经济体在绝对数值上的对比，主要应看居民在所在经济体内的上下对比关系。所谓定性概念，就是要理解中等收入阶层应该是这样的一些社会成员：他们有恒产——中国人特别看重的有房有车（特别是有房的时候，不应是以痛苦的当房奴的状态去占有它），还要有一定量的储蓄，有相匹配的教育、医疗等中高水平的生活服务，并与社保体系融为一体，而且还应具备享受旅游等生活闲暇的能力，等等。对于这样的中等收入阶层，从定性上来认识它，值得进一步探究，在参考现有官方统计数据方面要进一步核算以努力接近真实图景。

按国家统计局数据，2016 年全国居民收入按五等份分组，基本情况如表 10 - 4 和图 10 - 1 所示。

表 10 - 4 2016 年全国居民五等份收入分组统计表

	人均可支配收入（元）	各组收入占总人均可支配收入的比重（%）
低收入组	5 529	4.23
中等偏下收入组	12 899	9.88
中等收入组	20 924	16.02
中等偏上收入组	31 990	24.49
高收入组	59 259	45.37

资料来源：国家统计局网站《中华人民共和国 2016 年国民经济和社会发展统计公报》。

注：全国居民五等份收入分组是指将所有调查户按人均收入水平从低到高顺序排列，平均分为五个等份，处于最高 20% 的收入群体为高收入组，依此类推依次为中等偏上收入组、中等收入组、中等偏下收入组、低收入组。

官方统计数据表明，中国人现在的"收入五等份"，直观地看，收入最高层级和次高层级这两组，合在一起占总人均可支配收入的 69.86%，其中，最高收入组占 45.37%，即按社会成员收入结构比重的分布来看，1/5 的家庭掌握了近 1/2 的总收入，其次的 1/5 家庭掌握了约 1/4 的总收入，这是从有别于基尼系数的另一个统计视角，表明中国社会收入分配的差异悬殊状况。应当指出，这一统计结果对中国社会真实收入差异的反映仍是严重不足的，其非常重要的原因就是，这一套收入五等份统计数据，主要来自家计调查（居民家庭收支调查），而家计调查是由人们自愿填报的（抽取调查户时，不自愿，即跳过）。现实生活中，真正的富豪没有人

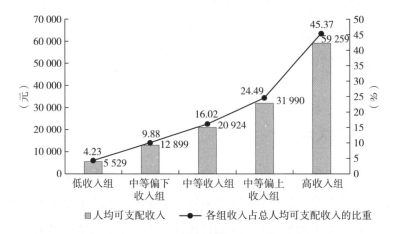

图 10 - 1　2016 年全国居民五等份收入分组统计图

资料来源：国家统计局网站《中华人民共和国 2016 年国民经济和社会发展统计公报》。

注：全国居民五等份收入分组是指将所有调查户按人均收入水平从低到高顺序排列，平均分为五个等份，处于最高 20% 的收入群体为高收入组，依此类推依次为中等偏上收入组、中等收入组、中等偏下收入组、低收入组。

愿意填报。王小鲁教授做过深入研究的（中国那些有灰色收入、黑色收入的）人，一般也是不填报的，即使填报，也不会如实填报自己的灰色收入、黑色收入。所以，这些家计调查数据放在一起，我们不能说它没有意义，但它跟中国社会的真实情况还有相当大的距离。它无法从中国居民收入分配视角充分揭示实际的收入、财富占有倒金字塔形和人口比重正金字塔形这两个方面的结构差异特征，也会因此掩盖一些中等收入阶层的真实情况，使关于中国中产阶层成长的相关判断偏于乐观。

其次，中国已有的中产阶层处于较明显的焦虑中，折射出现阶段一些突出的挑战性问题。

应当指出，在已经形成的我国"新中产"人群中，客观上的种种原因促成了他们主观心理状态上有较高程度的焦虑，表现为与其他经济体中产阶级心态稳定特征的明显不同。

中产阶层所焦虑的，主要是房价节节升高，环境安全威胁明显，子女教育、医疗、未来养老等的负担都在愈益沉重，以及加班太多、个人时间被挤占所带来的紧张，等等。怎样消除这些焦虑，使他们充分发挥助益社会稳定的作用，这是中国在培育壮大中产阶层方面所面临的特定挑战。

10.3　认识收入领域的三次分配框架

坚持以人民为中心，把人民对美好生活的向往作为奋斗目标，保证全体人民在共建共享发展中有更多获得感，不断促进人的全面发展、全体人民共同富裕，是习近平新时代中国特色社会主义思想的精神实质，体现在新时代坚持和发展中国特色社会主义的基本方略之中，也是破解发展不平衡不充分问题的关键。而解决好收入分配问题，促进共同富裕，从学理视角而言，需在激励—约束的认知框架下，把握好优化收入分配的政策理性，厘清追求共同富裕愿景和做好"先富"向"共富"转换的基本思路，在遵循承认各要素的贡献、把按劳分配与按其他要素分配相结合等基本原则下，以改革即解决有效制度供给问题为龙头，推动实现初次分配、再分配、三次分配及其配套政策设计和政策体系的动态优化。

收入分配激励—约束分析认识框架

与收入分配问题相关的"激励—约束"，实质上就是要处理好"做大蛋糕"与"切好蛋糕"这一紧密关联、在社会再生产中互动的对立统一关系。

首先，"公平"的概念和"公平与效率"的关系亟须廓清。

关于"公平与效率"的讨论在学术界由来已久，所涉及的现实问题是非常重要的，而且近年在中国引起了各方面的强烈关注。已有不少研究者指出：公平与效率的关系并非全是此消彼长的对立关系，也有相互促进、互为条件的关系，这一点十分重要，需要进一步细化分析。我们认为，如果从严谨的角度研究，应该把"公平"之内涵再做拆分，通常人们谈到很多公平问题，要视情况的不同再做细分定位才能较准确地表达原意。比如，近年来人们越来越多地认同应划分"规则的公平"、"过程的公平"和"结果的公平"。一般来说，规则的公平和过程的公平所强调的是"公正""正义"，这两种公平与效率是没有矛盾的，并且是保护、促进效率的，主要是指通过公正的待遇和处理，使大家各尽所能，得到一种发展中的公平环境。结果的公平，则是指结果的均平状态，这种均平确实与效率有一定的此消彼长的关系。过于平均，则激励不足，影响效率；过于悬殊，则虽有强激励，但弱势、低端人群的困难与不满增加又可能使矛盾凸显，危害社会和谐稳定，所以调控者需要合理权衡掌握。遗憾的是，人们讨论公平问题时，往往是把这两个概念混同，完全"一锅煮"了，接着带来的问题就是"捣糨糊"，无助于问题的廓清。清楚地区分"公平"一词在不同情形下实际分别是指规则、过程公正的"公平"和分配结果相近的"均平"这两个不同对象，对于正确而深入地讨论问题非常重要，有利于避免"鸡同鸭讲"。近些年收入分配方面的矛盾凸显之后，人们讨论时往往慷慨激昂，争论激烈，但是却普遍地把应当清楚区分的这两个命题混在一起，从而导致在同一个概念下说不同的事情、实际没有共同语言的情况，造成了"公平与效率"问题的混乱。

观察以中文翻译的西方学界关于"公平与效率"的文献，也有类似的问题，英文 fair、fairness、equity、equality 在词典上普遍是互证互解的关系，中文翻译统统译作"公平"，但细究词根与最基本的词意，equity 有"股本"之意，更适合于表达标准化的"均平"，而 fairness 与"标准化均平"不发生交集，更接近于正义（justice）的含义，一般应译作"公正"。如更多地细究这样的语义差别，讨论者陷入"捣糨糊"状态的危险性，可望由此有所降低。①

其次，"公平"与"均等化"方面的政府责任应当明晰化、合理化、动态化，把握好市场经济环境中的政策理性。

如果从规则公平、过程公平（意在公正）的角度来看，政府的应尽之责是制定和维护必要、合理的法律制度和规则，保护合法的产权和营造公平的竞争环境。如果从结果公平（意在均平）的角度来说，政府的作用应更多地体现为通过再分配手段抑制、缩小收入悬殊。前期的"结果"在一定场合又是后期的"起点"，于是又联系到政府的另一项应尽之责，就是努力发展和实现基本公共产品、公共服务的"均等化"，这个问题的实质是政府要"托一个底"，政府应该提供的诸如普及义务教育、实施社会救济与基本社会保障这类公共产品与服务，应该首先把最低限度上的供给水平托起来。同时，这并不应理解为政府可以和应当大包大揽，把在公平竞争之中和之后必然形成的差异压得十分扁平，而是应力求清晰地形成政府的职责边界和"政策理性"的要领，促成政策的合理优化调整，以有利于社会矛盾的缓解与多元主体活力的持续释放，保障和支持现代化事业的持续发展。

比如，在"住有所居"的公共供给方面，政府首先要托的底其实不是经济适用房，而应该是公租房（因为廉租房与公租房实际很难分清界限，故统称为公租房），其入住者是没有产权的，由政府甄别鉴定社会最低收入阶层，让他们入住而"住有所居"。这是关联整个社会稳定的一种"公共产品"。同时，政府做这件事情的管理成本也会比较高，但必须认清到底谁有资格得到这种公租房待遇。申请成功者住进去以后，政府应跟踪观

---

① 贾康，论居民收入分配中政府维护公正、兼顾公平的分类调节［J］. 财政研究，2007（8）.

察，如果入住家庭的收入上升了，到一定的程度后，还应劝他们搬出去，把房源腾出来给新的低收入阶层，以解决不同时期"住有所居"的问题。这种管理成本是必须付出的，因为这是政府非做不可的事，关乎整个社会的稳定。但是如果按这个逻辑不断提升，以类似方式包揽边界不清的经济适用房（现实生活中扩展至十几种具体形式）的供给，表面上看很得民众拥护，实际上做起来却存在大量的扭曲，不少收入较高的人混进来钻各种制度与政策的"空子"，大量不具备资格的较高收入者买这种房子，实际上是抢占了真正在较低层社会成员的对应机会，这样的情况防不胜防，却占据了原指望发挥其政府功能的宝贵的公共资源。于是从追求公平、公正的理念出发，造成的却是让人啼笑皆非的结果，使各种形态的经济适用房变成了一个"管不了，管不好"的事情，政府做了很多事情还要挨骂，原计划的雪中送炭，结果变成了各种设租寻租的投机取巧，好事变成了坏事。

最后，为把握好收入再分配的政策理性，需以对收入差距形成原因的正确分析为政策设计的哲理性前提。

结果的公平（均平）与效率的确有一定的负相关关系，在我国处于"矛盾凸显期"正确处理均平与效率的关系，既是各方都非常关注的事情，也是非常复杂、很有难度的事情，是把握好政府在再分配领域的政策理性的核心问题之一。毫无疑问，政府以必要的调节手段介入收入再分配，遏制收入差距悬殊、防止两极分化的固化并促其收敛，是政府的应尽之责，但需要以对收入差距的原因做出正确分析为前提，从而有针对性地实施分类的政策，并提出协调配套的方案。概而言之，应鼓励的收入差距还需要有所鼓励，正当的收入差距应尽量容忍，不规范的收入差距要调控抑制，不正当的收入差距则应大力消除，进而才有利于把握好均平与效率的权衡。这样的认识是基于对居民收入差距的具体分析得出的。

改革开放以来中国居民收入差距扩大的原因，至少可从如下七个方面进行分析：

一是源于诚实劳动中努力程度和辛劳程度不同而形成的收入差别。在传统的"大锅饭"环境下，"干好干坏一个样"，那是养懒人的机制和体制，收入差异小，但生产力也得不到解放。改革开放之后，总体的"勤快"程度提高了，但"勤快人"和"懒人"的相对差异仍然存在，新的体制和机制使"懒人"和"勤快人"的收入差异明显扩大，这种源自努力程度、辛劳程度不同而形成的收入差别，或作为收入差别中的一种重要构成因素，在社会生活中必然出现。

二是源于个人禀赋和能力不同而形成的收入差别。个体间必然有禀赋和聪明才智方面的差异，在改革开放之后的竞争环境下，先天禀赋和基于其他原因在后天综合发展起来的聪明才智，共同构成个体各不相同的能力、才干。客观存在的这些差异必然带来收入水平上的差异。一些特殊的、稀缺的能力与才干，如企业家才能、科技人员创新才能，也包括文体明星的特殊技能等，一旦在市场中具体化为竞争力，则相关收入差别的扩大比努力程度带来的差别往往要高出许多倍。

三是源于要素占有的状态、水平不同而形成的收入差别。由于种种客观原因（如继承关系），每一个具体社会成员在资金、不动产乃至家族关联、社会人脉等方面（这些都可归于广义的生产要素范畴），必然是有所差异的，而由此带来的收入（如利息、房租以及经营活动中的重要信息、正确指导与规劝等促成的收益）高低不同，也是客观存在的，并且有可能形成一定的传承和自我叠加的关系。

四是源于机遇不同而形成的收入差别。不同的人做同样的事，有时会纯粹由于时点不同（当然实际生活中也会伴随其他的种种不同）而导致结果大相径庭。"好运气"可带来一夜暴富，"坏运气"可能导致血本无归，这里面机遇的因素也是不可否认的，在市场经济的某些场合，其作用还十分明显。

五是源于现行体制、制度等明规则因素而形成的收入差别。有些由体制造成的垄断因素和制度安排因素，在现实生活中可以强烈地影响社会成员收入水平的高低。比如一般垄断行业职工的收入明显高于非垄断行业，又比如公职人员收入水平与组织安排的具体位置关系极大。

六是源于现行体制、制度中已实际形成而不被追究或暂时不被追究的潜规则而形成的收入差别。这大体相当于人们所说的"灰色收入"，它是现实存在的，透明度很低，往往在规范渠道之外，按"心照不宣"方式或"内部掌握"方式实施其分配。比如公职人员前些年相当大的一部分"工资外收入"，在没有"暗账翻明"而阳光化、规范化之前，很多可归于这种收入，其因不同条件、不同部门等又往往差异很大。再比如企业在法规不明不细或监管松弛环境下，因打"擦边球"而形成的职工收入分配水平差异，也可能十分显著。

七是源于不法行为、腐败行为而形成的收入差别。这大体相当于人们所说的"黑色收入"，往往数额巨大，而且与违法偷逃税款、权钱交易、贿赂舞弊、走私贩毒等相关。

上述种种收入分配差异形成原因，在现实生活中的某一个具体案例之中，到底有多少因素介入，各起多大作用，通常都不可一概而论。从政策理性原则说，应首先在哲理层面明确对应于各个收入源头的针对性政策导向。简单地说：

对于勤劳致富、才能致富（前述第一、二项原因）形成的收入差异，政策应当大力鼓励或以鼓励为主。

对于要素占有和机遇不同（前述第三、四项原因）而形成的收入差异，政策上应当适当调节，但不宜作抹平处理，否则开放条件下的要素外流将十分严重，市场经济中客观需要的创新冒险精神也将受到极大抑制。

对于体制性明规则、潜规则不周全、不合理（前述第五、六项原因）造成的收入差异，在明确需有所调节、抑制的同时，关键是以政策和制度建设推动深化改革、机制转变（包括"花钱买机制"），追求制度合理化、规范化，再配之以必要的再分配调节，只讲调节不注重制度建设，必然流于"法不治众"或"扬汤止沸"之结局。

对于违法乱纪的"黑色收入"（前述第七项原因）形成的收入差异，必须坚决取缔、惩处，打击其行为，罚没其收入，并注重从源头上加强法治建设以抑制违法乱纪、腐败行径的滋生土壤与条件。

上述相关思路和对策，是在具备正确的大方向和针对性要领之后，做出的具体政策设计，包括政策工具选择、政策组合和有效率的实施方式与程序等，以及不同阶段政策力度的把握。只有这样，方可落实政府在收入再分配中应当具有的政策理性，正确把握均平与效率间的权衡，发挥好政策应有的功能。应当说，这是相当复杂而艰巨的任务，是供给侧结构性改革中应由粗到细逐步优化的系统工程。①

优化收入分配的基本思路：共同富裕的实现路径

马克思基于对人类社会发展规律的认知，提出未来社会应是生产力高度发达状态所支持的"自由人的联合体"，其中，"每个人的自由发展是一切人的自由发展的条件"②。不言而喻，与这种追求相匹配的一定是共同富裕的分配状态——各尽所能，按需分配。这一共同富裕的科学社会主义理想愿景，在社会主义初级阶段，中国改革开放后之中国特色社会主义

---

① 贾康. 收入分配与政策优化、制度变革［M］. 北京：经济科学出版社，2012.

② 源于《共产党宣言》。

的伟大实践中，已由邓小平明确地表述为实现现代化而奋斗的战略目标和"社会主义的本质"。邓小平高屋建瓴而简洁概括的"共同富裕"发展目标，上合中国古代早已树立的"大同"理想，下合现时亿万民众对美好生活的向往，可以说是代表着人类文明发展与社会进步过程中的总纲，是今后优化我国收入分配明确的目标导向。

第一阶段是"效率优先，兼顾公平"的分配机制与"先富"战略的确立。

改革开放之初，我国的经济发展水平还相当落后，社会生产力较为低下，社会基本矛盾，即人民日益增长的物质文化生活需要与落后的社会生产力之间的矛盾比较尖锐。为尽快摆脱贫困落后的状况，我国及时制定了以经济建设为中心的基本路线，确定了"效率优先，兼顾公平"的分配机制和原则，以发展经济为第一要务，鼓励一部分人先富起来，以先富带后富，最终走上共同富裕之路。

早在改革开放初期党中央就提出，鼓励一部分地区、一部分人通过诚实劳动和合法经营先富起来，提倡先富带动和帮助后富，逐步实现共同富裕。① 1984 年，党的十二届三中全会提出，"共同富裕决不等于也不可能是完全平均，决不等于也不可能是所有社会成员在同一时间以同等速度富裕起来……只有允许和鼓励一部分地区、一部分企业和一部分人依靠勤奋劳动先富起来，才能对大多数人产生强烈的吸引和鼓舞作用，并带动越来越多的人一浪接一浪地走向富裕"。② 1992 年，邓小平在南方谈话中再次强调，"走社会主义道路，就是要逐步实现共同富裕"。③ 党的十四大提

---

① 王利民. 不断发展当代中国马克思主义政治经济学［OL］. 人民网. 2016－07－08.

② 中共中央文献研究室. 改革开放三十年重要文献选编（上）［M］. 北京：中央文献出版社，2008：356.

③ 邓小平. 邓小平文选：第 3 卷［M］. 北京：人民出版社，1993：373.

出，"运用包括市场在内的各种调节手段，既鼓励先进，促进效率，合理拉开收入差距，又防止两极分化，逐步实现共同富裕"。① 1993 年，党的十四届三中全会提出，个人收入分配要"体现效率优先、兼顾公平的原则"。1997 年党的十五大再次重申了这一原则。

"效率优先，兼顾公平"的分配机制由于关注效率，从而有效地刺激了经济增长，国家的经济实力显著增强，人民的生活水平得到了明显改善。1978—2017 年，国内生产总值从 3679 亿元增长到 82.7 万亿元，年均实际增长率高达 9.5%，而同期世界 GDP 平均增长速度仅为 3%～4%。近年来，受国际金融危机的影响，我国经济增长速度虽然有所回落，但仍远远高于世界平均水平。

与此同时，随着国民经济的快速发展，以收入分配失衡为核心的社会公平问题也在不断加剧，经济增长与社会公平之间的矛盾日益尖锐，并已成为当前经济社会发展中不容忽视的重大问题和突出矛盾。

第二阶段应加快推进由"先富"向"共富"的战略转换。

改革开放初期，针对社会生产力低下、经济社会发展水平比较落后的国情特点，我国及时制定了以经济建设为中心的基本路线，鼓励一部分地区和一部分人先富起来。事实证明，这一决策是正确的选择，我国因此较快摆脱了贫困落后状况。当然，这一不平衡发展战略也是有代价的，随着经济社会的发展，以收入差距扩大为代表的负面影响日益凸显，不同程度的危害已经产生，经济发展战略实现由"先富"向"共富"的阶段性转换显得愈发迫切，并且转换时机和条件也已成熟。一方面，改革开放以来所取得的经济成就为调节收入分配与构建和谐社会奠定了必要的物质基

---

① 中共中央文献研究室. 改革开放三十年重要文献选编（上）［M］. 北京：中央文献出版社，2008：660.

础，以公有制为主体、多种所有制经济共同发展的基本经济制度为此提供了强有力的制度基础；另一方面，缩小贫富差距，避免陷入"中等收入陷阱"的客观要求已十分迫切。这就标志着我国发展战略重心由"先富"转向"共富"的时机已经成熟，既具备必要的物质条件，也具有很强的现实紧迫性。

选择恰当的时机将经济工作的重心由"先富"转向"共富"是改革初期便确立的一项既定发展战略，共同富裕是社会主义的本质要求。根据世界各国经济发展规律和经验的启示，同时鉴于收入差距过大所带来的越来越多的负面影响和各种危害，在问题导向之下我国迎来了由"先富"到"共富"阶段转变的全局性契机，特别是基于20世纪末以来陆续制定和实施的西部大开发战略、农村税费改革、东北振兴和中部崛起战略效果的逐步显现，我国不同地区居民之间、城乡居民之间的生活、收入水平差距在近几年已开始逐渐缩小，为实现共同富裕奠定了坚实的基础。下一阶段，我国应以党的十九大精神为指导，针对"人民日益增长的美好生活需要和不平衡不充分的发展之间的矛盾"这一社会主要矛盾，将"问题导向"与"目标导向"相结合，正式将"先富带后富，最终实现共同富裕"确立为未来经济发展的工作重心之一，持续推进收入分配制度改革，从而使全社会的力量更加集中到实现共同富裕这一社会主义根本目标上来。

追求共同富裕愿景：实现"先富共富"的基本原则

一部分人、一部分地区先富，固然产生了可能带动其他人、其他地区也谋求致富的示范效应、辐射效应，但也必然导致一定阶段内随着收入差距扩大、社会矛盾累积而产生的较低收入社会成员的不安与不满。对这种矛盾纠结如果处理不当，必然制约经济社会健康发展，甚至出现由于收入分配领域的经济问题引致社会政治问题的不良结果。邓小平在关于"先富共富"的论述中，已敏锐地、前瞻性地指出了防范与克服"必然发生"的两极分化问题，"先富共富"框架中内含着、关联着我们应正确掌握的在国民收入分配领域内的若干基本原则。[①] 国内外学者的相关研究，也可给予我们一系列重要的启发。[②] 下面为实现"先富共富"的基本原则。

（一）以合理的收入分配激励创业创新

创业创新所引发的经济发展活力，就是从根本上决定社会发展与支撑生产关系走向进步和升级的社会生产力，"发展是硬道理"，要求收入分配一定要首先从有利于发展生产力视角处理好鼓舞、激励"做大蛋糕""创新发展"的机制功能问题。这一原则是从"生产决定分配"的历史唯物论原理出发处理根本发展动力问题。总体而言，人民群众的收入只能是在经济增长的基础上实现同步增长，劳动者的报酬只能是在劳动生产率提高的基础上实现同步提高。否则，再美好的分配愿景也将成为无源之水、无本之木。

（二）承认各要素的贡献，把按劳分配与按其他要素分配相结合

在社会主义初级阶段的市场经济运行中，固然需要做好"按劳分配"的机制构建，同时还必须做好按照资本、土地、技术成果等要素贡献因素做出分配的机制建设，这样才能有利于解放生产力和可持续发展。这一原则主要处理的是在初次分配环节"分好蛋糕"以求不断地激励"做大蛋糕"的问题。在初次分配层面上，需更多侧重市场竞争中的规则公平与过程公平。

---

① 可参阅：邓小平. 邓小平文选：第3卷 [M]. 北京：人民出版社，1993。

② 国外的相关研究如：布坎南. 自由、市场和国家——20世纪80年代的政治经济学 [M]. 北京：北京经济学院出版社，1988. 王小鲁. 我国国民收入分配现状、问题及对策 [J]. 国家行政学院学报，2010（6）. 托马斯·皮凯蒂. 21世纪资本论 [M]. 北京：中信出版社，2014。

（三）在"倒 U 曲线"前半段适当允许、容忍收入差距扩大的同时，还要主动调节并遏制"两极分化"

"倒 U 曲线"所勾画的在收入差距扩大到峰值后又会转为缩小的过程，不应认为是也不可能是一个纯自然的过程。发达经济体所形成的社会福利政策及税收、社保制度等经验，都体现了制度机制设计的可塑性空间与主动作为空间。在明确追求共同富裕的社会主义中国，这种可塑性更值得被积极借鉴和进一步强调。这一原则主要应用于再分配领域和三次分配领域，针对皮凯蒂研究所揭示的资本长期强势需矫正以进一步"分好蛋糕"，服务于可持续"做大蛋糕"的和谐发展问题。在再分配、三次分配领域，需要更多侧重对市场竞争所形成结果的适当均平化调整，及与之对接的下一轮各相关主体起点的公平。

（四）以"阳光化、鼓干劲、促和谐、扶弱者"为要领，运用系统工程思维构建分配制度体系

解决收入分配问题是一个庞大的系统工程，与经济结构、经济发展方式、经济体制紧密相关，需要以系统工程的思维看待和改进分配制度体系，注重整体设计、综合集成、标本兼治。分配制度体系的不同层次、不同环节，可以有分配功能的不同侧重，但这一原则总体而言是追求以所有分配功能的系统化协调、互补来形成"做大蛋糕"与"分好蛋糕"两者间的良性循环。发展成果——"蛋糕"的做大与分好，通盘都需要规则、过程的"阳光化"，因为"阳光是最好的防腐剂"，是公平正义的必要保障；从基本顺序而言，应首先考虑鼓励、激发创业创新主体的干劲，以把"蛋糕"做大，因为这是"生产决定分配"所揭示的前提条件；到了分"蛋糕"的环节，则要更多注意以权衡促和谐，既反对平均主义，又防止两极分化；种种主客观原因造成的分配结果环节上的"弱势群体"，则需要再分配机制（再分配、三次分配）特别予以关怀和扶助。

（五）以有效制度供给为龙头带动分配制度、政策体系动态优化

因为发展具有阶段性，所以制度安排与政策设计需要适应客观发生的阶段转变，做出动态优化。此原则主要处理的是做"蛋糕"与切"蛋糕"互动循环发展过程中的长效机制建设与阶段性动态优化的问题。对正处于改革深水区的中国而言，这一原则必然需要冲破利益固化的藩篱，处理好优化直接税、完善社会保障、政府间转移支付制度等一系列啃硬骨头的问题。

10.4 三次分配制度建设的原则与建议

收入分配是国民经济在一定时期内所创造的国民收入，按一定的方式在政府、企业和居民个人之间的分配。以生产经营活动中创造的增加值为国民收入分配的起点，初次分配形成各经济体（含机构部门）的原始收入，再分配则形成各经济主体的可支配收入，进而产生消费或投资。

初次分配制度：规则与过程公平

初次分配是将国民收入直接与生产要素相联系的分配，依据是各生产要素在生产中发挥的效率，即"效率原则"，在相关制度框架下，将财富以劳动报酬和生产税的形式分配到居民部门和政府部门，因此，应使市场机制在这一阶段起核心作用，政府部门可通过税收杠杆和法律法规进行调节和规范。由于初次分配是国民收入分配的首要环节，它要解决的突出问题，主要是货币资本所有者与人力资本所有者的利益分配问题，数额大而且涉及面广，如果在此环节出现严重的社会不公正，在政府再分配中就很难加以扭转；如果在此环节居民收入的源流得到较充分的激励，同时收入差距较好地得到控制，那么再分配环节就会减轻政府调节的压力，继而能

中国改革真命题

够使政府更好地通过财税等手段进一步完善居民收入分配体系。因此，在初次分配环节如何建立规则与过程公平的分配制度至关重要。所谓规则与过程公平，主要是指整个社会的权利结构的初始规定是正当合理的，各种资源在各地区、各部门、各企业、各群体与诸个体之间具有尽可能充分的流动性，而不是向某些地区、部门、企业、群体或个体高度集中；各种机会对于各地区、各部门、各企业、各群体与诸个体普遍平等开放，而不是对某些竞争主体开放，却对某些竞争主体闭锁。要在初次分配环节建立规则与过程公平，可从下面五个方面着手。

（一）充分发挥要素市场的资源配置作用

既然在初次分配环节市场机制应是核心，那么建立一个公平竞争、公开透明、有序运行的市场，是决定该阶段收入分配机制能否良性运行的关键。这需要提供法治化的市场运行环境，以稳定市场预期，扫清潜规则障碍；建立合理的市场准入标准，禁止设立不合理和歧视性的准入和退出条件；合理确定各种要素贡献度，建立市场化的公平用工制度和有弹性的、有序的工资增长机制；提高国土开发中不动产与资源的规划配置水平与效率，促进企业实现有效资本积累从而提高劳动生产率；理顺劳动收入与财产性收入的关系，充分发挥要素市场资源配置在收入分配方面的基础性作用。

（二）让市场在资源配置中起决定性作用和更好发挥政府作用相结合

在初次分配阶段，必须厘清政府与市场的作用边界，减少政府对基础性资源配置机制的干预，减少并力求消灭寻租性收入机会。基于让市场在资源配置中起决定性作用的前提，政府的作用是依法建立统一的、规则清晰的要素市场，消除体制性壁垒，减少对市场主体行为的制度性交易成本，有效进行市场监管，保障市场公平有序地运行，以引导各主体、各部门对流量收入、存量财产增长的合理预期。同时，政府应当积极鼓励和引导企业形成和谐的劳资关系，提高企业竞争力和运行效率。

（三）促进分配规则的公平和机会均等

在初次分配中，我国存在分配规则不公、机会不均等的问题，这不利于保护和促进效率。为此，应当加大城乡户籍制度改革的力度，健全劳动力市场体系，减少城乡、行业和地区间的收入分配壁垒，促进实现"同工同酬"，逐步消除城乡劳动力市场和劳动力转移的制度性障碍，进一步完善劳动力市场的调节作用，以适当的最低工资制度对劳动力进行适当干预，并合理引导劳工谈判，为城乡劳动力提供一个良好的竞争平台。同时，大力发展和完善各种要素市场，促进资本、技术等生产要素的自由流动与公平竞争，提高市场配置的效率，打破部门和地方对要素自由流动的各种限制，缓解由此带来的收入分配不公。

（四）加强机制垄断性行业收入的改革

首先，要促进均衡市场价格的实现，抑制或消除垄断价格，使个别部门、个别行业和个别企业无法获得垄断利润，无法取得因高额垄断利润而生成的畸形高收入。其次，要促进法治社会建设，防止市场主体的不合法收入和不合理收入，使"黑色收入"和"灰色收入"大大降低，消除因权力垄断形成的收入。最后，消除人为的进入障碍，降低市场准入门槛，为市场主体提供公平的市场竞争机会，为实现收入分配公平创造必要前提。国家应通过反垄断措施，消除垄断因素，使各行业参加利润平均化过程，从而使行业的利润率接近社会平均利润率。

（五）通过基本公共服务的均等化提升社会成员参与社会竞争的能力

社会成员在能力培育与获得方面具有平等的权利，将会对整个社会的收入分配产生预先的合理化调节作用。"促使经济—政治比赛公正进行的努力在事先比事后要重要得多"①。具体到措施方面，则要求政府进一步强化制度与政策的普适性与公平性，积极推进就业、教育、医疗、社会保障等基本公共服务的均等化，通过普及基本公共服务来普遍提升社会成员特别是弱势群体参与社会竞争的能力。尤其要大力发展教育事业，平等地激发个人潜力，推进实质公平，这是最为重要也是最为有效的途径。通过向各社会阶层平等而普遍地提供教育，广大社会成员可以获得平等进入社会、参与竞争的基本能力与素质。保证全社会教育资源享用的公平性，可以为社会各阶层尤其是弱势群体开辟改变自己命运的渠道，提供实现公正、合理、开放地向上流动的机会。在这个意义上，为每一位社会成员尽可能创造平等的受教育机会和条件，是起点公平的内在要求之一。

再分配制度：结果的适当均平

再分配又称为转移性分配，是基于初次分配形成的格局，以政府为主体，采用税收、社会保险、转移支付等手段，通过资金无偿、单方面的转移，对初次分配格局进行调整，形成各机构部门的可支配收入。

一般认为，在国民收入两个分配层次中，初次分配倾向于效率，收入分配差别既是市场效率的源泉和动力，也是市场效率的结果。但收入分配结果如差别过大，又会有悖于社会公平和社会整体与长远利益。因此，政府应通过税收和财政支出等进行国民收入再分配的有效调节，以促进实现共同富裕的愿景。初次分配注重规则与过程的公平公正，再分配则重点关注结果与下一轮起点的公平均等。

---

① 布坎南. 自由、市场和国家——20 世纪 80 年代的政治经济学 [M]. 北京：北京经济学院出版社，1988：141.

（一）落实税收法定原则，发挥其收入分配调节功能，实现"良法善治"

1. 于税收法定中立良法，促善治，保证收入调节效用的发挥

收入分配，从经济上看贯穿生产和消费，从法律上看连接着主体与利益。不可否认，财税问题首先是一个经济问题，但是它无法回避作为人的最基本的需要，即财富的取得与利用。唯有通过确立正义的标准来保障分配的秩序，才能确保一个共同体的稳定与和谐。党的十八届三中全会明确提出"落实税收法定原则"，这是为推动国家治理体系和治理能力现代化、全面推进依法治国而做出的重要战略部署。

立良法，不仅仅是立法技术问题，更重要的是要厘清税收制度改革的整体思路，需要系统思维，不能就各个税种或实体法与程序法分割考虑，要防止税收立法的碎片化，要建立一个有利于科学发展、社会公平、市场统一的税收制度体系。首先，要将税收制度的改革置于经济社会新常态的大背景下来考虑，更好地发挥税收职能作用并服务于经济社会发展。其次，税收制度应有一个整体和长远的构想，明确税收制度整体框架，做好顶层设计，协调好税收筹集收入、调控经济运行、调节收入分配等几大职能。在此基础上，还需要明确各税种、各税目之间如何搭配，税制的要素如何组合匹配、如何施行等具体问题。再次，建立科学理性的激励考核机制，引导税务机关转变按照指标或任务征税的思维，以税收法律作为征税的唯一依据。同时，要建立和完善对税收执法的监督和问责机制，切实保障纳税人获得救济，特别是获得司法救济的权利。

2. 逐步提高直接税比重，形成有利于结构优化、社会公平的税收制度

现代市场经济所要求的税制体系，总体来说是一种"多税种、多环节、多次征"的复合税制，不可能简单地依靠一两种税就能解决征税问

题，必须着眼于整个税制体系的建设，从消费支出、收入流量和收入存量各方面调节高收入阶层的收入，以期多渠道缓解和缩小收入差距。这些税种在调节范围、调节力度和广度上相互补充、相互协调，从而形成一个连续性和整体协调性的税收调节机制。在复合税制组合中，直接税的作用更多体现在为筹集政府收入的同时调节收入分配，调节经济和社会生活。直接税的这种调节作用，是按照支付能力原则"抽肥补瘦"，在社会成员收入必然有高低差异的情况下，直接税使有支付能力的、更为富裕的社会成员，对公共金库做出更多贡献。进入公共金库的资源，再通过规范的预算安排，以财政分配形式转为扶助弱势群体的支出，增进底层社会成员的福利。直接税这种基于支付能力来遏制两极分化趋向的功效，使其在社会分配全流程中有着不可或缺的地位。

3. 进一步完善个人所得税制度

首先，要改变个人所得税的征收模式，实行综合和分类相结合的个人所得税征收模式，综合部分按年度以超额累进税率征收，制定更合理的税率和基本生活费用及家庭专项费用扣除标准。在统一市场框架中坚持实行全国统一的个人所得税费用扣除标准，同时适当考虑纳税人赡养家庭人口等费用扣除。其次，要改革个人所得税征管体制，将个人所得税的征管权限划归中央。个人所得税作为缩小收入差距的直接税，其征管权限划归中央不仅是增强国家调控分配能力、配合中央财政转移支付的需要，也是防止各地扣除基数不统一、征管不严、税款流失的需要。再次，要加强和改善个人所得税征管手段。强化并建立以个人自行申报为主的申报制度，建设全国税务网络征管系统，统一个人纳税编码，全国共享个人税务信息资料，堵塞征收漏洞。最后，要加大对偷逃税款等违法行为的监管查处力度，增加纳税人偷逃税款的成本与风险。

4. 推进消费税改革

对于消费税，首先应根据经济形势的变化，及时调整征税范围。在扩大消费税征税范围时，不仅要增加一些奢侈消费品项目，如私人飞机、私人游艇、高档时装等，还可以包括一些高端消费行为，如洗浴桑拿、夜总会、游艺等。其次要调整消费税的征税环节。目前我国消费税主要实行生产环节单环节征收，容易产生偷逃税。如有些企业通过设立独立核算的销售公司，先以低价把产品销售给销售公司，然后由销售公司按正常价格对外销售来规避消费税，削弱了消费税的收入调节作用。把征税环节推后到消费环节，而把此部分税收收入划转为地方政府收入，也是构建地方税体系配套改革中的选项之一。

5. 加快房地产税立法并适时推进改革

房地产税对中国现在特别重视的共享发展、收入再分配和促进共同富裕有独特意义，亦有久拖不决的高难度特点。其作为一种直接税，除了筹集政府收入，特别重要的是将按照支付能力原则起到税收"抽肥"的作用，让有豪宅、有多套房的纳税人多做一些税收贡献，而这些资金进入国库后，就能"补瘦"，即政府用此种税收收入用于扶助弱势群体，加强保障房建设，增进社会福利。这种"抽肥"不是让先富起来的人伤筋动骨，而是在他们发展、享受的层面适当让渡一部分物质利益，本质上是一个促进社会和谐共赢的税收。我国在经过了多年物业税模拟试点以及在上海、重庆两地开展房产税改革试点后，应排除阻力，争取尽快推进房地产税的改革，路径是在税收法定轨道上，尽快落实党的十八届三中全会关于加快房地产税立法的指导意见，待立法完成，可在房价上涨较快的一、二线城市率先实际开征。在房产税征收方面，首先要扩大征税范围，不仅对经营性房产和出租房产要征税，对自住房产也需要征税；其次在税率的设置上，应该根据房产的价值（市场影子价格）等因素确定税基和税率。对满足生活基本需求的房屋面积实行零税率或低税率，对超过住房标准的房屋面积实行高税率，使高收入群体在享有大面积住房的同时也承担更多税负。2021年的最新进展是，决策层已经明确了积极稳妥推进房地产税立法和扩大房地产税改革试点范围的"双管齐下"的改革工作指导方针。

6. 研究开征遗产税和赠与税

遗产税是一种税负不能转移的直接税，实践中通常要与赠与税一起设计、配套实施。由于两个税种的纳税人与负税人往往是同一人，征税对象精准定位，被认为是社会财富再分配的手段之一。而且两个税种直接面对高收入阶层，可以防止居民通过非个人努力实现暴富，有利于缩小代际之间的收入差距。我国应该及早研究如何推出该类税种，以积极发挥其调节收入分配的作用，遏止收入分配差距的进一步扩大，并从客观上促使公益性基金会与慈善事业的发展得到更多的捐助资金支持。尤其在经济体制转型时期，部分收入处于灰色或黑色状态，但个人所得税一般只能作用于透明收入，对不透明收入难以发挥其调节作用。根据世界各国的经验，结合各税种的特点来看，开征遗产税可以把遗产人生前的不透明收入也纳入税收调节之中，从而有力地弥补个人所得税的不足。

当然，此税种的设计较为复杂，开征十分敏感，逻辑顺序上应首先推出官员财产报告制度，然后则需要推进居民财产申报、登记、查验、保护、交易制度的全面建设，以及考虑对先富阶层的包容式引导和持续创业发展的激励，充分考虑对中国中等收入阶层的培养以及配套推进对中国公益慈善"第三部门"的扶持制度与措施。

（二）完善"全口径"政府预算体系，健全收益分享制度

1. 健全完善"全口径"政府预算体系，规范政府收入

名目繁多的各类非税收入杂乱零散地存在于现实之中，使企业与国民承受了较重的压力，而这部分资金的管理、监督失范更使其隐藏

巨大风险。实际上，非税收入在辅助性地筹措财政资金、缓解行政部门经费不足方面确有必要，但如若制度失范、管理不力、监督薄弱，必将引起收费混乱的负面效应，也很容易演变为寻租和贪腐的滋生地，从而加剧社会不公，恶化收入分配。所以，亟须加强对非税收入的规制，通过将其纳入全口径预算、严格审批、跟踪控制、明确权责等方式，防止非税收入的过量、无序蔓延。建立统一全面的预算，防止因政府行为不当导致的资源错配和收入分配不公。

2. 扩大国有资本收益征缴范围，提高利润上缴比例

党的十八大报告明确提出，为缓解收入分配不公，将建立公共资源出让收益合理共享机制。国有资本作为公共资源的重要组成部分，其经营成果的全民共享具有合法性与必然性。国有资本经营预算作为规范管理国有资本经营收益的财政制度安排，应该发挥其特定的调节分配作用。合理确定国有资本收益分配比例，应依据"统筹兼顾，适度集中"的原则，兼顾企业自身积累与发展、国有经济结构调整及国民经济宏观调控的需要，实行分类收取。同时，根据国有企业的实际情况逐步提高纯利润的上缴比例，使之逐渐达到国际上的一般水平。

3. 构建国企上缴利润的全民共享机制

我国应建立一套完整的利润全民共享机制，调整国有资本预算支出的使用方向，大幅度提高国有资本收益用于社会保障及民生事业的比例，真正做到"资产全民所有，收益全民共享"。为此，须对相关的法规政策进行修改和完善，明确规定国有资本收益用于民生支出的范围、方式和比例，从而为国资利润投入民生事业实现全民共享奠定制度基石。考虑到我国很长时期的社会保障资金缺口巨大，所以在国有资本收益投入民生领域时，应重点考虑社会保障的要求，可设置一个最低的支出比例，保证每年有一定数额的资金用于社会保障，从而逐步解决该领域的历史欠账问题。

（三）提高直接用于民生的支出比重，均衡城乡公共产品供给

1. 改善支出结构，提高民生支出比重

以保障和改善民生为工作重点，进一步优化公共财政支出结构，切实地"把好钢用在刀刃上"，强化民生领域的财政投入、税收扶持和社会建设，为国民提供一个愈益完整、精细的社会保障制度。同时，在平等、无偏见的立场上，也要考虑不同人群的特殊需求来设计具有针对性、操作性的制度内容，对进城务工者、农村"五保户"等弱势群体予以特别的关怀。

2. 明确事权与支出责任划分，均衡城乡公共产品供给

应按照"事权与支出责任相适应"的原则完善中央与地方的财税关系，合理界定中央与各级地方政府的事权和支出责任，并逐步通过法律形式予以明确。在明确政府和市场作用边界的前提下，按照明确事权—支出责任—划分收入—匹配财力的思路，统筹调整和规范中央与地方各级政府间的收支关系和财力配置，建立健全"财权与事权相顺应、财力与事权相匹配"的财税体制，均衡城乡基本公共产品的供给，营造深化改革与和谐发展的大环境。

（四）改革和完善转移支付制度，促进基本公共服务均等化

在理顺政府间事权与财权配置关系的基础上，转移支付制度作为政府间财政资金的调节机制，具有均衡财力的特殊功效，是实现基本公共服务均等化的重要工具。现阶段它成为促进基本公共服务均等化的重要措施。

1. 优化转移支付结构，增加一般性转移收入，规范专项转移收入

首先，增加一般性转移支付的规模和比重，以此控制和缩小各地区间政府财力差距。应归并现行具有特定政策目标的工资性转移支付等财力性转移支付项目，对年度之间变化不大且将永久存在的项目列入体制补助，

冲减地方上解①。其次，严格规范专项转移支付的设置，清理整合归并中央对地方的各种补助项目。专项转移支付要突出重点，仅对涉及国计民生的重要事项设立，取消零星专项，彻底改变专项转移支付项目分散繁杂的现状。对现有地方专项进行整合、压缩，对使用方向一致、可以进行归并的项目予以归并；对到期项目、一次性项目以及根据宏观调控需要不必设立的项目予以取消或压缩。再次，将现有地方专项按政府收支分类科目的款级进行归类，与部门预算的编制协调统一起来，使地方专项分类更合理、规范、有序，也有利于人大和审计监督。执行中可再进一步细化到科目的项级，并根据项目需要，对项目资金按支出用途分别进行管理，如农村义务教育经费保障机制改革经费等。最后，不得要求地方对专项转移支付做资金配套。

2. 改进完善转移支付的计算公式和方法

完善规范的一般性转移支付计算公式和模型，提高转移支付的透明度，消除讨价还价的余地。在因素选择上，结合我国现阶段的区域发展国情和均衡目标，突出人口稀疏程度和各地区自然环境禀赋条件差异等主要客观因素，突出民族地区、边疆地区、革命老区等维护社会稳定和民族团结因素，突出强调将"三农"因素和重点区域援助纳入分配公式，通过反复测算使其科学化合理化。此外，切实加强转移支付资金和专项拨款的管理。凡是适用因素法分配的专项，都要采用因素法，避免分人情钱、"撒胡椒面"和"跑部钱进"的现象；适合采用项目管理的应加强制度建设，规范操作，形成科学合理的分配依据和制度规范；对专项转移支付资金的分配要制定明确的资金使用绩效目标，并对资金使用效果进行跟踪检查。

---

① "上解"为国库术语，可以简单理解为上交。

3. 探索建立中国特色的"对口支援"形式的横向转移支付机制

横向转移支付是在既定财政体制下，安排各地方政府之间财政资金的转移，以达到加强地区之间支援、缩小地区差距、均衡财力的目的。世界各国大都实行单一的纵向转移支付模式，即中央政府对地方政府、上级政府对下级政府的财政转移支付模式，只有德国、瑞典和比利时等少数国家实行纵向与横向混合的转移模式。就历史的路径依赖而言，我国地方政府之间虽然没有一个规范化、公式化、法制化的横向转移支付制度，但这种性质的"对口支援"早已存在。东部发达地区支援中西部不发达地区，有利于加快地区间的协调发展，提高国家整体经济发展水平，从而也最终有利于东部地区经济的发展。因此，可以在目前采用以纵向转移支付模式为主的同时，试行和发展"对口支援""生态补偿"等横向转移支付。

（五）健全社会保障体系，合理提高居民转移性收入

1. 完善社会保险体系

坚持全民覆盖、保障适度、权责清晰、运行高效，稳步提高社会保障统筹层次和水平，建立健全更加公平、更可持续的社会保障制度。首先，完善社会保险体系。实施全民参保计划，基本实现法定人员全覆盖。坚持精算平衡，完善筹资机制，分清政府、企业、个人等的责任，适当降低社会保险费率。其次，完善统账结合的城镇职工基本养老保险制度，构建包括职业年金、企业年金和商业保险的多层次养老保险体系，持续扩大覆盖面。积极实现职工基础养老金全国统筹。完善职工养老保险个人账户制度，健全参保缴费激励约束机制，建立基本养老金合理调整机制。在积极发展企业年金、职业年金和商业寿险的同时，适当推出税收递延型养老保险。更好发挥失业、工伤保险作用，增强费率确定的灵活性，优化调整适用范围。再次，建立更加便捷的社会保险转移接续机制。划转部分国有资本充实社保基金，拓宽社会保险基金投资渠道，加强风险管理，提高投资

回报率，大幅提升灵活就业人员、农民工等群体参加社会保险的比例。

2. 健全社会救助体系

社会救助体系是社会保障体系的重要组成部分，在统筹推进城乡社会救助体系建设中，应完善最低生活保障制度，强化政策衔接，推进制度整合，确保困难群众基本生活。加强社会救助制度与其他社会保障制度、专项救助与低保救助等的统筹衔接。构建综合救助工作格局，丰富救助服务内容，合理提高救助标准，实现社会救助"一门受理、协同办理"。建立健全社会救助家庭经济状况核对机制，努力做到应救尽救、应退尽退。开展"救急难"综合试点，加强流浪乞讨人员救助服务设施建设。

健全与完善三次分配

三次分配体系主要是指使用国内、国际的各类社会捐赠的公益慈善和社会救助活动，因此，三次分配的基础是慈善捐赠。我国慈善捐赠的资金来源包括企业、个人及社会团体组织，机制构建方面的主要问题是公益性的基金会欠发达，管理上的问题则是对慈善资金的使用和管理不甚规范，所以，为有效弥补初次分配和再分配在缩小居民收入差距方面的不足，必须在现有分配体系上进一步健全三次分配制度机制。

（一）加强对现有慈善资金管理机构的管理

近年来，关于红十字会等公益性组织工作人员不当处置慈善捐款的负面新闻，使得人们对慈善事业的前途感到担忧。慈善捐款行为与其他不同，完全是社会公众的自愿行为，公众希望他们的爱心能够帮助更多有困难的人，对那些侵吞、挥霍慈善捐款的行为深恶痛绝，认为是对他们爱心的一种亵渎，因此捐款意愿就会明显降低，三次分配体系也就无法较好发挥缩小居民收入差距的作用。所以需要加强对慈善管理机构的管理。首先，在人员任用上，应该设置比一般任用标准更严格的标准，确保工作人员思想品质优秀。其次，提高资金收支全过程的透明度，以阳光化支撑公信力，并确保慈善资金使用环节的监管。同时，应建立慈善捐款使用跟踪机制，全程监督捐款的使用，同时定期向社会公开捐款资金使用情况，接受社会监督。再次，加强社会慈善氛围的营造和公益性基金会的建设，推动我国慈善事业发展。从我国慈善捐款的现状来看，社会捐款救助的规模还比较小，所以要通过宣传使社会公众认识捐款的重大意义，营造一个真诚、高尚、充满爱意和互相帮助的和谐社会氛围。另外，需要通过宣传让社会公众了解慈善捐款如何使用，资金使用到了哪些项目上，让捐款者完全了解自己捐款的使用情况，做到对公众全透明，接受社会全面全程监督，这样才能让社会公众放心、高兴、可持续地自愿捐款。

（二）完善税收政策，鼓励企业、社会团体组织及个人积极捐款

税收政策应考虑在企业捐款方面提高企业捐款的税前扣除标准，建议可以采用累进比例扣除标准，即企业捐款数额越大，税前扣除比例就越高，这样能够有效调动企业捐款的积极性。而对个人捐款不应设置扣除比例，应该采取税前全额扣除方式。

（三）鼓励和引导公益基金会、志愿者组织的发展

把慈善捐款制度化、规范化、常态化，避免突然性、突发性和短暂性，这样才能为三次分配提供持续的资金保障。借鉴国际经验，应把国内已有一定发展基础和强烈发展意愿的公益基金会和志愿者组织更有积极性地发展起来，鼓励和引导它们规范、可持续地长期从事公益慈善活动。

推进国民收入分配的配套制度改革

导致居民收入差距扩大的原因是多方面的，因此除了对收入的初次分配、再分配和三次分配进行调控之外，还要从以下几方面有针对性地推进收入分配制度改革。

（一）积极推进收入分配法律制度体系建设

收入分配领域问题很大程度上是制度缺陷和制度漏洞所引起的。应当尽快建立比较完善、相互配套的收入分配法律法规体系，依法严厉打击各种非法谋取个人收入的行为。加强执法力度，扭转有法不依、执法不严的局面。当前应根据个人收入分配中的突出问题，先建立一些暂行条例和管理办法，再通过不断完善，逐步形成法律。同时，应尽快建立健全有关领域的人员监督机制，充分利用社会各个方面的监督力量，控制和约束社会非法收入的蔓延趋势。

（二）改革现行工会组织

工会组织是职工利益的重要维护者，缩小居民收入差距，可以考虑改革现行工会组织，发挥工会真正保障职工利益的职能。

1. 依照工会章程独立自主地开展工作

当前我国的企事业单位工会组织，从职能上基本上是节假日慰问单位职工、组织职工的文化活动以丰富职工生活等，与现代意义上的工会职能相距尚远。按照新《工会法》规定，工会应依照工会章程独立自主地开展工作。企事业单位违反劳动法律、法规规定，如有侵犯职工劳动权益情形，工会应当代表职工与企事业单位交涉，要求企事业单位采取措施予以改正，由此来保护职工合法权益不受侵害。但实际上目前在我国这些要求还是较难执行的，因为工会组织是附属于单位的一个部门，很难在真正意义上独立自主地开展与资方交涉等工作。要让工会真正承担起保障职工权利的责任，必须给予其与资方平等协商的权利，以充分代表和保障职工的权益，这还需要逐步创造条件真正形成工会的独立自主性。

2. 切实发挥工会组织"稳压器"的作用

工会组织的一个重要作用是劳资双方的"稳压器"，主要功能在于协调劳资双方的不和谐关系。一是开展预警服务活动，及时了解和掌握职工的思想动态、心理忧虑以及面对的困难，对各方面给出预警信息。二是加大生活救助力度。掌握困难职工基本情况之后，就要对生活困难的职工加大救助力度，包括进行慰问和帮扶，对患大病或长期因病致贫的职工进行重点救助，帮助困难职工子女完成学业等。三是帮助困难职工再就业。比如开展职工再就业技能培训、职业介绍、自主创业引导等。四是建立工会接访制度，为职工群众反映问题、咨询政策寻求帮助提供途径，解决职工困难、困惑，化解劳资关系矛盾。

（三）加快投融资体制改革，建立健全基本公共服务多元化供给模式

1. 大力推广 PPP 模式

设立 PPP 项目引导基金，规范 PPP 项目操作程序，建立健全合理投资回报机制，鼓励和引导社会资本参与公共产品和公共服务项目的投资、运营管理，重点在轨道交通、垃圾污水处理、能源、水利、保障性安居工程、医疗、养老、教育、文化、停车设施等领域推广 PPP 模式，提高公共产品和公共服务供给能力与效率。

2. 进一步推进和完善政府购买公共服务

继续扩大政府购买服务范围和规模，能由政府购买服务提供的，政府不再直接承办；能由政府与社会资本合作提供的，广泛吸引社会资本参与。完善相关政策，制定并发布政府购买服务指导性目录，逐步扩大政府购买服务的范围和规模。制定重点公共服务领域政府购买服务实施方案，逐步加大教育、社会保障、环境保护、文化、市政市容等重点领域政府购买服务力度，推进选取社会影响力大、具有示范性和带动性、市场机制成熟的示范项目，通过购买服务的方式交由社会力量承担，并对示范项目实施情况进行后续跟踪。加强政府购买服务资金管理，提高资金使用效益和公共服务供给水平。加大对社会组织的培育扶持，重视发展服务业市场，激发和调动社会力量参与政府购买服务的积极性。

（四）深化教育、科研管理体制改革

坚决贯彻落实中央关于优化科研环境、加强智力要素激励等指导方针，以实质性地深化教育改革、科研改革，按照人才成长规律培养创新型人才，遵循科研规律，营造可持续激励科研创新活动的制度环境和社会氛围，正确处理人文关怀、物质奖励和经费使用与学术规范制约的关系。

（五）探索建立收入分配预警体系

首先，确立收入分配的和谐目标，构建收入差距合理程度的测量尺度，为建立收入差距预警机制奠定基础。其次，探索建立收入分配预警体系，具体可包括：城乡收入分配预警模型、地区间收入分配预警模型、群体间收入分配预警模型和行业间收入分配预警模型。这些预警模型之间并非完全独立，在各分预警模型对收入差距风险进行测评时，可以得出收入分配的公共风险，工作部门进而可以依此做到政策制定实施的针对性，把各类风险控制在可接受范围之内。再次，建立收入分配调控机制。收入分配差距预警机制的建立可以帮助政府及时动态掌握各类收入差距和总收入差距的变动过程，进而在改革完善收入分配制度方面加强机制的顶层设计，可从以下方面着力：在初次分配中，建立健全职工工资与经济基本同步增长、不同行业收入分配有效调节的机制等；在再分配中，建立健全针对全社会的收入与财富分配调节机制等；在三次分配中，推动慈善和公益事业充分发展，以促进我国经济社会的持续健康发展。

10.5 乡村振兴的投融资支持与机制创新

2020 年我国全面建成小康社会取得伟大历史性成就，标志着我国迈入全面建设社会主义现代化国家的新发展阶段，此时，实现共同富裕被摆在更加重要的位置，成为更加迫切的历史性任务。在以供给侧结构性改革为主线打造现代化经济体系、推进现代国家治理视域内，以乡村治理和建设现代化为取向的乡村振兴，是其重要的、不可分割的组成部分。简言之，要实现共同富裕，必先实现乡村振兴。实现共同富裕，重点在农村，难点也在农村。"三农"问题不解决，共同富裕便无从谈起，共同富裕离不开乡村的富裕。

下面就如何推进乡村振兴及其中的投融资支持与机制创新谈一些基本看法。

乡村振兴与"三农"问题的通盘把握

首先，中国的乡村振兴和现代化建设离不开"三农"，所以，乡村振兴需要放在如何弥合二元经济、实现中华民族伟大复兴的现代化战略中来认识和把握。

我们一向强调，农业是国民经济的基础，在人类社会的供给体系中，具有不可动摇的重要地位。但是随着工业化和城镇化的推进，农业作为第一产业，其增加值在 GDP 中的比重呈现整体下降的趋势。同时，农民收入长期处于"低基数下的低增长"，种粮不赚钱、种地不赚钱、丰收不赚钱等情况成为长期困扰我国农业经济发展的瓶颈。

中央一直很重视"三农"问题，已经连续十多年发布以"三农"为主题的中央一号文件，出台了一系列强农、惠农政策，这奠定了我国现阶段涉农收入的基本格局。从近几年的中央一号文件来看，乡村振兴尤其被重视。2018 年的中央一号文件对乡村振兴进行战略部署；2019 年的中央一号文件提出保障农业农村优先发展；2021 年的中央一号文件提出要全面推进乡村振兴，加快农业农村现代化。同时，因为农业在各产业中居于弱势地位，中央也一直强调农业、农村和农民需要得到"反哺"，以合理解决"三农"问题。

其次，必须解决农业和农业技术设施的升级改造问题，从"大棚"开始，现在已见有各种各样的设施优化升级。此外，还要强调积极对接"互联网＋"的高科技化，这是生产力解放中必须抓住的一个关键因素，要积极发挥"互联网＋农业"的后发优势，目前在这方面已有明显体现，即不用等待传统的"梯度推移"，穷乡僻壤之地也可以在有了通信信号后加入这个潮流。例如，华为用自己的设备供给能力和服务能力，使通信信号能够覆盖撒哈拉以南非洲区域，并跨越门店银行建设阶段，发展出当地的手机银行系统，服务于当地的经济社会发展。在中国，我们也可以在"大农业"概念之下，积极推进要素融合，发展乡村地区的"互联网＋"。

在中国弥合二元经济的过程中，城乡一体化、农业产业化、新型城镇化都凝聚着社会各方面的共识和努力，对于改善农民收入在整个国民收入格局中的弱势地位起到了重要的推动作用，最终目的都是使农民致富。

当然，农村人口在总人口中的比重是呈下降趋势的，但始终还是存在务农的社会成员，这些成员也要融入全面小康与共同富裕；而且，未来几十年间的城镇化推进中，还应使几亿农民有序地实现市民化。未来几十年，中国至少还有 3 亿～4 亿人口要从农村人口转为城市常住人口，应尽可能地使他们享受基本公共服务均等化的"市民"待遇。

同时，留在农村区域的这些社会成员，他们所关联的产业要纳入整体的可持续发展中，同样也需要实现升级。这种一体化发展中的产业升级和乡村振兴，其实是一个事情在两个角度上的表述。

如今的乡村，除了农业，实际上还有其他产业，如手工业、矿业、商业、旅游业等，所以并不排除农业和非农产业的结合和渗透，它们必须相互呼应和融合发展，形成合理的产业集群，对接乡村振兴。例如，农产品供应链的"一条龙"，从田头的产出物开始一直对接到中心区域、大城市、五星级饭店里的餐桌需求，这样的供应链和价值链的优化，就是一种合理的产业集群。

一般情况下学术界现在谈产业集群，很少提及农村，但是我认为不妨把这个产业集群概念更广义地覆盖到乡村区域，对接乡村振兴。

乡村振兴概念下，在基本面上首先还是农业的现代化、农业的升级发展。中央的指导方针非常清晰：我们只有在供给侧结构性改革的主线上，才能打造现代化经济体系，才能支持高质量升级发展。从农村发展的大视角来看，不同的区域、农业领域不同的市场主体，都需要得到投融资的有力支持，还要紧密结合相关政策，考虑相关的机制创新。

在结合中国基本情况的制度创新、政策优化支持乡村振兴这方面，我觉得至少必须强调三点：

第一，农业的投融资必须以市场化、专业化、对象化为基本取向，并且需要纳入中国的配套改革和全球化潮流。

第二，农业投融资需要有合理、可持续的政策作为支持。

第三，讨论农业、乡村振兴相关事项的投融资问题，要特别注重机制创新，在制度的配套改革过程中，要把制度、机制的改进和政策的优化结合好。

乡村振兴、扶助"三农"中的市场化、专业化、对象化和配套改革整体化

从市场化视角来看，政府的农业投融资要符合建设社会主义市场经济的客观要求，让市场在资源配置中起决定性作用。当有企业介入农业规模化经营、集约化经营的投融资时，要充分运用和保障市场主体的自主权，在竞争和合作中争取做好、做大、做强。

从专业化视角来看，要强调各项农业的投融资以高标准的专业水平为取向，注重提高绩效。

从对象化视角来看，各项农业投融资要有效地针对投资项目的特点，

切合种植或者养殖的客观情况，形成尽可能高水平的定制化的供给管理解决方案。可行性的研究、金融工程式的一些定制，都要抓好优化落实，适应特定对象的供给，这也符合中央提出的"供给侧结构性改革与供给体系质量效率提高"的理念。在现实生活中，一定要有定制化的解决方案，而且要求这种方案尽可能达到高水平，从而可以处理每一个具体项目中带有挑战性的一些结构性问题。

以此为背景，我们要推进配套改革的整体化。例如，农民进城后，农民工夫妇两地分居的问题、"留守儿童"的问题、空心村的问题、土地撂荒的问题，都是比较严峻的现实问题。在城市，要面对怎么样接纳已经进城但还迟迟没有拿到户籍的2亿多人成为市民，化解累积的矛盾，未来还要在几十年内，接纳近4亿人进城成为市民。那么在推进户籍制度改革的同时，必须处理好怎样提供有效的保障房供给的问题，住房建设和供给需要在房地产概念下形成可持续的、健康的双轨统筹——托底的事情要托好，而且这个托底和整个商品房市场的健康发展应该是相得益彰的，而不是互相脱离或矛盾的。

另外，农村改革已推进了几十年，在进一步的农村产权制度改革方面，其挑战其实是相当严峻的，必须与农村的社会治理变革结合起来。

在实际生活中，随着生产要素流动的制度机制升级，社会主义市场经济要提高完善程度，以集体所有的土地制度为底盘的农村区域（区别于城镇区域、工矿区域等建成区的国有土地所有制）要素合理流动之路越走越窄。因为集体所有制的决策机制是以集体成员为一个圈子，一人一票，这就导致这个圈子所掌握的集体所有的土地是一人一份。但是这个圈子的边界是在不断变化的，比如村里的姑娘嫁出去或外村的姑娘嫁进来，这时候怎么变动这套机制下的土地分配呢？实践中，这些事情关联的各种矛盾纠缠在一起，"剪不断，理还乱"。所谓的集体决策、一人一票，越来越变成一个更小群体、在这个圈子中有主导权者的决策，而这个决策如果出现偏差怎么纠正，与外部的生产要素流动怎么对接，越来越成为难题。

对此，可以借鉴深圳的土地制度改革，作为经济特区，深圳在这方面有非常值得肯定的积极探索。它根据特区的立法权，把深圳辖区之内所有的土地都法定为国有土地，即那里只有国有土地，没有集体土地。

那么原来相关的利益关系人（最直接的是原来居住的村民，简称"原村民"），在原来集体所有土地中所占的份额将以"两级谈判"形成的解决方案兑现为利益：一级为政府牵头与社区的谈判，另一级为社区与原村民的谈判。政府并不直接与原村民谈判，而是通过两级谈判来消化矛盾，最后形成一个解决方案。

这样，土地的终极所有权就比较容易解决，而土地使用权怎样跟随市场机制的培育发展来进行流动、交易、划清边界、贯彻商业文明所要求的一整套规则等问题，在实践中便可以与时俱进地加以解决并推进整体的配套改革。我认为深圳的土地制度改革经验将为我国农村产权制度改革今后的走向带来重要启示。

乡村振兴、扶助"三农"中投融资的政策支持体系

乡村振兴、农村国土开发建设发展，需要有合理、可持续的投融资政策作为支持。在这方面，要承认"三农"领域的市场失灵具有其特殊性，而且往往比工业、服务业更明显。公共政策对"三农"的扶持，要对市场失灵做出相应的弥补和矫正。

比如说农产品领域的"巨灾保险"配套机制，农副产品"大小年"价格的明显变化，对经济生活和相关利益人带来的困扰，应如何缓解？

要解决这些问题，一是要使政策设计及其施行机制合理，使政策落到实处，发挥好其保障作用。所以，在现实生活中要把一个好的政策实施好

而尽量避免扭曲，是有挑战性的。

二是对农户规模化经营的引导、扶助与对乡村振兴的支持，亟应合理化综合施策、因地制宜。对"三农"特殊的金融支持包括：以财政为后盾的贴息、政策性信用担保，以及乡村振兴中的产业引导基金和PPP。

三是需要探讨休耕轮作制度和政策的合理化。解决中国的土地板结和退化问题，除了尽量控制化肥、农药的使用等之外，早已有研究者和有关部门探讨在我国实行休耕轮作试点方案的问题。

这些政策的设计和执行，应当在相关部门的配合下形成一个协调配套的政策支持体系。支农是国家大政方针，支农在各个部门都有相应的资金投入和管理，这些资金往往越用越带有碎片化的特征，多头管理、交叉重复、使用分散，一直以来都是涉农资金管理中的突出问题。因而迫切需要资金的整合，清除种种既得利益阻碍。

乡村振兴、扶助"三农"中投融资的机制创新

在农业和相关事项投融资方面，政策支持往往需要机制创新。在问题导向之下，应该积极考虑以下几个方面：

一是统筹城乡发展制度创新。比如，关乎国家利益与民生的粮食安全的基本农田怎样保证？我认为，中央提出的"严守18亿亩耕地红线"不仅是数量上的，也是质量上的，更是生态上的。要对耕地保护实现数量、质量、生态"三位一体"的保护。同时，粮食安全要有一个基本农田最低限度保障支撑，这也将在新型城镇化、城乡一体化发展中引出基本农田的"占补平衡"概念。这方面的制度创新、机制优化，实际上可以对接到普惠化的诸多诉求。如重庆地票制度的试点，非常值得总结和深化认识，积极推广经验，扩大试点范围。重庆的地票试点，简单来说，是跟市场对接，将远离城乡接合部的农民实施土地集约化措施的积极性调动起来，把

整治宅基地复垦、小田变大田（减少田埂面积）增加的农田，区别产出当量做了五档确认以后，进入地票市场进行交易，形成对应于城乡接合部"占地"的"补地"机制，为农民自愿有偿退出部分农村宅基地开辟了一个制度通道。同时，基于"准市场"机制，把远离城乡接合部的农民纳入整个共享改革开放成果、满足美好生活诉求的进步过程中。

这种地票制度试点解决了原来矛盾特别突出的用地有效供给的问题，匹配政府的土地收储制度，通过从容地增加土地供给满足了建设需要，结合投融资项目推进城镇化建设。这实际上带动的是城乡一体化共享、共荣的发展。

二是合理激励农业领域的企业投资。其实，很多企业觉得自己有相对优势，可以在乡村振兴、农村开发中一显身手。这也必然和资本市场、技术市场对接，股市、债市、知识产权市场都要对接到这样一个有制度规则、公平正义、培养长期行为的市场中去。

三是充分发挥财政主导的农业综合开发资金和产业基金的乘数放大效应。它的实现需要对接政策性金融。财政用的公共资源是政策性资金，要区别对待以体现政策，既要体现内在的突出重点又兼顾一般的属性。政策性资金要对接市场化运作、专业化管理、杠杆式放大，做好与商业性信贷金融的对接。

四是循环经济模式的创新，包括 PPP 的开拓。这里所说的循环经济，目前已有一些良好的经验模式，如广西的恭城，当地农民过去形成了一定的养猪习惯，而且政府亦鼓励更多农户养猪。猪粪放入沼气池，可以产生沼气能源，替代原来破坏植被的砍树烧柴行为，每隔一段时间，清理出的沼气池里的沼渣、沼液，成为很好的有机肥，这些肥施到果园里，产出高品质的果品，这样的产出又可以对接有"客户体验"价值的农家乐采摘、旅游……形成循环经济链条。当达到一定规模化运营时，就需要政府和企业的积极合作，进一步推进特定的连片开发性质的项目建设。

总体而言，乡村振兴与城乡一体化、新型城镇化并行不悖，城乡接合部的建设应与"新农村建设"相结合。对此，政府一定要掌握好"规划先行、多规合一"基础之上的政策配套、细化优化。国土开发实施后，一旦发现通盘规划有问题，如要再改正，成本是极高的，甚至有的时候是难以再把它改回来的。

总之，城乡一体化是一个大系统，其运作在对接市场机制的同时，要结合政府政策手段的扶持和引导。这些年大家已经接触到的订单农业、农产品期货、巨灾保险、政策性担保、财政贴息、支持片区综合开发的特色小镇、特色开发区等，都可以做得更有声有色，并不断总结经验。

此外，我认为还应注重总结在乡村区域已有多年的希望工程、母亲水窖、农村小学营养餐等公益项目的经验与教训。要积极引导志愿者组织、非营利的环保组织、公益慈善机构等，使它们进一步得到培育和发展，发挥更积极的作用，这也是国家现代化意义上具有共性的"第三部门"必须发挥的作用，是国家治理现代化在乡村治理方面应该覆盖的重要领域。

在构建人类命运共同体的新时代，面向"三农"的国际合作和新技术革命也非常有前景。"一带一路"建设中的生态农业园区、农产品与相关产品的加工基地、物流中心、"冷链"及"互联网＋"、大数据时代创新升级的市场营销等，这些项目与投融资安排需密切结合，使其不断得到创新和发展。

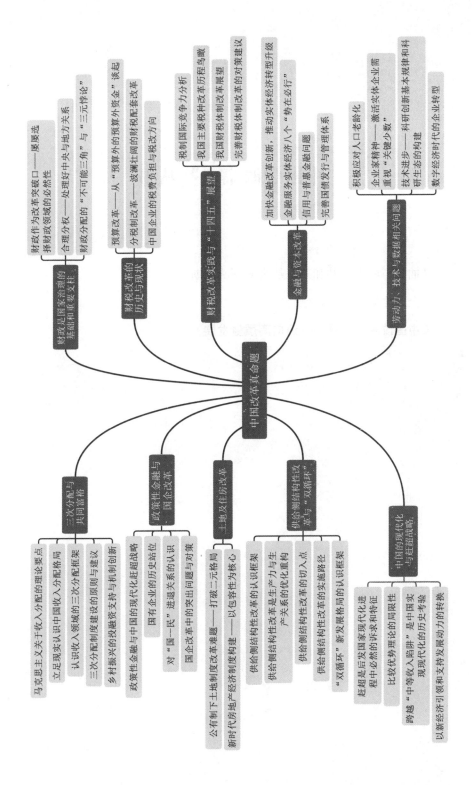

"中国学派集成" 丛书